新时代革命纪念馆
高质量发展论丛

国家文物局◎编

南京出版传媒集团 南京出版社

图书在版编目（CIP）数据

新时代革命纪念馆高质量发展论丛 / 国家文物局编.
南京：南京出版社, 2024. 11. -- ISBN 978-7-5533
-4998-5

Ⅰ. G269.261-53

中国国家版本馆CIP数据核字第2024HY1045号

书　　名　新时代革命纪念馆高质量发展论丛
作　　者　国家文物局
出版发行　南京出版传媒集团
　　　　　南 京 出 版 社

社址：南京市太平门街53号　　邮编：210016
网址：http://www.njcbs.cn　　电子信箱：njcbs1988@163.com
联系电话：025-83283893、83283864（营销）　025-83112257（编务）

出 版 人　项晓宁
出 品 人　卢海鸣
责任编辑　金　欣
版式设计　王　俊
封面设计　张　淼
责任印制　杨福彬

排　　版　南京新华丰制版有限公司
印　　刷　江苏凤凰通达印刷有限公司
开　　本　787 毫米 × 1092 毫米　1/16
印　　张　24.75
字　　数　430千
版　　次　2024年11月第 1 版
印　　次　2024年11月第 1 次印刷
书　　号　ISBN 978-7-5533-4998-5
定　　价　98.00 元

用微信或京东APP扫码购书

用淘宝APP扫码购书

目　录

第一篇章

革命文物展示与中国共产党人精神传承

党的二十大报告强调，要弘扬以伟大建党精神为源头的中国共产党人精神谱系，用好红色资源，深入开展社会主义核心价值观宣传教育，深化爱国主义、集体主义、社会主义教育，着力培养担当民族复兴大任的时代新人。本篇章集中呈现了各地在发挥红色资源优势方面的成功经验和创新成果，开拓了新思路，探索出了新方法，展现了新气象新作为，有力推动了革命文物事业高质量发展。

发挥“国家队”优势
助力革命文物保护利用工作

中国文化遗产研究院　李六三

百余年伟大进程中不断形成并保存下来的革命文物，承载党和人民英勇奋斗的光荣历史，记载中国革命的伟大历程和感人事迹，蕴含着中国共产党人的崇高精神价值与优良革命传统，是中华文化和中国精神的重要组成部分，是党和国家的宝贵财富。

党的十八大以来，习近平总书记作出系列重要指示批示，发表系列重要论述，为革命文物工作提供了根本方向。

习近平总书记指出：“加强革命文物保护利用，弘扬革命文化，传承红色基因，是全党全社会的共同责任。各级党委和政府要把革命文物保护利用工作列入重要议事日程，加大工作力度，切实把革命文物保护好、管理好、运用好，发挥好革命文物在党史学习教育、革命传统教育、爱国主义教育等方面的重要作用。”

2018 年，中共中央办公厅、国务院办公厅出台《关于实施革命文物保护利用工程（2018-2022 年）的意见》，对新时代革命文物工作进行全面部署。国家文物局迅速制订发布《革命文物保护利用“十四五”专项规划》，为全面推进革命文物研究保护和活化利用进行了顶层设计。

作为国家级文化遗产保护科研机构，中国文化遗产研究院（以下称“研究院”）始终以更高的政治站位和担当精神、一流的专业实力和综合能力，全力投入革命文物保护利用事业。

从新中国成立初期开始，中国文化遗产研究院就先后承担了中共一大会址、古田会议旧址、延安革命史迹、瑞金革命史迹、北京大学红楼等一大批重要革命文物的保护修缮工作。党的十八大以来，又相继完成了天安门及附属文物、人民英雄纪念碑等重要革命文物的维修保护工程，为服务国家重大庆典活动做出了重大贡献。

为适应革命文物研究保护和展示利用工作新形势、新任务需要，研究院于2022年内设机构调整过程中，专门成立了二级机构“革命（近现代）文物保护修复研究所”，使队伍结构更趋合理，专业体系更加完备，为高质量完成革命文物保护研究和活化利用工作，提供了更有力的机构和人才支撑。

新的内设机构组建以来，研究院按照国家文物局的总体部署，以承担国家重点任务和重大课题为引领，聚焦革命文物保护利用战略需求，以编制革命文物片区专项规划为抓手，以革命文物保护利用基地建设为依托，持续开展了东北抗联、抗美援朝等革命文物专项调查，先后与井冈山、深圳等地政府及有关部门签订了战略合作协议，相继启动了闽浙赣、鄂豫皖、东北抗联等片区保护利用专项规划的编制工作，持续推进相关省份的革命文物保护工程，在人才培养、综合咨询、专家支撑等方面为地方及兄弟单位提供了全方位业务指导和技术服务。

新时代新征程，研究院将在国家文物局领导下，做好以下三方面工作。

一是强化本体保护，始终把革命文物资源的保护工作放在首位。按照新时代文物工作总要求，扎实做好革命文物的全面保护、整体保护和协调保护，统筹推进抢救性与预防性保护、文物本体与周边环境保护，确保革命文物的历史真实性、风貌完整性和文化延续性。根据国家文物局关于革命文物保护的总体部署，按照各地文物部门和有关单位的实际需要，统筹推进革命文物保护规划和修缮方案编制工作，充分发挥革命文物保护利用示范基地的作用，实施一批具有代表性、引领性的保护修缮示范工程。在第四次全国文物普查过程中，研究院将充分发挥人员和技术优势，为各地提供高质量的技术服务。

二是加强综合研究，深入挖掘和科学阐释革命文物的多重价值。做好革命文物历史和社会价值的挖掘，也要做好时代价值的研究，这是做好保护和展示利用工作的基础和前提。一方面，研究院将立足自身，在编制技术文本的过程中，扎实开展实地调查，加强对革命文献、档案史料、口述资料的系统研究和统筹梳理，总结凝练不同区域、不同群落、不同地点、不同事件与人物所包含的综合价值；另一方面，我们将进一步加强与党史、军事、档案等部门，以及各博物馆、高等学校、科研机构的交流和合作，采取走出去、请进来等多种方式，开展革命文物价值挖掘和精神阐释，为保护利用革命文物提供强有力的学术支撑。

三是做好活化利用，促进革命文物保护与乡村振兴的深度融合。革命文物大量分布在广大农村和革命老区，在切实做好保护的基础上，要把革命文物利用好，把革命文化传承好，让革命文物活起来，助力地方经济发展和民风民俗、道德风尚的提升。要坚持创造性转化、创新性发展，在规划设计阶段，就要有意识地做好革命文物保护利用的后半篇文章，将革命文物保护利用与传统村落保护和美丽乡村建设统一起来，嵌入“红色＋绿色”“红色＋古色”“红色＋民俗”“红色＋生态”等协同发展模式，积极引导地方打造红色旅游品牌，规划设计一批研学旅行和红色旅游精品游径，使革命文物活化利用与旅游开发相得益彰，让广大人民群众感受到革命文物保护与利用带来的更多福祉。

革命文物保护利用的广东做法

广东省文化和旅游厅　龙家有

广东是中国近代史的开篇地、民主革命的策源地、工农运动的兴起地、改革开放的前沿地，拥有序列最完整、种类最齐全的革命文物资源。党的十八大以来，广东坚持以习近平新时代中国特色社会主义思想为指导，坚持新时代文物工作要求，抓住用好长征国家文化公园、百年党史文物保护展示、革命文物片区保护利用等重要平台，深入实施革命文物保护利用工程，统筹推进革命文物保护与红色旅游融合发展，为革命文物保护利用贡献了广东经验。

一、强基固本，打造革命文物保护利用广东样板

（一）突出改革创新。广东在全国率先建立省级以上文物保护单位“岁修”制度，进一步完善革命文物的定期排查、日常养护管理和安全防范制度。打造广东省可移动革命文物数字化保护利用平台，形成全省一体化的革命文物数据资源集群，引入智慧导览、3D 技术，利用数字科技赋能革命文物保护。打出金融支持组合拳，全省事业费年投入总额多年居全国首位，省财政于 2019—2023 年五年安排 15 亿元设立红色革命遗址保护利用专项资金，为每处省级以上革命文物保护单位安排 3 万元日常保养维护经费；连续四年举办广东文化和旅游产业投融资对接会，为红色文旅项目搭建融资平台；文旅、金融、人寿等联合为 135 处省级以上革命文物保护单位免费捐赠保

额达 49.5 亿元的保险，在全国首开金融保险行业参与全省文物保护先河。

（二）完善制度建设。出台《广东省革命遗址保护条例》，健全完善了省级、地级以上市革命遗址保护工作联席会议制度。各地市出台了一系列革命文物相关政策法规，如《广州市革命遗存保护办法》《韶关市红色资源保护条例》《河源市革命旧址保护条例》《潮州市红色文化资源保护利用条例》《揭阳市红色资源保护传承条例》等，构建起广东特色革命文物法律法规保护体系。2023 年，广东省文化和旅游厅起草了《广东省革命遗址认定标准（暂行）》，着力解决革命遗址认定标准不明确、部门职责不清等问题。

（三）夯实工作基础。持续开展革命文物资源普查，创新开展革命文物现状调查和风险评估工作，采用“1+1+9+1”的模式，既开展 1 次实地调研，形成 1 套基础材料、进行 9 项相关风险评估、形成 1 个整体评估意见。从评估结果看，广东省革命文物保存情况较好，革命文物的保护状况总体上得到了改善。公布了两批次《广东省革命文物名录》，数量和级别位居全国第一方阵；全面铺开红色标语类革命文物专项调查工作，为下一步挖掘整理、修缮监管打牢基础；深入实施革命文物保护修缮工程，开展重点革命文物保护修缮工作、保障粤东西北市县级革命文物“四有”工作，省级以上革命文物单位“四有”工作基本完成，2022 年共完成了 90 余处红色革命遗址保护和活化利用的省民生实事清单，有效改善了广东省革命文物保存状况。联合广西、福建启动广东片区、海陆丰片区革命文物保护利用专项规划编制工作；完成《“南昌起义部队南下广东”“中央红色交通线”“东江纵队抗战”遗址群保护利用规划》，强化革命文物集群保护利用。

（四）打造重点项目。着力推进长征国家文化公园建设，认真落实“十四五”时期国家深入推进重大文化工程相关工作，编制实施《长征国家文化公园（广东段）建设保护规划》，安排 9800 万元用于长征国家文化公园建设和长征文物保护利用，推动“红军过粤北重点展示园”等 4 个项目纳入“十四五”时期文化保护传承利用工程项目储备库。建设“入粤第一仗”等五大展示园区，打造一批集中展示带，建成面积超 1.2 万平方米的韶关市红军长征粤北纪念馆，启动雪梅祖祠、大岭下会议旧址等红色革命遗址的修缮工作，将粤北地区打造成为弘扬长征精神的红色文化高地。林则徐硝烟池、虎门炮台遗址、大鹏所城被国家文物局认定为“十四五”重要大遗址，高质量推进鸦片战争海防遗址保护利用项目建设，全面梳理鸦片战争海防遗址资源，推进规划编制，实施虎门炮台旧址修缮工程，推进蒲州山炮台提升改造项目，建设南沙区国防教育基地，推动珠江口东西两岸建设成为“山一海一城一台”辉映，城文景交融的世界级旅游目的地，打造粤港澳大湾区特有的历史文化标志和国家海防符号。

（五）加强队伍建设。广东省文化和旅游厅在全国率先增设革命文物处，广东省文物考古研究院成立革命文物研究所，15 个地市、34 个县（区）设置文物局，广州、韶关、茂名、潮州等地文旅部门相继成立革命文物科，夯实了革命遗址保护管理人才队伍。在省级国土空间规划中明确要加强近代革命及红色文化遗产的保护、传承和利用，重点开展革命遗址群整体保护利用，将红色革命遗址保护利用纳入城乡历史文化保护传承体系。加强对革命文物的日常巡查、执法检查、消防安全排查，开展文物保护单位挂牌管理，逐级落实文物安全责任，以责任落实促工作落地。

二、铸魂育人，擦亮革命文物研究利用广东名片

（一）深化系统研究。加强“四史”相关物证征集与研究，对我省主要历史阶段的重要线索、革命文物、精神实质进行系统性挖掘和研究利用。形成《广东省长征文物保护利用调查研究报告》，摸清了广东省长征文物保护利用情况。积极开展抗战文物调研及鉴定工作，坚持“以物为证，以史为鉴”，摸清抗战文物家底、厘清抗战历史脉络、强化抗战文物鉴定，当好抗战文物的“拂尘者”。在国家文物局的指导下形成《香港革命文物保护利用状况调研报告》，进一步摸清了香港革命文物保存利用现状。《岭南的记忆（红色交通线）》《广东抗日战争志》《中共三大历史资料汇编》《重返杨匏安烈士在广州的历史时空》等革命文献档案史料、口述材料不断丰富。举办“英雄城市 红色印记”系列学术研讨活动，填补国内中共三大历史研究空白。开展“革命文物服务党史教育常态化长效化”等系列课题研究，进一步深挖革命文物蕴含的思想内涵和时代价值。

（二）提升展陈水平。策划一批主题突出、导向鲜明、内涵丰富的革命文物陈列展览精品，宣传贯彻党的二十大精神主题展览的 3 个项目入选中央建党百年精品展览推介名单。在毛泽东同志诞辰 130 周年之际，农民运动讲习所旧址纪念馆举办了“中国出了个毛泽东”展览。广州革命历史博物馆对原陈列展览进行全面改造升级，推出“红色广州 英雄城市—广州革命历史陈列”展览。在香港回归祖国 25 周年之际推出“广九铁路 111 周年展”，为全国第一个全面展示广九铁路历史的专题展览。“红色热土 不朽丰碑——中国共产党领导广东新民主主义革命历史展”受到观众热捧，观众总量超过 30 万人次。打造“广东网上红色展馆”“红色印迹线上展馆”，实现“一

图通览、一键导航、一码参观”三大功能。

（三）打造红色精品。推出中共三大题材话剧《春园 · 1923》，以舞台艺术的方式再现中共三大会议的传奇 9 天，赓续共产党人精神血脉。爱国主义题材舞剧《沙湾往事》荣获中宣部“五个一工程奖”和中国艺术节“文华大奖”，讲述“中国核潜艇之父”黄旭华事迹的话剧《深海》、港珠澳大桥建设故事的话剧《龙腾伶仃洋》等入选 2022 年中宣部“五个一工程”公示名单；2 部作品获 2022 年第十七届文华导演奖、文华表演奖，获奖数量并列全国第一。推出原创沉浸式话剧《1927 永远的红色》，是全国博物馆行业创作的首部沉浸式话剧，通过文艺作品传承红色基因、记录伟大时代。

（四）强化教育功能。举办二届“红心向党 · 革命故事会”，全省 21 个地市 40 多万名中小学生踊跃报名参与。举办“讲好红色故事 传播广东声音”全省讲解员大赛、“赓续红色血脉 培育时代新人”红色讲解员进校园、“百名红色讲解员讲百年党史”百场宣讲等活动，开展“少年传承中华传统美德——寻访红色足迹”等主题教育活动。组织中小学生到革命历史遗迹、爱国主义教育基地、革命烈士陵园参观访问，感受革命情怀，弘扬革命精神。组织 7 家国家“大思政课”实践教学基地，打造系列红色文化研学课程，以红色文化培根铸魂，推进红色文化焕发生机。

三、文旅融合，广东革命文物事业出圈出彩

（一）提升红色旅游发展质量。提升 13 家全国红色旅游经典景区服务品质、丰富产品体系，2023 年中秋国庆假期，广东省 13 家红色旅游经典景区累计接待游客 181.9 万人次，同比增长 76.9%，较 2019 年增长 2.2%；大力推动红色旅游景区创 A，2022 年以来新增 8 家 3A 级以上红色旅游景区；打造“红色旅游 + 体系”，促进红色旅游与乡村旅游、研学旅游、生态旅游融合发展，打造红色主题文化旅游特色村、红色主题乡村旅游精品线路，助力乡村振兴；整合红色资源，全方位打造 10 条省级红色旅游精品线路，其中 3 条入选国家“建党百年红色旅游百条精品线路”，让游客在游览中厚植家国情怀。

（二）打造文化遗产游径。系统梳理我省文物资源，有效串联历史文化遗产、文保单位、A 级旅游景区等，打造了 70 条可观、可游、可研的省历史文化游径，建设具有国际影响力的文化旅游带；以人文历史和自然资源为纽带，将粤港澳三地的历史文化遗产进行有效串联沟通，打造了 44 条粤港澳大湾区文化遗产游径，为粤港澳大

湾区世界级旅游目的地建设增添新动能。梳理全省考古资源，选取具有开放能力、旅游发展功能或潜力的考古资源项目“串珠成链”，2023 年公布了 4 条考古游径线路，广东省游径总量增至 118 条，实现考古成果面向社会、走近大众，成为赓续红色血脉的新桥梁。

（三）打造“粤游粤红”品牌。举办粤游粤红——首届广东红色旅游季暨“重走长征路”活动。组织 21 个地市旅游团、粤港澳大湾区自驾游车队和徒步游团队参与“打卡广东红”广东省红色旅游季精品线路“百团游、百车游、徒步游”活动，广州、深圳、惠州、韶关等市也相继举办了红色旅游季系列活动，形成全省上下打卡红色景点、瞻仰革命圣地、重温红色历史、感悟红色精神的热潮。拍摄“粤游粤红”广东省红色旅游宣传片，在广东卫视、大湾区卫视黄金时段播出，宣传推介我省红色资源。推出《行进大湾区》（活力文旅）、《广东红色印迹》《南粤名城》《文脉春秋》等专题宣传片。推出《广东红色文旅护照》《广东红色地图》《广东红色印迹图册》等宣传图册，制作《红色传奇》《广东省不可移动革命文物通览》等红色书籍。

筚路蓝缕启山林，栉风沐雨砥砺行。广东将继续以习近平新时代中国特色社会主义思想为指导，统筹推进革命文物保护利用与红色旅游深度融合，为革命文物事业高质量发展贡献广东力量。

用延安精神推动陕西革命文物事业高质量发展

陕西省文物局　马宝收

陕西是红色热土，是延安精神的发源地，是毛泽东思想的形成地，党中央在这里领导中国革命从胜利走向胜利，在陕西留下了类型齐全、数量众多、序列完整、内涵丰富的革命文物资源。截至目前，陕西共公布两批革命文物名录，不可移动革命文物1141处、可移动革命文物41226件（套），共有各类革命纪念馆76座，依托革命文物的全国爱国主义教育示范基地13处，国家级抗战纪念设施、遗址10处。拥有陕甘、陕甘宁、长征和川陕四个革命文物保护利用片区。

近年来，在国家文物局的悉心指导下，在省委省政府的正确领导下，陕西站在守护中国革命精神标识的高度，坚定不移的以习近平总书记关于革命文物工作的重要指示和瞻仰延安革命纪念地时的重要讲话为遵循，以“保护第一、加强管理、挖掘价值、有效利用、让文物活起来”的新时代文物工作要求为指引，用心用情用力推动全省革命文物保护利用工作。围绕革命文物保护利用，守护精神标识、赓续红色血脉，在夯实基础工作、加大保护力度、拓展利用途径、提升展示水平、创新传播方式等方面做了一些有益的探索。

一、坚定正确的政治方向是做好革命文物工作的根本指引

一是不断提高政治站位。高规格召开全省革命文物工作会议，学习传达习近平总

书记关于革命文物工作的重要指示和瞻仰延安革命纪念地时的重要讲话精神。成立由省委常委、省委宣传部部长和省政府分管副省长任组长的革命文物工作领导小组，省委宣传部与省文物局联合推动革命文物保护利用工程，省文物局与省委党史研究室建立合作机制，印发《关于加强革命文物保护利用弘扬革命文化的通知》。

二是革命文物管护力量有效增强。在省文物局增设革命文物保护处，延安设立副厅级建制革命纪念地管理局，西安、咸阳、铜川和榆林 4 市设立革命文物处（科），其他市县结合实际加强机构及人员配置。

三是持续加强法律法规建设。颁布实施《陕西省革命文物保护利用条例》《陕西省延安革命旧址保护条例》《铜川市陕甘边根据地照金革命旧址保护条例》，夯实法律保障。扎实推进《陕西省陕甘（陕甘宁）片区革命文物保护利用规划》《陕西省川陕片区革命文物保护利用规划》《陕西省长征文物保护总体规划》等专项规划以及多个革命旧址保护规划编制。启动编制中共中央转战陕北、川陕红色交通线、红色青年奔赴延安等三条革命文物主题游径建设方案。编制《陕西省革命文物保护总体规划》，构建点、线、片贯通的革命文物保护利用格局。

二、解放思想、实事求是是夯实革命文物工作基础的根本保障

一是积极探索革命文物调查工作经验。历时两年，由十余家科研院所及高校的 200 余人共同参与的革命文物资源调查，共调查革命史迹、实物和纪念设施 2203 处，调查新发现革命相关史迹、实物和纪念设施 805 处，并将其中 277 处按程序认定为不可移动文物。集中组织开展革命文物征集和认定，一大批具有重要价值的革命文物入藏纪念馆。“为有源头活水来——陕西省不可移动革命文物调查展”走进西安美院、西北大学、陕师大和陕西荣誉军人康复医院。探索形成调查与革命文物保存现状检查相结合、与文物本体全维度信息采集相结合、与革命文化弘扬传承相结合“三个相结合”为主要内容的“陕西做法”。

二是整合力量不断深化革命文物内涵研究。高校、科研院所、文物、宣传、党史、教育、退役军人事务等部门汇聚研究力量，组建“陕西革命文物保护利用专家库”，加强革命文物内涵研究、保护、展陈等方面协作与研究，规范讲解服务，把好讲解词审核政治关、史实关、保密关。

三是横向联合推动片区保护利用。与甘肃、宁夏、内蒙古、四川、重庆签署片区革命文物保护利用战略合作协议，合力推动片区革命文物保护利用水平提升。完成国

家文物局《革命文物保护利用片区工作指南》研究课题，服务全国片区建设。特别是，开展学习贯彻习近平新时代中国特色社会主义思想主题教育以来，按照“学思想、强党性、重实践、建新功”总要求，围绕革命文物保护利用在全省各市以及甘肃、重庆等地开展调研，完成调研报告 2 篇，联合省委宣传部在 2023 年陕西省社会科学基金设立“革命文物保护利用研究”专项项目 5 个。

三、全心全意为人民服务是做好革命文物利用工作的根本目标

革命文物是革命文化的物质载体，是激发爱国热情、振奋民族精神的深厚滋养，是中国共产党团结带领中国人民不忘初心、继续前进的力量源泉。在运用好革命文物资源方面：

一是持续推进革命场馆布展开放。分批支持南泥湾、洛川会议、东征会议等已完成保护维修工程和具有开放潜力的革命旧址实施陈列布展，推动旧址对外开放。指导延安革命纪念馆、南泥湾大生产纪念馆、“三战三捷”纪念馆陈列布展，实施 89 个革命文物类展陈提升项目，全省免费开放革命旧址、纪念馆超过 200 处。

二是积极打造革命文物精品展览。累计举办彰显中国革命精神标识主题展览 900 余个，3 个展览获全国博物馆十大陈列展览精品或优胜奖。

三是积极探索革命文化传播新路径。打造全国首个“互联网 + 革命文物”教育平台及线下体验中心。遴选 100 处革命纪念馆及革命旧址，推出“红旗漫卷——陕西革命旧址云上展”，拍摄《延安·延安》系列红色故事短视频，双双荣获全国革命文物保护利用十佳案例。编著出版《走进红色纪念馆》系列丛书和《陕西红色印迹》地图，在党史学习教育中发挥了积极作用。

四是充分发掘革命价值服务思政教育。扎实开展革命传统教育“七进”活动，积极推动革命文化进校园进课堂，开展全省“革命文物开学第一课”“小八路生活体验”等活动。加强革命文物馆校合作，联合省委宣传部组织来自北京大学、中国人民大学、西北大学等省内外 10 所高校，举办“新时代青年延安行”社会实践教学，联合省委教育工委举办“革命文物融入高校思政教育培训班”，推动革命文物融入学校思政教育。革命文物资源在加强和服务新时代高校思想政治教育方面作用有效彰显。

四、自力更生、艰苦奋斗是做好革命文物管理工作的内在要求

一是多措并举，持续加大经费保障。加大革命文物保护专项资金投入，近五年，

中省财政累计投入约 5 亿用于革命文物保护，以凤凰山、枣园、杨家沟革命旧址为代表的一大批革命文物得到妥善维修，加大革命文物安全防控建设资金投入，增设安全监控系统，实施安防、技防和消防项目 17 项。延安鲁艺革命旧址东西山维修保护工程荣获“全国革命文物保护利用十佳案例”；西北局革命旧址抢险加固工程荣获“全国革命文物保护利用优秀案例”。

二是立足防患，持续用力预防性保护管理。牢固树立预防性保护理念，编印《革命文物工作法规汇编》《革命旧址日常管理工作手册》，在杨家岭革命旧址试点开展预防性保护相关技术研究。开展馆藏革命文物保存现状评估，改善库房环境，在延安和汉中设立“革命文物保护修复工作站”，对部分珍贵藏品进行抢救性修复。从文物修复、预防性保护、人才培养等方面对基层提供支持。

三是坚持整体保护，切实维护旧址风貌。出台《关于加强全省革命文物保护修缮的措施》，统筹抢救性保护和预防性保护、本体保护和周边保护、单点保护和集群保护，坚决杜绝旧址维修及环境整治中出现贪大求洋，背离革命精神的错误现象。结合革命文物保护利用片区（长征片区）工作部署，全面推进长征国家文化公园文物管护工作。志丹长征文物保护展示及环境整治项目、红军在甘泉长征历史步道示范段建设项目已基本完成。

四是用情用心助力老区发展。坚持“在保护中利用，在利用中保护”的思路，探索革命文物活化利用新路径，鼓励革命场馆跨界合作开发文创产品，依托延安清凉山、西北局、桥儿沟等革命旧址窑洞，打造青少年研学、干部教育基地，服务公共文化建设及乡村休闲旅游等。深入挖掘革命文物蕴藏的时代价值，推动革命文化相关产业发展，在蓝田、凤县打造了葛牌线、重走两当兵变路、重走培黎西迁路等红色旅游品牌线路，助力乡村振兴，《延安保育院》《12 · 12》等精品红色文艺演出推动文旅融合。

我们将深入学习贯彻习近平文化思想以及习近平总书记在瞻仰延安革命纪念地时重要讲话精神，以习近平总书记关于文物工作重要论述精神为根本遵循，坚持新时代文物工作要求，保护好、管理好、运用好陕西革命文物资源，守护好中国革命的精神标识，赓续红色血脉、传承奋斗精神，为革命文物工作高质量发展贡献陕西力量。

赓续红色血脉　守护精神家园
努力建设革命文物国家文物保护利用示范区

延安革命纪念地管理局　兰爱平

延安是中华民族的圣地，中国革命的圣地，新中国的摇篮。黄帝陵是中华文明的精神标识，5000 多年前轩辕黄帝在这里开启了华夏文明的曙光。距今约 4500 年的芦山峁遗址属于超大型史前中心聚落遗址。从远古到近现代，延安是东西方文化和民族融合的交汇地，为中央红军落脚延安、发展壮大提供了丰厚的文化沃土。延安宝塔是中国革命的精神标识，党中央、毛主席等老一辈革命家在这里战斗生活了十三个春秋，确立了毛泽东思想在党内的指导地位，取得了抗日战争和解放战争的伟大胜利，培育了光照千秋的延安精神，留下了大量弥足珍贵的红色资源。全市现有革命旧址 445 处，其中全国重点文物保护单位 23 处、省级文物保护单位 146 处；革命类纪念馆 19 座，馆库藏革命文物 43673 件（套），其中一级文物 231 件（套）；全国爱国主义教育示范基地 13 处，国家级抗战纪念设施、遗址 6 处。

近年来，我们深入学习贯彻习近平总书记历次来陕考察重要讲话重要指示精神和关于文物工作重要论述，牢记总书记“延安革命旧址是一本永远读不完的书”的嘱托，在国家文物局的精心指导下，省委省政府的大力支持和市委、市政府的坚强领导下，围绕将延安建成“守护中国共产党人精神家园的示范城市、传承弘扬延安精神的革命圣地、彰显红色文化的中国革命博物馆城和助推革命老区振兴发展的重要典范”的目标，持续强化保护管理、创新文物活化利用，探索形成了“六项机制抓保护、六个融合促发展”的革命文物保护利用延安做法。

一、坚持“六项机制抓保护”，全力打造中国革命博物馆城

一是建立法规保障机制，依法推进保护利用。配合省、市人大常委会出台《陕西省延安革命旧址保护条例》《延安市实施〈陕西省延安革命旧址保护条例〉办法》等，设立革命文物保护巡回法庭。编制《延安革命旧址群保护利用规划》等，统筹革命文物保护规划与国民经济和社会发展规划、国土空间总体规划等有效衔接。

二是创新管理体制机制，提升文物治理效能。成立延安革命纪念地管理局和市文物局，实行“两块牌子、一套机构”管理机制。围绕部分重点文保单位和红色资源集中区域，设立专职管理单位。各县（市、区）均挂牌成立文物局，设立文物保护中心。出台《聘用制讲解员管理办法》，打造全国一流讲解员队伍。延安革命纪念馆白婷获得全国博物馆讲解员大赛一等奖第一名。

三是健全整体保护机制，维护旧址历史风貌。统筹推进老城改造和新区建设，先后投入128.71亿元，动迁7.6万户、28.9万人，完成宝塔山、清凉山等旧址周边环境提升项目。实施桥儿沟、西北局革命旧址等片区保护项目，有序推动革命文物连片保护、整体展示。累计投入3.55亿元，维修保护107处市级以上文物保护单位，革命文物历史真实性、风貌完整性和文化延续性得到有效呈现。

四是完善安全长效机制，筑牢文物安全底线。夯实文物安全责任，落实直接责任人公告公示制度。加大督查巡查力度，推动文物行政执法督查常态化、规范化。实行部门联动，联合公安、法院、检察院、应急管理、气象等部门开展打击文物犯罪、司法保护、防恐演练和气象灾害预警等工作。积极推进革命旧址安全监管平台建设，聘用群众文保员和安保员991人，文物安全“三防”能力稳步提升。

五是实施共建共享机制，实现多元合力保护。认真落实习近平总书记“用延安精神滋养初心”的重要要求，加强与从延安走出去的历史沿革传承单位沟通联系，全力配合国家有关部委、高校等来延开展寻根溯源活动。目前与中纪委、中组部、中宣部、中央党校、中国人民大学等100多个历史沿革传承单位建立对口援建、宣传研究等共建共享关系。

六是构建立体展示机制，提升布展陈列水平。按照“综合博物馆＋专题类纪念馆＋旧址”展示方式，重点实施延安革命纪念馆一级博物馆改陈布展，完成延安博物馆、延安文艺纪念馆、抗大纪念馆、南泥湾大生产纪念馆等场馆建设。加快县（市、

区）博物馆和行业特色馆建设，实现各县（市、区）博物馆全覆盖，市政协文史馆、延安中学教育史馆等特色馆建成开放。宝塔区陕北历史文化陈列馆、延长县民俗博物馆等一批非国有博物馆建成运营。

二、创新文物活化利用，加快赋能革命老区高质量发展

一是注重革命文物与教育培训融合，打造红色教育培训高地。开展群众性主题宣教活动，承办 2019 年“文化和自然遗产日”主场城市活动，举办“5 · 23 讲话”、延安“10 · 15”艺术节等系列活动。发挥延安“大学校”作用，党的十八大以来累计承接培训 2 万余班次，培训党员干部 104.3 万人次。坚持革命文物融入大思政教育，打造“延安精神进校园”工作品牌，成立“延河高校人才培养联盟”。建立国防现场教学基地，培训部队官兵和武警 30 余万人次。延安已成为全国人民重温峥嵘岁月、共谋民族复兴，全国党员干部寻找初心使命、坚定理想信念，全国青少年传承红色基因、厚植爱国情怀，全国部队官兵继承双拥传统、铸牢强军之魂的教育培训基地。

二是注重革命文物与文化旅游融合，促进现代服务业健康发展。聚焦全域旅游，将革命文物与景区建设有机融合，延安革命纪念地成功创建国家 5A 级旅游景区。将革命文物与自然风光、历史文化遗产等有机融合，打造延安红色之旅等十大精品旅游线路。将革命文物融入长城、长征和黄河国家文化公园建设，打造集革命文化、历史文化、自然风光为一体的国家文化公园。五年来累计接待游客 2.5 亿人次，实现旅游综合收入 1600 亿元。

三是注重革命文物与乡村振兴融合，助力全面推进乡村振兴。用好“延安”“南泥湾”等金字招牌，提升苹果、小米等特色产业附加值，延安苹果六上“天宫”，延安小米、洛川苹果等农副产品畅销全国。按照“有址可寻、有物可看、有史可讲、有事可说”思路，积极发展“红色 + 农业”“红色 + 研学”模式，努力把红色资源优势转化为群众增收致富的产业优势，甘泉县象鼻子湾村等 22 个村入选中组部全国红色美丽村庄建设试点。

四是注重革命文物与城市建设融合，城市品质不断提升。坚持“在保护中发展、在发展中保护”原则，实施老城改造、旧址周边环境整治和新区建设。依托红色资源，打造“圣地河谷 · 金延安”“万达红街”“南泥湾红色小镇”等红色主题街区。在城市建设管理中，凸显红色革命元素，营造革命文化浓厚氛围。成功创建全国文明城市、国家卫生城市、全国双拥模范城市等。

五是注重革命文物与社会事业发展融合，民生福祉持续增进。传承弘扬延安时期党的优良传统，推动教育、医疗、文化等各项社会事业稳步发展。坚持用延安精神教书育人，2019年整市通过国家义务教育基本均衡县评估认定和“双高双普”验收。传承白求恩精神，深化医疗卫生改革，持续推进健康延安建设。依托丰富的红色资源优势，实施文化惠民工程，人民群众获得感幸福感安全感不断提升。

六是注重革命文物与历史文化遗产传承融合，城市文化底蕴更加厚重。围绕“中国革命圣地、历史文化名城”城市定位，统筹实施革命文物与历史文化遗产整体保护、有效利用，黄帝陵国家文化公园和芦山峁考古遗址公园加快建设，清凉山万佛洞石窟等5处“国保”石窟数字化保护取得显著成效，革命文物独特价值持续彰显，历史文化遗产焕发时代光彩。

新时代新征程，我们将以建成革命文物国家文物保护利用示范区为新的起点，始终牢记习近平总书记“延安革命旧址是一本永远读不完的书”的殷殷嘱托，坚持新时代文物工作要求，更好统筹文物保护和经济社会发展，推动文物事业高质量发展，为奋力谱写陕西新篇、争做西部示范增光添彩贡献延安文物力量。

胸怀国之大者 结合现实讲好党的故事

延安革命纪念馆　刘妮

党的十八大以来，以习近平同志为核心的党中央高度重视革命文物工作，给予革命文物新的历史起点上顶层设计与高位规划。习近平总书记先后来陕回延考察六次，发表重要讲话重要指示，勉励广大文博工作者要弘扬伟大建党精神，弘扬延安精神，讲好党的故事，为实现中华民族伟大复兴的中国梦而不懈奋斗。习近平总书记鼓励文博工作者坚定文化自信，坚定历史自信，立足中华民族伟大复兴的国家战略，自觉扛起“红色血脉”传承人、“民族根脉”守护者的使命担当，为守护好中华精神家园，传播好中国精神做出新作为。

面对传统与现代，科技与创新，革命文物、革命文化如何传承与发展，以科研守正，科技创新为新路径，理清根源，强根固体，为现代文明贡献红色力量，将成为新时代革命文物高质量发展的重要任务。

一、坚持研究阐释，结合现实讲好党的故事

党的二十大闭幕后，习近平总书记带领新一届中共中央政治局常委瞻仰延安革命纪念地，参观延安革命纪念馆《伟大历程——中共中央在延安十三年历史陈列》并发表重要讲话：“延安是中国革命的圣地、新中国的摇篮……党中央和毛泽东等老一辈革命家在延安生活和战斗了 13 年，领导中国革命事业从低潮走向高潮、实现历史性

转折，扭转了中国前途命运”，号召全党继承和发扬延安时期党形成的革命传统和优良作风，弘扬革命精神，弘扬延安精神，结合现实讲好党的故事。

习近平文化思想是习近平新时代中国特色社会主义思想的文化篇，为新时代新征程宣传思想文化工作提供了科学行动指南。革命纪念馆是贯彻习近平文化思想的主阵地，一言一行关乎大国形象，要胸怀国之大者，不断提升学术研究与阐释，加强社会教育能力和水平，增强讲好中国故事的政治责任感和文化使命感。

一是结合现实讲好党的故事，让历史照耀现实，启示未来。纵观古今中外，越是政治紧张的时刻，越是文化发声的时候，文化越是显示出青春的涌动、青春的活力。80 多年前，年轻的中国共产党人历经挫折到达陕北，又面临民族危机更大的困难，在国共内战 10 年完全失语的困境下，凭借外宣打开了国际对话，自树形象，屹立于国际政治舞台。延安十三年成功地获得国际话语权，推动中国革命从由低潮走向胜利的重大转折。究其原因是，我们的老一辈革命家、政治家，他们首先是讲故事的高手。延安是中国共产党作为世界最大执政党成长壮大一路走来的奥秘所在，尤其是在“两个结合”的基础上创造性地提出了马克思主义中国化的重大命题，实现了马克思主义中国化的第一次历史性飞跃，为中国式现代化积累了宝贵的经验和历史基础。如今，在世界百年未有之大变局当中，要认识中国的奇迹，要了解中国式现代化为什么能够发展成功，中国道路自信、理论自信、制度自信、文化自信，都能在延安找到答案。要了解中国共产党为什么能、中国特色社会主义为什么好、马克思主义为什么行，延安遍地都是“金钥匙”；要了解中国共产党的过去、现在和未来，延安 4 万多件革命文物，445 处革命旧址都在总结历史，启示未来。把革命旧址当作“教室”，文物史料当成“教材”，延安得天独厚，就看我们如何讲准故事、讲好故事。

二是结合现实讲好党的故事，优化话语体系，展现好中国形象。革命场馆在以往工作中普遍存在只讲历史，不讲现实；只讲什么是什么，不讲之所以为什么，使革命文物局限于历史的教科书里，而不能映照现实，关照未来。为此，我们要从文物表象到内在进行深度研究，深挖革命文物背后的文化内涵和精神价值，让每一件文物、每一部红色经典升华出思想的火花、理论的规律、历史的必然。讲好故事也绝对不是说教式、口号式，考验新时代文博工作者对党史的通透研究和对新时代党的思想理论制度等建设的全面掌握。

新时代还赋予革命文物向外讲好中国故事的历史使命，党的二十大报告中指出：“坚守中华文化立场，提炼展示中华文明的精神标识和文化精髓，加快构建中国话语和中国叙事体系，讲好中国故事、传播好中国声音，展现可信、可爱、可敬的中国形象。加强国际传播能力建设，全面提升国际传播效能，形成同我国综合国力和国际地位相匹配的国际话语权。深化文明交流互鉴，推动中华文化更好走向世界。”革命文物走出去讲好中国共产党的故事，要求我们在国际传播中找准切口，优化叙事方式，创新叙事方式，形成真理要用真情讲、精神要用故事讲，国家政策通俗化、中国声音大众化的多样化、立体化的传播体系，以满足不同的外宣和对港澳宣介需求。例如，1936 年毛泽东在东征途中写下《沁园春 · 雪》所使用的陕北农家的普通小炕桌，在艰苦和惨淡背后折射出中国共产党、一代领袖面对挫折和牺牲时，发出强大文化自信和指示未来的历史见证。一幅抗战木刻版画，不仅讲述出令美国人叹为观止的“木刻帮助中国在战斗”的故事，以及硝烟战火中形成的中美同盟力量和共同友谊，还要从木版年画、印刷术本身讲到中华文化与世界文明交融互鉴，你中有我、我中有你的中华贡献。延安叙事其实就是中国叙事和国际叙事的话语载体，只要在“优化”上做足文章，则延安故事大有可为。

如今，中国式现代化发展日新月异，世界国家有目共睹，但是我们却受到误解、曲解和歪曲，在自树形象上受到围堵，我们的确是“有本事做好中国的事情，还没有信心讲好中国的故事”。革命纪念馆要有时不待我的危机意识，坚定文化自信，让革命文物里的大国理论、大国方略通过故事走向世界。

三是结合现实讲好党的故事，站位国家需要，策划好精品展览。习近平总书记指出：“要打造精品展陈，坚持政治性、思想性、艺术性相统一，用史实说话，增强表现力、传播力、影响力，生动传播红色文化。”革命纪念馆要坚持守正创新，以科研力量为基础，不断结合新时代党的战略需求策划主题展览，让历史为现实服务。近年来，延安革命纪念馆立足党中央关于从严治党、开展党史学习教育等要求，深入领悟精神要义，用心打造“铸魂——延安时期的从严治党”“强基——延安时期党的组织建设”等原创展览，为推进全面从严治党、加强党的建设为广大党员干部专题教育提供新课堂，成为前来延安学习的广大干部的必选新看点。特别是 2021 年，延安革命纪念馆在深度研究与挖掘的基础上，首次以专题形式推出“伟大历程——中共中央在延安十三年历史陈列”主展览，献礼建党百年，荣获“第十九届（2021 年度）全国博物馆十大陈列展览精品推介十大精品奖”。这是继建馆以来的第 10 次陈改，同时也被写进党的二十大闭幕后，新一届中共中央领导集体回延赓续红色血脉、传承奋斗精神的特殊历程中。

此外，近年来延安革命纪念馆一直将“延安精神永放光芒”等专题展览作为流动展走向全国，在各大中小城市陆续展览。主题不变，内容随时更新，有针对性地实施展览工程，全面贯彻落实习近平总书记“坚持不懈用延安精神教育广大党员、干部，用以滋养初心、淬炼灵魂，从中汲取信仰的力量、查找党性的差距、校准前进的方向”的重要论述。

延安精神从大的方面讲是民族精神和国家信仰的精神概括，落实在人的个体上，就是一个人的理想与信念，是人的精神与价值观。面对农村扶贫攻坚工作，延安革命纪念馆在洛川县老庙镇建立了延安市首个乡镇延安精神展览馆，将延安时期劳模的故事、领袖的故事讲给基层老百姓听，把延安精神作为扶思想、扶观念、扶信心的扶志思想工作，让延安精神在乡村经济建设中，在巩固脱贫攻坚工作中绽放时代光芒。

四是结合现实讲好党的故事，创新窑洞布展，提升观展体验。延安窑洞出马列，延安窑洞出真知。习近平总书记指出“延安革命旧址见证了我们党在延安时期领导中国革命、探索马克思主义中国化的光辉历程，是一本永远读不完的书。”为破解延安革命旧址窑洞展览狭小、不通风等诸多局限性因素，延安革命纪念馆将人才的组织贯穿始终，党史专家、建筑专家、艺术家等综合发力，从土建到布展，用科技还原历史，对窑洞最少干预的办法进行辅助陈列，形成了政治与艺术、内容与形式的密切统一的沉浸式观展体验，呈现出艰苦与辉煌的布展语言。

五是结合现实讲好党的故事，创新讲解制度，打造红色文化讲解品牌。在制度层面上，为讲好党的故事，延安革命纪念馆倡导实施红色文化讲解品牌工程，率先试行馆长讲解、五星挂牌讲解制度，通过网上预约讲解，加大游客评分考核权重等方式，把讲解水平的高低从自己评定或行业鉴定推广到全社会考核中，把高水平的讲解作为弘扬延安精神、吸引观众自主接受革命传统教育的核心竞争力，以此来强化讲好党的故事、讲好革命故事的激励措施，也从制度层面上提升全社会对革命文化的认同感。

六是结合现实讲好党的故事，加强队伍建设，培育讲好党的故事的人才。列宁曾说：“应该珍视每一个专家，把他们看作技术和文化的唯一财富。”科研守正，归根到底就是考验博物馆的综合实力，体现在藏品研究、展览策划、宣教推广等规范性与专业性领域内，更重要的是体现在人才队伍的软实力上。因此，不断培育人才梯队，以“文物＋人才”的形式“领跑”革命文物保护与利用，培育“文博学科型人才”，以专业的知识、敬业的品质，为革命文物高质量发展发挥主力军作用。倡导革命纪念馆要始终以“弘扬革命精神”为己任，坚持科研兴馆，以科研促发展，全力提升博物馆的综合研究实力。20 世纪 70 年代起，延安革命纪念馆一批年轻的研究型宣教工作者将毛泽东思想和共产党领导革命胜利的经验传播到全国各地和世界社会主义国家。90 年代起，以“讲、唱、跳”相结合的延安精神宣讲团自树形象，自带流量，从阵地再度走向全国。进入新时代以来，这支“轻骑兵”继承传统，刻苦钻研，守正创新，用心用情用力以讲好新时代延安故事为己任。70 多年来，延安革命纪念馆一直坚持以人才为生产力，重视研究、重视传承，形成择一事而终一生、老中青相结合的研究型队伍和一馆三代共岗位的独特人才构架，为传承革命文化奠定持续的人才基础。

未来，挖掘、阐释、研究革命精神，讲好中国故事，人才是第一资源，科研永远是生产力。建议革命纪念馆争取一切条件引进高素质、紧缺型人才，培育能吃得了苦、耐得住寂寞的研究者、守护者，久久为功，不断提高红色文化的研究水平和挖掘能力，为文博事业高质量发展打好人才基础。

二、坚持守正创新，让文物“活起来”

革命文化是中华五千年文明历史长河中一颗璀璨明珠。党的二十大报告提出“弘扬革命文化”“坚持以文塑旅、以旅彰文，推动文化和旅游深度融合发展”，为文旅融合发展指明了方向，指出了新路。对历史最好的继承就是结合现实推动中华优秀传统革命文化进行创造性转化和创新性发展，而科技创新是新时代推进革命文物传承运用、革命文化融入人民生活、让文物活起来的重要手段。

让文物活起来不仅是创新革命文物的传承方式，运用科技手段呈现革命历史，用中国话语阐释革命精神，同时这种科技创新应赋予博物馆“造血”功能。针对革命类场馆普遍存在的重社会公益无经济效益，大多没有配套的文化创意产品和可供游客消费体验的文化项目，游客存在“空手进、空手出”、无造血能力等现象，倡议有条件的革命纪念馆通过设立文化产业公司，实施“文物＋科技”战略，实施“红色＋”文旅融合项目，运用 AR、VR 等高科技虚拟基础，讲好文物的故事，增强观众感官与思想的深度获得感，让展柜里的静态文物“活起来”。大力打造并推广具有深刻红色文化内涵的实体文创、数字文创等产品，完善红色主题食宿 IP 服务，打造集产教融合、研学体验等为一体的红色文旅多产值收益，提供多消费渠道，延长观众停留时间，实现引得来、留得住、带得走，达到革命纪念馆、革命文物社会效益与经济效益双赢的新局面，真正实现革命文化通过文物融入人民生活中，展现出革命文化的时代风采。比如，延安鲁艺文化中心与中国文联、中国美协合作共建的“延安版画艺术中心”项目新模式，集产教融合、艺术实践、干部培训、研学体验等为一体，实现了红色文旅多产值收益，为讲好延安故事，落地文化项目，实现文旅融合，为革命纪念馆造血赋能、文旅融合发展率先走出示范性的第一步。

进入新时代，就是进入文物数字革命的大时代。革命纪念馆要充分把握时机，紧跟时代潮流，用科技赋能发展，推动数字时代的革命文物保护利用工程，从而不断提升革命文化的传播能力建设。打造“互联网 + 革命文物”教育平台，推广革命文物线上展示平台，推出全景网络数字展览，这些都是筑牢革命精神教育新阵地，充分利用5G、区块链、大数据、云计算等新技术，探索数字博物馆的“元宇宙”空间，运用科技手段还原“重大历史事件、时代人物面貌”，全面提升展陈效果与体验。并在展馆设置N个观众参与和互动区，在增强数字化的人文关怀中宣传中国共产党人的精神谱系，形成对红色文化的主流共识。

三、坚持馆校合作，推进“大思政课”走深走实

为了深入贯彻落实习近平总书记重要指示精神，用好红色资源，赓续红色血脉，进一步推进革命文物资源与新时代高校思想政治工作融合发展，要在“育人”上下足功夫，精心设计一校一课、纪念馆里的思政课，高校里的“同上一堂课”等精品课程，促进知史爱党、知史爱国的思政课走实走深。

近年来，延安革命纪念馆将革命文物与红色艺术教育、当代高等教育、强军文化建设等相结合，推出了“延安红色艺术教育与中华民族伟大复兴”“音乐厅里的思政课：当冼星海‘遇到’马克思”“不朽的经典——80年前的青年如何为时代发声”“延安与中国青年”等一系列点与面相融合，融学术性、艺术性、理论性为一体的思政课，被北京高校称之为“思政课的榜样”。

目前，高校思政课程普遍存在的瓶颈，即存在宣念教科书本走过场现象，也存在虽然重视也讲不好的被动局面，这正是馆校融合发力，发挥革命文物资政育人的大好时机。有条件的革命纪念馆应充分发挥与高校革命文物协同研究中心的平台，尤其在“育人”上强协同，针对重点群体，拓展教育功能，打造精品课程和精品样板推向全国，发挥榜样带动作用。

总之，革命纪念馆作为党和国家的红色基因库，是见证革命历史，赓续红色血脉，传承红色基因的教育基地。弘扬伟大建党精神、弘扬延安精神等中国共产党人精神谱系，是我们应有的政治责任和文化使命，我们要勇于立足科研，立足创新，结合现实讲好党的故事、革命的故事、英雄的故事，为实现中国式现代化贡献文博力量！

弘扬东北抗联精神
推进革命史迹展示新探索

辽宁大学考古文博学院　金旭东

党的十八大以来，习近平总书记多次对传承和弘扬革命文化作出重要指示，东北抗联精神是中国共产党革命精神谱系中的重要组成部分，东北抗联遗址是东北抗联精神的物质载体，我们要保护好、利用好东北抗联遗址的红色资源，发挥好东北抗联遗址的红色教育价值，传承红色血脉。

一、工作概述

（一）遗址概况

红石砬子抗日游击根据地遗址位于磐石市区西侧 20 公里处，磐伊公路北侧的红石砬子山区，1932 年杨靖宇在此组建东北人民革命军，建立了抗日游击根据地，1936 年改称东北抗日联军，随着斗争形势恶化，队伍逐渐向东部深山转移，红石砬子抗日游击根据地废弃。新中国成立初期，东北师大、吉林大学等对该遗址进行了调查走访，现遗址内的八家沟、生财沟等被公布为全国重点文物保护单位。

（二）考古工作

1. 考古调查

2021 年起，吉林省文物考古研究所采用遗迹导向的区域系统考古调查方法，确认了以红石砬子遗址为核心，外围分布大炕山、马鬃岭等小型密营的遗址群结构，在核心区发现各类遗存 3300 余处。基本明确了遗址群内部布局及功能结构，摸清了遗址群内不同类型遗迹的分布及功能。

根据抗联遗址多分布在山林地区，地表基本不见遗物，遗迹面貌尚可辨析，因此调查以区域系统调查方法基础上改进，由收集遗物信息为主变为收集遗迹信息为主。充分运用航测、卫星地图等空间技术手段，以奥维互动地图等应用软件为工具，记录地理信息点位、抗联遗迹类型、形制、地理环境等要素。根据实际地形划分调查采集区，队员在区块内在山间沿山势以“之”字形进行拉网式踏查，对途中所见遗迹进行记录。

2021—2023 年，吉林省文物局开展全省东北抗联遗址考古调查项目，目前完成吉林市、通化市两个抗联老区的调查。其中，吉林市发现 9552 处遗迹，磐石市遗迹数量 3724 处；通化市 15957 处；共计发现抗联遗迹 25509 处，调查总面积 2000 多平方公里。2024—2025 年，将完成白山市、延边朝鲜族自治州调查，形成吉林省抗联遗址清单，建立吉林省境内抗联遗址分布的时空框架。

另外，在遗址聚落形态方面，运用了聚落考古理念对抗联遗址进行分层级分析，包括抗联遗址群整体分布和功能研究、单个遗址内部布局功能研究、不同功能区内部不同遗迹的形制用途。

2. 考古发掘

2021 年至今，红石砬子遗址主要进行了三个地点的考古发掘工作，发掘结果表明，八家沟遗址为行政、保障机构，遗迹包含带火炕房址、半地穴式地窨子；遗物包含枪支弹药、毛笔、医用镊子等。小姚家沟遗址为单纯武装队伍，遗迹包含带火炕房址、半地穴式地窨子、大型室外平台、战斗工事；遗物包含武器弹药、陶瓷器等生活用品，铁铧、铁锄等生产工具。石人沟遗址为未完工状态，遗迹包含成排分布的半地穴式地窨子、未完工的大型房址。

考古发掘用实物说明了遗址为集生产、生活和武装斗争为一体的抗日游击根据地性质。

3. 价值特性

保存真实、完整的抗联时期的全国重点文物保护单位。红石砬子抗日根据地遗址是第八批全国重点文物保护单位，具有较好的真实性、完整性。

类型最完整的抗战文化系统。红石砬子抗日根据地由居址、岗哨、战斗工事、营地四大类遗迹层叠分布于各个沟谷，不同类型、不同性质的遗迹间存在一定组合关系。

遗址规模大、结构清晰，遗迹特征明显，是东北地区罕见的具有典型和系统性的综合抗联文化系统。

见证抗联重要时期的遗址与文物。红石砬子抗日根据地是东北抗日游击武装系统在反日游击队时期、东北人民革命军时期最重要的遗址，遗迹文物均见证了东北抗联早期兴起及逐步壮大的历史阶段，为东北抗联密营的成立背景、使用和废弃年代、形制特点等研究提供了重要的学术依据。

（三）博物馆建设工作

磐石市抗日斗争纪念馆成立于 2009 年，2015 年加入东北抗战遗迹联盟，隶属于磐石市文化广播电视和旅游局。原馆址位于磐石市经济开发区文化大厦，馆舍建筑面积 1800 平方米。新馆于 2022 年 9 月 18 日开馆，建筑面积 4896 平方米，展厅面积约 2600 平方米，馆内收藏丰富、内容翔实，是目前吉林省内展览面积最大的红色展馆。展馆依托磐石市丰富的红色资源，以实物、实景、实例、实事为载体，全面展现 1931—1945 年党带领东北人民英勇抵抗侵略的光辉历史以及不屈不挠的斗争精神。抗日斗争史共分五个部分，每个部分采用色调各不相同，共设置展柜 50 个，展出文物 278 件。

二、成果展示

红石砬子遗址考古工作是国内首次主动、科学、系统地对抗联遗址开展考古工作，经过两年时间红石砬子考古与磐石市抗日斗争纪念馆的协同发展新探索的过程中，逐渐摸索出革命史迹展示方法和理念。

（一）基础设施及标识解说系统搭建

顺应自然，点染自然。秉承保留原始道路、不破坏遗址本体和风貌的建设理念，修建展示步道，串联遗址点，为公众的参观游览提供线路指引与基础设施保障。标识解说系统构建，展现小姚家沟革命遗址承载的历史文化信息，增强遗址的可读性。

（二）MR 虚拟复原展示

在复原展示上跳出传统原址复原工作形式，采用全新的 MR 数字化技术，创新遗址展示手段。在佩戴专用设备后可进行推门、点击、拾取等互动动作，配合语音讲解，真实再现东北抗联密营的形制特点以及抗联战士生产生活影像。

（三）举办考古收获交流展览

以东北沦陷为背景，以磐石红石砬子抗日根据地遗址为缩影，结合遗迹遗物，生动展现我国东北地区抗日根据地内军民生产生活以及党领导下的抗日武装斗争。展览设立四个主题，分别是：东北沦陷（屈辱压迫）；曙光初现（奋起反抗）；红石砬子抗日根据地（斗争与胜利）；英名永存（纪念缅怀）。展览结合出土文物，从史实和实物资料两个角度科学、客观地证实 14 年抗战史。

2022 年 8 月 18 日在磐石开展至今，以流动展览形式分别于省内多家博物馆展出，2023 年在延安革命纪念馆、伪满皇宫博物院展出，接待观众逾万次，受到社会各界的广泛赞誉，未来将与中国军事革命博物馆、西柏坡纪念馆等多家文博机构展开展览合作。

（四）开展基础研究

李梦晗、刘派撰写的文章《红石砬子遗址出土牌形别钩初探》。牌形别钩是日本特色鞋履“地下足袋”上的金属插扣，有“国华”“十一文”字样，其在日语中的汉字写法为“小钩”，其形制扁平近舌型，又具有标识品牌与尺码的作用，故将其称为牌形别钩。这一器物曾在老黑河遗址出土，但由于缺少资料，当时未查明其具体来源与用途。2021 年，红石砬子遗址考古出土了一批同等形制的牌形别钩，丰富了研究样本。梳理其展现的时代背景，可以了解抗日战争期间敌我军队装备差异以及近代东北地区橡胶产业的曲折发展。发表了相关部分学术论文，如《吉林磐石红石砬子抗日根据地遗址二〇二一年度考古发掘收获》《从红石砬子遗址看吉林省东北抗联遗址》等。

三、馆所合作共建发展平台

（一）建立考古工作站

2023 年 9 月 14 日，吉林省文物考古研究所与磐石市博物馆携手共建了红石砬子遗址考古工作站，致力于遗产保护利用开发工作，现阶段工作站主要对红石砬子抗日根据地遗址出土的铁器进行科学保护。工作站分为三个区域，分别是出土文物保护区、样品采集制备区、文物分析研究区。工作站为半开放状态，游客可以通过玻璃窗看到工作人员工作场景，极大地拉近了公众与文物保护工作的距离，一定程度揭开文物保护工作的神秘面纱，达到公众宣传和展示的作用。

（二）馆际展陈交流

2023 年 8 月，“黑土地 · 红石魂”展览在延安举办，2023 年 9 月，“延安精神永放光芒”展览在磐石举办，黑土地、黄土地的两次展陈交流，是两地弘扬伟大建党精神、弘扬延安精神和抗战精神，讲好抗战故事的一次重要合作，使党领导下的红色革命热土上的黑土地、黄土地，有了历史性的交融。

（三）红培红旅联动发展

为开展红色教育提供有效载体和平台，建成了包含抗日斗争纪念馆、靖宇广场等红色教育培训中心，并积极与吉林杨靖宇干部学院探索合作，承接域内外各单位红色培训和研学活动。

红石砬子抗日根据地遗址、磐石市抗日斗争纪念馆入选吉林省百佳红色旅游地；抗日斗争纪念馆被评为“吉林省中共党史教育基地”；现推出的主题线路包括“一条抗联路，百年颂党恩”精品红色研学线路。

四、融媒体多渠道宣传推广

基本构建了宣教工作大格局，提升了遗址的公众认知度。其中，100 余家媒体相继重磅报道；央视新闻频道直播《吉林磐石》总观看量达 495.1 万；人民日报客户端《行走吉林丨探访磐石》总浏览量达 20.3 万。

电视栏目。中央电视台科教频道《探索 · 发现》2023 年 5 月 27 日《2023 考古进行时第一季——吉林红石砬子抗日根据地遗址考古纪实》，时长 38 分 42 秒。中央电视台国防军事频道《军迷行天下》2023 年 8 月 30 日《探秘红石砬子抗联密营》，时长 26 分 48 秒。

媒体团队合作。2021 年，吉林省文物考古研究所联合吉林广播电视台生活频道，制定全年宣传计划，联合推出《红石考古志》系列专题纪录片，旨在助力红石砬子遗址的挖掘与保护工作，让抗联精神得以更好地传承和弘扬。3 年跟踪拍摄，积累了 2487 分钟的视频素材，目前已经剪辑出共 10 期节目，在传统媒体、新媒体等平台推送播出，先后四次登上吉林卫视新闻联播。

用革命文物讲好
中国共产党人精神谱系的故事

新四军纪念馆　仇金标

新四军的历史首先是一部政治史，是新四军熔铸军魂、淬炼本色的历史，是新四军跟党举旗、听党指挥的历史。新四军在烈火与热血的战斗中形成与发展的铁血军魂："听党指挥的铁的信念、报国为民的铁的担当、英勇顽强的铁的作风、执纪严明的铁的纪律"，蕴含着中国革命的光辉思想，熔铸了千万志士的伟大实践，是新四军战胜一切艰苦困难、从胜利走向辉煌的重要法宝，也是中国共产党人精神谱系的重要组成。同时也留下了众多承载着新四军英勇奋斗和光荣历史的革命文物，它们记载着新四军的烽火征程和感人事迹，是党和国家的宝贵财富。

2021 年 2 月，习近平总书记给上海市新四军历史研究会百岁老战士回信，希望新四军老同志结合自身经历"多讲讲中国共产党的故事、党的光荣传统和优良作风，引导广大党员特别是青年一代不忘初心，牢记使命，坚定信仰，勇敢斗争，为新时代全面建设社会主义现代化国家而不懈奋斗。"这些年来，新四军纪念馆也正是按照习总书记的指示批示，贯彻落实新时代文物工作要求，定标革命纪念馆高质量发展要求，推出了一批紧扣时代脉搏，讲好中国共产党人精神谱系故事的原创革命文物展览，有效地扩大了新四军文化的传播力和影响力，助力了新四军纪念馆事业的高质量发展。

一、用好革命文物，塑史铸魂，唱响红色主旋律

每一座红色场馆，每一个革命文物主题展览，都是一段浓缩的历史，一份精神的传承。新四军纪念馆是全国唯一一座新四军全史展馆，基本陈列“铁军忠魂——新四军历史陈列”是第十八届全国十大精品陈列优胜奖，2020 年度国家文物局核心价值观展览重点推介项目。展览坚持以习近平新时代中国特色社会主义思想为指导，严格遵循中国共产党的三个历史决议，中央有关文件精神为依据，充分吸纳最新研究成果，做到政治性、思想性、艺术性相统一，提升代入感、沉浸感、真实感，增强表现力、传播力、影响力。因此展览策展理念是：党性军魂，使命交响，塑史铸魂，营景造质；紧扣“中国共产党领导下的一支铁军”这根灵魂线，以新四军始终高举党的旗帜、履行党的宗旨和使命为魂，以新四军背负着民族希望、浴血华中、报国为民为纲，新增 600 件文物（首次对外展出），1000 张历史图片、99 份电文、45 张图表。全景展示新四军光辉历史和不朽征程，诠释中国共产党人和新四军将士的初心与使命。

我们还紧扣时代脉搏，推出“只要跟党走 一定能胜利——庆祝中国共产党成立 100 周年新四军革命文物专题展”“新四军优良作风展”“一切为了人民”“文物里的红色基因——新四军馆藏文物故事展”等精品展览，先后 4 次入选国家文物局核心价值观展览项目，1 次入选中宣部建党百年精品展览项目，8 次入选江苏省全省文物巡回展览推介项目。在北京、天津、武汉、深圳、南京等地开展全国巡展超过 100 场，参观观众 20 多万人，通过革命文物展览，全面再现新四军红色文化的“千里江山图”，唱响红色时代主旋律。

二、活化革命文物，数字赋能，传承红色基因

习近平总书记在给国博老专家回信中强调：“希望同志们坚持正确的政治方向，坚定文化自信，深化学术研究，创新展览展示，推动文物活化利用，推进文明交流互鉴，守护好、传承好、展示好中华文明优秀成果，为发展文博事业、为建设社会主义文化强国不断做出贡献”。近几年来，新四军纪念馆特别注重革命文物的活化利用，推出线上虚拟展馆、线上虚拟主题展，150 多个短视频。新四军纪念馆 APP、小程序、网站等开发让“云端纪念馆”“云展览”“云听文物”“数字文物”“云微党课”成为常态。我们还实施红色基因库项目，建设“智享”新四军红色文化数据服务平台，通过更多的“数字新四军 +”项目，积极打造智慧化的、无边界的纪念馆。

新四军纪念馆在展陈中坚持让文物说话，让历史发言，讲好党的故事、革命的故事、

英雄的故事。在基本陈列中我们坚持保护第一，挖掘价值、有效利用，并借助于科技手段让文物、史料“活起来”，以皖南事变电文为内容设计发报互动设施，在电文发报中，感受战场的瞬息万变；科技展项评比英雄模范真实还原了 1945 年三师二七模范大会特辑；电子翻书将一级文物整风笔记内容立体呈现。12 个文物展项从“信仰如铁”“众志成城”“鱼水情深”“家国情怀”“青年报国”“英勇善战”“英雄如山”六个方面展现新四军的铁血基因。我们还挖掘了 150 个文物背后的故事，制作了 6 个文物专题展览，以历史主线和故事盒相结合的形式和更多的观众分享。在实践中，我们的这些工作也赢得了很多老同志和后代的认可。2023 年 1 月到 7 月，征集文物资料就有 1 千多件，10 月 12 日，93 岁新四军研究泰斗丁星，在家人陪同下，专程来到纪念馆，将毕生收藏的新四军图书、新四军老同志珍贵信件、新四军研究珍稀资料共计 1800 份全部捐赠，不仅丰富了馆藏，而且也为我们做好展览、传承红色基因提供了珍贵的实物、资料积累。我们还和江苏省档案馆、中国知网合作签订红色档案文献、红色资源开发利用共建协议，牵头立项编制地方标准《红色档案数据采集规范》《红色档案数据著录规范》《红色档案数据标引规范》，共同推进蕴含着中国共产党人精神谱系丰富内涵的红色档案文献的保护、开发、活化和利用。

三、研究革命文物，宣教创新 ，讲好红色故事

新时代的文化传播已经进入到分众时代，革命纪念馆宣教工作面临着全新的挑战，怎么从纪念馆的“教育”与参观观众的“学习”两个维度来理解和实施纪念馆传播教育的使命和角色的定位，我们的理解是需要对革命文物进行深入研究，了解其精神内涵和背后蕴藏的鲜为人知的故事，从而有效开展创新宣教服务，使革命文物主题展览更好地融入生活、学习，更好的领悟“党的故事、新四军故事”。

首先是阵地宣讲，不同人群有年龄或身份角色的差异，我们的教育所追求的目标就要有所区别，比如对于幼儿、小学生宣教目标是帮助他们扣好人生第一粒扣子；中学生则是培育正确的人生观；大学生则是坚定理想信念；党员干部则是永葆初心使命，做到两个维护，坚定四个自信。这就要求因人施讲、因时施讲、因事施讲，针对不同观众年龄段设计不同的讲解内容进行针对性讲解。同时在不同的时间节点，重大节日，也要进行不同的主题性的讲解，比如清明节，通过烈士的文物讲述革命者的“取义成仁今日事，人间遍种自由花”；“八一建军节”，通过新四军战利品讲述铁军将士的“天地英雄气，千秋尚凛然”；抗战胜利纪念日，通过民谣“白菜心”讲述“靠人民，支

援永不忘”“兵民是胜利之本”等等。其次积极探索创新宣教方式，排演室内情境短剧，开展沉浸式讲解，开通云听讲解、红色故事会，红色电台（2020 年 8 月，上海、延安、铜川、盐城四地电台和全国革命纪念馆合作共同成立 24 小时播出的“铁军红色电台”）等线上活动；小铁钉志愿讲解员、铁军少年话文物、“红星照童心”等项目已经形成品牌效应。“我是铁军传承人”品牌研学活动获评江苏省博物馆教育优秀案例示范项目，“小铁钉”志愿讲解服务队荣获 2022 年江苏省博物馆志愿服务优秀案例，在全国“红色基因代代传——百馆百讲少年儿童讲述党史故事活动”获得优秀组织单位。再次馆校合作双向赋能“大思政课”。我们发挥革命纪念馆优势，与东南大学、南京工业大学等高校签订共建协议，共同积极走进大中小学校园，将新四军红色文化引入课堂，进入学生头脑，推动思政课微课堂、云课堂、微展览等，馆校双向赋能，协同推进，实现大思政课资源共享使用最大化。

四、聚焦革命文物，拓展传播，同唱一支山歌

党的二十大报告指出：“增强中华文明传播力影响力”“坚守中华文化立场，提炼展示中华文明的精神标识和文化精髓，加快构建中国话语和中国叙事体系，讲好中国故事、传播好中国声音，展现可信、可爱、可敬的中国形象”。增强中华文明传播力和影响力，关键就是讲好中国共产党的故事。抗战时期，新四军是党领导下的一支具有国际荣誉的部队，新四军纪念馆展陈中陈列的 1941 年 1 月 20 日毛泽东亲笔起草的重建新四军军部命令的第一句话就是“国民革命军新编第四军，抗战有功，驰名中外”。刊登有史沫特莱文章的《密勒士评论》杂志向世界介绍着中国坚持抗战的新四军。聚焦革命文物，传播新四军革命文化，对于进一步增强文化自信，增强革命文化的国际传播力和影响力意义重大。疫情前，我们在国际二战博协的牵头下，先后与国内同仁一起两次出国门举办“东方主战场”展览。从 2021 年 7 月开始，新四军纪念馆的讲解员已经三赴澳门宣讲新四军故事。2022 年 9 月，新四军纪念馆将“战火青春——新四军中的青年人物展”送展至澳门大学展出，并在澳门大学中国历史文化中心举行“叶挺与澳门”学术研讨会，传承弘扬新四军的历史与革命精神。2023 年 12 月，新四军纪念馆讲解员赴香港宣讲新四军与香港的红色故事。

近几年，来新四军纪念馆的国外参观团、游客明显增多。新四军重建军部旧址泰山庙是全国重点文物保护单位，依托旧址，内设“中共中央华中局”“铁的新四军”两个展览，在建党百年之际，“外国友人感知中国共产党百年历程主题交流活动”新

四军重建军部旧址泰山庙举行，通过参观新四军重建军部旧址、展览、座谈交流等多种形式，我们向外国友人介绍了新四军的故事、旧址的故事，让他们真切感受到中国共产党百年历史的厚重宏阔，中国共产党人永不改变的初心使命，中国共产党人与世界人民风雨同舟、和衷共济的美好心愿。中外青年一起用《唱支山歌给党听》《红旗飘飘》等歌声表达了对中国友爱和祝福。

历史因铭记而永恒，精神因传承而不灭。历史中蕴含着中国共产党人的精神谱系、革命传统、红色基因，赓续着红色血脉。革命文物是革命历史的载体和见证物，承载着坚如磐石的信仰信念，彰显着历久弥新的初心使命。

新四军纪念馆将认真学习贯彻党的二十大精神，以习近平总书记重要指示为引领，全面贯彻落实全国文物工作会议精神，按照新时代文物工作要求，打造更多主题突出、导向鲜明、内涵丰富的革命文物精品展览，更好发挥革命文物在党史学习教育、革命传统教育、爱国主义教育、思想政治教育、公民道德建设等方面的重要作用，讲好新四军的故事、讲好中国共产党人精神谱系的故事。

传播斯诺精神
向世界讲好中国故事

陕西省斯诺研究中心　安危

延安，是中国革命圣地，也是美国记者埃德加·斯诺和海伦·斯诺，首先向世界介绍中国工农红军、中国共产党及中国革命的地方。

一、两个斯诺，两部《漫记》

1936 年 7 月至 9 月，埃德加·斯诺首次访问红都保安，重点采访了毛泽东，访问了红军长征的落脚点吴起镇，然后西进，去宁夏、甘肃，采访了红军将领和战士，撰写了震撼世界的《西行漫记》（即《红星照耀中国》）。

1937 年 5 月至 9 月，海伦·斯诺访问陕甘宁边区首府延安，采访了以毛泽东为首的中共领导人、参加长征的妇女领袖、红军战士、边区政府主要部门的负责人、“红小鬼”及普通民众，撰写了《续西行漫记》（即《走进红色中国》）以及其他三本书，全面系统地向世界介绍了红区的概况。

两部《漫记》为中华民族的解放和中国革命的成功发挥了重要作用。半个多世纪以来，两部《漫记》成为西方政治家、学者研究中国的案头必备经典。两位斯诺之所以成功，源于他们“实事求是、客观报道”的新闻思想。

二、世界需要了解中国

笔者常去美国访问、讲学，凡是没到过中国的美国民众，对中国、中国人、中国文化几乎是一无所知。在一些美国人的印象里，中国人还是留着长辫子、穿着长袍，妇女裹着小脚。美国的中学生，在世界地图上甚至找不到中国在什么地方！近年来，凡到过中国的美国人，对中国的飞速发展感到无比惊讶！他们想知道中国的地铁为什么比纽约、华盛顿的地铁先进得多？在中国不用钞票、不用银行卡，只用一个手机就能解决一切。日常生活是那样便捷，简直不敢相信，这就是所谓“落后”的中国？！

许多发展中国家的民众，很想了解真正的中国，学习中国高速发展的秘诀，学习中国的文化，把他们的国家建设得更好。然而，随着中国的和平崛起，美国政客们却十分害怕，他们控制的媒体千方百计抹黑中国，广大民众被蒙蔽、被欺骗、被洗脑。当今时代，就需要更多的斯诺式的新闻记者，新闻媒体需要回归“实事求是，独立思考，胸怀民众，客观报道”的斯诺精神。

三、向世界讲好中国故事

两个斯诺从 1960 年到 1978 年，先后 5 次访问新中国，会见了毛泽东、周恩来、朱德、邓颖超、康克清等老朋友，目睹了新中国的发展变化，客观地向西方世界介绍了新中国所取得的伟大成就。他们还结交了不少新朋友，寄希望于青年一代，传承中美人民之间的传统友谊。比如，海伦 · 斯诺 1978 年重访陕西期间，就结识了一名青年，成为她的忘年之交。在历时 19 年的交往中，他们相互写信达 200 多封。这个青年翻译出版了海伦的多部手稿，在美国访问、研学期间，多次去康州麦迪逊拜访海伦，同她一起工作，收集了大量第一手资料，并于 1987 年在西安举办了“海伦 · 斯诺在中国”图片实物展览。在过去 35 年里，经过三次改版升级，如今已经成为国内唯一的斯诺与中国的永久性展览。

四、我们在行动

自 20 世纪 70 年代以来，随着中美关系的解冻，埃德加 · 斯诺成为中美人民友好的象征。当年斯诺“二人工作队”的另一半——海伦 · 斯诺却被遗忘了。随着“三 S”研究的深入，海伦的那位忘年交以及个别青年，开始翻译海伦 · 斯诺的著作，传播她在中国非凡的经历。1990 年，陕西省斯诺研究中心（Edgar & Helen Snow Studies Center）正式成立，一批翻译家、历史学家和新闻记者组成的斯诺研究队伍，有组织、有计划地开展翻译出版、学术研讨、纪念活动，开展民间交往，拉近民心。斯诺中心先后翻译出版两个斯诺的著作15部，多次举办了区域性、全国性及国际性的斯诺研讨会；举办全国大学生每两年一届的“海伦·斯诺翻译奖”竞赛，与陕西省新闻工作者协会共同举办“海伦·斯诺新闻奖”评选活动，发现和激励了一批又一批译界新秀，广泛传播两个斯诺对中国革命和世界和平的贡献，对中国人民的深厚友谊以及“眼见为实、客观报道”的斯诺精神。

20世纪30年代，斯诺夫妇发起的中国工合运动是从陕西宝鸡开始的，“工合”一词成为美国人的口头语。陕西的保安、延安、宝鸡，与两个斯诺、两部《漫记》有着密不可分的联系。从1995年起，我们与巴德·菲尔布鲁克夫妇（Bud Philbrook）创建的美国民间组织“环球志愿者”（Global Volunteers）合作，到2019年9月为止，24年里共接待了230个美国环球志愿队，总计2400人次，每个志愿队在陕西义务服务三周或者两周，在各类学校讲授英语口语，开展企业管理培训，医生护士交流，捐款助教，参加建校劳动，为我省各行各业提供义务服务大约25万个小时。环球志愿者本着“服务他人、快乐自己”的宗旨，在义务服务中学习中国文化，增进两国人民之间的相互了解和友谊。经外交部批准，我们于2004年在西安竖立起全国唯一一座“中美人民友好纪念碑”。我们也先后派出四个志愿队，去美国义务服务，帮助美国青少年学习汉语。我们还与两个斯诺的故乡建立友好关系，先后派出7名大学教师作为海伦·斯诺访问学者，去南犹他大学（SUU）和密苏里大学（UMKC）访学，开展民间文化交流。

斯诺研究中心多年的努力，使一位被遗忘的伟大女性海伦·斯诺，重新回到广大读者和中国人民之中。民间的学术活动、对外交流，引起了官方的极大关注和肯定。中华文学基金会和中国作家协会，把第一个“理解与友谊”国际文学奖授予了海伦·斯诺。中国政府于1995年授予海伦·斯诺“人民友好使者”的称号。1997年10月，在人民大会堂举行了“国际友人海伦·斯诺纪念会”，党和国家领导人出席。2022年1月，国家主席习近平复信“海伦·斯诺基金会”主席，高度赞扬埃德加和海伦·斯诺对中国革命及“工合”事业的贡献。

中国民间和官方对海伦·斯诺的肯定和赞扬，又促进了美国民间和官方对海伦·斯诺的重视。2000年10月，杨伯翰大学举办了美国首届“海伦·斯诺国际研讨会”；海伦故乡犹他州雪松城政府，于2009年在市中心竖立起一座海伦·斯诺全身雕像。海伦家乡的南犹他大学艺术学院的师生，2011年与湖北省歌舞剧院携手，创作并演出大型舞剧《海伦之梦》，先后在武汉、北京多次上演，深受观众的喜爱。2018年“海伦 · 福斯特 · 斯诺基金会”正式成立；2020年3月，犹他州众议院一直通过《纪念海伦 · 福斯特 · 斯诺共同决议》，2023年3月，犹他州众议院以71票赞成，0票反对，4票弃权通过了《纪念海伦 · 福斯特 · 斯诺生平及成就的决议》。

巩固民间交往的基础，就必须作到民心相通。历史和现实证明，文学艺术是达到民心相通的有效手段。两个斯诺旅居中国10年期间，正值日本军国主义侵略中国而腐败的国民党却采取“不抵抗”政策。国际舆论对中国的局势是一片失望和悲观，都说“中国完蛋了，中国死了！”在鲁迅先生的影响和感召下，斯诺夫妇编辑、翻译了以鲁迅为首的左翼作家的短篇小说集，取名《活的中国》（Living China），他们在出版前言中写道：“中国没有死！当你阅读这些小说时，就会感到中国的脉搏依然在跳动。”该书在欧美出版发行后，起到了轰动效应，中国人民的抗日战争，得到全世界人民的同情、支持和帮助。

我们正在向两个斯诺学习！以《活的中国》为榜样，落实我们的陕西文学走向世界（SLOT）计划。陕西是文学大省，也是翻译大省。在过去15年里，我们的团队翻译出版了陕西名家的长篇小说、中篇小说30部及不少短篇小说，大部分在国外出版发行。我们坚信，域外读者通过这些文艺作品，一定会了解到中国人怎么生活、怎么工作，追求什么、向往什么，进而对中国人民、中国文化就会有一个具体而生动的了解。

中美关系的未来在青年。我们计划与犹他州“海伦 · 福斯特 · 斯诺文化中心”合作，组织以大专院校英语教师为主体的志愿队，分期分批地前往犹他州，在各地的中小学义务讲授汉语及中国文化；同时组织美国学生暑期访华研学活动，加强中美两国青年的交流。

用好西迁红色资源
培根铸魂育时代新人

西安交通大学交大西迁博物馆　吕青

1955 年，基于社会主义工业化建设和国防形势的需要，党中央、国务院决定交通大学由上海内迁西安。数千名交大师生“打起背包就出发”“党让我们去哪里，我们背上行囊就去哪里”，登上了“向科学进军，建设大西北”的西迁专列，从黄浦江畔迁到渭水之滨，扎根西部，创业奉献，以实际行动铸就了“听党指挥跟党走”的西迁精神。迁校 60 余载，西安交大为西部发展和国家建设作出了重要贡献。

习近平总书记分别在 2017 年、2018 年、2020 年、2023 年四次提到西迁精神，充分体现了习近平总书记和党中央对教育的高度重视和殷切期望。特别是 2020 年 4 月 22 日，习近平总书记考察调研交大西迁博物馆并发表重要讲话，深刻指出“西迁精神的核心是爱国主义，精髓是听党指挥跟党走，与党和国家、与民族和人民同呼吸、共命运，具有深刻现实意义和历史意义”。习近平总书记的系列重要讲话和指示批示为我们研究传承和持续发挥西迁精神在新时代的激励引领作用指明了前进方向。

2021 年，西迁精神被纳入中国共产党人精神谱系第一批伟大精神，是首批伟大精神中教育战线的典型代表。

高等学校肩负着为党育人、为国育才的使命任务，交大西迁博物馆深入学习贯彻习近平文化思想和关于建设教育强国、用好红色资源等重要论述，坚持弘扬红色文化，用“听党指挥跟党走”的西迁精神铸魂育人，努力培养担当民族复兴大任的时代新人。

主要做法如下：

一、建强教育阵地，夯实育人基石

交大西迁博物馆坚持以“听党指挥跟党走”的西迁精神为红色底色，深入挖掘红色文化的思政元素和育人价值，发挥场馆在党史学习教育、革命传统教育、爱国主义教育中的重要作用，为赓续红色血脉、传承红色基因，弘扬西迁精神、教育家精神、科学家精神，提供了丰厚的精神滋养。建成网上展馆，推进 AR、VR 互动项目建设，让红色资源“活起来”。

2018 年开馆至今，已获批全国首批“大思政课”实践教学基地、首批科学家精神教育基地、全国关心下一代党史国史教育基地、全国妇女爱国主义教育基地、九三学社全国传统教育基地，以及陕西省爱国主义教育、党史教育、青少年教育等 27 个基地（教学点），入选文旅部、中宣部等部委“建党百年红色旅游百条精品路线”，向 64 万余社会公众生动讲述西迁人矢志报国的崇高精神和感人故事。

二、深化系统研究，挖掘时代价值

学校成立西迁精神研究中心，获批省级科研基地。依托学校丰富的档案文博资源，组建研究团队，加强红色资源的研究和挖掘，编写出版《交通大学西迁》《交通大学西迁亲历者口述史》《西迁创业者列传》《西迁创业巾帼谱》等主题图书 20 余部，形成涵盖文献史料、人物传记、口述史等内容丰富的西迁精神研究传承资料库；承担国家社科基金项目、国家档案局、中科协、陕西省科协、陕西省社科联等 10 余项国家和省级研究项目，持续挖掘阐释“听党指挥跟党走”的深刻内涵和基本逻辑，引导广大师生和社会公众传承弘扬西迁精神，为强国建设、民族复兴贡献智慧和力量。

三、丰富教育形式，服务立德树人

交大西迁博物馆构建了“校内小课堂 + 社会大课堂”融合育人模式、“理论 + 实践”育人机制。

用好课程育人主阵地。坚持为新生上好“开学第一课”；面向全校学生开设西迁精神与大学文化通识课程，主编出版的《西迁精神教育读本》被纳入陕西省中小学重点德育读本，已发行百万余册；推出“场馆里的微党课”“行走的党史课”“云端思政课”等课程，践行爱国主义教育进教材、进课堂、进头脑。

用好展览育人新平台。推出“听党指挥跟党走——交大西迁档案文献展”“不忘初心、牢记使命——西迁先贤展”“弘扬西迁精神，做新时代巾帼——西迁巾帼展”“向科学进军——西迁科技报国展”等线上线下红色主题展览，弘扬西迁精神、教育家精神、科学家精神。

用好实践育人大课堂。组织学生参与“云直播”“微话剧”“广播剧”等网络创新作品，增强思政育人的时代感和吸引力；开展“西迁亲历者”访谈、社会实践、红色主题活动策划等丰富立体多元的实践课程，使学生在实践中感悟、理解和践行西迁精神。讲解员志愿者积极参与“十四运”、疫情防控等志愿服务，在实践中上好育人“大思政课”。

用好特色宣讲新渠道。通过“依托场馆讲”“融入活动讲”“走出校园讲”“思政课堂讲”等多种形式，开展“博物馆六进”活动，组织师生讲解员走进大中小学、企事业单位开展西迁精神主题宣讲，拓展西迁精神教育辐射面，以红色资源启智润心。

四、聚焦协同联动，凝聚育人合力

推进保管用一体发展。推进西迁红色资源的保护、管理和利用，实施西迁口述史料抢救采集、红色档案抢救修复、档案文物数字化等五大工程，打造包含校园西迁历史建筑、文化景观和西迁博物馆在内的沉浸式育人全空间。

校内共建共享。整合红色展馆、展览、展品、影音等数字化资源，建设“数字文博平台”，打造思政育人“素材库”“蓄水池”。联合学校宣传部、出版社等建设“西迁精神融合出版平台”，打造西迁精神网络资源库和教育教学平台。与学校全国重点马克思主义学院开展共建，助力西迁精神时代内涵的深化研究。与校内各单位共享共用西迁资源，服务教育教学、教师队伍建设、科技自立自强等，建设全员、全程、全方位育人大矩阵。

校外协同联动。一是打造线上思政平台，入驻国家文物局“红色基因传承平台”、人民网“红色云展厅”、陕西省文物局“陕西革命旧址云上展”，上线“云展览”“云直播”，拓展线上思政育人新路径。二是共办精品展览，与中国科协、中共一大纪念馆以及各地校友组织等联合办展，推动红色资源走进北京、上海、香港、澳门等全国多地，延伸红色资源育人辐射面。三是联办育人活动，与延安大学5G连线，举办“场馆里的思政课”，两地学子共同学习西迁精神和延安精神，感悟中国共产党人伟大精神；与北京小学生开展“云端共学二十大精神”、联合兄弟高校在云南、江西开展“两校三馆”云端直播等活动，拓展育人广度。通过与各方协同联动，凝聚育人合力。

五、拓展传播渠道，打造育人品牌

博物馆百余次亮相人民日报、新华社、央视新闻联播等国内主流媒体，在人民网“党史学习教育”“学习强国”等平台，讲述西迁实物背后的故事，提升教育辐射面和影响力。

推进“短视频＋文艺作品＋文创产品”协同发展。用好融媒体宣传手段，推出多部红色故事讲解微视频，生动弘扬红色文化。《西迁片羽》系列微视频获“人民网2022年高校优秀校园新闻作品”新媒体类优秀作品，浏览量110万余次；微视频《交大西迁第一楼》获国家档案局建设项目档案微视频一等奖、中国高校电视奖专题类“一等奖”。参与西迁专题纪录片、原创校园话剧、原创广播音乐剧等主题文艺作品创作，学生自编自导自演“大先生”系列微话剧。推出近百种西迁主题文创产品，打造思政育人特色品牌。通过营造生动多元的育人环境，不断提升育人工作的鲜活力和吸引力。

在西迁精神滋养下，交大师生胸怀“国之大者”，勇担报国使命，在西部发展、国家建设中做出交大作为、奉献智慧和力量。

在新时代，如何进一步管好用好红色资源，发挥红色文化在强国建设、民族复兴征程中的激励引领作用，需要从以下几方面着手。

一是在“大”上夯基石。紧扣“为党育人、为国育才”根本目标，聚焦服务中华民族伟大复兴重要使命，传承红色基因、赓续红色血脉，弘扬社会主义核心价值观，培养胸怀“国之大者”，听党话、跟党走，具有大视野、大情怀，勇于大担当、大作为的时代新人，让红色文化服务强国建设、民族复兴大局。

二是在“深”上下功夫。用好红色资源，要深入保护，做好红色档案文物的抢救、整理、保护，筑牢红色基因传承根基；要深入研究，挖掘阐释红色文化思想内涵和时代价值；要深化贯通，历史、现实与未来的相互关照，历史逻辑与现实逻辑贯通，理论逻辑与实践逻辑贯通，以史为鉴、开创未来、资政育人，不断增强红色文化的说服力、解释力和感染力。

三是在“融”上求实效。推进“红色文化＋思政教育”融合发展，融入课程教材、融入展览活动、融入队伍建设、融入社会实践等各方面，实现沉浸式育人、潜移默化教育。推动“思政小课堂＋社会大课堂”融合发展，实现课堂教学与实践教学深度融合，主渠道与主阵地相互配合，网上与网下良性互动，构建实践育人大课堂，使学生在实践中共情共鸣，让“红色资源”入脑更入心。

四是在“合”上做文章。用好红色资源，要协同联动，凝聚育人合力，打造协同育人大体系。强化资源整合，共建共享，打造红色资源育人“素材库”“蓄水池”。加强馆校联合，共同开展研究、共建实践基地、共办展览活动等，推进红色资源共享共用、优势互补、双向赋能，共建实践育人共同体。推动跨界合作，强化联合育人多维主体模式，构建宣传、文博、出版、影视、网络等“大文化”协同育人机制，让红色文化育人载体更丰富、手段更多样、形式更新颖，育人成效更显著。

五是在“活”上增动力。推动红色文化的创造性转化和创新性发展，为红色文化的传承弘扬赋能、聚力。要激活红色基因，进一步梳理盘活档案文物资源，以时代精神激活革命文化的生命力，铸魂育人、启智润心。要讲活红色文化，让“大主题”与“微表达”融通，理论“大道理”与现实“大问题”贯通，既讲清历史，更要讲好现实，用新时代的伟大实践让“大道理”鲜活起来，强化革命文物的感染力和说服力。要用活创新要素，依托现代数字技术等，推动红色资源的数字化、智慧化、互动化，打造多角度、多方位的红色资源教育模式，充分发挥红色文化铸魂育人作用。

高校博物馆作为教育战线工作者，使命光荣、责任重大。交大西迁博物馆将积极发挥高校教学科研优势，用好博物馆实践育人载体，传承西迁精神，为中国共产党人精神谱系的传承弘扬发挥积极作用。

谈一战重温五四精神
讲文物赓续爱国情怀

青岛一战遗址博物馆　刘兆民

为深入学习贯彻习近平文化思想，切实践行习近平总书记提出的“在新的历史起点上继续推动文化繁荣、建设文化强国、建设中华民族现代文明”这一新的文化使命，青岛一战遗址博物馆积极发挥革命文物资源在党史学习教育、爱国主义教育和思想政治教育中的重要作用，传承红色基因，赓续爱国情怀。

一、青岛一战遗址博物馆基本情况

（一）青岛一战遗址博物馆

青岛一战遗址博物馆于 2018 年 12 月建成开馆，是目前国内唯一全面展现第一次世界大战对中国命运影响的国家一级博物馆。博物馆建筑面积近一万平方米，整体造型宛如和平鸽，寓意“鸽心寄语、珍爱和平”。主题展览“还我青岛”分为“德占青岛”“日德战争”“苦难归程”三大部分，通过 2000 多件珍贵藏品、档案资料以及运用场景复原、多媒体等现代化布展手段，再现了自青岛建置至主权回归的艰难历程。

青岛一战遗址博物馆的建立，对于全球而言，是反思第一次世界大战的纪念地。20 世纪初，以英、法、俄为首的协约国与以德、奥、意为首的同盟国两大阵营矛盾愈演愈烈，最终导致第一次世界大战于 1914 年爆发。这场战争历时 4 年之久，人员伤亡 3000 余万，给人类带来空前浩劫。第一次世界大战是人类历史上首次涉及众多国家，具有真正全球意义的惨绝人寰的重大战争，也是一次促进人类严肃反思自身命运、严肃反思西方近代文明和现代性弊端的重大事件，在人类发展史上具有重要地位。这场战争远东唯一的战场就在青岛，当时日本为夺取德国在山东的殖民特权而发动对德战争。因此，青岛一战遗址实际上也是人类对自身人性贪婪、残暴、无耻一面的反省地，也应当成为各民族追求文明、消除隔阂、增进理解、憎恶战争、热爱和平的纪念地。

青岛一战遗址博物馆的建立，对于中国而言，是保存国家记忆的重要场所。第一次世界大战期间，苏联社会主义国家得以建立，为中国革命道路的选择指明了方向。一战爆发后，青岛作为远东的唯一战场，惨遭日德战争摧残，沦为日本推行侵略扩张政策的牺牲品。一战结束后，山东问题成为世界瞩目的焦点。尽管中国属于协约国集团的战胜国之一，但在巴黎和会上，列强却公然违背中国人民的意志，把战败国德国在中国的权益转让给日本，直接引发了“五四”爱国运动，揭开了中国现代历史新的篇章。

青岛一战遗址博物馆的建立，对于公众而言，是进行近代中国历史教育的爱国主义教育基地。博物馆集中体现了近代中国遭受列强，特别是日本帝国主义不断欺压和凌辱的民族悲惨命运，也生动反映了中国人由此觉醒、理性抗争、奋起维护国家主权的民族精神高涨的历史，爱国民主运动由此一浪高过一浪。博物馆序厅浮雕正中央“誓死力争 还我青岛”八个大字已经成为民族精神的历史象征。

（二）青岛山炮台遗址

青岛山炮台遗址即德军俾斯麦南炮台旧址，始建于 1899 年，是目前远东地区唯一一处保存最完整、规模最庞大、设施最完善的一战时期军事建筑遗址。该炮台采用开挖回填方式修筑，面积约 1600 平方米，三层立体结构，其内部发电机房、锅炉房、弹药库、蓄水池、旋转瞭望塔等设施一应俱全，置身其中，仿佛穿越时空隧道。其题材独特、资源稀缺、条件难得，成为青岛军事要塞体系标志之一，是青岛独特的城市历史和文化的重要载体，是直接和深切感受第一次世界大战远东战场日德之战的重要场所，是随后爆发的“五四”爱国运动的策源地，对于青岛的独特性以及居民对城市的认同感产生不可忽视的作用。

（三）青岛一战史研究会

依托青岛一战遗址博物馆成立的青岛一战史研究会，集聚了国内外一战史研究领域专家学者，围绕“一战与华工”“一战与五四运动”“中学西渐——中西方文化交流”等问题开展了具有中国特色、青岛特点的研究工作。

青岛一战遗址博物馆体现的“三大唯一性”，是青岛城市记忆的集中体现，具有极高的爱国主义和民族主义教育意义。自开馆至今，已接待参观游客 50 余万人，组织开展爱国主义教育活动上百场次，成为向广大人民群众进行理想教育、革命传统教育、爱国主义教育和国防教育的重要阵地。

二、谈一战重温五四精神

（一）一战华工

“一战华工”属于中国，但一战华工的历史属于世界。一战期间，14 万华工远渡重洋前往欧洲前线。在欧洲战场，华工承担艰苦、繁重和危险的战勤任务，两万多名华工献出了宝贵生命。一战华工不仅为协约国的战争胜利做出了非常有价值的贡献，更重要的是，代表中国最早站在世界舞台上，为祖国争取了应有地位。正是由于华工所发挥的关键作用，从而在一战中维护了中华民族的利益。一战华工受历史所赐，承担了中华文明和西方文明之间的使者。

后来我党领导人，如周恩来、邓小平等都是在这样的背景下，经同一家公司——惠民公司奔赴欧洲，近距离考察西方文明。正是沿着华工留下的脚步前行，使得他们的思想观念和政治抱负逐渐成形。在很大程度上，华工在塑造和重塑中国先驱者对中国的认知以及由此推动中国历史性进程改变上发挥了关键的作用。一战华工为中国百年现代史上许多重要事件播下种子，五四运动、早期马克思主义的传播、中国早期工会运动及工会组织等许多重大历史事件，都能感受到一战华工的潜在影响。

法国为纪念华工在第一次世界大战中的贡献，在巴黎里昂火车站广场设立一战华工纪念雕像，并用中、法文刻着这样一句话：“纪念第一次世界大战中为法国捐躯的中国劳工和战士。”法国前总统雅克·希拉克公开讲话：“任何人都不会忘记，这些远道而来，在一场残酷的战争中与法兰西共命运的勇士，他们以自己的灵魂与肉体捍卫了法兰西的领土、理念和自由。”

英国的主流媒体及政府官员于 2017 年对一战华工对英国获得一战胜利的历史进行反思，公开表示：欠中国人一个迟到百年的感谢，承认一战华工对英国获得战争胜利所做出的贡献。在纪念“一战”活动中，英国政府首次为牺牲的一战华工敬献花圈。2018 年派遣司徒娜大使到一战遗址博物馆赠送华工纪念碑。在一战结束一百年之际，英国前首相特蕾莎·梅公开讲道：“中国劳工旅做出的巨大贡献很大程度上被公众遗忘，因此在纪念一战结束百年之际，我们应该提高对他们做出的非凡贡献的认识。”

比利时波普林格市市长讲：“一战华工们为欧洲的自由和重建做出了贡献，他们是战争通往和平的桥梁。”比利时伊普尔市一战纪念馆馆长讲：“华工是我们一战和当时欧洲历史的重要部分，他们不远万里来到这里，帮我们重建家园，我们对一战华工心怀感激。”

2014 年，习近平主席在德国科尔伯基金会发表演讲时指出：“历史是最好的老师，它忠实记录下每一个国家走过的足迹，也给每一个国家未来的发展提供启示。”近代中国经历了一段不断遭到西方列强侵略的屈辱历史，同时这也是一段中国人民不断奋起抗争、反抗外敌入侵可歌可泣的革命历史。伴随着这一历史进程的，还有近代中国学习西方先进的科技文化，不断寻求变革，争取国际平等和融入世界秩序的努力。

（二）五四精神

帝国主义弱肉强食的强盗行径唤醒了中国人民。巴黎和会中国外交失败，成为五四爱国运动的导火索。北京学生率先行动，吹响五四爱国运动战斗号角；工人阶级奋起抗争，以政治大罢工掀起斗争新高潮。“还我青岛”成为中国人民的时代最强音。

五四运动所形成的“爱国、进步、民主、科学”的五四精神，成为中华民族爱国主义精神力量的精神源泉。

五四运动加速了马列主义在中国的传播，推动了中国共产党的成立，为中国革命培养了干部队伍，揭开了新民主主义革命的新篇章。

（三）中国共产党的成立

1921 年 7 月 23 日，中共一大在上海召开。中国共产党成立了，这是开天辟地的大事变。这一开天辟地的大事变，深刻改变了近代以后中华民族的前途和命运，深刻改变了世界发展的趋势和格局。

中国共产党的成立，是五四运动的最大成果和最大收获，是中国革命形势不断向前发展的必然要求，是中国社会历史发展演变的必然结果。

三、讲文物赓续爱国情怀

青岛一战遗址博物馆馆藏文物 2000 多件，涵盖历史和文化领域。参观博物馆实践过程，本身也是寻找民族差距，学人所长，补己之短的过程。通过参观体验，不断提振民族自信心，不断积聚实现中华民族伟大复兴的磅礴力量。

（一）德国绣片图与八国联军侵占北京图对比

德国绣片是当年德国在青岛服役期满的军官，请青岛当地绣女绣制，镶上照片，再带回德国的服役纪念品。仔细观察，可发现，绣品图案突出展示德国国徽雄鹰形象，雄鹰踩着巨龙，刺刀挑着巨龙，具有明显辱华倾向。但从另一方面说，这种突出国家意识的思想已深深刻在德国人血脉之中。

八国联军侵占北京城的照片中，面对八国联军侵华，我们的同胞却在帮扶梯子。通过文物对比，警示我们必须加强爱国主义教育，弘扬民族精神。

（二）德国毛奇兵营拴马桩与日本一战战壕挖掘比例图对比

“德国制造”一直领先于世界。德国毛奇兵营中一个最普通的拴马桩既安装倒刺，又用钢板固定，非常坚固。日本绘制的挖掘战壕图纸，称得上行业标准。

（三）日本神尾光臣字画与胶济铁路沿线草图

神尾光臣的汉字书法：“忠诚贯于金石，孝悌通于神明。”作为日本人，早在战争爆发前五年，就潜伏青岛，对我国国情和文化进行研究。

最近，一名在日本的中国留学生，无意中看到一份家乡的地图，标注着每一条街道、每一条河流，甚至每一口井的详细数据。事实上，1894 年甲午海战后，日本已派出大批青年潜入中国，渗透城市乡村，收集情报、描绘地图。2014 年，全国“两会”新闻中心举行记者会，外交部部长王毅在回答有关中日关系时表示，“2014 不是 1914，更不是 1894”。

一组组文物展现在公众面前，不是炫耀帝国主义列强先进，而是寻找差距，知耻而后勇，为“强国梦”“强军梦”，实现中华民族伟大复兴而努力奋斗。通过“不忘初心、牢记使命”教育活动和 2023 主题教育来凝聚人心、凝聚力量，增强向心力。

四、用历史印照现实、远观未来

习近平总书记指出：“博物馆是保护和传承人类文明的重要殿堂，是连接过去、现在和未来的桥梁……”追思历史，可以鉴往而知来，因而传承历史是一种责任，更是一种担当。当下，我们唯有从世界的视野看问题，才能正确解读中国历史进程。

（一）从政治站位上的高度，贯彻落实党的二十大精神

习近平总书记在党的二十大报告中指出，坚持和发展马克思主义，必须同中国具体实际相结合，同中华优秀传统文化相结合。作为山东省中华优秀传统文化、革命文化、社会主义先进文化专题实践教学基地，青岛一战遗址博物馆在二十大精神指引下，从

政治站位的高度，发起、成立青岛市馆校“大思政课”联盟，让“青岛与第一次世界大战”这段历史走进校园，让伟大的“五四”爱国精神、优秀的传统文化沐浴广大青年。

博物馆积极培树“观海学史 思政育人”党建品牌，打造“纪念馆里的思政课”“行走的红色思政课堂”，联合中国石油大学（华东）共建“听涛观海青岛山 一战遗址读沧桑”系列思政课程，成功入选国家“大思政课”优质资源精品百强名单。

博物馆挂牌成为中国人民大学、南开大学、中国海洋大学、厦门大学等多所高校教育教学实践基地暨爱国主义教育基地，建设助力立德树人的“三个课堂”，既是将革命文物资源融入思政课的“第一课堂”，又是丰富校园文化的“第二课堂”，还是促进学生综合素质全面发展的“社会实践课堂”，为探索建立适应新时代发展和学生认知结构的实践转换机制，解决当代大学生“素质＋能力”提升问题踏出新路子、立出新标杆。

（二）从历史眼光下的深度，挖掘红色文化，发扬五四精神

博物馆坚持从历史眼光下的深度，挖掘红色文化，讲好一战故事、五四精神、建党故事和初心故事。作为山东省爱国主义教育基地，博物馆注重情景交融，用红色革命文物的展陈发挥独特的展览叙事优势，起到见人见物见精神的作用；注重将爱国主义教育、红色基因传承寓于参观过程之中，将历史空间和精神空间有机结合起来；注重核心价值引领、精神家园建设和道德风尚培育，主创文献纪录片《1914，青岛永不能忘》，是中国历史上第一部揭示第一次世界大战日德青岛之战的纪录片，填补了中国近代史重大理论文献纪录片空白，对于增强文化认同、增进文化自信、构筑中华民族共有精神家园具有现实价值。

（三）从文化传承中的广度，感受文物背后的人文精神

博物馆积极开展与英、法、德、比利时等国际友好交流活动，积极打造“一战华工红色印记”国内、国际旅游线路，以文化促进旅游，以旅游带动经贸，以经贸彰显文明。每一座博物馆，都是一座守护中华文明的基因宝库。每一件文物，都是一个记载民族血脉的基因密码。博物馆 2000 多件文物历经岁月的洗礼，就像一个个历经风雨的生命。博物馆的使命就是讲好这段故事，让故事充满力量，让故事展现民族形象。

“历史无法改变，但未来可以塑造。”博物馆所作努力，就是让公众更好地从历史角度回顾并思考战争、革命与和平的主题。这是我们这代人的责任和担当。漫漫百年史，遥遥岁月行。世界要和平，国家要发展，社会要进步，已成为时代的潮流。谈一战重温五四精神，讲文物赓续爱国情怀，这是历史的规律，也是未来的必由之路。

挖掘革命文物丰富内涵
传承伟大抗美援朝精神

抗美援朝纪念馆　刘静媛

当我们站在鸭绿江断桥上，凝望那遗留至今的万千弹痕和遗落江中的半壁缺失，便自然会想见抗美援朝战争中敌机轰炸时的隆隆炮火，以及在硝烟战火中奋起抗争的中朝军民。因为具体，所以真实。正是有了“断桥”这样具象的遗存，才会让历史变得依稀可见、变得可感可触。虽然文物本身是沉默的，但其背后的故事，或悲壮惨烈或激昂振奋，都是鲜活而又生动的。

抗美援朝纪念馆是全国唯一全面反映中国人民抗美援朝战争和抗美援朝运动的专题纪念馆，收藏有抗美援朝文物 2.2 万多件、史料 3 万余份。近年来，积极倡导学术立馆理念，以馆藏资源为基础，不断拓展深化，广泛征集、深入挖掘文物史料的丰富内涵和时代价值。

一、深化拓展学术研究，挖掘革命文物的丰富内涵

抗美援朝纪念馆以研究阐释为引领，深度挖掘革命文物资源所蕴含的革命精神、思想内涵和时代价值，生动呈现文物背后的故事、蕴含的情感，发挥铸魂育人的作用。每件文物史料都不是孤立存在的，都凝结着一定的历史事件和革命精神，研究不能仅仅局限于描述基本事实，更要通过对背景、细节和蕴含其中的情感等多角度进行探析，做到见“人”见“事”见“品格”。在抗美援朝纪念馆收藏有志愿军老战士胡长哲捐

赠的一封书信，那是当年特级英雄黄继光母亲邓芳芝写给他的回信。为什么会有这封回信？因为胡长哲入伍后在学习黄继光英雄事迹时，想到他的妈妈失去儿子一定很难过，便写信给黄妈妈，表示愿意做她的儿子孝顺她，并要把第一张立功喜报寄给她。黄妈妈非常感动，回信说："希望你在毛主席和共产党的培养下，争取为人民立功，以使我早日看见第一张喜报……"表面看那只是薄薄的、很不起眼的一页纸，但它却承载了太多的精神和情感元素。反映和浓缩了志愿军战士从学英雄、敬英雄，升华到心疼和孝顺英雄母亲的心路历程；也展现了英雄亲人心系前线、牵挂战士，希望他们平安，又盼望他们成长进步的复杂心情。胡长哲自幼父母双亡，黄妈妈的回信令他倍感温暖，也令周围一众战友倍受鼓舞，这其中也体现了当年轰轰烈烈的抗美援朝爱国支前运动为志愿军将士们所提供的强大精神支撑。胡老将信整整珍藏了 67 年，才万分不舍地捐给了纪念馆。他说，希望能有更多的人读到黄妈妈这封信，希望它能激励越来越多的后来人，不忘革命先烈、弘扬伟大抗美援朝精神。这又提升到了精神传承的层面。可见，只有通过深入挖掘、研究、阐释，这封信作为革命文物所存储的信息密码和所承载的精神价值，才真正得以"活"起来、"动"起来、"热"起来。

研究工作中，一个很重要的方面是通过开展课题研究和参与图书出版，把文物史料征集与学术研究紧密结合起来，推动研究工作项目化、系统化。近年来，我们相继与军队政治工作研究院、北京师范大学合作，申报国家社会科学基金军事学项目——"中国人民志愿军老战士口述史料整理与研究"；在丹东市委宣传部的统一领导下，同丹东广播电视台一道组织摄制抗美援朝口述历史纪录片《铭记》，已播出 230 期，同名书籍也已通过辽宁人民出版社正式出版。这两个项目均以寻找、讲述、学习"最可爱的人"和争做新时代"最可爱的人"为主线，在全国范围内采访健在的志愿军老战士和支前模范，抢救性挖掘整理抗美援朝口述历史，从亲历者的视角讲述和展示了宏大战争背景下，"平凡英雄"保家卫国的家国情怀和团结一心夺取胜利的坚定信念。作品题材重大、素材珍贵、内容真实。我们还承担了 2022 年辽宁省社科基金办公室重大委托项目"抗美援朝出征地的丰富内涵和时代价值"研究；"抗美援朝时期宣传思想工作探析及启示"，入选"2023 年度辽宁省社会科学规划基金项目"。参与重大选题图书、课题编写工作。出版了《抗美援朝丹东遗址寻踪》等 5 本书籍；副馆长张校瑛应中宣部之邀，完成《中国共产党人精神谱系》丛书中《抗美援朝精神》一书的编写工作；应省委宣传部之邀，编写出版了《红色辽宁》之《抗美援朝出征地》。纪念馆还与人民出版社、辽宁少年儿童出版社等合作，完成了《英雄赞歌——抗美援朝故事汇》等 10 部拟出版书籍的组稿上报工作。一个课题一个研究方向，一本书一个侧重点，抗美援朝学术研究和文物史料的价值彰显越来越规范、系统和完备。

二、优化创新展览展示，彰显革命文物的时代价值

基本思路是运用最新学术研究和抗美援朝遗址遗迹考察成果丰富展陈、引领展示，把观众看不见的内容、了解不到的信息挖出来、展出去，做优做精基本陈列，做新做特专题展览，形成以“基本陈列为基础，专题展览为补充、外出巡展为延伸”的展示体系。通过展览这一特殊媒介，完成文物和观众之间的信息传递，在“历史”与“现实”、“物”与“人”之间架起互通的桥梁，引导广大观众体味每一件革命文物及其背后的文化，领悟其精神内涵。

一是基本陈列铸精品。围绕“抗美援朝 保家卫国”这一基本陈列主题，创建连贯的中心主题链，通过精心设计、巧妙铺陈，让文物回归事件，与大量照片、音视频以及复原场景等进行逻辑化组合，再运用概念性表达、特色化呈现，充分展示重大决策过程、重大历史事件、重要战役战斗、重要历史人物，全面展示中国共产党领导抗美援朝战争和抗美援朝运动的光辉历程，生动反映伟大抗美援朝精神的丰富内涵，重点展现志愿军将士的英雄气概和不畏强敌、敢打必胜的精神优势，彰显中华民族不畏强暴、维护和平的坚定决心；兼顾展示政治、经济、外交等方面的斗争，形成充满个性的形象与张力。使观众每一次进馆都成为一次洗礼、一次铭记。

二是专题展览创特色。围绕重大时间节点和服务于省、市委重点工作，近年来，精心设计推出庆祝建党百年专题展、纪念志愿军出国作战 70 周年和抗美援朝战争胜利 70 周年专题展，配合辽宁“六地”宣传，推出抗美援朝出征地系列展览等原创展览 60 余个，多方位多视角宣介抗美援朝历史。“开国第一战”“志愿军从这里跨过鸭绿江”“‘打’‘谈’‘胜’——纪念抗美援朝战争胜利 70 周年专题展”等 6 个专题展览，被辽宁省文旅厅纳入年度重点展览计划。

三是外出巡展扩影响。依托各专题原创展览，走出去宣介抗美援朝历史，相继与北京、天津、江苏、陕西等省、市数十家博物馆、纪念馆进行交流或联合办展，为当地观众提供就地就近了解抗美援朝历史的贴心服务。由辽宁省委宣传部主办，丹东市委宣传部和抗美援朝纪念馆承办的“抗美援朝出征地主题巡展——辽宁人民的贡献”，作为辽宁省“文化润疆”的一项重要内容，走进新疆塔城，之后又走进沈阳、大连等城市，在机关、学校、部队、企业和街区进行巡展，累计观展数达 16.2 余万人次，

较好地促进了地区间的文化沟通与交流，扩大了辽宁抗美援朝出征地的影响力和美誉度。

三、构筑完善传播体系，传承革命文物的精神伟力

构建多元立体的传播体系，是推动从文物活起来到展览活起来，把躺着的历史恭敬地扶起来、使之走进人心的必要之举。几年来，我们积极创新工作理念，深入挖掘革命文物承载的精神价值，着力阐释、结合、运用好蕴含其中的思政教育元素，比如信念坚定、忠诚奉献、舍生忘死、团结奋斗等，润物无声地将爱国主义教育、革命英雄主义教育、社会主义核心价值观教育，更好地融入日常育人体系。通过深化讲解、打磨精品课程、借力媒体传播等多种方式，推动实现纪念馆从单纯立足展陈讲展览到走出场馆讲战争历程、经典战例，讲英模人物、珍贵文物和讲经验启示、精神传承的多元立体传播方式的转变，从而让更多人有机会了解抗美援朝历史，从中汲取精神和信仰的力量。

1. 优化讲解内容。主要是发挥研究人员和讲解员两方面力量，凸显时代特征和持续提升两大特点。结合学习贯彻习近平总书记系列重要讲话精神，组织引导研究人员，围绕阐释伟大抗美援朝精神的丰富内涵和时代价值，培育社会主义核心价值观，进一步改进、提升讲解内容。同时，着力培养研究型讲解员。讲解员是纪念馆与观众交流的桥梁，也是重要的对外形象。我们通过集中授课、引导自学和在实践中交任务、压担子等办法强化培训历练，督促讲解员多学战史，多探求文物背后的故事，特别是多结合观众提出的问题和自己的兴趣点研究查寻，不断提高研学能力，鼓励大家用自己的研究成果持续丰富和细化讲解内容。这样的讲解更贴近实际，更契合观众的心理需求。近年来共拓展讲解词 10 余万字，形成面向不同观众群体和不同观展时长的多个讲解版本，以满足观众多元化需求。

2. 打磨精品课程。推动精品课程宣讲，加强思政教育是传承红色基因，赓续精神血脉的重要途径。思政教育人人需要，学生是重点，但不是全部。纪念馆要立足面向全社会做好这篇大文章。一方面挖掘好革命文物中所蕴含的思想政治教育元素。比如抗美援朝文物“两洲三国”胡琴所体现的革命乐观主义精神，上甘岭上的岩土粉末所体现的革命忠诚精神，松骨峰英雄连“攻守兼备”锦旗所体现的敢打必胜的坚定信念等。另一方面讲好老文物的新故事，对比当下，实现历史与现实的有效链接。比如，在抗美援朝纪念馆，展有一个当年战地工勤人员荣获的“5 万公里安全行车牌”。对

于今天来说，安全行车几万里不是什么难事儿，但在抗美援朝的特定历史背景下，由于没有制空权，需要夜间行车且不能开车灯，道路坑坑洼洼还随时可能遭遇敌机轰炸，这样的境况能安全行车 5 万公里，就非常的难能可贵。用今昔对比的方式讲好这个故事乃至这一类故事，才会让今天的观众特别是不谙世事的年轻人，加深对抗美援朝战争史的了解，加深对志愿军后勤部队、对打不烂炸不断的钢铁运输线的真切感受，从而体会到这场战争赢得多么艰难。

依托对珍贵革命文物的研究阐释，我们相继推出了“赓续共产党人精神血脉”“信仰的力量 英雄的赞歌”等综合性课程，“松骨峰上的钢与气”“家书中的家国情怀”等现场教学课程，创作“愿山河无恙 愿精神永驻”“上甘岭——中华民族的精神高地”等情景互动式党课。这些精品课程线上线下累计宣讲 150 余场，线上教学北到吉林某高中，南到清华大学深圳学院；线下走进国防大学联合作战学院，最远到过新疆塔城，兵团第九师白杨市的龙珍高中，700 余名师生现场聆听了主题思政课——“铭记伟大胜利”。情景互动式党课进过丹东市委党校领导干部培训主体班次和辽宁省委组织部专题培训班的课堂；第二批主题教育期间，又受丹东市委组织部的指派，向中央第四巡回指导组作了汇报宣讲。

3. 构筑媒体传播体系。借力媒体宣传，在更高层面、更广范围宣介历史，传承红色基因。把“媒体关注的”变为“我们传播的”，把“受众想听的”融入“我们想讲的”。

一是与主流媒体合作打造优质节目。我们与中央广播电视总台辽宁总站合作，以“探访抗美援朝纪念馆，用文物生动讲述抗美援朝精神”为主题，推出大型直播节目《忠魂不泯 浩气长存——纪念抗美援朝战争胜利 70 周年》；与辽宁广播电视台合作推出 10 集历史纪录片《抗美援朝文物故事》；与北京晚报、长安街知事新媒体合作，推出 20 集系列报道《我们的一九五三》，聚焦馆藏文物，真实、生动地讲述志愿军各军兵种鲜为人知的故事，增强观众的历史认同和情感认同。

2023 年，抗美援朝战争胜利 70 周年，我们重点加大了对英雄的宣传。胜负之征，精神先见。抗美援朝战争中前赴后继的英雄人物，是胜利的先锋，也是抗美援朝精神的最佳载体。宣传中注重以富有时代特色、通俗易懂的语言表达朴实生动的细节和情感，既反映志愿军将士舍生忘死、忠诚担当、一往无前的铁血侠骨，又展现他们智慧灵动、青春热烈、真诚细腻的质朴柔情，让英雄形象更加丰富立体、有血有肉。配合央视《等着我》栏目推出特别节目《英雄功臣》；与辽宁广播电视台合作，精心制作了《英雄赞歌》系列短视频，荣获国家文物局、中央网信办2023年度中华文物新媒体传播精品推介活动“优秀项目”，成为全国革命类纪念馆中唯一获奖的项目。

二是构筑自身新媒体传播矩阵。在以往的官网、微博、微信公众号基础上，新推出抖音号和微信视频号，精心打造新媒体传播矩阵，逐步增加自身原创的图文和短视频。在新媒体平台推出了一系列以“胜利”为主题的作品，在微博推出“铭记伟大胜利 唱响英雄赞歌”话题，阅读量超过75万次，光明网、北京晚报等多家媒体参与互动；在抖音平台和微信视频号，发布了多个由志愿军老战士亲身讲述的短视频。全国各地网友看后纷纷留言，表达对志愿军将士的敬意！有的感慨“历史书太小，装不下他们的伟大，我们随手一翻，就是他们的一生，向英雄们致敬！”有的说“看到他们我泪流不止，这就是我民族脊梁，祖国的钢铁长城、人民英雄！”更有人表示，一定要到踏上“抗美援朝出征地”重走先辈走过的路，亲身感受鸭绿江畔的红色伟业。这些留言本身又吸引了众多视线，形成一个新的传播体系。丹东网友热情回复，丹东欢迎您，丹东人民欢迎您！我们的网管人员也动情地表达：欢迎全国各地的游客前来参观抗美援朝纪念馆，在你们走进纪念馆的短暂时光里，我们无法记住每一位观众的面孔，但大家留下的每一段文字都是激励我们持续前进的动力！

习近平总书记指出：抗美援朝战争的伟大胜利，将永远铭刻在中华民族的史册上！永远铭刻在人类和平、发展、进步的史册上！抗美援朝纪念馆将更好地担负起职责使命，筑牢信念之魂，坚定地传承好伟大抗美援朝精神，为凝心铸魂，巩固壮大奋进新时代的主流思想，全面建设社会主义现代化国家、全面推进中华民族伟大复兴提供坚强思想保证和强大精神支撑！

铭记嘱托　发愤图强
建设守护好中华民族警醒之岛

中国甲午战争博物院　张军勇

刘公岛是全国重点文物保护单位——刘公岛甲午战争纪念地的核心区，拥有全国规模最大的北洋海军军事建筑群和甲午战争遗址群。这批幸存的革命文物凝结着刻骨的国家记忆、深沉的民族情感，是刘公岛的记忆之根、灵魂之本、力量之源，也是激发做中国人的志气、骨气、底气的深厚滋养、生动教材。守护好甲午英灵以为国家民族永远的怀念，长鸣甲午警钟以为国家民族永铸忧患意识，传扬甲午精魂以为强国复兴凝魂聚力，事关民族文化自信，事关国家文化安全。2018 年习近平总书记视察刘公岛以来，我们紧扣如何把总书记对刘公岛的定位化为现实的作为这一主题，将学习思考、改进工作贯彻始终。

一、以大历史观精准把握刘公岛革命文物所承载的特殊含义

历史是最好的教科书，也是最好的清醒剂。回望历史，习近平总书记曾深刻指出，“甲午，对中国人民和中华民族具有特殊的含义，在我国近代史上也具有特殊的含义。”从历史内涵来看，甲午战争是中国有史以来从强盛走向败落的划时代大事变，正是由于这场战争以中国数千年所未有之大惨败，才一举开启了中华民族数千年所未有之道路大危机、民族大觉醒、历史大选择、文明大变局。在被迫真正睁眼看世界的震惊、反思与觉醒中，中国现代意义上的民族意识、国家观念和爱国主义开始第一次生成；

在天朝梦碎的甲午废墟上，中国现代意义上的民族复兴梦想开始第一次萌发，中国革命由此发端；在千年梦醒、百年奋斗中，历史和人民最终选择了中国共产党，改变了中国也影响了世界。从时代价值来看，经略海洋攸关国运兴衰，没有海权就没有任何资格奢谈未来，这是甲午战争以累累白骨留下来的血泪遗训，也是刘公岛历百年风雨沉淀出的历史铁律。虽然由这场战争所开启的伟大复兴之旅早已启航，但至今仍在路上；虽然这场战争结束已达百年之久，但是钓鱼岛问题、台海问题等战争创伤却延续至今，对战败的追问也延续至今；虽然世界舞台上大国的兴衰更替早已是沧海桑田，但海洋依然是大国竞争主战场的格局没有变，中国最大的安全威胁依然从海上来的格局也没有变，雪甲午耻以走出甲午依然是待解的现实命题。所以，刘公岛记忆既标识着传统中国倒下去的终点，也标示着现代中国爬起来的起点，是军史战史革命史，也是国史党史复兴史，是近代史现代史更是当代史。这种深刻的内涵与价值，奠定了刘公岛国家纪念碑、民族警世钟的特殊地位，赋予刘公岛非同一般、跨越时空的警世教育意义，是做好刘公岛革命文物工作的思想源头与实践起点。

二、紧扣领袖嘱托精准定位刘公岛革命文物工作的使命担当

一以贯之增强忧患意识，是习近平总书记管党治国理政的鲜明理论品格。进入新时代，总书记深刻把握向海则兴、背海则衰、不能制海、必为海制的大国兴衰规律，对甲午败军之耻、覆舟之鉴“耿耿于怀”、警以为戒，对经略海洋、维护海权、护航复兴念念在兹、亲抓实抓，反复用甲午之殇鞭策全党全社会，称其为“心头之痛”“剜心之痛”，明确要求“一定要总结血的教训，用这段历史警示国人，教育官兵”。2018 年 4 月 12 日，总书记在南海阅兵场上，作出“建设强大的人民海军的任务从来没有像今天这样紧迫”的战略判断，发出“把人民海军全面建成世界一流海军”的总动员令。两个月后的同一天，总书记来到刘公岛，回望民族的梦碎梦醒，重申强国复兴的坚定意志，语重心长地说，“刘公岛的历史极其沉重”，“我一直想来这里，在这来受受教育，在这来实地感悟一下”，谆谆告诫“要警钟长鸣，铭记历史教训，13 亿多中国人要发愤图强”。此后，总书记又多次重提刘公岛、重提甲午，反复强调刘公岛是“我一直想来”的地方。通过不断地深入学习，我们深刻体会到在总书记系列重要讲话中，刘公岛是一个鲜明的历史文化符号，一个既能够让人“耿耿于怀”“痛彻心扉”的国殇海殇之地，更能够让人“感慨万千”“心情久久不能平静”“激发一种强烈的民族和历史责任感”，坚定伟大复兴之路“虽有坎坷，必将通达”的警醒自

信之地。这既是总书记统筹发展与安全、统筹民族伟大复兴战略全局和世界百年未有之大变局，所做出的战略考量与殷切嘱托，也准确点明了刘公岛的核心价值，为刘公岛革命文物工作高质量发展注入了全新的时代内涵。我们必须站在为中华民族永铸忧患意识的高度，坚定不移地沿着总书记指引的方向重新校正航向，跳出单一的旅游思维、经济导向，把“中华民族警醒之岛”作为最鲜明的特质、最根本的目标来倾力打造，推动刘公岛在服务全党大局、国家战略的进程中向人文靠拢、向灵魂回归，全方位彰显刘公岛的历史教科书、清醒剂、营养剂价值，警醒亿万国人坚定信心、以史为鉴、开创未来。

三、立足国家站位精准推进刘公岛革命文物工作行稳致远

贯彻落实习近平总书记重要指示精神，建设中华民族警醒之岛，既是一项重大政治任务，也是一场耐力赛，需要脚踏实地、久久为功，一步一个脚印。在工作摆布上，既要忠实履行党和国家赋予的职责与任务，也要正视面临的困难和问题，正确处理好需要与可能、现状与发展的关系，突出问题导向，突出精准发力，把最迫切最现实的需求抓在手上，统筹规划、分步推进。当前和今后一个时期，将重点从以下五个方面发力：

（一）全力打造多元化的资源体系。馆藏是博物馆的立馆之本，将立足于刘公岛革命文物的空间分布状况，把握“警醒、自信”主基调，统筹规划岛、海、陆等地理空间，贯通历史、现实与未来等时间轴线，构建岛陆联动、陆海一体、既可触摸历史、又能拥抱未来的体系化保护传承格局。全面加强不可移动文物保护，保护好“凝固的史诗”；紧盯军产改革最新动向，推进军产革命文物由军转民、解禁开放；启动历史文化风貌区建设，针对与历史不协调的新建筑，适时研究处理方案，原汁原味还原历史本真，努力营造历史气息扑面而来、人文情怀无处不在的景观氛围。大力推进可移动文物修复与数字化保护，构建准确权威、开放共享的革命文化资源公共数据平台；积极参与甲午沉舰水下考古，加强出水革命文物的保护与研究，建好威海湾省级水下文化遗产保护区；适时启动流失海外中国海洋海防海军海战典藏回归工程，打造相关领域的文物文献资源优势。

（二）全力打造智库化的研发体系。研发居于承上启下的关键环节，对于博物馆的核心竞争力与社会话语权牵一发而动全身，这个能力上不去，行业地位与对外形象就不可能立起来。将以创建国家革命文物协同研究中心为抓手，围绕革命博物馆效能

建设、科技保护与应用、资源阐释挖掘、展示教育与文化传播、国际人文交流等六大主攻方向，集中优势资源和首要精力，全面提升原创性研发能力，全力推进终端性成果的研发进程，打造革命文物保护传承利用的国家典范。紧盯决策核心、发展前沿、执行一线，加强对各级党委、政府重大决策和部门施政前瞻性的历史考察，策划构建甲午学、当代海上安全研发项目库，不断把历史题材做出现代价值，为当代发展赋予历史深度，推动刘公岛从讲故事向出思想转变。立足资源的稀缺性和异质性，深挖革命文物底蕴，面向大众推出一批好读耐看多载体成系列的文化精品，提升普及型社会教育的能力。策划实施刘公岛之友计划，将全球范围内北洋海军史、甲午战争史及其上下游关联史的专业研究者、爱好者凝聚起来，牢牢把握住刘公岛的核心话语权。

（三）全力打造分众化的教育体系。全民教育是刘公岛的核心功能，将依托全国爱国主义教育示范基地、国家国防教育示范基地、海峡两岸交流基地、港澳青少年内地游学基地、总体国家安全观刘公岛教育培训基地等 40 多个教育平台，重点面向党员干部群体强化党性教育，为国家精英强骨补钙；面向公职群体强化总体国家安全观教育，为国家管理者筑牢安全防线；面向军人群体强化国防警示教育，为国家钢铁长城锤炼血性；面向青少年群体强化爱国主义教育，为国家未来栋梁的价值观把关；面向港澳台同胞和海外侨胞强化国情国史教育，为国家发展凝聚人心；面向外籍群体强化“历史选择”宣教，为中国道路赢得世界理解。

（四）全力打造国际化的传播体系。按照中共山东省委常委会关于刘公岛教育基地建设国际化的要求以及世界一流战争博物馆的发展目标，切实加强公共文化外交功能，在全球视野下讲好刘公岛故事。以国际标准全面提高既有场馆的展陈能级，着力提升对各类展示要素的凝聚整合能力，策划打造以甲午战争陈列馆为核心、系列小型精品馆为配套的主题聚焦、特色鲜明的博物馆群落，使其成为与相关国家和地区合作交流的特殊媒介。依托刘公岛及威海独特历史资源和人脉资源优势，加大推介力度，探索与有关高校、文博机构的合作模式，搭建好走出去的平台；对接好现行国字号交流项目，打造引进来的长效机制。面向海内外威海籍移民、与威海发生过历史因缘的外籍友好人士，广泛开展民间交往，维系好历史血脉与情感基因，打造对外文化输出的特殊载体。加强对欧美亚 14 个北洋甲午历史关联国、关联区以及友好省州、友好城市民间团体、科研及文博机构的机制化、常态化合作，推进联合研发出版、联合办展、人员互访、学术交流等，打造一张多层次、跨行业、常态化的交流网络。抓住甲午战争爆发 130 周年这一重要节点，推动实施电影《甲午》拍摄项目；推进威海水师学堂、北洋海军提督公馆、黄岛炮台国帜三易遗址的活化利用，打造革命文物科学保护、创新利用、高效传播的样板。

（五）全力打造市场化的保障体系。按照各级关于创新博物馆发展多元化投入机制、激发博物馆创新活力、大力发展文博创意产业、培育新型文化业态、激发文旅消费潜力等系列激励政策，大力争取市委、市政府支持，研究出台具体落实措施，鼓励支持中国甲午战争博物院激活文化基因、深化文旅融合。积极探索符合自身实际的文创研发与运营模式，聚焦北洋甲午主题，开发传承弘扬革命文化的系列文创产品；对接千里山海自驾旅游公路、环海景观廊道，按照“精品线路、专业导赏、战争体验”的要求，连点成线、串珠成链，全面盘活刘公岛甲午战争纪念地遗址遗迹资源，规划设计以“重走甲午威海卫陆战古战场”“守护中华最古的海”为特色主题的历史专题研习、战争田野考察、文化远足等系列体验式经典线路，打造一批具有强烈震撼力、感染力和传播力的精品研学与拓展实训项目，提高传承活力、丰富旅游内涵、延伸体验链条；加强与刘公岛具有特殊历史渊源的各类企业及组织机构的深度合作，适时筹建爱国强军基金会，拓宽发展资金来源渠道，通过市场方式让革命文物更好地活下去、活起来，不断增强自我生存发展能力。

深挖内涵　广拓外延
让革命文化为纪念馆发展注入强劲动力

中国人民抗日军政大学陈列馆　杨树

纪念馆是有形的，是革命文化、革命精神呈现的物质形式，是挖掘、研究、传播革命文化的重要载体和阵地；革命文化则是无形的，既是纪念馆的精神内核、又是纪念馆的精神外延。近年来，抗大陈列馆围绕深、宽、广三个维度让革命文化为纪念馆发展注入强劲动力，使革命文物“活”起来、纪念馆“火”起来。

一、深挖革命文化内涵，做好坚守者

革命文物是革命文化的具体载体，具有重要纪念意义、教育意义及史料价值。不能戏说、不能无限拔高、更不能历史虚无主义。要解决这三个“不”，让文物“活”起来，首先要深入了解承载于文物之上的革命文化的精神内涵。

抗大陈列馆内馆藏文物最多的是抗大教材，这套教材共计 40 余种，1 万多册，被陶行知先生称之为“敌后教育的灿烂之花”。涉及政治、经济、战略战术、国际国内形势、土地政策等各个方面。不仅用于抗大总校，还要通过秘密交通线，分送到全国各个抗日根据地的抗大分校，以及八路军新四军的队伍中，为抗日战争、解放战争，乃至新中国的成立与建设培养了大批德才兼备的军政干部。抗大教育方针，以及敌后办学“站在最前线”“从战争学习战争”的教育理念，在革命战争年代，解决了“为谁培养人、如何培养人、培养什么样的人”的问题，实现了“百万精兵，二十万干部，将无敌于天下”的战略目标。站在新的历史方位下，抗大陈列馆通过馆藏文物明确本馆特有的精神内涵、基因密码，即是以立德树人的“大教育”为主题，深入挖掘抗大“边学习边战斗”敌后办学的教学特色，策划了抗大“小长征”党性教育课程、“重回 1940”等沉浸式体验式系列思政课。同时，鼓励全馆同志在工作中“读书是学习、使用也是学习”，在干中学、在学中干，用抗大教育指导实际工作，做好红色基因库的坚守者。

二、拓宽革命文化的外延，做好传承者

抗大陈列馆建于 20 世纪 90 年代初，受客观条件限制，主展馆仅 3000 平方米，供调动的文物资源非常有限。要在有限的空间和资源中拓展革命文化的外延，就要走出展板讲展板，走出展馆讲展馆。一出展馆天地宽，在陈列馆周边，发现了全国规模最大、保存最完整的抗大旧址群，这是珍贵的不可再生的革命文物，也是中国共产党与人民群众血肉相连、生死与共的明证。为深入挖掘保护革命旧址，陈列馆启动了抗大旧址群共享共建项目。2018 年，7 村 15 处抗大旧址获批第三批河北省文物保护单位。2020 年，被列入第二批全国革命文物保护利用片区、第三批国家级抗战纪念设施、遗址。2020 年 4 月，按照“基础共建、资源共享；形象共塑、产品共用”的原则面向社会各界招募共建单位，形成了“1 馆 9 村两个基地一条路”的抗大文化核心展示区，研发、推广了“共和国不会忘记”“人民英雄之旅”“自力更生之旅”3 条党性教育精品线路。2020 年 10 月，被列入国家发改委、文旅部联合印发的《太行山旅游发展规划》中；同年 12 月，该项目荣获了全国革命文物保护利用“十大优秀案例”、全国红色旅游融合发展推介案例；2021 年，以“烽火抗战、太行脊梁”为主题被列入国家四部委联合发布的“建党百年百条红色旅游精品线路”中。

不仅如此，陈列馆还走出抗大讲抗大。党的二十大闭幕之际，习近平总书记带领中央政治局常委到达革命圣地延安，在这里，他讲到“坚定正确的政治方向是延安精神的精髓”。抗大精神不是孤立的，上承长征精神，下启延安精神。陈列馆和抗大同行馆成立“抗大文化联盟”，联合办展、举办纪念活动、共同申请课题；面向全国发起了抗大“小长征”党性教育活动，从山西到河北、从延安到浆水，形成红色文化“一带一路”；和长征沿线纪念馆、晋察冀边区纪念馆、山西八路军太行纪念馆等全国革命类纪念馆多次联动、联合巡展，多次被中央级媒体报道；2023 年 6 月 1 日，启动“抗大精神、全国巡讲”活动，全力扩大“大抗大”文化圈，带动社会各界人士传承、弘

扬抗大精神，赓续红色基因。

三、扩大革命文化的传播广度，做好弘扬者

要进一步做好革命文化的传播工作，就要用新时代青年人能够接受方式讲述革命故事，才能更好地传播革命文化、弘扬革命精神，起到服务大局、资政育人的重要作用。抗大陈列馆形成了以网站、公众号、微博号、直播号、头条号、新华号、抖音号、数字抗大、调频 106.2 抗大电台等多样化媒体矩阵、多维度宣传层次。除此之外，搭建平台实现“抗大文化 +”。2016 年至今，每年举办抗大建校纪念活动，这也成为全国首个县级人大常委会通过决定的纪念活动。2018 年至今，举办“火焰音乐节”，寓意“弘扬抗大精神，让革命熔炉的火焰代代相传”，蒋大为、阎维文等艺术家纷纷前来献唱，这成为首个革命圣地文化传播品牌。第二届火焰音乐节走进北京，网络点击量达到 6000 万。2019 年至今，举办“抗大杯”红色故事大赛，参与人数达到 6 万余人。2021 年，结合党史学习教育，启动了“抗大号”大篷车，成立了火焰宣讲团，走进田间地头、走到人民群众中去宣讲。央视《新闻直播间》进行报道。2022 年，开办“抗大讲堂”，与同行馆在线上进行学术交流和研讨。2023 年，举办“抗大杯”全国足球邀请赛，邀请抗大各分校馆所在地足球队参加，让抗大精神为体育铸魂。

近年来，抗大陈列馆先后获得全国爱国主义教育示范基地、国家二级博物馆、全国首批“大思政课”实践教学基地、全国妇女爱国主义教育基地等 20 项国家级荣誉称号，每年征集文物、史料 200 余件，慕名来访抗大后代、专家学者不计其数。2020 年 10 月 20 日，抗大陈列馆作为全国爱国拥军模范单位代表在京受到习近平总书记的亲切接见并合影。目前，抗大陈列馆年接待量近百万人次，以线路串联、片区打造的形式，形成了以抗大旧址群为中心，投资 20.7 亿元的太行山（邢台段）抗大文化核心展示区，带动了革命老区振兴发展，在全国叫响了“革命熔炉、抗大圣地”这一红色品牌。

深耕"鲁迅与共产党人"
做好呼应时代传播的革命文物展览

上海鲁迅纪念馆　郑亚

上海是中国共产党的初心始发地，也是中国近代文化的重要发源地。近代上海吸纳了众多文化人才，而鲁迅无疑是其中最为耀眼的一个。1927 年国共合作破裂，中国的无产阶级、中国共产党面临着该往哪里走的问题，左翼文学、革命文学开始崛起。也正是在这时，鲁迅来到上海，在此度过了他生命中最后的岁月，留下了众多宝贵遗产，值得深入研究阐释，更好彰显其时代价值，发挥凝心铸魂、资政育人的作用。

一、鲁迅与中国共产党

鲁迅虽然不是共产党员，但他毕生追求真理、追求进步，始终与中国共产党同向同行。在上海，鲁迅通过对马克思主义的进一步学习，将早期的立人思想，深化为对中国社会发展规律的科学认识，不但参与发起成立了中国自由运动大同盟、民权保障同盟，还成为中国左翼作家联盟的领袖和旗手。他敬佩身边熟识的共产党人，深信"惟新兴的无产者才有将来"，称颂共产党是"切切实实，足踏在地上，为着现在中国人的生存而流血奋斗者"；还在大陆新村 9 号（现上海鲁迅故居）内，多次庇护过中国共产党主要负责人瞿秋白等。毛泽东同志称赞鲁迅是"党外的布尔什维克"，周恩来同志评价鲁迅在上海是"光辉的十年，战斗的十年"。

在中国共产党精神谱系中，鲁迅精神始终占据着一席之地。1937 年，正是在延安，毛泽东同志总结出鲁迅精神的三个特点：一是政治远见，“他用望远镜和显微镜观察社会，所以看得远，看得真”；二是斗争精神，“他在黑暗与暴力的进袭中，是一株独立支持的大树，不是向两旁偏倒的小草”；三是牺牲精神，他在民族危急关头，抱定“我以我血荐轩辕”的志向。1940 年，毛泽东同志在《新民主主义论》里又把鲁迅定位为“伟大的文学家、伟大的思想家和伟大的革命家”和“中华民族新文化的方向”。鲁迅精神不仅是鲁迅一生的品行与功绩的凝聚，也贯穿于鲁迅与共产党人交往的全过程：

在北京，鲁迅与中国共产党主要创始人陈独秀、李大钊在新文化运动中携手同行。在广州，他进一步理解共产党，在思想上发生重要转折。在上海，他加入左联，成为左联的精神领袖，与共产党人并肩作战，指引、帮助、支持青年党员的革命事业。在此期间，鲁迅与瞿秋白交往亲密，成为人生知己；与冯雪峰为党的使命任务共同战斗，彼此信赖；扶持丁玲等进步青年，为党培养革命文学的新生力量。在为实现民族解放并肩作战的过程中，鲁迅与中国共产党人结下了深厚情谊。这些历史文化遗产，是值得我们深入挖掘、研究阐释、展览呈现的资源宝库。

二、上海鲁迅纪念馆基本情况

上海鲁迅纪念馆是中华人民共和国成立后的第一座人物类纪念馆，1951 年 1 月建成开放，现位于上海鲁迅公园内，同时管理全国重点文物保护单位“鲁迅墓”和上海市文物保护单位“鲁迅故居”。2001 年被命名为全国爱国主义教育示范基地，2008 年被评定为首批“国家一级博物馆”。

馆内现有藏品 8 万余件，以鲁迅的文稿、诗稿、译稿、书信，以及鲁迅收藏的木刻作品和生活用品为主。馆内一层设有专题展厅“奔流艺苑”、“萌芽厅”、收藏展示鲁迅同时代人遗存的“朝华文库”等。二层为“人之子——鲁迅生平陈列”，该展曾荣获第十届全国博物馆十大陈列展精品奖。

近年来，纪念馆年均举办与鲁迅有关的专题展览十余个，其中“灯火——鲁迅与文艺”“汉石墨韵——鲁迅与汉画像石拓片展”“风波浩荡足行吟——鲁迅与国际友人在上海”“一纸书信 万千情怀——上海鲁迅纪念馆藏名人书信展”等年度原创特展先后荣获上海市陈列展览推介精品奖；纪念馆还坚持馆藏研究，出版专业书籍；举办鲁迅作品名家诵读、追摹版画、上鲁讲座等社交活动。作为传统专业博物馆，纪念馆坚持立足馆藏文物资源，面对当下受众需求，传播鲁迅文化与革命精神。

三、上海鲁迅纪念馆藏革命文物资源概况

从新文化运动健将到马克思主义者，到左翼文艺阵营的旗手；从创作揭露封建糟粕“吃人”本质的《狂人日记》到翻译描写苏联红军游击队事迹的小说《毁灭》并酝酿创作描绘中国工农红军的小说，鲁迅的人生轨迹中包含了丰富的革命主线相关内容。

为更好践行习近平总书记对革命文物工作的重要指示，近年来，纪念馆加强系统梳理馆藏革命文物资源，归纳为“不可移动文物”“鲁迅遗物”“朝华文库文物”三大类:

1. 不可移动文物，指全国重点文物保护单位“鲁迅墓”和上海市文物保护单位“鲁迅故居”。鲁迅墓是追忆缅怀鲁迅的重要场所，其照壁式墓碑上镌刻有毛泽东题写“鲁迅先生之墓”六个金字。上海鲁迅故居珍藏了先生最后的岁月，鲁迅不仅在此写作和编选了《故事新编》《且介亭杂文》，翻译了《死魂灵》，编印出版了《木刻纪程》等，还曾在此与陈云、陈赓晤面，并多次掩护瞿秋白、冯雪峰等共产党人。

2. 鲁迅遗物，（1）鲁迅独立或与他人合作创作、翻译的作品，如鲁迅作品手稿、亲笔校改的样张、单行本及合集初版本等；（2）有关鲁迅创作与思想、社会活动书信、诗稿、题词等；（3）与鲁迅工作生活密切相关且被其使用过的物品，如版本古籍、近现代美术品尤其是革命版画以及进步书刊等。

3. 朝华文库文物，指馆内收藏、部分专库形式陈列的与鲁迅相关的众多中国现代进步人士，如陈望道、许广平、冯雪峰、丁玲等人的文物史料。

2021 年 3 月，上海市公布第一批革命文物名录。鲁迅墓、上海鲁迅故居，以及馆藏文物中的《共产党宣言》初版本、鲁迅《无题》诗稿等 13 件一级文物入选其中。2021 年 7 月，在上海市公布的第二批革命文物名录中，馆藏《青年杂志》《新青年》等 170 余件二级、三级文物再度入选。2023 年 7 月，上海市革命场馆联盟成立，上海鲁迅纪念馆作为联盟发起单位全力参与。党和国家对革命文物工作一以贯之的重视，以及市、局层面一系列加强革命文物保护利用的举措，为纪念馆做好馆藏革命文物的保护修缮、研究阐释、价值传播指明了方向，提供了支持和保障。

四、以“鲁迅与共产党人”为主题的革命文物展览实践

为展示鲁迅与同时代人在文艺战线上的丰功伟绩，让革命故事代代相传，纪念馆在“人之子——鲁迅生平陈列”中着重展出了鲁迅与陈云、陈赓、瞿秋白、陈望道、方志敏、左联五烈士、丁玲等共产党人交往的文物史料，如《新青年》《共产党宣言》初版本、《秘书处消息》、陈赓手绘鄂豫皖根据地红军反围剿形势图、《海上述林》

校定样等。

同时，还持续策划举办了多个聚焦“鲁迅与共产党人”主题的革命文物展览，比如：

1. 陈云主题纪念展

近年来，连续与陈云纪念馆联办陈云主题纪念展，如“不忘初心，牢记使命——陈云与党风廉政建设”专题展、“陈云读书生活”专题展、陈云精神风范专题展、“永远跟党走——党史中的陈云”专题展、“赤子情怀——陈云与上海”专题展、“陈云与调查研究”专题展等，通过相关史料，展示陈云革命的一生，与鲁迅相通的革命精神。1932 年底，陈云根据党组织安排，前往鲁迅寓所，秘密安全转移瞿秋白夫妇，由此结下了一面之缘。1936 年 10 月 26 日，鲁迅逝世后一周，陈云撰写文章《一个深晚》，署名“史平”，发表在 10 月 30 日巴黎出版的《救国时报》上。

2. 冯雪峰与鲁迅专题展

冯雪峰是鲁迅先生晚年最亲密的战友之一。展览特别展出纪念馆“冯雪峰专库”文物资料 78 件（组），含冯雪峰手稿、使用过的物品、早年出版的著作、译著以及收藏的毛泽东、鲁迅等人的著作。冯雪峰长篇小说《太平天国》遗稿和从未见于记载的《鲁迅传》部分手稿均首次对外展出，这些珍贵文献的发现，对推进冯雪峰研究、中国现代文学和革命文学研究具有重要意义。同时，展览还设计制作了图片展板 50 块，分别从“文学结缘”“思想知己”“生活良友”“研究通人”四个方面进行阐述，让观众更为全面地了解冯雪峰的生平事迹和革命精神。

3. 新文化运动主将——陈独秀

鲁迅和陈独秀是《新青年》编辑部同人，他们在北京时定期开会讨论编辑工作，彼此欣赏。在陈独秀的鼓励和支持下，鲁迅的第一本小说集《呐喊》编辑出版，由此为鲁迅带来了巨大声誉，奠定了他在新文学界的崇高地位；而鲁迅对陈独秀建党时期的活动也给予了热情切实的支持。为展示鲁迅与陈独秀的革命情谊，上海鲁迅纪念馆与北京鲁迅博物馆（北京新文化运动纪念馆）联合举办了“新文化运动主将——陈独秀”专题展，突出展示了陈独秀在新文化运动、传播马克思主义，以及中国共产党创建和早期活动中所做出的卓越贡献。纪念馆还从馆藏革命文物中特别选取了 1920 年 8 月 13 日，陈独秀关于《风波》发表事致鲁迅（豫才）、周作人（启明）的信，印证陈独秀对鲁迅创作的鼓励与重视。

4. 信仰的力量——陈望道同志纪念展

1920 年，陈望道翻译《共产党宣言》第一个全译本，并将《共产党宣言》初版本赠送鲁迅。此后，陈望道还与鲁迅等共同推动了左翼文化运动。为呈现鲁迅与陈望道的深厚情谊，纪念馆充分利用朝华文库“陈望道专库”文物史料，推出“信仰的力量——陈望道同志纪念展”，从“传播马克思主义——在开天辟地的日子里”“站在鲁迅一边——为新文化而战”“学界泰斗——奠基中国现代语言学”“大道长存——桃李天下，薪火递传”四个方面回顾陈望道同志的生平事迹，再现马克思主义传入中国并走向革命实践的历史进程。

5. 清贫精神 光耀千秋——方志敏同志纪念展

1935 年，方志敏在率红军北上抗日先遣队与敌人作战中不幸被俘。他信赖鲁迅，托人将在狱中秘密写成的致党中央的信和《可爱的中国》《清贫》等文稿，辗转交给从未相识的鲁迅转呈党中央。鲁迅不负重托，使这些文稿妥善地送达了党组织。为纪念方志敏同志，纪念馆与江西省委党史研究室、江西省方志敏研究会等联合举办了“清贫精神 光耀千秋——方志敏同志纪念展”，通过“探索解救中国的道路”“唤起工农千百万”“血染东南半壁红”“终将热血化英魂”“崇高品格垂青史”五个部分，60 余块展板，200 多张历史图片，再现了方志敏烈士短暂而光辉的一生，诠释了方志敏烈士“爱国、创造、清贫、奉献”的革命精神。

6. 鲁迅精神与廉洁文化展

鲁迅精神在当代反腐倡廉工作上依旧具有重要启示。纪念馆策划推出的“鲁迅精神与廉洁文化展”，分三部分警示反腐败工作的长期性、复杂性和艰巨性，呈现出一个坚守真善美、呼唤“诚与爱”的鲁迅：

第一部分“人立而后凡事举”倡导立人、清正为人、做堂堂正正的中国人；第二部分“横眉冷对千夫指”展示鲁迅对腐败的揭露、抨击，揭示了鲁迅疾恶如仇，痛斥“瞒”“骗”，激浊扬清的坚定态度；第三部分“俯首甘为孺子牛”诠释了鲁迅的人生态度，是其清正为人的写照。

7. 上海鲁迅纪念馆藏革命版画展

1931 年 8 月 7 日，鲁迅在上海创办“木刻讲习会”，中国新兴版画运动就此拉开序幕。鲁迅通过搜集国内外优秀版画作品、编印画集、举办展览、自办讲习班、同版画社团青年交谈与书信往来，对青年版画家热情帮助、尽心指导，为中国新兴版画运动的蓬勃发展奠定了坚实的基础，也践行了他“有萌芽，才有茂林嘉卉”的主张。纪念馆结合自身馆藏革命版画数量可观、极具水准的优势，用 100 多件幅馆藏版画精品，引导观众从革命及中国现代美术发展的视角认识鲁迅。该展览还可根据引进场馆的实际情况，做内容变化，并提供配套讲座、版画拓印体验。

与诸多革命文物大馆相比，上海鲁迅纪念馆的工作还有很大提升空间，而深耕馆藏文物，解读并阐释好其中中国革命、中共必胜的历史逻辑，适应时代需求，加大社会传播力度是对“以物证史、以史增信”的践行。

创新湘江战役旧址管理机制
统筹协调红色文化展示传承

桂林红军长征湘江战役文化保护传承中心　涂灵燕

1934年，红军长征经过桂北，历时19天，途经6个县26个乡镇，行程296公里。1934年11月27日至12月1日，红军经历了长征以来，最为惨烈、最为悲壮的湘江战役，以饥饿疲惫之师，与国民党军队展开了殊死的决战，苦战五昼夜，掩护中央领导机关编成的军委两个纵队抢渡湘江。红军将士浴血奋战，向死而生，突破敌军重兵设防的第四道封锁线，粉碎了蒋介石围歼中央红军于湘江以东的企图。但中央红军也为此付出了极为惨重的代价，经过"三大阻击战""四大渡江战"以及后卫突围阻击战，红军过湘江后，由出发时的8.6万人锐减至3万余人，数万红军将士血战湘江，用热血和生命铸就了勇于胜利、勇于突破、勇于牺牲的历史丰碑。至今，桂北地区还流传着："红军血染湘江渡，江底尽是忠烈骨；三年不饮湘江水，十年莫食湘江鱼"的民谣。湘江战役宣告了"左"倾教条主义错误路线的彻底破产，为遵义会议的召开，确立毛泽东在中共中央和红军的领导地位奠定了思想基础。

习近平总书记高度评价湘江战役，始终牵挂在湘江战役中牺牲的革命先烈，2018年专门作出批示，要求做好烈士遗骸收殓保护工作、规划建设好纪念设施。2019年以来，桂林市以高度的政治自觉和文化自觉，全面完成了湘江战役烈士遗骸收殓保护、湘江战役旧址修缮、纪念设施建设等68个项目建设，于2019年9月12日举行落成仪式，桂林红色文化保护传承工作驶入新赛道。

2021年4月，习近平总书记考察广西的第一站，就来到红军长征湘江战役纪念园，总书记满怀深情地说，到广西，来全州看一看湘江战役，这是我的一个心愿。这一战，在我脑海里印象是最深刻的，我也讲得最多；我在多次会议上讲到了湘江战役。湘江战役是红军长征的壮烈一战，是决定中国革命生死存亡的重要历史事件；谆谆教诲我们，困难再大，想想红军长征，想想湘江血战；嘱咐我们，要用好用活红色资源。桂林市牢记嘱托，推动红色资源保护利用取得新成效。

一、多维并进，释放革命文化保护传承新动能

通过六个维度做好湘江战役革命文物保护利用传承工作：一是“管理”，二是“责任”，三是“统一”，四是“保护”，五是“挖掘”，六是“传承”。

（一）创新“管理”机制，市、县联动，系统提升湘江战役旧址保护水平

2019年，桂林市在全国率先成立保护传承机构——桂林红军长征湘江战役文化保护传承中心（市委直属财政全额拨款公益一类正处级事业单位，编制25人），桂北六县均相应成立保护传承机构，在编人数达120余人。制定实施了《桂林市红军长征湘江战役红色资源保护传承规定》，使地方红色文化保护传承工作能够有法可依。

（二）压实“责任”主体，多级联动，开展湘江战役文化资源挖掘保护工作

在湘江战役遗骸收敛保护和纪念设施建设过程中，中央、自治区、市、县、乡、村形成多级联动，层层压实责任主体，桂林市和桂北六县先后组织干部群众，志愿者近万人参与史料征集、项目建设、遗骸收敛保护等工作。

（三）强化“统一”要求，多措并举，实现设计、施工、标准高度统一

1. 统一规划建设。2019年6月，中央批复《红军长征湘江战役烈士纪念设施建设保护总体规划》（以下简称“《总规》”）共68个项目，其中“一园两馆”（红军长征湘江战役纪念园、红军长征突破湘江纪念馆、新圩阻击战史实陈列馆）5个项目，红军墓维修26个；遗址遗存修缮14个；配套设施建设23个。通过这一批项目建设，彰显了“一草一木一忠魂、一山一石一丰碑”的丰富内涵，打造了革命传统教育和爱国主义教育的鲜活载体。2019年，湘江战役纪念设施已被中宣部扩充命名为全国爱国主义教育示范基地。

2. 统一遗骸收殓保护。对酒海井、耳目洞等217处、421个点的红军遗骸发掘工作，发掘收殓相对完整红军烈士遗骸82具、零散遗骸（遗骨）7465块，并统一在各县

组织安葬。

3. 用“三统一”规范展陈。即做到统一定位、统一口径、统一推动。全州、兴安、灌阳三个纪念馆，分别是三大阻击战发生地，为避免展陈同质化，体现差异化，首先是解决了湘江战役的历史定位问题。到底是转折之战，觉醒之战，壮烈一战，悲壮还是惨烈一战，是惨胜，还是惨败？其次是明确功能定位，求助专家，统一对时间、地名、牺牲人数表述；最后是解决文物展示和鉴定问题。

（四）全力“保护”遗址遗存，修旧如旧、生态古朴，突出革命精神传承

依据《总规》“不大兴土木，简朴节约”的原则，引用“一草一木一忠魂、一山一石一丰碑”的意境，在湘江战役纪念林的布局上，体现“山为魂、树为林、石为碑”理念，表现简洁、古朴、自然、生态，就地取材、生态环保。

（五）深入“挖掘”史实，推动学术研究，提升文物保护利用价值

收集相关文献资料、口述资料、实物资料、音像资料达 1 万余份（套），深入开展湘江战役文物理论研究和史实研究工作，为文物发掘整理提供新的线索。纪实文学《湘江，为你守候》被列为 2021 年中宣部主题出版重点出版物和广西庆祝中国共产党成立 100 周年主题出版项目。

（六）强化“传承”，讲好红色故事，推动革命文物保护利用为人民共享

1. 建立统一宣传平台。打造了“红色 · 桂林”“桂林红色旅游”网站和湘江战役微信公众号，及时推送信息；建立 VR 全景数字博物馆，“网上祭英烈”鞠躬、献鲜活动；依据地方特色打造多元化的红色文创产品。

2. 与旅游融合发展。策划推出 9 条红色旅游研学精品线路，其中“血战湘江 · 突破包围”精品线路入选全国“建党百年红色旅游百条旅游精品线路”。桂林红军长征湘江战役文化保护传承中心（红军长征湘江战役纪念园、红军长征突破湘江烈士纪念碑园、湘江战役新圩阻击战酒海井红军纪念园）成功入选全国首批 100 个由教育部办公厅等八部门认定的“大思政课”实践教学基地之一。桂林市全州县成为首批全国 10 个红色旅游融合发展试点单位之一。湘江战役纪念设施“三园三馆”累计接待参观人数 1680 万人次。

3. 打造精品力作。编印《红星闪耀桂林》《红色传奇》等教材进入中小学课堂。开展桂林市中小学生“红军长征突破湘江”红色教育研学活动。

二、跨区联动，赋能区域经济高质量发展

积极推动区域合作，进一步凝聚长征沿线红色文化力量，联动广泛开展文化交流和学术研究合作，共同分享研究成果，提升展示和宣传效果，不断增强红色文化影响力，讲好红色故事，弘扬长征精神。

（一）积极组织开展长征沿线交流合作

1. 成功举办“第四届红军长征论坛”。桂林市自 2019 年加入“红军长征论坛”以来，与长征沿线城市交流合作不断深化，充分挖掘和利用长征文化旅游资源，推进桂林打造世界级旅游城市建设。2023 年 11 月下旬，桂林市与赣州市、遵义市、延安市、丽水市、阿坝藏族羌族自治州、龙岩市、黔东南苗族侗族自治州八市（州）联合举办了第四届“红军长征论坛”。一是本届论坛规格很高。邀请到了赣州市、遵义市、延安市、桂林市、丽水市、阿坝藏族羌族自治州、龙岩市、黔东南苗族侗族自治州等八市（州）的一名党政主要领导参加，还邀请到了两名国家级专家做主题演讲。二是本届论坛形式多样。采用了党政领导联席会议、主题会议、专家主题演讲、现场参观考察、观看演出、图文直播、随行车载广播等多种形式全方位地向参会领导、嘉宾展示了红军长征湘江战役的历史。三是本届论坛成果丰硕。八市（州）就“共同抓好长征国家文化公园建设和管理”“深化合作交流，实现互利共赢”“推动基础设施互联互通、共建共享”“健全完善常态化合作交流机制”等方面达成了战略合作共识，并结成了重走长征路红色旅游城市联盟。四是本届论坛宣传教育效果显著。论坛期间邀请到光明日报、香港大公文汇传媒集团、中国日报、消费日报、新华网、新华社广西分社、中新社广西分社、中国网、广西日报、广西广播电视台、南国早报、桂林日报、桂林广播电视台等二十余家权威媒体对论坛作了采访和报道，相关报道达50余篇，11 月 30 日、12 月 1 日连续两天在桂林日报以专版形式对桂林市在红色资源保护、长征国家文化公园（广西段）建设上取得的新成就进行报道，起到了较好的宣传教育作用。

2. 积极承办红色文化交流活动。如兴安县承办红动中国 · 长征 100 暨新时代新长征之“最美逆行者，不负新征程”主题活动启动仪式等，特别是成功承办了长征沿线红色旅游城市联盟第三届年会，吸引了众多长征沿线红色城市参加。

（二）强化区域党性教育交流合作

成立赣州、遵义、延安、龙岩、桂林五地“干部党性教育培训联盟”，建设干部党性教育培训共同体，共同推动形成红军长征精神培训链，实现五地干部党性教育共

谋、共建、共管、共用、共赢。开发党史教育、党性教育课程 80 多门，8 类现场教育基地 30 个，在 500 多个班次、近 4 万学员中使用。

（三）积极参加区域红色文化交流活动

参加 2020 中国红色旅游博览会、全国长征纪念馆联盟 2020 年会暨“走好新时代长征路”学术研讨会等区域红色文化交流活动。牵头召集成立广西红色文化旅游联盟。

我们将始终不负一份关怀。牢记重托，感恩奋进，继续深入贯彻落实习近平总书记重要指示批示精神，将湘江战役红色资源保护传承利用好，为桂林打造世界级旅游城市贡献力量；始终扛起一份责任。红军将士在湘江战役中展现出的勇于胜利、勇于突破、勇于牺牲的革命斗争精神，不仅是留给桂林人民的一笔巨大精神财富，更是推动经济社会高质量发展的不竭动力。让我们弘扬长征精神，传承红色基因，履行新时代文物保护者的责任，做好红色文化的继承人、传承人。

发挥北大红楼资源优势
弘扬伟大建党精神

中国共产党早期北京革命活动纪念馆　杨家毅

中国共产党早期北京革命活动纪念馆自 2021 年 6 月开放以来，在发挥红色资源优势，弘扬伟大建党精神和推动纪念馆高质量发展方面进行了一些探索。

一、习近平总书记重要指示为保护利用北大红楼与中国共产党早期北京革命活动旧址提供了根本遵循

2021 年 6 月 25 日，中共中央政治局就用好红色资源、赓续红色血脉举行第三十一次集体学习。习近平总书记带领中央政治局同志来到北大红楼，参观“光辉伟业 红色序章——北大红楼与中国共产党早期北京革命活动”主题展，重温李大钊、陈独秀等开展革命活动，推动马克思主义在中国早期传播、酝酿和筹建中国共产党等革命历史。习近平总书记指出，北大红楼同建党紧密相关，北大是新文化运动的中心和五四运动的策源地，最早在我国传播马克思主义思想，也是中国共产党在北京早期革命活动的历史见证地，在建党过程中具有重要地位。习近平总书记在这次中央政治局集体学习上发表了《用好红色资源 赓续红色血脉 努力创造无愧于历史和人民的新业绩》重要讲话。习近平总书记对北大红楼的亲切关怀和殷切嘱托，为我们用心用情用力做好革命文物保护利用工作，保护好、管理好、运用好北大红楼和中国共产党早期北京革命活动旧址，提供了根本遵循。

开放两年多来，纪念馆在党史学习教育和习近平新时代中国特色社会主义思想主题教育中发挥了重要作用。由纪念馆牵头负责的北京市建党早期红色文化主题片区累计接待观众超过 700 万人次，北大红楼和蒙藏学校旧址两个馆区累计接待参观团体 6000 余批次，观众近百万人次，得到了社会各界广泛好评。

二、北大红楼与中国共产党早期北京革命活动旧址为部市合作保护利用革命文物树立了标杆典范

为庆祝中国共产党成立 100 周年，国家文物局和北京市部市合作，共同推动了北大红楼保护修缮和展览展示工作。国家文物局局长李群同志高度重视，亲自推动北大红楼保护修缮工作；国家文物局革命文物司给予了大力支持，指导推进修缮工程，始终坚持保护第一和研究性修缮，施工过程中召开了 100 多次专家论证会，确保了工程质量。

展览筹备过程中，北京市成立了由时任市委书记蔡奇同志担任组长的领导小组，系统梳理中国共产党早期北京革命活动旧址 31 处，倾力打造了“1+9”展览体系。依托北大红楼本体，“光辉伟业 红色序章——北大红楼与中国共产党早期北京革命活动主题展”通过 60 多个展室、1357 件珍贵文物史料、958 张历史图片、40 件艺术品和 13 个珍贵音像，生动展现了北京在新文化运动、五四运动、马克思主义在中国早期传播、中国共产党的孕育过程中的独特地位、独特贡献。2021 年 6 月 29 日，中国共产党早期北京革命活动纪念馆正式对外开放，北大红楼也成为公认的部市合作保护利用革命文物的标杆典范。

2023 年 3 月，中国共产党早期北京革命活动旧址又一重要点位，经过保护修缮的蒙藏学校旧址和中华民族共同体体验馆正式对外开放，“中华一脉 同心筑梦——中国共产党民族工作光辉历程和伟大成就主题展”及“蒙藏学校旧址专题展”同步揭幕。蒙藏学校旧址是承载党的早期光荣革命历史的重要红色遗存，旧址的修缮保护和活化利用，是认真贯彻落实习近平总书记关于加强革命文物保护利用重要指示精神的又一生动实践，是北京市传承发展红色文化、推进全国文化中心建设的重要内容，更是部市合作保护利用革命文物的又一成功范例。

三、多措并举推动北大红楼与中国共产党早期北京革命活动旧址高质量发展

两年多来，纪念馆紧紧围绕“学术立馆，文保强馆，社教兴馆，科学治馆”工作思路，多措并举推动北大红楼与中国共产党早期北京革命活动旧址高质量发展。

（一）坚持学术立馆，着力提升学术研究能力

建馆以来，纪念馆始终秉持“学术立馆”初心，高度重视伟大建党精神和中国共产党人精神谱系红色内涵的挖掘阐释，推动重点领域学术研究。

我们构建学术平台，成功举办了两届“北大红楼与伟大建党精神”学术研讨活动。2022 年和 2023 年，纪念馆锚定“七一”建党的重要时间节点，先后举办两届“北大红楼与伟大建党精神”学术研讨活动，600 余位专家学者通过线上线下形式参与，近百位专家学者发言，围绕弘扬伟大建党精神进行了深入探讨。

在第二届“北大红楼与伟大建党精神”学术研讨活动上，纪念馆揭牌成立了全国第一家以革命先驱李大钊的字“守常”命名的研究机构——守常研究院。成立以来，守常研究院首批 16 个研究课题进展顺利，并主动服务北京市“‘京’彩文化 青春绽放”行动计划，为纪念馆开展的“觉醒年代”研学行活动提供专业学术指导和交流平台。我们以守常研究院为抓手，积极与首都高校和研究机构开展多种形式学术合作，推动“觉醒年代”研学行活动项目深化学术研究。

（二）坚持社教兴馆，系统打造红色教育金名片

“北大红楼读书会”引发热烈反响。纪念馆与北京电视台合作，以强化青年一代爱国教育为宗旨，精心策划推出“北大红楼读书会”系列融媒体节目，依托红色资源，广邀学者名师，深入解读中国共产党早期北京革命活动代表人物和经典作品。通过在北大红楼、北大二院、来今雨轩等中国共产党早期北京革命活动旧址现场讲读，以电视、广播融媒体联合传播的形式，带领观众走近历史现场，重温激扬岁月。

“北大红楼大讲堂”受到广泛好评。纪念馆充分利用北大红楼独特的资源优势，精心策划推出“北大红楼大讲堂”系列讲座。邀请到杨胜群、侯且岸等著名党史专家学者与观众讲座交流，把党史学习教育“搬”进北大红楼现场，探索出了一条具有北大红楼特色的讲好中国共产党故事、弘扬伟大建党精神的有效途径。

依托“七个一”品牌活动走进中小学思政教育课堂。纪念馆努力探索馆校合作新模式，积极推进中小学生培育和践行社会主义核心价值观“七个一”教育活动各项筹备工作；从政治性、思想性、针对性、育人性、科学性和可行性的角度设计开发

“新文化运动的中心和五四新文化的策源地”“李大钊与马克思主义在中国的早期传播”“青年毛泽东在京确立马克思主义信仰”“北大红楼与中国共产党的创建”四门课程。经过多次演练确定四条参观流线，并在市委宣传部、市教委、市社会大课堂有关部门的指导下完成了学案和教案的编写工作，得到了中小学校思政教育课堂广泛认可。2023 年 3 月至 9 月，纪念馆共接待北京市各区中小学“七个一”活动师生 120 余批，8000 余人，讲解授课 600 余场，成为首都中小学革命传统教育、爱国主义教育和思想政治教育的重要课堂。

（三）坚持文保强馆，切实做好文物征集保护工作

积极配合国家文物局做好北大红楼本体保护监测。北大红楼作为 1961 年第一批全国重点文物保护单位，也是 2021 年北京市第一批不可移动革命文物，建成至今已历经百年。自开馆以来，积极配合产权单位国家文物局做好楼体保护工作，对楼体内、外部进行日常环境监测，利用技术手段将楼内温湿度维持在合理范围，对楼体表面附着物进行清洗；每日开展楼体和展厅巡视，对楼内门窗、天花板、墙面、地面、装饰部件和楼体结构逐项巡查，发现问题第一时间上报国家文物局机关服务中心及时配合处理；定期开展消防检查和演练，消除消防隐患。

健全文物征集与复仿制工作制度。为推进文物征集与复仿制工作制度化、规范化，纪念馆制定通过了《中国共产党早期北京革命活动纪念馆文物史料征集工作规程》，鼓励通过捐赠、有偿征集等方式征集文物，并有效规范了文物征集与复仿制项目经费使用。

有序推进文物保护数字化工作。纪念馆积极参与中宣部牵头的“红色基因库”项目，汇总整理了大量北大红楼展厅、文物数据及图片、音视频资料，有序开展文物扫描，向红色基因平台提供数据，推进文物保护数字化。

（四）坚持科学治馆，创新推动旧址高质量发展

不断完善中共早期北京革命活动旧址联席会议制度。中国共产党早期北京革命活动纪念馆积极发挥牵头单位作用，定期会同片区旧址单位召开中共早期北京革命活动旧址联席会议，在以下四方面进行了积极探索：一是建立统一团体参观预约矩阵，整合平台，协同宣传；二是开展片区旧址单位讲解比武竞赛，提高社教服务水平；三是定期组织培训，提升业务水平和理论水平；四是增进学术合作交流，通过研讨会、课题等载体，推动片区旧址高质量发展。

努力推动三大红色文化主题片区协同发展。近年来，北京市充分利用首都丰富厚重的红色资源，全力打造建党、抗日战争、新中国成立三大红色文化主题片区，并大力推动三大红色文化主题片区协同发展。先后实施了大力保护并系统挖掘“进京赶考”建立新中国主题片区革命旧址，有力推动北大红楼与中国共产党早期北京革命活动的31处革命旧址整体亮相，全面梳理抗战历史资源等一系列系统工程，取得突出成效。

在北京市委宣传部的正确领导下，中共早期革命活动纪念馆将与中国人民抗日战争纪念馆、香山革命纪念馆一道，充分发挥各自优势，形成合力，推动三大红色文化主题片区在更高层次、更高水平上交流合作、协同发展，共同把三大红色文化主题片区打造成北京红色文化展览展示、公共教育的优秀平台和窗口。

面向新征程，革命文物保护利用和纪念馆工作正迎来前所未有的广阔空间。我们将在国家文物局的关心指导下，进一步学习吸收各兄弟革命纪念馆的先进经验，争取把中国共产党早期北京革命活动纪念馆建设得更好。

新时代红岩精神育人价值研究

重庆红岩革命历史博物馆　雷莹　王进

红岩精神作为中国共产党人的革命精神谱系的重要组成部分，集中体现了中国共产党的政治本色与精神品格，更是中华民族优秀文化和共产主义世界观、人生观、价值观的凝聚与升华。

如何彰显红岩精神育人价值的强大动力，需要从根源上探究其精神内涵和本质所蕴含的价值观，将这种独特、鲜明的道德品质和思想观念的价值观融入人的思想，内化于心、外化于行，才能使共产党人的世界观、人生观、价值观得到充分的反映，才能体现中国共产党的凝聚力和向心力。深刻理解红岩精神育人价值的历史内涵、表现形态、现实价值，并对其实现途径进行探讨，有助于培养和激励最广大人民的革命热情和创造性，增强社会主义文化自信，激发爱国之情、强国之志、报国之行，为实现中华民族伟大复兴提供磅礴力量。

一、红岩精神具有独特的历史价值

红岩精神以独具的魅力吸引人，以思想的深度引领人，以精神的高度锻造人。红岩精神蕴含的本质与其他革命精神具有同一性，都是“把全心全意为人民服务、为最大多数人谋利益作为基本价值观念，视人民利益高于一切”。[1]当一个个体有为人民服务的思想，称为优点，当一个群体建立为人民服务的思想，就升级为精神。当广大人民群众自觉接受与实践这种精神时，就会形成一种强大的思想武器，就会变成一种无形的教育、教化。因此，红岩精神是为人民群众服务的。这种接受与转化的过程就是红岩精神育人的过程。

（一）特定历史条件形成独特的红岩精神

红岩精神是中国革命精神谱系的一个重要组成部分，它的产生和发展，时间跨度长达八年。红岩精神的诞生地，有自身的特点，较之其他的革命精神诞生于相对纯洁的革命根据地、党中央的环境中，红岩精神是在“前方吃紧、后方紧吃”“贪污成风”国统区重庆孕育而生。1938 年至 1943 年，正值抗战进入相持阶段，国民党却加紧在政治、军事、思想上反共。在国民党的消极抗日、积极反共政策的形势下，中国共产党担负着维护国共合作的抗战大局和坚持独立自主的统一战线的双重使命。为了加强对国统区党的工作的统一领导，1939 年 1 月，中共中央南方局在重庆成立，周恩来任书记。在国民党特务的严密监视下，在抗战自由受限，生命难以保障的双重风险下，南方局工作人员仍灵活高效地执行中共中央的路线、方针、政策。始终贯彻中共全民族抗战路线，确立统一战线的中心工作，运用“有理、有利、有节”斗争策略，坚持团结、抗战、进步方针，维护国共合作抗战大局，团结中间党派，争取地方实力派，做好文化界、工商界、宗教界、少数民族、港澳同胞和海外华侨的统战工作。在延安党中央的领导下，连续三次击溃了国民党的反共高潮，坚决维护抗日民族统一战线，直到抗日战争的胜利。抗战胜利后，在中国处于两种命运、两种前途选择的紧要关头，南方局在重庆谈判、政协会议、休战整军的谈判中，坚持灵活的斗争原则，争取建立和平、民主、团结的国家。纵观“红岩精神”的培育、形成和发展过程，基本涵盖了国共第二次合作的整个历史时期，是中共中央南方局在复杂艰险的特殊历史时期，不断突破国统区的险恶复杂形势下所开展的一系列斗争。因此，其在中国革命精神中的独特地位是由特定历史条件所决定的。

（二）统一战线思想贯穿始终

瓦窑堡会议以后，党中央认识到中共以前“大统战”的主张容易忽略对国家前途命运、政治格局起至关作用的上层统战即“小统战”，因此随着“小统战”理论实践

① 中共重庆市委党史研究室编：《红岩精神》，中共党史出版社 2009 年版，第 46 页。

内容的丰富和地位的提升，“大”“小”统战紧密配合且在一定条件下注重“小统战”的思想日益成熟，终于在中共六届六中全会基本形成指导理论体系。[①]抗战进入相持阶段以后，中共中央南方局就是以统一战线工作为中心工作，以巩固和发展抗日民族统一战线，争取抗战胜利为最重要政治任务。1940 年 3 月，毛泽东在《目前抗日民族统一战线中的策略问题》一文中明确指出“斗争是团结的手段，团结是斗争的目的。以斗争求团结则团结存，以退让求团结则团结亡，这一真理，已经逐渐为党内同志们所了解”。[②]

南方局建立伊始，就把统战工作作为核心工作。有针对性地做好上层人士统战工作的同时，注重最大限度地团结最广泛的人民群众，构建“大统战”的格局。随着抗战形势的变化，国共关系也随之变化，南方局审时度势，制定针锋相对，抑或是曲折往还的斗争策略，来应对国民党当局的反共态度，总基调是维护国共合作抗战大局；始终高举“抗日”“民主”两大旗帜，落实中共中央统战方针政策，团结进步民主人士，争取中间势力，孤立顽固势力，使进步文化与经济民主和政治民主相互融合，从而使中国共产党的政治民主得以巩固和发展。解放战争初期，尽管南方局已经东迁，但在其领导下的组织机构和主要骨干力量，依然在反对内战独裁，争取和平民主，扩大群众基础等方面起着重要的作用，“形成了同人民解放军胜利进军相配合的第二条战线”[③]，为新中国的建立作出了重要贡献。

（三）中国共产党走向国际政治舞台的开端

红岩精神是中国共产党在曲折发展中走向成熟的时代产物，是党以全国性的政党公开走向国统区政治舞台的重要表现，是中国共产党走向世界政治大格局的开端。

抗战时期，由于中共中央及其领导的抗日根据地被国民党政府严密封锁，敌后抗战情形外界很难获悉相关信息。当时，作为国民政府战时首都的重庆，大批外国使领馆外交官、国外新闻机构记者、国际友人等先后来到重庆。为使英、美等国了解中国共产党的抗日民族统一战线政策、抗战军队力量及和平民主的主张，南方局与社会各界人士广泛的联系，进一步扩大对外联络渠道。此时，周恩来、龚澎、王炳南、乔冠华、陈家康等人不仅直接与美国驻华使馆新闻处处长费正清建立了密切的联系，中共党员刘尊祺、孟用潜、金仲华、杨枣、刘思慕、葛未凡、田介人、韩幽桐、郭达等相继设

① 胡大牛：《中共中央南方局统战史论》，人民出版社 2008 年版，第 7 页。
② 《毛泽东选集》第二卷，人民出版社 1991 年版，第 745 页。
③ 中共重庆市委党史研究室编：《中共中央南方局史》，中共党史出版社 2009 年版，第 424 页。

法参加到美国新闻机构中开展工作，成为中共与美方联系的又一渠道。[①]1944年3月，在华外国记者掀起“赴延安考察”的热潮。在南方局努力下，中外记者西北参观团、美军观察组先后到延安实地访问和考察。3月9日，周恩来致董必武转外国记者团的电文说：“闻你们已被国民政府邀请，组织西北考察团，将来延参观。我受毛泽东、朱德两同志及中共中央委托，特电你们表示热烈欢迎。”[②]中外记者团和美军观察组的西北之行是一个具有历史意义的突破，成为中共半独立外交工作的开始。

1945年4月，中国共产党的代表董必武，作为中国政府代表团的一员出席在美国旧金山举行的联合国制宪会议，这是中国共产党第一次公开亮相国际政治舞台，将国民党长期垄断外交的局面打破，表明中共已步入世界国际社会。重庆谈判期间，毛泽东亲自向外国友人阐明中国共产党对内对外的政策。在这一系列的外事工作中，以毛泽东、周恩来、董必武为代表的中国共产党人向国际社会展示了一个民主大党形象，让世界重新认识了中国共产党。

二、红岩精神育人的时代价值

伟大的时代，伟大的梦想，需要伟大的精神。如何传承和弘扬伟大的红岩精神，是历史留给我们的时代答卷。奋进新征程，建功新时代，需要与时俱进运用好红岩精神育人的时代价值，不断从红岩精神中汲取智慧和力量。

（一）从红岩精神中汲取初心之力

习近平总书记指出，不忘初心就要坚信党的根基在人民、党的力量在人民，要把人民放在心中最高位置。党员干部要不忘初心，就是坚持全心全意为人民服务的根本宗旨。抗战时期，南方局在领导国民党统治区进步文化运动过程中，就是坚持以人民为中心，一切从民族和人民最根本利益出发，保证了文化运动具有最朴实的“人民性”。《新华日报》的时评、社论以及开辟的专栏，都十分注意贴近群众，开辟《团结》专栏，以反映人民群众声音和要求，起到了“人民喉舌，抗战号角”[③]的作用。曾担任中共重庆北区工委委员的王朴，由于叛徒出卖被特务抓捕。他家庭富裕，为了党和人

① 南方局党史资料征集小组编：《南方局党史资料·统一战线工作》，重庆出版社1990年第1版，第333页。
② 中共中央文献研究室编：《周恩来年谱一八九八——一九四九》（修订本），中央文献出版社1998年第1版，第585页。
③ 中共重庆市委党史研究室编：《中共中央南方局史》，中共党史出版社2009年版，第2页。

民，把家里的房子和家产卖掉，为党筹措了2000两黄金[①]的革命经费。进入新时代、面对新要求、新风险及新挑战，必须深入学习习近平新时代中国特色社会主义思想，提高政治站位，坚守人民立场，树立历史眼光，将红岩精神内化于心，外化于行，经受住各种复杂形势的考验，必须要强化理论教育和学习，不断提高党员干部的大局观念、全局意识、政治敏感度以及思维创新力，从而牢固树立正确的世界观、权力观、事业观。

（二）从红岩精神中汲取信仰之力

2016年1月，习近平总书记视察重庆时，强调："不能把理想信念只当口号。理想信念是精神层面的东西，也是实打实、能感知、可衡量的。"[②]理想因其远大而为理想，信念因其执着而为信念。皖南事变后，共产党的公开机关随时可能被国民党统治集团袭击，在危急时刻，八路军办事处致电中共中央和毛泽东："处在政治环境极端严重的重庆办事处同志向你们保证：无论在任何恶劣的情况下，我们仍以不屈不挠的精神，坚守我们的岗位，为党的任务奋斗到最后一口气。"[③]被关押在重庆"渣滓洞"监狱和"白公馆"看守所的共产党员、革命志士们，忍受着各种严刑拷打，不屈不挠，为坚定的理想信念而牺牲。川康特委书记罗世文被捕后坚贞不屈，临终前留下遗信："面对一切困难，高扬我们的旗帜。"[④]何敬平烈士"为了免除下一代的苦难，我们愿——愿把这牢底坐穿！"[⑤]坚定的理想信念历来是中国共产党人的脊梁。新时代广大党员干部要学习红岩先辈先烈们坚定的理想信念，努力成为"信念坚定、为民服务、勤政务实、敢于担当、清正廉洁"[⑥]的新时代好干部。

（三）从红岩精神中汲取道德之力

邓小平同志说："共产党人干事业，一靠真理的力量，二靠人格的力量。"这种人格力量就是共产党人的道德修养和人格塑造。环境越是复杂，肩负任务越是艰巨。

① 中共重庆市委宣传部编：《重庆红色故事》，重庆出版集团2019年版，第282页。
② 钟义见：《"精神的力量·新时代之魂"——重庆纪事：续写新时代"红岩精神"壮丽篇章》，中国社会科学网讯，2019年7月25日。
③ 中共中央文献研究室编：《毛泽东年谱一八九三——一九四九》（中卷），中央文献出版社1993年第1版，第263页。
④ 厉华、王庆华主编：红岩魂系列丛书之三《囚歌》，兵器工业出版社1997年版，第13页。
⑤ 厉华、王庆华主编：红岩魂系列丛书之三《囚歌》，兵器工业出版社1997年版，第28页。
⑥ 张平江主编：党员领导干部党性修养系列丛书《党性修养简明大辞典》，内蒙古人民出版社2018年版，第160页。

抗战时期，毛泽东、周恩来为代表的共产党人身上，他们的日常言行无时无刻、无处不在地体现着一种巨大人格魅力，并能使这些点点滴滴转变为一种巨大的精神感召，化为凝聚人心的无形力量。1943 年 3 月 18 日，周恩来在重庆红岩村写的《我的修养要则》①，从自我修养、自我改造等方面，对共产党员的修身之道作了较为系统的阐述，成为党员干部提高党性修养的重要准则。1945 年 8 月，抗战刚刚结束，为争取实现国内和平民主，毛泽东不顾个人安危，亲赴重庆进行和平谈判是“决定中国前途命运”② 的大事件，对战后中国的政治走向和政治格局产生了深远的影响。习近平总书记指出，共产党人拥有人格力量，才能无愧于自己的称号，才能赢得人民赞誉。以毛泽东、周恩来等老一辈革命家为标杆、为明镜，站在新的历史起点展望未来，共产党人更应锻造强大人格力量，团结人民投身民族复兴的伟大事业，交出无愧于时代、无愧于人民、无愧于历史的时代答卷。

（四）从红岩精神中汲取实践之力

习近平总书记曾强调指出：“党员领导干部要像珍惜生命一样珍惜自己的节操，做一个一尘不染的人。”南方局始终把党员干部的革命气节教育放在十分突出的位置，并要求战斗在不同战线的共产党人要像“六月风荷”，做到“出淤泥而不染，同流而不合污”③ 的政治本色。践行共产党人的政治本色，是在国民党统治区的政治环境下做好党的工作的重要前提和坚强保障。曾为老同盟会会员，在国民党中有非常大影响力的吴玉章凛然拒绝蒋介石的拉拢，明确表示不会二三其德④。“宁关不屈”的许晓轩在牺牲前留下了自己的初心誓言，“请转告党，我做到了党教导我的一切，在生命的最后几分钟，仍将这样。”⑤ 卢绪章、肖林在周恩来指示下，忍辱负重，艰苦创业，为党筹集巨额经费。沈安娜以速记员身份为掩护，潜伏国民党中央党部长达 11 年之久。当前，复杂多变的国际形势以及艰巨繁重的国内改革发展稳定任务，共产党人坚守“出淤泥而不染”的政治本色，以创新实干的实际行动，为实现伟大中国梦而奋斗。

---

①《周恩来选集》（上），人民出版社 1980 年第 1 版，第 125 页。

② 习近平：《论中国共产党历史》中央文献出版社，2021 年版，第 32 页。

③ 中共重庆市委党史研究室：《红岩精神》，中共党史出版社 2009 年版，第 150 页。

④ 中共重庆市委党史研究室：《红岩精神》，中共党史出版社 2009 年版，第 152 页。

⑤ 厉华、刘和平、王庆华：《百个爱国主义教育基地丛书——红岩魂——重庆歌乐山革命纪念馆》，中国大百科全书出版社 1998 年版，第 104 页。

三、红岩精神育人的实现路径建构

红岩精神育人功能的实现，关乎红岩精神的传承与弘扬。精神育人就是要铸魂育人、立德树人、以文化人，是一项长期的、复杂的、系统的工程。红岩精神育人功能的实现是一个从宏观到微观的系统生态工程，需要整合各方面资源，在大教育观、大历史观下，以红岩革命文物保护利用为基石，以协同创新为驱动，建立政府、博物馆、学校“三位一体”的育人矩阵，以此形成教育合力，达到育人效果。

（一）红岩革命文物保护和利用

资源的价值在于其效用性，红岩精神是红岩革命文物资源的有机整合。红岩精神蕴含物质与非物质资源，其中历史文物、遗址遗迹是不可再生的文化资源，是一个国家一个民族最真实的记忆，保护历史文化就是保护民族血脉。而非物质的精神本身，包括文物价值、文献价值、文化价值，使其转化成为精神动力及文化标识。

坚持保护与利用并举的思路，延展红岩精神的生命力；一是以保护革命文物本体为着力点，确保“保得住”。要加强对不可移动文物和可移动文物的整体性保护，革命文物承载革命历史，革命历史呈现革命精神，如果革命文物没有保护好，革命精神犹如无源之水、无根之木，就没有感染力、公信力。二是以征集革命文物为着力点，确保“征得到”。优化博物馆征藏体系，扩大红岩革命文物的征集范围，特别需要加强口述史的征集力度，为红岩精神留下更多、更好的“物证”。三是以科技保护革命文化为着力点，确保“用得好”。以数字化为支撑，以智能化为手段，以多媒体技术为媒介，建构红岩精神场景活化传承新模式。加强文物信息的数字化采集和保护，深入挖掘文物知识，创新传播传承手段，让体验、互动、渗透在教育中得以充分体现。四是以革命文物的基础性和应用性研究为着力点，确保“转化快”。通过建立“基础+理论+应用”三位一体的研究体系，充分继承、挖掘红岩精神的内涵和核心价值，使其得到继承和结合时代特征进行创新发展，用新的思想观念和方法继承创新，提高红岩精神研究的整体水平，为其育人价值的发挥打牢理论及实践基础。

（二）充分利用新媒体，创新传播育人方式

红岩精神融媒体传播具有优势。为更好地发挥红岩精神育人价值和社会传播的“叠加效应”，更广泛地凝聚共识，必须充分运用好传统与现代两种手段，要守护好传统的阵地，对现有的杂志、报刊、电视专栏、网站等社会传播平台进行改版、升级、创新；要充分运用现代信息技术手段，利用《重庆日报》APP、华龙网、微博、微信、快手及抖音等新媒体平台，吸引社会各界群众和网友的广泛关注；要推进传统媒体与

新媒体的合作，做好做强弘扬红岩精神当代价值的宣传阵地。不断扩大影响力、话语权，努力促进传播的叠加效应，更加广泛地凝聚社会共识。

提升红岩精神融媒体传播品牌影响力。一是丰富红岩精神文艺形态传播路径。综合运用影视、戏剧、新媒体等，制作一批受众喜爱、刷屏热传的精品，从文艺作品助力红岩精神的传承与弘扬；强大大众文艺，在重要时间节点、大型文艺汇演“三下乡”活动中注入红岩元素，并引导广大民众参与到红岩相关的文化活动之中；抓住网络文学阵地，在大型文学网站、社会化媒体及大流量平台，植入红岩元素，鼓励作者加入对红岩文学作品的创新队伍中来，创作出大量数字时代 2.0 版红岩文学经典作品。二是发挥红岩精神社交媒体形态传播优势。强化互动效应与体验效果，围绕受众群体最感兴趣的历史问题、时事热点，结合红岩精神自身特色，精心策划并实施内容丰富、形式多样的各种网络宣传活动，做到寓教于乐、润物无声；探索以手机、QQ、微博、微信、网络直播等新媒体为载体，及时更新和推送红岩精神相关新闻、网站和知识链接用好今日头条、抖音等平台效应，以及网红、大 V 的流量效应，提升宣传推广效果。

（三）建立政府、博物馆、学校“三位一体”育人矩阵

红岩精神教育是一项基础性、全局性、长期性的系统工程。政府作为教育的主体，在政策指引、宏观统筹上发挥指导作用；博物馆作为重要的社会教育机构，融精神与实物形态为一体，在文化传承的背后文化育人；学校作为传统意义上的教育机构，不但要育人育才，也肩负着文化传承。为此，结合社会发展实际，采取统筹兼顾、因地制宜的原则，从全民教育出发，顶层设计、总体谋划、建立起了政府—博物馆—学校“三位一体”多层次、多方位的育人矩阵。

第一，政府具有宣传教育、传承传播红岩精神的主导地位。一是加强关于研究阐释，传承弘扬红岩精神的顶层设计，通过制定法律法规和规章制度，在战略规划、人才保障、资金支持、理论研讨等方面，实现红岩精神“三全”育人的科学统筹。二是构建党委领导、政府负责管理服务、行政主管部门具体执行的工作体制机制，统筹开发，协调推进红岩精神的传承弘扬工作。三是把红岩精神纳入党委、政府经济社会发展总体规划，纳入城市文化建设，将红岩精神打造成城市文化名片，进而成为城市的文化核心。

第二，红岩博物馆是红岩精神传播传承的主阵地。一是加强科学研究。围绕革命历史与革命精神、红岩革命文物的保护和利用、红岩精神传承传播等开展基础性、应用性、理论性研究，为红岩精神的宣传弘扬提供科学的理论支撑。二是整合馆内资源，

丰富红岩精神的内容。从红岩革命文物保护、展览展陈、社会宣教、研学旅游、党性教育等方面，全方位呈现在观众面前，打造适合不同人群的红岩精神宣传内容。三是充分利用国家革命文物协同研究中心、川渝博物馆联盟、红岩精神研究会、红岩干部学院、研学旅游协会等平台，共同推动红岩精神研究、宣传、教育高质量发展。

第三，学校教育是红岩精神育人的基本途径。这里所指的学校除了我们传统意义上的学校，还包括党校、行政学院、干部学院这一特殊群体，它们肩负着理论教育、党性教育和能力培训三个方面职能，更应成为红岩精神育人的主阵地。一是将红岩精神资源融入学科课程教学之中。将红岩革命文物资源，融入学生思政课理论课堂，并在专业课程中开展“课程思政”；融入学生思政课实践课堂，将博物馆作为思政课重要的实践课堂；融入学生思政课虚拟课堂，利用“互联网 +”的思维对红岩革命文物资源进行内容打造与传播手段创新。二是在校园文化活动中融入红岩精神教育价值。利用红岩革命文物资源构筑学校校园文化，以校园建设、德育管理、教学管理、课堂教学、课外活动、教师发展、学生培养等方面为主要内容，结合学校的实际情况，合理利用博物馆的各类资源；可以设立学生社团、建立“红岩文化室”“红岩文化长廊”或“红岩图书角”，对学生进行人文素质教育，增强民族自信心和自豪感。三是在学校教材中融入红岩精神。要加强对红岩革命文物资源的研发力度，寻找红岩革命文物资源与学校教材的契合点，加大对学校校本教材中融入红岩革命文物资源的支持力度，积极探索将红岩革命文物资源融入“思想道德修养与法律基础”“中国近现代史纲要”“马克思主义基本原理概论”等公共课的教育教学中，形成红岩精神在学校教材中立体化的传播效应，提高红岩精神的育人效果。

实施“五个一”红色文化精品项目
推动红色基因焕发新时代光芒

中共旬邑县委　杜洪建

旬邑地处陕西省中部、咸阳市北部，是革命老区县，有着丰厚的红色文化积淀、悠久的革命历史和光荣的革命传统。革命战争年代，旬邑曾是陕甘宁边区的南大门、关中分区所在地，习仲勋等老一辈革命家在此长期战斗和生活过，孕育形成了伟大的马栏红色基因，为中国革命胜利作出了不可磨灭的贡献，为我们留下了宝贵的红色遗产和精神财富。近年来，我们始终坚持把用好红色资源、弘扬革命传统、传承红色基因作为重大政治任务和光荣职责使命，聚焦打造“红色文化、红色研学、红色旅游”高地目标，坚持以“五个一”红色文化精品项目为载体，深入挖掘利用本地红色资源，大力传承弘扬马栏红色基因，着力打造红色马栏文化品牌，有力推动了党的革命传统发扬光大、红色文化薪火相传、红色基因焕发新时代光芒。

一、讲好红色故事，编排一台红色文艺宣讲，全面提升了红色文化感染力

我们紧紧立足本地红色资源优势，积极探索红色宣传教育新模式，精心编排了“党的利益在第一位”马栏革命故事文艺宣讲，宣讲以马栏在土地革命战争、抗日战争和解放战争三个时期的历史为主线，生动讲述了马栏党政军民坚定理想信念、艰苦创业的革命历史以及涌现出的典型事迹和革命故事，真实还原了那段激情燃烧的革命岁月

和可歌可泣的红色历史。宣讲包括情景舞蹈《十送红军》《拥军支前》、主题宣讲《从群众中走出来的群众领袖》《习仲勋的马栏情结》、情景剧《关中八一剧团》《鱼水情深》、音诗画《马栏颂》等 12 个节目，全体演职人员全部为我县宣传文化系统干部职工和文艺工作者，真正做到了旬邑人来讲自己的红色故事。2023 年上半年，文艺宣讲在咸阳市进行首演，并在全市 13 个县（市区）进行巡回演出，累计观看人数达到 20 万人次。通过文艺宣讲的形式，为干部群众呈现了一场精彩的红色视听盛宴，在全市上下掀起了重温革命历史、弘扬红色文化的新风气、新热潮。

二、守好红色根脉，举办一场红色历史展览，有力彰显了红色文化凝聚力

我们深入总结提炼马栏革命历史，努力打造红色学习教育新阵地，组织筹办了“党的利益在第一位”红色马栏革命史展览。展览以重大历史事件和历史人物为线索，选取珍贵图片和丰富史料，通过“建立巩固革命根据地”“创建模范抗日民主根据地”“走向胜利”三个部分，全景再现了革命先辈在马栏革命斗争中创造的辉煌业绩，深入阐释了革命先辈和人民群众用鲜血和生命培育的马栏革命传统，生动诠释了中国共产党为人民谋幸福、为民族谋复兴的初心和使命。2023 年上半年，展览与马栏革命故事文艺宣讲同步在全市 13 个县（市、区）进行巡回展出，累计观看人数达到 30 万人次，通过主题展览的形式，带领观众探寻红色记忆、感悟革命精神，为干部群众打造了红色教育、党史教育和革命传统教育的“立体式”“沉浸式”新平台。

三、唱响红色旋律，推出一批红色主题歌曲，有效增强了红色文化传播力

我们充分依托本地深厚红色积淀，积极开辟红色文化传播新途径，学习借鉴《绣金匾》《军民大生产》等在马栏诞生的红色经典创作经验，有机整合《红色马栏》《马栏颂》《马栏的故事》等本地原创歌曲，进行重新编排和创作，相继推出了红色主题歌曲《相约马栏》《马栏》。歌曲以马栏革命历史为背景，深情歌颂了红色马栏的光辉革命历程和革命先辈的崇高精神品质。两首歌曲分别邀请著名歌唱家刘子旗、王宏伟演唱，气势磅礴、振奋人心，具有极高的传唱度和感染力；同步制作了歌曲 MV，并在“学习强国”学习平台及各级各类媒体、视频网站进行推送。同时，在全县各级各部门、企事业单位和中小学校广泛开展讲述红色故事、传唱红色经典等主题教育活

动，充分发挥了红色文化凝心铸魂、资政育人的作用。

四、弘扬红色传统，打造一堂红色精品课，持续提升了红色文化引领力

我们认真整理归纳习仲勋的革命历程和光辉事迹，努力打造红色文化教育新课程，定制推出了红色精品课“党的利益在第一位——习仲勋的革命历程及党性修养”，课程系统讲述了习仲勋同志在长期革命、建设、改革历程中表现出来的革命精神和崇高品格，深刻阐释了“党的利益在第一位”“为人民群众谋福利”的丰富内涵和核心要义。课程旨在教育引导党员干部深切缅怀老一辈无产阶级革命家的丰功伟绩，从中感悟初心使命、汲取智慧力量，更好弘扬革命传统、传承红色基因，赓续共产党人精神血脉，进一步强化政治担当、使命担当、历史担当，矢志不渝为实现党的历史使命拼搏奋斗。目前，该课程已入选省市委党校、陕西马栏干部学院党员干部教育培训的必修内容，成为各级党员干部开展政治教育、党性教育的鲜活“本土教材”“特色课程”。

五、擦亮红色名片，制作一部红色宣传片，不断扩大了红色文化影响力

我们深入挖掘红色文化的时代价值，努力创设对外宣传推介旬邑形象的新窗口，全面回顾总结旬邑革命、建设和改革时期的重大历史事件、发展成效和宝贵经验，拍摄制作了红色宣传片《党的利益在第一位——古豳旬邑绿映红》。宣传片系统追溯了烽火旬邑革命历史和红色马栏峥嵘岁月，全面展现了党的十八大以来，旬邑干部群众坚持以习近平新时代中国特色社会主义思想为指引，按照全县“133331”总体思路和“两创一有”工作要求，牢记殷切嘱托，传承红色基因，奋力推动县域经济社会高质量发展的壮丽画卷和显著成就，进一步扩大了“红色马栏 绿色旬邑”品牌知名度和影响力，切实做到了用红色文化引领前进方向、凝聚奋斗力量、助推地方发展。

新时代新征程，我们将继续认真落实习近平总书记关于“把红色资源利用好、把红色传统发扬好、把红色基因传承好”的重要指示精神，切实担负保护利用和传承弘扬红色文化的历史责任和时代使命，积极学习借鉴先进地区的成熟经验，深入总结推广我县“五个一”红色精品项目有益做法，持续深耕红色资源、传播红色文化、讲好红色故事、构筑红色高地，不断壮大红色文化产业、拓展红色文化内涵、深化红色文化品质、提升红色文化品牌，真正让旬邑红色文化火起来、扬起来、传下来，成为凝聚干群思想、引领事业发展、推动老区振兴的强大精神力量和不竭动力源泉。

红旗渠：刻在华夏之脊上的“教科书”

河南红旗渠（集团）有限责任公司　李倩

2022 年 10 月 26—28 日，在党的二十大召开之后，习近平总书记首次国内考察来到陕西延安和河南安阳两地，强调要“发扬延安精神和红旗渠精神”，两种精神“是一脉相承的，是中华民族不可磨灭的历史记忆，永远震撼人心”。

20 世纪 60 年代，十万林县人民在中国共产党的领导下以“重新安排林县河山”的豪迈气概向太行山进军。苦战十年，削平 1250 座山头，架设 151 座渡槽，开凿 221 个隧洞，修建各种建筑物 12408 座，挖砌土石方达 2225 万立方米，修筑成了全长 1500 公里的人工天河红旗渠，彻底改变了世世代代贫困缺水的命运，为经济发展和社会稳定作出重要贡献。在红旗渠建设过程中孕育形成“自力更生、艰苦创业、团结协作、无私奉献”的红旗渠精神，不仅记载了林县人民那段战天斗地的奋斗历程，而且成为我们党和中华民族宝贵的精神财富，至今仍然激励着广大干部群众奋发进取，开拓创新，不断创造更加辉煌的业绩。红旗渠就是刻在华夏之脊上的“教科书”。

一、立足革命文物保护，深挖红旗渠精神内涵

2022 年 10 月 28 日，习近平总书记在红旗渠考察并作重要讲话，红旗渠就是纪念碑，记载了林县人不认命、不服输、敢于战天斗地的英雄气概。

经过多年发展，红旗渠先后被授予“全国中小学生爱国主义教育基地”“全国爱

红旗渠分水闸

红旗渠红飘带

红旗渠青年洞

国主义教育示范基地”“全国研学旅行示范基地”等25项国家级荣誉，荣获“最美奋斗者”荣誉称号、入选“第一批中国共产党人精神谱系伟大精神”，是国家重点风景名胜区、国家水利风景区、全国红色旅游经典景区、国家5A旅游景区、全国重点文物保护单位。2022年8月，红旗渠干部学院、红旗渠纪念馆入选教育部等十部门联合公布的首批“大思政课”实践教学基地。红旗渠是刻在悬崖峭壁上的“教科书”，是思政课最生动的素材。

一是全面加强保护。对标世界文化遗产申报，统筹推进红旗渠文物本体保护、环境整治；建立红旗渠保护管理联席会议制度；将红旗渠列入河长制工作体系；灌区管理处专职负责红旗渠保护管理具体工作；压实红旗渠沿线属地管理责任；充实文物执法队伍，加强联合执法；2016年，河南省人大审议通过《安阳市林州红旗渠保护条例》；2020年，河南省政府公布实施《红旗渠保护总体规划》，将红旗渠总干渠及一干渠沿岸列入国省公益林保护区，成为红旗渠文物保护利用工作的法治保障。

二是突出展示利用。红旗渠纪念馆实物展出1123件，展览围绕“以文化人、以文育人”的时代需要，突出文物、突出故事、突出情感，深度展示红旗渠精神所蕴含的中国精神、中国力量。分别在郑州、北京、天津、香港召开红旗渠文化旅游推介会；

“万名青少年进林州　红旗渠精神代代传”寻访实践大型公益活动

联合中共一大纪念馆、延安革命纪念馆、鄂豫皖革命纪念馆举办红旗渠精神联展；“红旗渠精神永在”巡回展走进四省九市，相继在苏州博物馆、天津滨海文化中心、无锡市档案史志馆、张家港博物馆等开展。香港台山研学班徒步走过“红旗渠”“水长城”，用自己的脚步丈量“人工天河”，感受红旗渠修建时的真实历史。培训基地与中国航天科工集团、中国航天科技集团、河南驻京办、国家发改委、中国移动通信集团等成功签约。红旗渠精神营地先后被评为林州市关工委红旗渠精神青少年教育实践基地、安阳市关工委红旗渠精神青少年教育实践基地、河南省科学家精神教育基地、河南省中小学社会实践教育基地、国家科学家精神教育基地。

三是弘扬红旗渠文化。通过红旗渠环境综合整治和文物保护展示利用功能提升，整合任村镇革命老区历史文物遗存，形成以红旗渠文物保护和高效利用为主的文物红色旅游示范带。围绕乡村振兴带动沿线综合发展，成为林州市乡村振兴、全域旅游示范带，建成庙荒、止方等沿线乡村振兴示范村 20 余个。

二、传承红旗渠精神，打造研学培训新高地

2022 年 10 月 28 日，习近平总书记在红旗渠考察时指出：“要用红旗渠精神教育人民特别是广大青少年，社会主义是拼出来、干出来、拿命换来的，不仅过去如此，新时代也是如此。”学习红旗渠精神就是要牢记总书记的嘱托，聚焦时代主题，我们

深化红旗渠精神与中国共产党人精神谱系的研究，把红旗渠精神内化为共产党员、青少年的价值认同和精神追求。

一是做好红色培训。深挖红旗渠精神蕴含的时代价值，一方面不断完善理论教学和实践教学体系。红旗渠干部学院、红旗渠廉政教育学院年接待量约 26 万人。另一方面重点加强人才队伍建设；积极参加国家级、省级技能比赛等，造就新时代文化和旅游过硬队伍，推动革命文物、教育基地高质量发展。先后投资 5 亿元高标准建设红旗渠精神营地，可同时容纳 5000 人；投资 1700 万元打造红旗渠研学成长营，可同时容纳 1000 人；投资 1.5 亿元高质量打造中国画谷，可同时容纳 1000 人；依托红旗渠文化核心资源，打造遗产、文物等主题游径，推出 4 个系列 16 条示范性精品主题线路；开发“红旗渠研学课程学生手册”“红旗渠研学课程教师手册”等精品课程；研发一批满足不同年龄层次的研学旅行产品，针对小、初、高不同阶段学生，系统打造以传承红旗渠精神为主线的“筑梦少年”“烈火青春”“血脉传承”系列研学课程；编制《红旗渠研学旅行专项规划》；确定了红旗渠研学旅行“一心、两带、四区”的空间布局；出版《研学旅行理论与实践》《全国中小学生研学旅行安全手册》；开发“走一次千里长渠”“开一次主题班会”“看一场凌空除险”等红旗渠“十个一”主题研学课程；开设“红色、廉政、劳模”三大讲堂，以“渠二代”讲述红旗渠故事、“劳模面对面”等方式深度解读红旗渠精神内涵，依托央视网、抖音等客户端，开展“一渠绕群山 · 精神动天下”“传精神 · 修渠往事系列”“红旗渠网上研学路‘云游’天河别样红”等线上直播课堂，浏览量达 5000 万次，全面拓展红旗渠精神传播形式和内容。

二是丰富红色体验。擦亮“红旗渠”金名片，打造纪录片《红旗渠》、电视剧《红旗渠》、话剧《红旗渠》、音乐舞蹈《红旗渠》和《建党百年初心路》，以及“唱支红歌给党听”等红色地标打卡点；开设红色故事会、红旗渠上好铁匠和我们的传家宝等主题活动，以及《铁姑娘打钎》《三个好铁匠》《凌空除险》等精品实景表演剧目，让来到红旗渠参观的游客、学员都能够深刻感受到：“没有老一辈人拼命地干，没有他们付出的鲜血乃至生命，就没有今天的幸福生活，我们要永远铭记他们。要继承和发扬吃苦耐劳、自力更生、艰苦奋斗的精神，摒弃“骄娇二气”，像我们的父辈一样把青春热血镌刻在历史的丰碑上”。

三、科技赋能，推进红旗渠高质量发展

2022 年 10 月 28 日，习近平总书记在红旗渠考察时指出：“实现第二个百年奋斗目标也就是一两代人的事，我们正逢其时、不可辜负，要作出我们这一代的贡献。红旗渠精神永在！”立足新发展阶段，不断加强革命文物资源开发利用，用丰富鲜活的展示方式多维度立体呈现红旗渠精神。

一是推进数字化建设。应用 5G 技术，打造红旗渠“云展馆”，让游客足不出户即可学习红旗渠精神；红旗渠党建培训“云课堂”先后开讲 126 场，12 万人次参与学习，覆盖半径达北京、天津、郑州等城市；红旗渠“云直播”每天两次，浏览量达 5000 万次；“智慧红旗渠”大数据中心，实现文物监测“一张网”、游客管控“一张图”、应急调度“一键呼应”。360 路高清实时视频监控，109 个风险防控点责任布控，16 处人员密集地预警、5 处 SOS 报警柱、2 个火灾预警点位，做到自动预警监测，实现智慧管理、智慧服务、智慧营销平台一体化，2018 年，红旗渠风景区率先成为全国旅游行业 5G 应用创新示范基地，2019 年被河南省评为五钻级智慧景区，2022 年被列为国家水利风景区和高质量发展标杆景区。

二是创新体验项目。红旗渠元宇宙剧场融合全息投影和 LED 沉浸式时光隧道技术，还原红旗渠修建历史，沉浸式感悟红旗渠精神。进一步推进数字化建设，让“红旗渠”借助数字技术“活起来”。总投资 3.8 亿元打造“数字红旗渠”、数字演播厅、文化剧场、红旗渠文创展馆，将红旗渠精神用“数字”直观展示；总投资 4 亿元实施

红旗渠源

红旗渠·太行山大型实景演出项目，用篇章式演绎，从“精神的力量”出发，横贯大安阳的历史风云，用人物演员和太行山的问答，再现殷商文化到红旗渠精神的大安阳历史。总投资 4984 万元实施纪念馆旅游基础设施提升项目，完善旅游要素，丰富游客体验，更好地传承和弘扬红旗渠精神。总投资 2300 万元实施太行光影艺术馆项目，采用 5G 数字技术营造沉浸式光影空间，展现太行大峡谷自然景观和“中国画谷”艺术文化。

红旗渠是教科书，体现了党的思想路线，体现了党为人民服务的宗旨，体现了党的群众路线，体现了党的优良传统和作风，体现了坚定的理想信念。“自力更生、艰苦奋斗”是我们党的传家宝，红旗渠的建设彰显了中国共产党人的初心使命，红旗渠精神是中华民族伟大精神的集中展现，至今仍具有重要的时代价值。新征程上，我们将一如既往地用好红色资源，弘扬红旗渠精神，统筹新时代革命纪念馆高质量发展，把用好红色资源、弘扬革命文化、建设中华民族现代文明，统筹推进新时代革命纪念馆高质量发展主题思想落实到位：看好渠，护好渠，讲好文物故事，讲好红旗渠故事，红旗渠就是纪念牌！让红旗渠精神在新时代进一步发扬光大。

守正创新立德铸魂 “红色电波”以舞育人

上海歌舞团　刘奎丽

舞剧《永不消逝的电波》取材自100位为新中国成立作出突出贡献的英雄模范人物之一——李白烈士的真实故事，以上海解放前夕在最黑暗的时刻战斗在隐蔽战线的英雄人物为原型，在尊重历史的基础上进行大胆原创，通过舞剧的独特表现形式，以高度凝练的叙事、唯美的意象表达、灵活写意的舞台布景和谍战元素的紧张悬念，真实再现了为民族解放事业而壮烈牺牲的革命先烈可歌可泣的英雄形象。这是近年来一部现象级的红色题材的舞剧作品，剧中中共党员的英雄形象早已深深刻印在了观众的心里。

青年演员王佳俊、朱洁静分别在舞剧《永不消逝的电波》（以下简称“《电波》”）中饰演主要角色“李侠”和“兰芬”。他们在作品的创作、排练和演出过程中共同成长进步，在剧中“李侠”带领“兰芬”加入党组织，而在现实生活中，朱洁静是王佳俊的入党介绍人之一。随着《电波》的一路演出和持续火热，他们在年轻人中越来越受追捧。专家、媒体和观众经常会问：在舞剧《电波》中，青年舞者能把英雄演绎得如此贴近生活，除了舞者自身高超的舞蹈技艺外，上海歌舞团是如何通过红色题材舞剧的创排和演出，不断加强对演员的思想引导，让青年成为红色文化的传承者、信仰力量的传播者的呢？

一、“电波”激活红色基因

2018 年 8 月，舞剧《电波》正式建组启动排练，12 月试演，2019 年 4 月首演。作品一经推出就口碑爆棚，“破圈”吸粉无数，剧中片段《渔光曲》受邀登上 2020 年央视春晚的舞台，截止到 2023 年 12 月，已演出 600 多场，所到之处均一票难求，成为中国舞台艺术的一种文化现象。《电波》深受市场和观众的青睐，豆瓣评分高达 9.5 分。作品先后荣获第十六届中国文化艺术政府奖“文华大奖”（2019 年 6 月）和第十五届精神文明建设“五个一工程”优秀作品奖（2019 年 8 月），“奖杯”和“口碑”的双丰收，彰显了红色题材作品在当代社会的巨大影响力和时代价值。

青年舞者王佳俊，就是伴随着《电波》的创排和演出，不断汲取深厚的精神力量，心底的红色基因一步步被激活。2019 年 6 月 30 日，他向党组织递交了入党申请书。王佳俊写道：“投入每一场演出，让观众通过红色题材舞剧走近革命先烈，是我当下最重要的责任。”“记得这些英雄，就是最好的传承。”

“红色电波”让王佳俊完成了艺术与人生的蜕变，他对共产主义的信仰愈发坚定。2021 年 5 月 28 日，在《电波》深圳巡演的舞台上，召开了一次特殊的发展大会，他在接受采访时说：“饰演‘李侠’的每一场演出都是一次精神洗礼，是‘李侠’带领我入的党！我要成为像他那样优秀的人，为社会为更多的人服务。”

在舞剧《电波》中，“李侠”带领“兰芬”入党，剧外朱洁静介绍王佳俊入党。朱洁静说：“入党的这件事情这个时机跟我们的演出、作品有了一定关联以后，你会发现理想照进现实的感觉，就是在舞台上接受了这份神圣的洗礼之后，王佳俊已经不一样了。”

王佳俊和朱洁静意识到，当时的“李侠”和“兰芬”是和他们一样的年轻人，“同龄人”的这份共鸣使他们成为并肩作战的“战友”，他们以舞者的身份、党员的身份，为人民而舞。这两位青年舞者的成长经历，是《电波》剧组中所有青年舞者心路历程的缩影。以他们为代表的年轻舞者们，用舞蹈的肢体语言讲述着革命先烈的故事，为上海这座英雄城市的红色文化传承奉献着新时代青年文艺工作者的责任与担当。

二、“红色电波”以舞育人

上海歌舞团借鉴国际一流院团的管理和人才培养经验，率先推出了舞蹈演员“艺衔”制，一年一考，邀请舞蹈界的资深专家担任评委，这种竞争激励机制极大地调动广大舞蹈演员的积极性。目前剧团的舞蹈演员骨干梯队有 70 人，朱洁静、王佳俊等一批青年舞蹈家，已成长为上海舞蹈的领军人才，在全国舞蹈业界也颇有影响。

舞剧《电波》的舞蹈演员都非常年轻，90 后、00 后占比 80% 以上。我们一直坚持“实战练兵”，努力为一线青年演员提供学习和展示的平台。《电波》领衔主演有 4 组配置“风”“雅”“颂”“韵”，另外的 7 个主要角色也都有 2—3 组的配置，通过舞剧 600 多场演出的实战历练，这些青年演员得到了全方位的锻炼和提升，逐渐成长为舞台上的新生力量。

上海歌舞团是转企改制院团之一，市场化运营尤为重要。剧团全年演出近 200 场，一年大部分时间不是在剧场，就是在去剧场的路上。剧团党总支一直坚持“支部建在连上，党员连在剧上”的党建工作理念，牢固树立“德艺双馨”的育人目标，加强对青年演员的思想政治教育，通过开展“名人带新人，明星带新星”活动，将党员“艺術演员”的示范作用落实到岗位中。同时，在“舞动的党支部”中，利用多元化的组织生活模式提升青年党员的政治素养、党性修养，努力打造出一支有信仰、有情怀、有担当的青年文艺“铁军”。

越来越多的优秀青年迫切希望加入党组织，剧团党总支也积极为他们搭建平台，坚持“把业务骨干发展为党员，把党员培养成业务骨干”，帮助他们在最好的青春，舞出属于他们最美的芳华。目前，《电波》剧组中，中共党员、入党积极分子和入党申请人已超过 50%，这是“红色电波”以舞育人带来的最直接成果，也是“党员连在剧上”带来的切实成效。

三、“红色电波”永不消逝

金杯银杯不如观众的口碑。观众是否会愿意买票进剧场观看，从某种意义上，这是对文艺工作者培根铸魂工作效果的验证。《电波》自 2018 年 12 月诞生至今，足迹遍布祖国大江南北的 50 个城市 67 座剧院，演出超 600 场，观众达 70 万人次，感染和激励了无数观众，其中 80 后、90 后和 00 后观众占比 70% 以上，5% 的观众已观看 60 多场，15% 的观众已观看 50 多场，30% 的观众多次观看，《电波》的红色精神已深深根植在新时代的广大观众心中！

舞剧《电波》的每一场演出都是一场现场文艺党课。2021 年 6 月 10 日，为庆祝建党百年，《电波》作为上海市宣传系统文艺党课示范课的第一堂课在上海国际舞蹈中心进行。当时，在上海的保险公司工作的“90 后”观众杜女士，抱着一本厚厚的票夹来到演出现场，那已是她第 40 次观看《电波》。她说：“看完《电波》，让我了解了革命先辈是如何付出生命的代价，才换来了我们今天的幸福生活。我产生了一个强烈的愿望，我想入党，成为他们中的一员。”她在 2020 年的 7 月 1 日已向公司党组织递交了入党申请书。这就是“红色电波”的力量，不断传承，永不消逝！

2023 年 7 月 1 日，舞剧《电波》在上海美琪大戏院迎来了具有里程碑意义的第 500 场纪念演出，舞剧主创、“风”“雅”“颂”“韵”四组领衔主演卡司、所有参与过演出的角色演员齐聚舞台。全国各地汇聚来很多《电波》粉丝，演出当天是粉丝蓝女士的 26 岁生日，也是她第 N+1 次踏入美琪大戏院，她说想用《电波》的 500 场来庆祝她与《电波》的情缘。她说自己初遇《电波》是在西安：“2019 年，舞剧《电波》第一次巡演到西安，当时我还在读大三，恰好在西安实习。那是我第一次看舞剧，又是红色题材的作品，非常担心演出会很枯燥，没想到《电波》带来的震撼力绵延至今。”她毕业后在上海工作，也成了《电波》的老朋友，在剧场里经常可以看到她的身影。

80 后的狄女士是《电波》的铁粉，从《电波》首演“追剧”至今。她每次都身着漂亮的旗袍来观看《电波》，有的旗袍还是舞剧的同款。她说在她的衣橱里旗袍已经有几十件！在《电波》500 场纪念演出当晚，她特地从网上订了很多白兰花，演出前在剧场门口随机分发给观众，剧场中弥漫着白兰花的幽幽香气，小小的白兰花是她对《电波》的爱的表达，也是青年观众们对海派文化、江南文化、红色文化的一种主动传承。

舞剧《电波》是一部“通过创作演出感染当下的青年人”的作品，它所传递出来的信仰、信念以及奉献、牺牲精神，深深感染着在新时代幸福生活的每一个人。几十万的年轻《电波》粉丝们在舞剧的欣赏过程中自然而然地受到红色精神的感召，同时又自然而然地成为信仰力量的传承者。在上海市委宣传部的关心支持下，舞剧《电波》电影已完成拍摄，计划于 2024 年正式上映，探索剧场和影院的“双向互哺”，更好地传承上海这座英雄城市的红色基因。

“长河无声奔去 唯爱与信念永存”。“红色电波”培根铸魂，“红色电波”以舞育人。舞剧《电波》崇尚的是艺术，追求的是质量，传递的是精神。2021 年，舞剧《电波》作为入选文旅部庆祝中国共产党成立 100 周年的百年百部作品之一，于 7 月 1 日在北京天桥艺术中心进行演出。王佳俊荣幸地作为新发展的党员代表参加庆祝建党百年系列活动，上海歌舞团党总支光荣获评“全国先进基层党组织”的荣誉称号，在人民大会堂接受了表彰。伟大建党精神激励和指引着新时代的文艺工作者在新征程上要接续奋斗、砥砺前行！

习近平总书记在全国宣传思想文化工作会议上就在新的历史起点上新的文化使命提出了具体要求。如何以舞台艺术来激活红色基因，用艺术作品来传承我们民族文化的精气神，是我们新时代文艺工作者需要深入思考的重要课题。在新的历史征程上，我们要坚定文化自信、坚持守正创新，创作出更多优秀的文艺作品，来推动中华优秀传统文化的创造性转化和创新性发展，为不断提升国家文化软实力和中华文化影响力贡献力量。

邓小平故里努力建设改革开放精神高地的思考与实践

邓小平故里管理局　李俊霏

2018 年 12 月，习近平总书记在庆祝改革开放 40 周年大会上首次提出了“伟大改革开放精神”。他指出，改革开放铸就的伟大改革开放精神“极大丰富了民族精神内涵，成为当代中国人民最鲜明的精神标识”，并从指导思想、政治、经济、文化等十个方面论述“改革开放精神”的内涵。2021 年，改革开放精神被纳入第一批中国共产党人精神谱系。邓小平故里作为中国社会主义改革开放和现代化建设的总设计师——邓小平同志的纪念地，一直在思考如何把改革开放精神传承好、保护好、研究好、宣传好，并结合自身资源和特色进行了不懈探索与实践，为保护利用革命文物、弘扬革命文化积累了可供借鉴的经验。

一、全力打造改革开放文物“基因库”

邓小平同志的一生同我国改革开放的历史进程密不可分，他青少年时期在广安居住、学习、生活的地方是不可再生、不可替代的改革开放历史遗存，是弘扬改革开放精神的宝贵财富，保护好邓小平文物是邓小平故里义不容辞的崇高职责。该地坚持规划引领、制订保护条例、推进文物征集，建设成为改革开放文物的“基因库”。

（一）编制规划项目

邓小平故里以小平同志出生地协兴镇牌坊村为中心，规划建设国家 5A 旅游区——

邓小平故里旅游区，高标准建设邓小平故居陈列馆和邓小平缅怀馆，高水平保护利用邓小平故居（包括蚕房院子、翰林院子、北山小学堂等）1 处全国重点文物保护单位，邓绍昌墓、淡氏墓等 2 处省级文物保护单位，维修保护神道碑、德政坊、清水塘、放牛坪等 20 余处小平同志青少年时期重要活动场所。此外，为有效保护文物，邓小平故里坚持以项目为抓手，完成邓小平故居陈列馆珍贵文物预防性保护、数字化保护利用、中华文化基因库（一期）邓小平故居陈列馆红色基因库试点项目等重点工程。邓小平故居（含合并项）消防改造工程（第一期）和邓小平故居病虫害防治项目（含展陈提升）、北山小学堂陈列展示申请到国家文物保护专项资金，蚕房院子陈列展示通过国家文物局立项，翰林院子和邓小平故居保护维修 2 个项目技术方案编制完成。

（二）制订保护条例

邓小平故里以新发展理念为指导，围绕“保护第一、加强管理、挖掘价值、有效利用、让文物活起来”的新时代文物工作要求，推动地方性法规《邓小平故里历史文化遗存保护条例》颁布实施，明确责任体系，规定禁止行为，建立分类分区分级保护制度，鼓励合理传承利用、有序开放，支持创作宣传邓小平丰功伟绩与品格风范、传播邓小平理论的文化艺术作品活动，开列与邓小平有关、具有特定历史意义和价值的“邓小平故居”“万春桥古道”“邓小平故里纪念园”等 39 处文物、遗址、纪念地名录。

（三）推进文物征集

品种全、数量大、质量好的邓小平文物是建设改革开放精神高地之本。邓小平故里通过持续开展“追寻小平足迹”和“我为邓小平故居陈列馆捐一物”活动，与建川博物馆、全国部分红色收藏家建立有效的合作渠道，通过专题征集、购买征集、定向征集等方式征集与邓小平或改革开放相关的文物。截至目前，累计征集各类文物藏品近 2 万件（套）。这些文物不仅数量可观，而且类别繁多，涉及邓小平同志各个历史时期的实物、图片、文章、题词、录音、录像等，包含邓小平同志亲笔签名的《邓小平文选》（第三卷）、卓琳及子女亲笔签名的《邓小平》画册等珍贵文物。文物征集工作进一步提升了邓小平故居陈列馆馆藏文物的数量和质量。邓小平故居陈列馆被列为“四川省首批区域文物保护中心”的培育对象。

二、奋力当好改革开放精神“传唱人”

改革开放精神核心内容是开拓创新、勇于担当、开放包容、兼容并蓄，邓小平的品格风范正是这一精神的生动体现。邓小平故里坚持因人施讲、因时推展、因势出新，弘扬好改革开放精神，让更多的观众，特别是青少年了解、认识到改革开放历史的必然性和实践性，深化将改革开放进行到底的信心、决心。

（一）做精宣教品牌

宣教具有精神引领、价值传播的重要作用。邓小平故里以全国爱国主义教育示范基地为支撑，组建了“全国金牌讲解员”“全国优秀讲解员”等 30 余人组成的“春天的故事”宣讲团，吸纳了高校、研学旅游机构等会员单位 19 家，个人会员 47 人，成立广安红色研学联盟，建立“伟人将帅故里行 · 川渝联线”平台，先后创立“信仰之光 点亮梦想”“小平风范 文化校园”等 4 个有特色、质量优、叫得响的宣教品牌，研发精品微课 30 余个，推出研学线路 10 余条，从农村院坝到中央部委、从学校机关到部队大院，深入开展宣教活动 4000 余场，受众 1000 万人次，用心用情讲好了改革开放中的初心故事、真理故事、为民故事、家国故事。“一座老院子的故事”等 2 个课程入选中组部学习教育平台党性教育精品课程，“传递小平足音，弘扬红色文化”“探寻文博之魂，厚植家国情怀”被评选为四川省优秀文博研学课程。景区入选全国青少年研学实践基地和首批“大思政课”实践教学基地。

（二）做强主题展览

陈列展览是博物馆最核心的文化产品，是博物馆发挥教育功能的重要媒介。邓小平故里以国家一级博物馆为支撑，重视通过展览生动展示邓小平与改革开放精神，并发挥邓小平与改革开放文物种类全、数量大、质量高的优势，结合改革开放史最新研究成果，充分运用新科技新手段，按照“5 年小改，10 年大改”主题原则，适时改陈“我是中国人民的儿子”等 2 个固定陈列展。此外，围绕重大时间节点，原创主题展览，展示邓小平同志在改革开放时期的重大决策、重要论述和意志品质，反映改革开放给中国带来的翻天覆地变化。邓小平故里年均举办与改革开放相关主题展览 10 余个，深受观众好评。如 2021 年，举办“我的生命属于党——庆祝中国共产党成立 100 周年专题展”；2022 年，举办“春天的故事——纪念邓小平同志南方谈话 30 周年专题展”；2023 年举办“大决策——庆祝改革开放 45 周年暨邓小平与改革开放专题展”等。“我的生命属于党——庆祝中国共产党成立 100 周年专题展”入选中宣部、国家文物局推介的全国建党 100 周年精品展览，“春天的故事——纪念邓小平同志南方谈话 30 周年专题展”荣获四川省博物馆“十大陈列展览精品”特别奖。

（三）做全媒体矩阵

当前，智能化、数字化发展如火如荼，邓小平故里主动出击，搭乘新时代科技发展的快车，积极利用新媒介传播改革开放精神，不断筑牢宣传阵地，凝聚奋进向上的力量。邓小平故里构建抖音、微信、喜马拉雅、蜻蜓 FM 等“七位一体”新媒体矩阵，成立“春天的故事”读书团，探索“互联网 + 讲解 + 服务”模式，通过“两微一端”发布故事 120 期，官网浏览量达 1 亿人次，微信粉丝达 100 余万人；在抖音发布短视频 100 余条，抖音播放量突破 500 万人次；在喜马拉雅、蜻蜓 FM 平台更新上传读书音频 200 余个，喜马拉雅播放量超 100 万人次、蜻蜓 FM 播放量超 1000 万人次，“改革开放”话题热度不断攀升。此外，撰写拍摄“一切为了人民”“一根枕木的故事”等一批独具特色的微党课 6 期，目前已在全国党员干部现代远程教育网、四川党建等中省网络平台推出，点击量 200 万以上。

三、努力当好改革开放研究“排头兵”

革命纪念馆是实施革命文物系统研究的重要场所。深入挖掘革命文物所蕴含的改革开放精神实质、文化内涵、时代价值，是邓小平故里应有的使命担当。邓小平故里把握时代脉搏，通过对改革开放史上的重大事件、重要实践、重要会议的深入研究，划分不同主题充分阐释邓小平同志推进改革开放进程中的伟大贡献、品格风范、精神力量。

一方面，采取“中心 + 论坛 + 专刊”模式深入学习、研究阐释改革开放精神。成立邓小平研究中心，先后出版《邓小平品格风范》《邓小平故居陈列馆馆藏精品选》等研究著作 5 部。在邓小平思想生平研究会指导下，每年选定一个主题召开邓小平思想生平理论研讨会，先后举办邓小平与中国特色社会主义——庆祝中国共产党成立 100 周年理论研讨会等会议 6 次，形成论文集等研究成果。与四川省社会科学院等院所合作，创立专题理论研究期刊——《邓小平研究》，刊载论文多篇。“改革开放文物征集研究课题”等 2 个课题成功在四川省文物局立项，科研教学课题“红色旅游专业群‘一平台、三联动、三协同’中高职贯通培养模式创新与实践”被四川省政府评为 2021 年四川省教学成果奖二等奖。

另一方面，邓小平故里通过与四川大学共建国家革命文物协同研究中心，借智借力系统深入研究改革开放史。“中心”设双主任，由四川大学历史文化学院院长和邓小平故里管理局局长任中心主任，同时，抽调川大文科杰出教授 2 人、四川大学讲席教授 1 人、长江学者奖励计划特聘教授 2 人等专家 24 人组成“中心”专家团，抽调川大博士 2 人、硕士 5 人，陈列馆技术骨干 6 人，共 13 人组成专职人员，下设革命文物典藏所、革命文化研究院、四史课程研发所、革命文物人才培养基地等 9 个部门开展相关工作。“中心”建立以后，联合召开学术会议 2 次，出版书籍 2 本、发表文章 10 余篇，推出高校大思政课 7 个。

四、努力当好改革开放精神“传承者”

广安作为伟人家乡，深刻认识到对小平同志最好的纪念，就是将改革开放进行到底。当前，广安市委、市政府发出“共同富裕·共建广安”“争做新时代小平家乡种树人”号召，全力种好改革开放之树。广安市正携手全国最大的民营博物馆——建川博物馆，在小平故里开工建设全国最大的村级博物馆聚落——广安牌坊村建川博物馆聚落。该项目内容包括“改变（1978—2023）”“老课本陈列馆”“票证陈列馆”等 10 个主题展馆和文博新街以及配套设施，建成后馆藏文物将达 40 万余件，这将进一步促进广大群众全面深入了解改革开放历史，展示改革开放巨大成就、弘扬改革开放精神，并有力促进邓小平故里和周边红色旅游目的地相互融合、相互带动。

五、结语

习近平总书记在文化传承发展座谈会上指出，在新的起点上继续推动文化繁荣、建设文化强国、建设中华民族现代文明，是我们在新时代新的文化使命。革命文化是中华民族现代文明的重要组成部分，蕴含着丰富的革命精神和具有厚重的历史文化内涵，是全面建设社会主义现代化国家、全面推进中华民族伟大复兴的思想引领、价值导向、精神滋养、文化支撑。邓小平故里作为全国爱国主义教育示范基地、国家 5A 级旅游景区、国家一级博物馆、全国廉政教育基地、全国新时期党性教育特色基地，将坚决扛起“把红色资源利用好、把红色传统发扬好、把红色基因传承好”的重要使命，坚持守正创新，树立精品意识，切实保护好、研究好、传承好革命文物，发挥革命文化在党史学习教育、革命传统教育、爱国主义教育等方面的重要作用，提振广大干部群众为实现中华民族伟大复兴中国梦而奋斗的信心决心。

第二篇章

革命纪念馆与革命文化弘扬

习近平总书记曾指出："革命博物馆、纪念馆、党史馆、烈士陵园等是党和国家红色基因库。要讲好党的故事、革命的故事、根据地的故事、英雄和烈士的故事，加强革命传统教育、爱国主义教育、青少年思想道德教育，把红色基因传承好，确保红色江山永不变色。"保护利用好革命历史文化资源，传承好、弘扬好革命文化，是新时代必须面对和解决好的重要课题。本篇章聚焦革命纪念馆和革命文化发展中的焦点、难点、热点和重点问题，探索利于革命纪念馆建设和发展，利于革命文化传承和弘扬的好路子、新路子。

大力提升展陈协同创新能力
推动革命纪念馆高质量发展

中国文物交流中心　谭平

革命文物承载党和人民英勇奋斗的光荣历史，是党和国家的宝贵财富。习近平总书记高度重视革命文物工作，就做好革命文物保护利用作出系列重要指示批示精神，强调要把红色资源利用好、把红色传统发扬好、把红色基因传承好。

习近平总书记对宣传思想文化工作作出重要指示时强调，要坚持中国特色社会主义文化发展道路，发展社会主义先进文化，弘扬革命文化，传承中华优秀传统文化，激发全民族文化创新创造活力，增强实现中华民族伟大复兴的精神力量。为传承革命文化，弘扬革命精神，赓续革命血脉，指明了前进方向，提供了根本遵循。

作为从事文物交流工作的专门机构，2021年，在国家文物局指导下，中心联合全国二十余家博物馆、纪念馆、革命旧址等共同发起成立了“全国革命文物展示联盟”。联盟坚持以习近平新时代中国特色社会主义思想为指引，以服务党史学习教育、革命传统教育、爱国主义教育、思想政治教育为目标，以弘扬革命精神、发展革命文化、传承红色基因、赓续红色血脉为核心，贯彻创新、协调、绿色、开放、共享的新发展理念，多措并举加强革命文物的展示、传播、交流、传承，努力搭建革命文物开放式协同创新平台，助力全国革命纪念馆高质量发展。

一、领悟新文明观，开拓中国革命的文明阐释体系

党的十八大以来，习近平总书记面向世界，以构建人类命运共同体和文明交流互鉴思想为起点，系统提出了一系列面向人类未来发展的文化命题、文明判断和人文哲学范畴，形成了全面系统的文化思想和文明话语体系，包括全人类共同价值、人类文明新形态、中国式现代化、中华民族现代文明和关于人类文明发展进步的三大倡议。

习近平总书记代表继承五千年中华文明史的中国共产党和中国人民，系统论述了中国人在新时代的历史观、世界观、价值观、社会观、发展观、安全观、文化观，多次被国际上统称为“新文明观”，其传播力之强劲，影响力之深远，构成了中华民族现代文明的巨大软实力，这是史无前例的。

如何学习、领会并遵循习近平文化思想和文明话语体系进一步阐释和解读中国革命文物和革命文化？我们认识到，中国革命为中国式现代化和中华民族现代文明奠定了前奏和基础，而我们的使命就是守中华文明之正，创革命文物、革命文化保护利用阐释传播之新，开中华民族现代文明之生面，这是一个根本性的大问题，也是一个难点。下面举两个例子：

红军长征和土地改革是中国革命进程中两个最为宏大的故事，我们在学习领会了习近平文化思想和文明话语体系之后，认为应当从人类文明史的维度加以解读和阐释。

（一）关于红军长征的人类文明史意义

长征创造了人类军事史上的奇迹，堪比世界历史上任何一次最伟大的军事转进或战略远征；

长征创造了人类政治史上的奇迹，堪比世界历史上任何一次政治成功所带来的国民发展机遇；

长征创造了人类战胜自然和超越生存极限的奇迹，堪比世界历史上任何一次人群大规模迁徙所经历的艰苦卓绝；

长征创造了多民族共同体的觉醒和奋起的奇迹，堪比世界历史上任何国家面对民族危难时的文化自立能力；

长征创造了重塑人类文明形态的奇迹，堪比世界历史任何一次人类面对文明衰败危机所能达到的文明升华高度。

要问这样的奇迹是怎么发生的？需要重新认识中国共产党在人类文明史上的理性高度和实践能力。

（二）关于重新认识中国的土地革命和土地改革的问题

中华文明史是以民为本、崇尚“耕者有其田”的历史。二战以后，中国的土地革命与土地改革是适应现代化发展的一种世界性趋势。中国人实现了“耕者有其田”的土地制度。今天众多学者从经济学的产业分工、充分就业、产权激励、人力资本、有效供给、储蓄投资、边际效益、帕累托效率等理论或原理来客观地研究以中国为代表的东亚土改运动，相当一致性地支持如下结论：

一是土改形成了当时最大规模的中产人口，迅速解决了长期积累的贫富严重分化的社会矛盾，为相对充分的就业奠定了基础。

二是农产品的供给能力大为增加，为社会稳定、城市化发展和人口增长构筑了最为有利的条件。

三是乡村社会的稳定发展，农民储蓄能力得到极大提高，为货币政策稳定地支持工业化提供了重要条件。

四是为乡村与城市形成大协同机制奠定了基础，对于农业人口向城市转移提供了循序渐进的有效条件，避免了大量贫民窟和历史上长期无法解决的流民问题。

五是为在农村建立工业化的庞大市场提供了有利条件，农产品进城、工业品下乡成为经济运行的常态。

六是土地改革造就了新式农业革命，为农业集约化、科技化、高产化，即为种植业、养殖业、加工业、流通业及相关业态的专业化、职业化、技术化形成有力的支撑条件。

七是有力地配合了国家推行的文化教育普及化运动，人口素质大为提高，终于扭转了清末以来的乡村衰败趋势，新中国的乡村逐步形成百业兴旺的局面。

总之，如果没有当年土地革命和土地改革的巨大成功，就不可能有今天工业化、科技化的巨大成功，这就是中国人追求公平正义价值的文明新形态的特殊表达。

二、加强展览策划，深化革命文物价值内涵的挖掘

一是以革命文物讲述革命历史。积极举办“不忘来时路 永远跟党走——讲述革命文物背后的故事”“红色印记——革命文物背后的故事展”“旗帜飘扬——党旗国旗军旗诞生史料展”“光辉伟业　红色序章—北大红楼与中国共产党早期北京革命活动主题展”等。

二是以革命文物阐释革命精神。为传承弘扬革命精神，中心策划举办了“光辉历程——庆祝中国共产党建党 100 周年重大历史题材雕像作品展”“丰碑——凝结在

共和国中心的历史记忆专题展”“红星耀天山——中国共产党领导新疆革命文物故事展”等系列展览。

三是以革命文物展览弘扬革命文化。中心策划举办了“光辉岁月 · 追寻红色记忆——澳门收藏家革命油画艺术展”“继往开来——庆祝中国共产党建党百年红色收藏展”等展览。

三、创新展陈方式，构建革命文物的价值传播体系

认真贯彻落实国家文物局印发的《革命文物主题陈列展览导则（试行）》，坚持政治性、思想性、艺术性相统一，用史实说话，丰富展陈形式，加强科技赋能，努力打造精品展览。

一是加强展示传播。通过联合办展、巡回展览、流动展览、网上展示等多种形式，构建线上线下相融合的“云”展览传播体系，持续扩大革命文物展览的覆盖面和受众面。加强数字化、网络化展示，用短视频、云展览等新方式开拓传播途径，提高革命展览的代入感、沉浸感。

二是加强科技运用。打造“中国文保链”、“中国文交链”两条区块链，搭建“中国华夏九州博物馆”元宇宙博物馆，接入“苍穹”元宇宙，打造数字人“文夭夭”文博虚拟宣推官，应支付宝邀请搭建“云上觅宝”数字展厅，实施中小博物馆数字化专项行动。

三是加强意识形态审核。严格落实意识形态责任制，充分发挥联盟专家智库作用，建立了集党史、军事、历史、文博、教育、文旅、科技等多专业多领域的千人智库，严格把好展陈的政治关、史实关、保密关、法律关，确保意识形态阵地安全。

四、努力搭建平台，完善革命文化的协同育人体系

中华文明的连续性表明，革命文物是弘扬革命传统和革命文化、加强社会主义精神文明建设、激发爱国热情、振奋民族精神、坚定文化自信的生动教材。

一是深入实施革命文物宣传传播工程。发挥联盟平台资源优势，积极助力打造《故事里的中国》第三季、《红色烙印——革命文物的故事》等革命文物传播节目，支持举办全国革命文物与新时代高校思政工作融合发展论坛、首届中国革命纪念馆高质量发展峰会等活动。

二是打造革命思政教育协同平台。贯彻落实《教育部国家文物局关于充分运用革

命文物资源加强新时代高校思想政治工作的意见》，中心与常州大学等联合发起全国推进革命文物资源融入高校思想政治工作馆校联盟，得到了国家文物局革命文物司、教育部思政司等有关部门，以及全国部分高校马克思主义学院和革命博物馆、纪念馆的高度关注和大力支持，先后举办共同策划“革命文物融入大思政课高端研讨会”“全国革命文物与新时代高校思想政治教育工作融合发展论坛”“传承红色基因 培养时代新人——百家馆校革命文物周周讲系列活动”“红色之旅打卡纪念活动”等，推动革命传统教育进学校、进教材、进课堂，切实让革命文物资源全方位融入新时代高校思想政治工作。

三是加强革命文物人才培养。发挥国家文物局文博人才培训基地和联盟平台作用，积极承办和自行策划举办了“全国革命文物保护管理培训班”“文明交流互鉴与国际传播能力提升研修班”“国际展览策划线上高级研修班”“全国红色展览策划与国际传播研修班”“全国革命文物陈列展览培训班”等相关培训，通过线上与线下、理论与实践、课堂与实地相结合的培训方式，培养全国各类革命博物馆纪念馆人才 5000 余名，线上培训总观看量超过 7 万人次。

五、坚持协同创新，推动革命纪念馆的高质量发展

一是创新革命文物传播方式。近年来，中心通过组织举办“党的故事我来讲——争做红领巾讲解员”实践活动，协助和参与网络音频节目《见证新时代 新物心声》、“见证新时代——晒晒我们的新物件”主题活动遴选和推介项目、国家革命文物协同研究中心评审组织与认定公布等一系列革命文物工作，力求让革命文物“说话”，让革命历史“再现”，让年轻一代领略革命文化魅力。

二是推动革命文物与旅游融合发展。红色旅游是激活革命文物资源、实现革命文化“双效益”的文旅业态。红色旅游的发展经历了以有组织的革命传统教育基地为特征的 1.0 阶段，以爱国主义教育基地为特征的 2.0 阶段，正在进入市场化与产业化构建系统经济体系的 3.0 阶段。根据文旅部数据，2020 年红色旅游规模突破 1 亿人次，结合经济学模型预估，到 2023 年中国红色旅游市场有望接近万亿元规模。

2023 年 5 月，国家文物局牵头开展中国文物主题游径建设工作，为包括革命文物在内的不可移动文物保护利用提出了新部署和新要求。中心充分发挥革命文物展示联盟、全国馆校联盟优势，积极组织赴上海、宁夏、辽宁、江苏、陕西、新疆、浙江等多省开展革命文物主题游径调研工作，开展文物主题游径建设基本问题研究、指标

体系研究、发展策略研究等相关研究工作，配合 2023 湖南红色旅游文化节举办，助力策划举办 2023 中国革命文物主题游径建设专题研讨会，深入探讨革命文物融入国家战略、经济发展、城市建设、乡村振兴、文旅融合、文化消费、传播推广等方法与举措。

三是推进革命文物数字化应用。成功申报“关于数字影像和虚拟仿真技术在四史学习教育中的应用研究”课题，荣获中央和国家机关工委机关党建杂志社 2022 年度机关党建课题研究成果优秀奖。依托新疆独特革命文物资源，探索参与新疆革命文化系列课程研发、革命专业人才培养、馆藏革命文物数字化保护及版权授权等方面的创新试点，提升革命文物改革创新、推动发展的活力效能。

关于中心和联盟的今后工作，我们将始终坚持以习近平新时代中国特色社会主义思想和党的二十大精神为指导，深入践行习近平文化思想，贯彻落实习近平总书记关于革命文物工作的重要论述和重要指示批示精神，广泛团结并服务全国革命博物馆、纪念馆、革命旧址，积极动员社会力量，贯彻新发展理念，构建新发展格局，打造新时代革命文物研究、展示、传播、创新的全方位合作平台，为推动革命纪念馆高质量发展，更好担负起建设中华民族现代文明新的文化使命，全面建成社会主义现代化强国、增强实现中华民族伟大复兴的精神力量发挥更大作用。

用好红色文化资源
担负起新的文化使命

南湖革命纪念馆　张宪义

习近平总书记在文化传承发展座谈会上强调，“在新的起点上继续推动文化繁荣、建设文化强国、建设中华民族现代文明，是我们在新时代新的文化使命。”亚运盛会期间，习近平总书记在考察浙江时提出，浙江要更好担负起新的文化使命，在建设中华民族现代文明上积极探索。从座谈会上、考察途中重要指示，到全国宣传思想文化工作会议，建设中华民族现代文明，成为新时代新的文化使命的重要内涵。革命纪念馆要积极担负起新时代新的文化使命，要用好红色文化资源，积极推进新时代革命纪念馆高质量发展，共同努力创造属于我们这个时代的新文化。

一、红色文化资源是见证“两个结合”过程的宝贵财富

红色文化形成于马克思主义基本原理同中国具体实际相结合、同中华优秀传统文化相结合的进程中，是我们党艰辛而辉煌奋斗历程的见证，承载着中国共产党人的初心和使命，是最宝贵的精神财富，是在伟大实践中历经千锤百炼所产生的独特文化形态。红色文化资源是见证“两个结合”过程中重要信息载体，记载着“马克思主义基本原理同中华优秀传统文化相结合”的基因密码，在建设中华民族现代文明的伟大进程中，必将进一步彰显出重要内在价值。

中国传统文化最精粹的是人生修养，这与红色文化中的理想信念、精神追求是相

契合、相融通的。“中国共产党从成立之日起，既是中国先进文化的积极引领者和践行者，又是中华优秀传统文化的忠实传承者和弘扬者”。一批批革命文物、一处处红色旧址、一座座革命纪念馆，是看得见的民族精气神和摸得到的文明根与脉，承载着中华民族最厚重的红色文化底蕴，为解码中华优秀传统文化创造性转化、创新性发展提供红色基因支撑。我们要以新时代文物工作要求为导向，在用好红色文化资源上狠下功夫，实现中华优秀传统文化与红色文化的有机衔接，在努力建设中华民族现代文明的进程中勇当先行者、谱写新篇章。

二、积极在用好红色文化资源上进行实践与探索

近年来，南湖革命纪念馆把对红色文化资源的活化利用转化为宣教语言。在红色文化资源的活化利用上积极创造载体、搭建平台，努力探索红色教育经验，着力推动“六个一”党性教育品牌精品化发展，以深化“六个一”党性教育为抓手，推出“新时代重走‘一大’路”现场教学活动。开展“革命文物映初心，红船领航高校行”纪念馆思政课、“红船小讲解”暑期体验营、“红船精神进校园”等系列宣教活动 100 余场，受众超 12 万人次，打响了“红船宣讲小分队——行走的思政课”宣教品牌，传承伟大民族精神、赓续红色血脉、昂扬时代风貌，用好“大思政课”培育时代新人。

近年来，南湖革命纪念馆把对红色文化资源的传承发展转化为传播语言。开展了“红船精神万里行”“中国革命精神大联展”“红船起航——一大代表故里行”等巡展活动 100 余场次，精心谋划基本陈列、常设陈列“红船起航”“爱国楷模 君子风范”，推出“革命人物的精神风貌”“红色文献里的初心使命”“百年征程 · 红色印记”等系列精品临展，扩大红色文化的传播辐射范围，形成了引进来、走出去、强合作的红色场馆协同发展新格局。

南湖革命纪念馆把对红色文化资源的价值阐释转化为服务语言。推出《革命文物里的初心故事》《百年航程里的初心故事》等线上宣教栏目，通过直播、短视频创作等数字化新手段提供红色文化资源服务，开发红船精神系列文创产品，创作与中华优秀传统文化相结合的图文和视频宣传作品，制作重大节日的红色打卡点，让红色文化资源的表达更加生动立体。

三、找准红色文化资源在努力建设中华民族现代文明中的关键环和发力点

红色文化资源、革命精神、革命纪念场馆是红色文化的有形物质载体和无形内核体现，肩负用好红色文化资源、传好革命精神、建好革命场馆的使命担当，要找准红色文化资源在建设中华民族现代文明中的最佳关键环和发力点。

（一）研究阐释，在融合中蓄力

作为革命红船的守护者，我们要按照“赓续历史文脉，加强文化遗产保护，推动中华优秀传统文化创造性转化、创新性发展”的要求，始终站在守好红色根脉的政治高度，充分发挥百年红船的独特资源禀赋，不断加强对南湖红色资源的保护研究和价值挖掘力度，提升价值链，发展创新链。我们要把对革命文物的保护研究和建设中华民族现代文明融合起来，依托革命文物协同研究中心，打造红色资源共建共研共享平台，实现全域化融合、谋求多元化发展，将独特资源优势转化为文化发展成果，为推动中华民族现代文明建设积蓄力量。

（二）精神传承，在赋能中聚力

心有所信，方能行远。我们按照“精神传承，思想升华”“立德树人”的要求，进一步落实红色文化资源作用发挥。我们将进一步聚焦大中小学生这个总书记最关心的群体，抓好传承红色基因、赓续红色血脉这个关键环，通过红色共建加强与各类院校的合作交流，创新开发适合不同年龄阶段学生的红色教育产品；在区域探索的基础上，创新谋划更大范围内的红色研学联动模式，发展红色教育赋能红色文化发展，为推动中华民族现代文明建设凝聚力量。

（三）资源保护，在发展中助力

我们要牢固树立“保护文物也是政绩”的科学理念，始终坚持保护第一的原则，保护好红色文化资源，不断丰富展示内容、扩大传播范围、创新服务形式、提升参观体验，使红色文化资源的管理更精心、服务更热心、宣传更暖心，让革命文物活起来，不断提升人民群众精神文化生活品质，营造良好文化生态，在努力建设中华民族现代文明的进程中续写新篇，为中国式现代化建设贡献红色文化资源的智慧和力量。

充分挖掘辛亥革命文化资源的时代价值
为建设中华民族现代文明贡献博物馆力量

辛亥革命博物院　魏德勋

1911 年 10 月 10 日，武昌起义成功打响了辛亥革命第一枪，拉开了中国完全意义上的近代民族民主革命的序幕。回顾 110 多年前的辛亥革命，以孙中山为首的辛亥志士们用鲜血与生命铸就的辛亥革命精神至今流淌在我们民族的血液里，闪烁着熠熠光辉。习近平总书记在纪念辛亥革命 110 周年大会上的讲话指出："缅怀孙中山先生等革命先驱的历史功勋，就是要学习和弘扬他们为振兴中华而矢志不渝的崇高精神，激励和团结海内外全体儿女为实现中华民族伟大复兴而共同奋斗。"以辛亥革命遗址遗迹为载体的物质文化遗产和以辛亥革命精神为内涵的非物质文化遗产共同形成了底蕴深厚的辛亥革命文化资源，充分挖掘其时代价值，对建设中华民族现代文明、实现中华民族伟大复兴的中国梦、担当起我们博物馆新时代文化工作使命贡献博物馆力量，无疑具有重要的现实意义和深远的历史意义。

一、辛亥革命博物院概况

辛亥革命博物院（辛亥革命武昌起义纪念馆）是湖北省、武汉市为进一步整合辛亥首义文化资源、打造辛亥首义文化品牌，高标准建设辛亥首义文化旅游区，于 2022 年 3 月在原辛亥革命武昌起义纪念馆、原辛亥革命博物馆基础上组建的公益一类事业单位，国家一级博物馆，总占地面积 4.2 万平方米，建筑面积 3.4 万平方米。

原辛亥革命武昌起义纪念馆为博物院北区，位于武昌阅马场首义广场北端，是湖北省于 1981 年依托武昌起义军政府旧址建立的纪念馆，由孙中山先生的战友及夫人宋庆龄女士题写馆名。武昌起义军政府旧址原为 1910 年建成的湖北谘议局，1961 年经国务院公布为第一批全国重点文物保护单位。旧址因主体建筑红砖红瓦，武汉人称之为“红楼”。

原辛亥革命博物馆为博物院南区，位于武昌阅马场首义广场南端，是 2011 年武汉市为纪念辛亥革命 100 周年建立的一座现代建筑形式的专题博物馆。其主体建筑呈破土而出、一飞冲天的“V”字形，与纪念馆遥相呼应，共同展示武昌首义这一段热血澎湃的英雄历史。

经过 40 多年的建设和发展，两馆整合后的辛亥革命博物院已成为全国百个爱国主义教育示范基地、全国青少年教育基地、全国中小学生研学实践教育基地、全国首批“大思政课”实践教学基地、国家国防教育示范基地、中国华侨文化交流基地、海峡两岸交流基地、全国红色旅游经典景区、国家 4A 级旅游景区。现在，辛亥革命博物院正以建设国家卓越博物馆为目标，以丰富的辛亥革命文化资源为依托，努力打造辛亥革命及其文物资料的收藏保护中心教育纪念中心、学术研究中心、展览展示中心和文化旅游中心，为打造具有世界影响的辛亥革命文化展示区、建设中华民族现代文明贡献博物馆的力量。

二、践行“保护第一、传承优先”理念，守护辛亥革命文化资源保护利用的红色基因

武昌起义军政府旧址前身为清末湖北省谘议局，是清政府为预备立宪而设立的地方谘议机关。旧址全部建筑沿中轴线布局，左右对称，中西文化交汇特色显著，是中国社会巨变的见证物和文化写照，极具历史价值、科学价值、艺术价值、社会价值和文化价值。旧址承载着辛亥首义精神，是博物院设立、存在和发展的基础，只有做好旧址保护利用工作，守护好革命文化的物质载体，才能让革命文化资源真正活起来、传开来。

博物院始终将旧址保护放在第一位，全面践行“在保护中发展，在发展中保护”的要求，设立旧址保护职能部门，专责旧址文物保护管理工作。我们编制了《武昌起义军政府旧址保护规划》，明确了旧址的保护范围以及 2020 年至 2039 年期间的保护措施、开发利用的规划，为旧址的各项保护工作提供了科学依据；聘请专业监测机

构对旧址主楼进行常态化沉降监测和安全检测，定期进行病害排查和治理；完成旧址安防工程、消防工程等安全设施建设，确保旧址文物安全；2021 年辛亥革命 110 周年之际，还完成了武昌起义军政府旧址主楼修缮工程，重点完成了门廊加固工程，解决了多年来旧址地基沉降和主楼门廊倾斜的安全隐患，为文化遗产保护利用和永续发展打下了坚实的基础。

三、深化学术研究，充分挖掘辛亥革命文化资源的时代价值

一是充分利用好首义之区丰富的辛亥革命文化资源。武汉市有辛亥革命遗址遗迹 52 处，其中包括武昌起义军政府旧址、起义门等全国重点文物保护单位 4 处和辛亥革命发难处工程营旧址、楚望台军械库、黎元洪等辛亥名人墓、辛亥铁血将士公墓等省级重点文物保护单位 19 处；博物院有文物藏品 3.5 万件（套），其中珍贵文物 512 件（套），含一级文物 20 件（套）。其次是宝贵的精神财富。在纪念辛亥革命 110 周年大会上，习近平总书记指出：辛亥革命极大促进了中华民族的思想解放，传播了民主共和的理念，打开了中国进步潮流的闸门，撼动了反动统治秩序的根基，在中华大地上建立起亚洲第一个共和制国家，以巨大的震撼力和深刻的影响力推动了中国社会变革，为实现中华民族伟大复兴探索了道路。民革中央主席万鄂湘也在大会上将辛亥革命留下的宝贵的精神遗产概括为：振兴中华的爱国精神、不畏强权的革命精神、反对专制的民主精神、舍生忘我的牺牲精神、愈挫愈勇的奋斗精神、胸怀大局的协作精神等。

二是深入挖掘辛亥革命文化资源的时代价值。首先，孙中山等辛亥革命先驱领导和发动辛亥革命所体现的价值理念，是实现祖国统一、民族复兴和建设中华民族现代文明的宝贵财富。它包括但不限于："和平""奋斗"的坚定信仰；"振兴中华"的爱国主义精神；"天下为公"的家国情怀；"五族共和"的民族共同体意识；"世界大同"的人类命运共同体理念和"明德""博爱""知难行易"的人本哲学思想等。

其次，对于首义精神的解读，有众多的专家学者做出过精彩阐述，且不同时代的人对之有不同的认识。20 世纪 40 年代，辛亥志士张难先将其概括为四点，即勇敢、廉洁、公正、恬淡。著名历史学家章开沅教授提出：首义精神，乃是"敢为天下先"，首义精神实质上是对祖国的热爱，追求社会进步和人民幸福。新时代更倡导"善为天下先"，进而成为武汉精神——"敢为人先，追求卓越"的重要历史文化基因；著名历史学家严昌洪教授认为辛亥首义精神就是中华民族致力于民族伟大复兴的"民族自

觉”精神；也有历史学者把辛亥首义精神概括为反帝反封建的爱国民主精神、勇担大任的历史主动精神、敢为人先的开拓创新精神、艰苦奋斗的求真务实精神；武汉市社会科学院则将首义精神概括为“埋头苦干的求真务实精神、勇担大任的历史主动精神、敢为人先的开拓创新精神、振兴中华的爱国奉献精神、善抓机遇的机智果敢精神”。

近年来，博物院强化学术引领，先后成立辛亥革命研究所、辛亥革命研究中心，成立院学术委员会；聘请武汉大学、华中师范大学、湖北大学等高校和科研机构的专家为客座研究员；持续编印《辛亥革命研究动态》30年，先后出版、参编了《湖北咨议局文献资料汇编》《湖北军政府文献资料汇编》《武昌起义档案资料选编》（上中下册）、《辛亥革命大写真》《辛亥革命武昌起义档案资料选编》（全十二册）、《辛亥革命武昌起义档案资料续编》等著作40余部；开展“辛亥志士后裔口述史”研究项目；大力推进馆校协同研究，博物院与武汉大学联合申报国家革命文物协同研究中心，并与武汉大学国家文化发展研究院、湖北大学历史文化学院、华中科技大学马克思主义学院、西北大学大学等省内外十多家高校签订了长期合作协议，在“大思政课”、人才培养、文化保护利用等方面进行长期战略合作；定期组织学术论坛和学术讲座等，共同探讨、挖掘辛亥首义资源的时代价值。在对辛亥首义精神的阐述上，更进一步挖掘了其内在的、融汇在湖北革命党人血脉之中的精神内核，即湖北革命党人在孙中山“振兴中华”的伟大爱国主义精神号召下，以民族复兴大义为己任，主动作为、埋头苦干、团结奋斗、不怕牺牲的勇敢担当精神，将首义精神概括为“勇担民族义、敢为天下先”，完整表达武昌起义所体现出的最有感召力和震撼力的、独具地域特色的精神特质，进一步挖掘首义精神的时代价值。

四、创新展览展示，充分诠释辛亥革命文化资源的时代价值

一是办好基本陈列，诠释时代价值。依托独特的资源优势，在陈列展览方面充分彰显旧址纪念馆的特色，设有“为天下先——辛亥革命武昌起义史迹陈列”和“共和之基——辛亥革命历史陈列”两个基本陈列、“鄂军都督府旧址复原陈列”及辛亥革命武昌起义纪念馆导览专题展、湖北谘议局史迹陈列两个专题陈列，多角度、深层次地展现了辛亥革命这一历史变革及其所体现的时代价值，激励海内外中华儿女凝心聚力、团结奋斗，为实现祖国统一和中华民族伟大复兴的中国梦凝聚磅礴力量。

二是办好临时展览，丰富时代内涵。依托丰富的馆藏资源，辛亥革命博物院每年推出关于辛亥革命、社会发展、爱国主义教育等主题临时展览10余个，拓展陈列展

示的时代内涵，为建设中华民族现代文明贡献博物馆力量。如2022年博物院为讴歌打赢全国疫情防控阻击战付出了巨大牺牲、作出了重要贡献的英雄城市和英雄人民，为激发疫后重振的坚定信心，充分展现武汉这座英雄城市的英雄历史，讲述好武汉作为辛亥首义文化诞生地、伟大建党精神重要贡献地、伟大抗洪精神和伟大抗疫精神发源地的英雄故事，回答好“武汉何以英雄”的人民之问，在纪念武汉解放73周年、迎接第46个国际博物馆日之际，举办了“文物藏品中的英雄武汉”展览；为深入学习宣传贯彻党的二十大精神，充分发挥博物馆的教育功能，讲好新时代荆楚十年的巨大变化，博物院以习近平总书记5次视察湖北为切入点，策划举办“辉煌十年、荆楚答卷”主题展览，以荆楚十年取得的辉煌成就和自豪感，进一步坚定了全体荆楚儿女奋进新征程的信心，激发了干事创业的激情。这两个展览都引起广大观众的强烈共鸣，取得了很好的社会效果。

三是办好交流展览，讲好中国故事。一直以来，为发挥在对外交流中的纽带作用，更广泛地弘扬辛亥革命文化和优秀地域历史文化，与武汉市外办、台办、统战部门合作，积极与日本长崎、新加坡、俄罗斯等地联络，以展览交流的形式，向海内外讲好中国故事、传播中国声音。2010年、2012年两次与日本长崎联合举办展览，还在日本长崎历史文化博物馆设立了武汉角，对武汉辛亥革命纪念地及辛亥首义文化进行宣传与展示；2016年、2017年，与新加坡晚晴园两次合作举办“天涯共此时——武昌首义，南洋回响”特展、“孙中山与他的南洋友人”展览。

2021年10月，联合中华人民共和国名誉主席宋庆龄同志故居等单位举办了“孙中山宋庆龄与辛亥革命”文物图片展，展览集中京汉两地孙中山宋庆龄纪念地优势，以辛亥革命历史为背景，以武昌起义为起点，以孙中山、宋庆龄生平事迹为主线，以200多张图片和40多件（套）文物为载体，生动展示了两位伟人对辛亥革命开创的中国近代民族民主革命的贡献，再现武昌起义革命先烈的光辉事迹。展览先后在北京、武汉和澳门展出，光明网、《人民日报》海外网、人民政协网、《澳门日报》等多家媒体对展览进行了报道。展期结束后还应邀到澳门岭南中学继续展出，进一步促进首义精神的传播和传承，以史资政，以史育人，激励海内外中华儿女凝心聚力、团结奋斗，为实现中华民族伟大复兴的中国梦作出新的贡献。

五、强化社会教育，充分讲述辛亥革命文化资源的时代价值

一是坚守文化阵地，做好国内外重要接待。博物馆是革命文物资源的守护者，也

是革命文化资源时代价值的讲述者。博物院一直高度重视讲解接待和社会教育工作，做好国内外重要接待。近年来先后接待习近平、胡锦涛等党和国家领导人视察，接待了连战、马英九、洪秀柱、郁慕明等台湾地区政要，林郑月娥等港澳地区行政长官，接待了孙必雄、孙穗芳、黄伟民等辛亥后裔，接待了丁肇中、陈薇院士等海内外知名专家学者，总计 60 批次以上。

二是充分发挥资源优势，共建“大思政课”教育基地。为讲好首义故事、荆楚故事、红色故事，弘扬振兴中华的爱国主义精神和敢为人先的开拓精神，先后与武汉大学、华中科技大学等省内外各大高校开展共建“大思政课”实践教学基地，例如与西北大学马克思主义学院跨区域合作，签订共建协议，通过线上直播、实地教学等模式在院内开展思政课教学活动。

三是讲好革命故事、英雄故事，打造特色教育品牌。先后创建了“首义课堂”“博爱学堂”“首义寻踪”“首义之光”“首义青年读书会”等特色社教品牌。“首义课堂”立足讲好历史文化和历史价值，围绕博物院常设展览开展展览讲解及教育课程，开发了“寻找老武昌城”“武昌起义那一天”“少年勇担当”“生活大变革”“少年中国说”等系列课程；“首义寻踪”立足讲好英雄历史和英雄故事，依托辛亥革命旧址遗迹和纪念建筑，以“重温历史—寻访踪迹—拓展思考—感悟交流”的形式，将主题教育和研学实践相结合，通过实地寻访英雄城市的历史记忆，缅怀孙中山先生等革命先驱的历史功勋，学习和弘扬他们为振兴中华而矢志不渝的崇高精神。“博爱学堂”立足讲好传统文化和时代价值，是结合传统文化、社会主义先进文化、城市地方特色文化开展的教育项目。“首义之光”志愿服务团队立足价值传承和精神弘扬，不定期招募武汉地区高校大学生、社会人士、中小学生等志愿者，为观众提供免费讲解服务，同时为观众提供咨询、引导服务，维护展厅参观秩序。“首义之光”青年读书会立足对广大青少年的思想引领和价值引领，鼓励广大青年朋友们多读书、读好书，引领青年人通过书籍开拓视野、提升知识涵养、丰富精神文化生活。

四是创新宣教形式，让革命文化活起来。首先，联合湖北省高校博物馆联盟开展“5·18”活动、“馆长说：首义 1911”“重回 1911 探寻首义枪声”、博物馆奇妙夜、“岁月回响”首义文化节等丰富多彩的系列活动，让革命文化真正活起来；其次，开展对陈列展览和临时展览开展云讲解和云直播活动，让博物馆文化和革命文化服务更多的社会观众；对临时展览，还一直实践“六个一”的多维宣教理念，即一个展览、一场学术讲座、一本展览图录、一次展览讲解直播、一场社教活动、一套（一系列）

文创产品。

五是承担大型讲解任务，服务社会经济发展，贡献博物馆力量。全力打造素养高、能力强的宣教人才队伍，先后有 10 余人次参加“伟大的变革”——庆祝改革开放 40 周年展览、建党百年大型展览“不忘初心 牢记使命”展览、“奋进新时代”主题成就展、外交部湖北全球特别推介、中国履行《湿地公约》30 周年成就展、首届和第二届中国（武汉）文化旅游博览会、“人民至上 生命至上——抗击新冠肺炎专题展”、首届湖北绿色消费博览会等国家级、省部级重要讲解接待工作，在服务经济社会发展中体现作为和担当，为传播荆楚文化、讲好中国故事贡献博物馆力量。

六、加强国内外交流，充分传播辛亥革命文化资源的时代价值

一是向世界传播中国文化。近年来，博物院接待了日本前首相鸠山由纪夫、法国驻华大使白玉堂，日本驻华大使垂秀夫，中美洲、拉美和加勒比国家驻华使节代表团，欧盟驻华代表团与欧盟成员国驻华使馆外交官，日本驻华大使馆公使七泽淳与在华日企代表团一行等国外重要嘉宾，努力向世界讲好中国故事、传播中国声音、展示中国形象。2023 年 10 月 10 日，法国驻华大使白玉堂一行参观访问了辛亥革命博物院，白玉堂大使代表法国驻武汉总领事馆向辛亥革命博物院展示了一份 1911 年 10 月 13 日由时任法国驻汉口领事侯罗氏（Raphaël RÉAU）起草的关于武昌起义的简报资料复印件。这份简报资料比较珍贵，具有一定历史价值，是辛亥革命研究史料的重要补充，值得进一步深入研究。这次参访为未来该简报资料入藏博物院奠定了良好基础。

二是深化海峡两岸文化交流。作为武汉首批“中国华侨国际文化交流基地”、“海峡两岸交流基地”，辛亥革命博物院一直是促进鄂港澳、鄂台文化交流的重要窗口。近年来，辛亥革命博物院积极举办学术交流会议、开展两岸青少年研学活动等，让两岸青少年近距离、深层次、多角度感受武汉深厚的人文历史底蕴，不断强化两岸青少年和海内外中华儿女文化认同、价值认同、理想认同，为弘扬中华优秀传统文化、促进中外文化交流贡献博物馆力量。

2023 年 7 月，甘肃广河学生武汉研学活动暨第七届“台湾青年看武汉 魅力江城随手拍”活动开营仪式在博物院举办，60 余名两岸青年参与，国务院台湾事务办公室新闻局副局长、新闻发言人朱凤莲出席仪式并讲话。活动以武汉为窗口，以两岸同胞共同的文化记忆为纽带，在交流互动中增进了解和友谊。中央广播电视总台港澳台中心、央视网、荆楚网、厦门卫视、今日头条、台湾人民报等两岸多家主流媒体对活

动进行了跟踪报道。

习近平总书记在纪念辛亥革命 110 周年大会上深情呼吁：海内外全体中华儿女更加紧密地团结起来，发扬孙中山先生等辛亥革命先驱的伟大精神，携手向着中华民族伟大复兴的目标继续奋勇前进！孙中山先生说：“惟愿诸君将振兴中国之责任，置之于自身之肩上。”走进新时代，奋进新征程，就要担当新使命，实现新作为。革命纪念馆身处建设中华民族现代文明的一线阵地，亲历建设中华民族现代文明的伟大实践，做建设中华民族现代文明的践行者和贡献者，是我们革命纪念馆人的天然责任。让我们将“在新的历史起点上继续推动文化繁荣、建设文化强国、建设中华民族现代文明这一新的文化使命”之责任，置于我们全体革命纪念馆人自身之肩上，坚定文化自信，秉持开放包容，坚持守正创新，推进交流互鉴，守护好、传承好、展示好中华文明优秀成果，充分挖掘和发挥革命文化资源的时代价值，努力为建设中华民族现代文明贡献博物馆力量。

数字赋能新时代
红色发展新征程

中共四大纪念馆　童科

习近平总书记对宣传思想文化工作作出重要指示指出，宣传思想文化工作事关党的前途命运，事关国家长治久安，事关民族凝聚力和向心力，是一项极端重要的工作。中共四大纪念馆以习近平新时代中国特色社会主义思想为指导，全面贯彻党的二十大精神，深入学习贯彻习近平文化思想，深入推进“党的诞生地”发掘宣传工程，聚焦推动文化繁荣、建设文化强国、建设中华民族现代文明这一新的文化使命，围绕“研究、科技、融合”，通过数字赋能，积极探索红色文化研究宣传，厚植“大思政课”红色底蕴，创新“大思政课”宣教形式，切实发挥好红色场馆铸魂育人作用。

一、研究立馆，数字运用，用数字诠释党史

进一步讲好党的诞生地故事，强化数字叙事，用红色数字密码——“951120”讲述“四大”故事，感悟伟大建党精神。

“9”是指中共四大及纪念馆的9个历史瞬间：1925年1月11日到22日，中共四大的召开时间；1932年爆发的淞沪抗战中，“四大”会址原建筑毁于日军的炮火；1984年，中共四大书记员的郑超麟，在工作人员的陪同下实地寻访了中共四大会址所在地；1987年11月，虹口区东宝兴路254弄28支弄8号处被确认为中共四大会址遗址；2006年，中共四大史料陈列馆在多伦路正式对外开放；2007年7月12日，

时任中共上海市委书记的习近平同志专程赴陈列馆参观指导，指出要守护建设好红色阵地，传承好红色基因，重视党史研究工作； 2012 年 9 月 7 日，中共四大纪念馆正式开馆； 2017 年 11 月，纪念馆被评价为全国爱国主义教育基地; 2021 年 5 月 31 日，历经半年改陈布展，中共四大纪念馆重新开馆，确认会议召开时会址所在里弄名称为广吉里。

“5”指代中共四大的五个历史成就，也是在全国以及中共党史上的几个第一，其中包括：第一次明确提出了无产阶级在民主革命运动中的领导权问题；第一次明确提出了工农联盟问题；第一次确立了加强党的领导、扩大党的组织、执行使党群众化的组织路线；第一次将党的基本组织由“组”改成“支部”，规定“凡有党员三人以上均得成立一个支部”；第一次把党内领导人的最高称谓由委员长改称为“总书记”，把各级党的执行委员会的委员长改称为“书记”。

“11”是指中共四大当时共通过 14 个文件中的 11 个决议案，也是历届党的全国代表大会通过决议案较多的一次。

“20”是指出席中共四大的 20 位代表，包括：陈独秀、蔡和森、瞿秋白、谭平山、周恩来等。据统计，中共四大代表的平均年龄为 29.37 岁。

原中央党史研究室副主任李忠杰在中共四大纪念馆开馆 10 周年纪念活动上的讲话中用“顶天立地”形容中共四大，指出本次大会的三大贡献为领导权问题，工农联盟问题，统一战线、群众路线及党的建设，并提出了党代会召开前正式征求全党的意见、党代会设立主席团、设立了党的总书记职务等 9 个亮点。

为迎接即将到来的中共四大召开百年，纪念馆深入学习李忠杰主任讲话精神，围绕“四红馆、一中心、一遗址”，在“四梁八柱”方面开展研究工作，深耕纪律、组织、宣传、统战等方面，形成研究成果并转化为原创展览；在领导权和两个确立的关系、20 位代表生平研究、党内最高领导人职务研究、文物史料征集、党的群众路线研究、工运高潮、红色文化之源、名人文化等方面开展广泛研究，征集史料及文物，进一步丰富中共四大研究的内涵和外延，为党员开展主题教育提供生动教材。

二、数字赋能，智慧展陈，合理利用突破有限空间

红色文化是中国革命历史的重要组成部分，红色纪念馆作为红色文化的重要载体，对于传承红色文化、弘扬革命精神具有重要意义。数字赋能红色文化，是指利用数字技术的力量，推动红色文化的传承与发展，让红色文化更好地服务于人民群众。在当

前数字经济时代，数字赋能已成为推动社会发展的重要动力，也为红色文化的传承与发展提供了新的机遇和挑战。纪念馆顺应时代要求，抓住机遇，不断提升数字化、网络化、智能化建设水平，通过数字赋能打造“智慧”场馆展陈新模式、打通爱国主义教育“最后一公里”等方面，让积淀百年的红色基因通过现代信息技术注入当下的数字化城市生活、根植于人们心中。

场馆通过展陈数字化、展品数字化、研究数字化等方式，突出从石库门到天安门诞生地特点，石库门元素贯穿整个展线，为观众营造沉浸式观展体验。创新场馆“微更新”的理念，纪念馆进一步融入多媒体互动技术，实现“智慧”场馆，如：AR增强现实技术、投影动态捕捉技术展示、图像识别、数字展陈一键切换、“元宇宙”场景等技术，更好地提升观展互动性、参与性、趣味性。

利用中共四大纪念馆地处公园的天然场地优势，以国旗广场改造为契机，纪念馆打造中国共产党精神谱系连廊、“虹”色足迹年轮大道等红色教育和“大思政课”教学场景，形成红色文化矩阵。引进“元宇宙”概念，采用AR大空间互动导览，打造全国首个红色文化元宇宙展区“上海革命遗址旧址纪念设施元宇宙展区1.0”，使得红色文化与科技进行一次完美的碰撞，将上海共计612处革命遗址旧址图文信息“尽收眼底”，取得良好反响，后续将不断优化“元宇宙”技术在红色场馆中的运用。

三、运用媒体，青年受益，让孩子们从“听讲者”变身“讲述者”

通过创新数字化红色文化作品，是数字赋能红色文化的重要途径。数字化红色文化产品，可以通过游戏、音乐、电影、动漫等多种形式呈现，吸引更多的年轻人了解和接受红色文化。为搭建红色场馆与公众交流、互动的平台，用好用足丰富的红色、海派、江南文化资源，让更多观众感受红色文化、海派文化的魅力，2020年5月，中共四大纪念馆正式入驻Bilibili、抖音等时下热门网络平台，推出“力量之源 · 红色100”专栏，通过微剧情 + 小故事 + 短视频等多样化的传播手段，以沪语讲述的方式为观众呈现100个红色小故事，做好红色文化和海派文化的坚定传承者、生动诠释者和精彩讲述者。该项目荣获各地走好网上群众路线典型案例征集展示活动优秀案例、2021—2022年度上海市爱国主义教育基地品牌项目等荣誉奖项。2021年纪念馆打造的手游《风起云涌2.0》深受年轻人青睐。联动上海海派连环画中心，打造“中共四大”海派连环画，并拟打造系列动画视频。

纪念馆招募“小红花”志愿讲解服务队，在全市中小学选拔优秀小小讲解员近

50 人。其中，由平均年龄不到 10 岁的青少年组成的“小红花”志愿讲解服务队还利用课余时间排演了中共四大纪念馆少年版《力量之源》《可爱的中国》《永不消失的电波》等情景剧，通过线下线上的方式，将数字化、新媒体与红色文化、革命历史进行融合。《力量之源 · 中共四大红色故事》非遗面塑定格动画原创短视频。该视频的制作特邀请海派面塑非遗传承人张书嘉及其团队用传承千年的面塑手艺，结合 3D 打印技术搭建百年前的石库门场景，以“面塑定格动画”的形式生动还原 1925 年中共四大会议召开的场景，使用定格动画的方式让静止的面塑人物“动”起来，制作成系列动画，发布于新媒体账号。定格动画原创短视频是“四大”故事与千年面塑手艺的结合，也是一次红色文化与中华优秀传统文化的完美融合。

在新时代将“三大文化”（红色文化、海派文化、江南文化）品牌推向国际，携手中央广播电视总台国际新闻在线、上海市青少年活动中心等单位，共同推出“四大 TALK”外语文化短视频节目，截至目前已摄制完成 5 集，并通过国际在线平台创新海外宣传新模式。

数字赋能红色文化教育，可以通过数字化手段，提高红色文化教育的效率和质量。中共四大纪念馆充分利用“红途”平台打通爱国主义教育“最后一公里”，结合中共四大提出的“三人成立一支部”，开展了一系列红色主题活动，如独具中共四大纪念馆品牌特色的“初心讲堂 · 三人谈”、寻找文化血脉、周恩来在虹口的红色足迹、“四史教育”、红色文化修身路线等一系列围绕红色文化的特色主题，借助“红途”平台汇聚全市党的二十大精神学习资源，实现“统一入口”，让大思政课与精品活动触手可及，深度推进中共四大纪念馆红色资源数字化转型。

纪念馆吸纳东航“凌燕青年志愿团”，构建多维度的红色文化传播矩阵，让空乘们进入红色场馆，宣讲四大故事，并把党课带上航班，在空中开启“云党课”，推动数字赋能红色场馆的创新发展。

四、守正创新，继续前行，红色数字陈列不断迭代

数字赋能红色文化创新创业，可以通过数字化手段，推动红色文化的创新创业和就业。中共四大纪念馆引入数字化技术，探索智慧化场馆大数据系统建设，创新红色文化产品，开发红色文化创业项目，拟打造 AI 数字人，以虚强实，打造红色文化“数字名片”可以为红色文化创新创业提供新的思路和平台。

纪念馆步积极发挥“大平台”作用，整合资源，突破传统文博概念，联动各方资源，

不断“破圈”，创新迭代。在市教育局等部门指导下，加入“城市文化新地标 助学育人新征程——上海高校大学生场馆勤工助学文博专项活动”，借助本场馆的资源优势，开辟校外勤工助学基地，为高校学生搭建勤工助学、资助育人的实践平台，培养大学生的创新创业精神；研发“国旗、国徽、国歌”大思政课，为全市中小学“开学第一课”，提供“云讲堂”丰富素材。联手体育局、体育总会等单位，继续打响“3vs3”力量之源三人支部篮球赛，创新 “三人成立党支部”党史的宣传方式。完成大调研课题“利用好红色场馆解决青年大学生就业工作”，在市人社局等部门的指导下，将纪念馆打造为全市首批红色就业见习基地，设置新媒体、数字运营、文博、党史党建等专业岗位，帮助高校大学生起好步、就好业，也为纪念馆储备数字研究、创新领域、党史党建的大人才储备，打下坚实基础。

中共四大纪念馆将继续在守正创新的“破圈”联动中，传承红色基因、赓续红色血脉。构建大联动、多维度、立体式的红色文化传播矩阵，让红色文化与潮流文化相结合，让党史知识和文创作品相结合，让历史研究和实践工作相结合，积极探索线上线下双向赋能的红色文化供给新模式，深化数字赋能爱国主义教育，将红色文化有效融入“大思政课”教育全过程，为构建数字世界中“支部建设的孕育地”，擦亮上海红色文化的金字招牌，为推进“党的诞生地”发掘宣传工程，打造文化自信自强的上海样本，建设习近平文化思想实践地提供坚实力量。

做强纪念馆主业　弘扬革命文化
助力中华民族现代文明建设

韶山毛泽东同志纪念馆　阳国利

革命文化，是中国共产党领导中国人民在伟大斗争中书写的红色篇章，是具有鲜明中国特色的先进文化，对中华民族现代文明建设具有重要作用。近年来，韶山毛泽东同志纪念馆以习近平总书记关于革命文物工作重要指示批示精神为指引，立足做强纪念馆主业，充分发挥革命文物和红色资源在党史学习教育、革命传统教育、爱国主义教育和思想政治教育中的重要作用，擦亮了韶山经典红色名片，推动了韶山革命纪念地高质量发展。

一、加大革命文物保护力度，探索革命文物保护新路径，为革命文化传承提供了丰富资源

韶山毛泽东同志纪念馆拥有大量文物文献资料、5 处国保单位，特别是有毛泽东晚年珍贵生活遗物 6400 余件，是毛泽东主席艰苦奋斗历程的见证，是革命文化传承的重要载体，保护好这些文物资源是纪念馆的首要任务。

可移动文物保护管理方面，新建了现代化文物库房，6.3 万余件馆藏文物文献资料全部实现了信息化、规范化管理，对近万件革命文物信息进行了数字化标注、关联、存储，能做到智慧化检索利用。

不可移动文物保护方面，近年实施了毛主席故居及旧址群保护工程，编制了《韶山冲毛主席旧址保护规划》，界定了分级保护范围和相应保护措施，做到了保护管理

有法可依。

实施红色文化基因库建设，加强数字化保护管理，实现了韶山核心景区的全景风貌展示和 7 个旧址、2 个展馆、5 个展览的场馆漫游，目前正在推进智慧化数字展馆建设，将实现沉浸式、交互性、开放性、智慧化集成展示，预计年底可建成并对外开放。

实施了毛主席故居核心景区生态环境综合整治，拆除了故居周边商业长廊，完成了故居土地冲居民租赁搬迁，开展了水环境治理，完善了旅游设施设备。

对毛泽东同志故居等 7 个文物旧址本体进行了合理有效的保护性修缮。

文物保护管理工作在实践中不断创新，产生了好的效果。一是建立起了好的机制，形成了多方协同共同发力保护格局，得到了上级文物保护行政主管部门在政策、资金和程序上的关心支持，处理好了与当地政府的关系，获得了周边村民的理解，二是形成了一些好的共同理念，坚持短期利益和长远利益结合，保护和发展结合，坚持“尊重历史、修旧如旧”风貌准则，坚持“精致、精美、崇高”质量效果要求，遵循“以人为本，方便利用”的教育效果目标。

文物保护管理工作夯实了革命文化载体，增强了来韶游客体验感，来韶游客不断增加，2023 年超过 1500 万人次。

二、扎实开展专业研究，创新革命文化内涵，为革命文化建设筑牢坚实根基

学术是立馆之基，强馆之本，我们的重点工作有：

一是整理挖掘馆藏文物文化内涵，出版了《走进韶山毛泽东同志纪念馆》《大国之路——毛泽东宪法思想论》《毛泽东诗歌风景线》等 50 余部专著，每年在全国各类刊物上公开发表专业文章近百篇。

二是深化毛泽东思想当代价值研究宣传，坚持每年在韶山举办全国“毛泽东论坛”，持续开展“毛泽东思想大讲堂”。

科研工作为革命文化传承和传播所需要的知识体系、话语体系、育人体系打造了较好的平台和基础：

一是促进了其他各项业务工作，形成了毛泽东学术研究品牌。

二是整合了优势资源，加强了与同行、高校和科研院所的合作交流（中央党史和文献研究院、中国社会科学院马克思主义研究院毛泽东思想研究所、中宣部城乡发展研究中心、湖南省社科院、湖南大学、湘潭大学）。

三是建立起了科研激励机制，制订了科研奖励制度、课题制度、项目揭榜挂帅制，职称评聘管理办法等。

四是人才队伍建设得到了比较大的加强，专业工作能力得到了切实提高，目前有正高职称 4 位，副高职称 20 位，中级职称 40 余位。

三、深挖红色文化价值内涵，打造革命文物展陈系列精品，为革命文化推广搭建文化和宣传平台

依托馆藏革命文物资源，做活了复原陈列、做精了基本陈列（为迎接伟大领袖毛泽东主席 130 周年诞辰，对“中国出了个毛泽东”基本陈列进行提质改造），做特了临时展览、做新了网上展示，形成了较为完整的展示展陈体系。近年来，我们在这个基础上：

1. 每年重点推出了 1—2 个时政主题展览。近年先后推出了“不忘初心 牢记使命——学习宣传贯彻党的十九大精神展”“恰是百年风华——庆祝中国共产党成立 100 周年展”。2022 年 8 月成功推出了“一切为了人民——迎接党的二十大胜利召开主题展”，讲解版线上展览同步在学习强国推出。2022 年 11 月又推出了“胜利的密码——毛泽东与反腐倡廉”专题展。

2. 积极在国（境）外举办专题展览。先后在新加坡、俄罗斯、香港、澳门举办了大型专题展览。

在打造展览过程中，一是坚持高政治站位，聚焦时代主题，及时紧跟党史上重要的时间节点以及当前时政热点。二是立足馆藏文物资源和研究成果，发挥自身优势。三是坚持强强联合，确保展览权威性，与中央党史和文献研究院第二研究部联合举办，内容方案经中央党史文献专家严格审核把关。四是坚持守正创新，用史实说话，严格遵循中央宣传口径，吸收最新研究成果，紧跟时代潮流，创新展陈内容，创新展示形式，对接观众教育需求，确保教育效果。这些好的理念及产生的效果夯实了革命文化传播平台。

四、不断创新宣传形式，创立了四个教育品牌，充分发挥革命文化的教育作用

一是创立阵地宣讲品牌。创新讲解方式，展厅讲解有组织、分批次、全免费、全覆盖，年讲解 1.5 万余批次，年受众近 200 万人次。用好了“党史大课堂”，打造专题党课 20 余个，党课“睹主席遗物、学伟人风范、做合格党员”在“全国文物保

护利用优秀案例宣传推介活动”中获评“十佳案例”。

二是创立了思政课品牌。2021 年以来，我们与中央党史和文献研究院第二研究部联合举办了三季“韶山下的思政课”研学实践活动，该活动通过邀请北京大学、清华大学等国内知名高校博士研究生来韶实地研学，共同设计符合青少年认知特点的思政教育课程，打造了 60 集的思政金课短视频，在学习强国等主流媒体平台上播放。与学习强国、北京大学、清华大学等共同举办探索革命纪念地思政教育新模式研讨会。学习强国还专门为思政课第三季短视频举行上线仪式。中宣部舆情研究中心学习强国的领导和专家表示，“韶山下的思政课”的推出，是革命纪念地开展思政教育、打造“大思政课”的又一次探索和创新实践，对教育引导广大党员干部特别是青年一代筑牢理想信念之基产生了积极的推动作用。

三是创立了红色研学教育品牌。打造了“研学大课堂”，组织开展“我的韶山行”红色研学活动，推出了沉浸式中小学“思政课套餐”，研学课程注重互动和符合青少年认知特点，每位学生都能在展厅接受六堂思政课沉浸式深度体验式教育，2023 年 4 月份启动以来，已培训学生 62 批次，共 5 万余人，每天有 1000 余名学生到纪念馆展厅开展红色研学，取得很好的思政教育效果。

“韶山下的思政课”和红色研学实现了相互促进发展，是育人模式的创新。一是实现了思政教育举办模式的创新。二是实现了中小学生红色研学运行模式的创新。三是实现了文物资源转化的创新，通过资源整合挖掘转化，提炼红色文化主题，贯通了历史与现实。四是实现了革命文化育人传播途径的创新，60 期思政课短视频在学习强国平台、Bilibili、抖音和凤凰网等媒体播放量超 1.5 亿次，形成了“现象级党史宣传和思政教育新品牌”。

四是创立了红色文创品牌。积极推动馆藏红色文物的创新性转化，实现红色文创生活化、大众化，延伸了红色阵地。我们结合宣传教育活动和主题展览，相继推出了“奋斗吧少年”“她在丛中笑”“恰是百年风华”“一切为了人民”等多个系列文创产品。文创产品成为一张传播革命文化、宣传伟人精神看得见的红色文化名片。

韶山毛泽东同志纪念馆在大力弘扬革命文化方面取得了一定成效，发挥了资政育人教育功能，得到了中央和社会各界的广泛关注，成为全国人民心目中“最向往的党史纪念地”“全国革命旅游经典景区”，更是世界各国了解中国文化的重要窗口，2018 年被评为全国文物系统先进单位。我们将继续守初心、勇担当、善作为、求效果，让革命文化代代流传，助力中华民族现代文明建设！

创新传播路径　弘扬民族精神
彰显新时代革命文化的魅力

台儿庄大战纪念馆　孔令欣

说起台儿庄，大家想到的是 1938 年春天那场震惊中外的台儿庄大捷，台儿庄大战纪念馆就珍藏展示着那段悲壮的历史，向世界讲述着中国的抗战故事，那是一场民族危难之际，在中国共产党倡导的抗日民族统一战线的旗帜下，全民族同仇敌忾，共御外侮的民族之战，也是抗战以来中国军队正面战场上取得的第一场重大胜利，三万将士在这里捐躯，台儿庄被誉为中华民族扬威不屈之地。台儿庄也被战火毁坏殆尽，成为一片焦土。这片焦土也记录着我们这个民族的不屈与顽强，革命先烈的感人事迹激励着一代又一代中华儿女，我们也以不同路径讲述传播着这些感动。

作为新时代的革命纪念馆人，我们顺应时代要求，打造了一支属于新时代的政治作风过硬、业务知识熟练、又多才多艺的宣教队伍。我把他们称为新时代的三大员，即：讲解员、教员、演员。她们用一腔热血和多种形式诠释演绎着革命文化的魅力，使台儿庄大战迸发出的民族精神得以有力弘扬。

台儿庄大战纪念馆于 1993 年 4 月 8 日建成开放，先后被评为全国百家爱国主义教育示范基地、全国中小学爱国主义教育基地、国家首批国防教育示范基地、全国首批“大思政课”实践教学基地、全国首个海峡两岸交流基地、国家级抗战纪念设施等荣誉称号，年接待参观游客 300 余万人次。

著名战地记者罗伯特 · 卡帕这样评价台儿庄：“历史上具有转折意义的小城有很

多，诸如滑铁卢、葛底斯堡、凡尔登等，今天又增加了一个新的名字——那就是台儿庄，中国京杭大运河岸边一个有着古老城墙的地方。”一夜之间，世界认识了台儿庄，台儿庄走向了世界。

一、加强设施建设，多元主题植入

（一）依托基本陈列，在展厅开设主题教学点

我们在深化充实台儿庄大战基本陈列的同时，多主题开设六十军史料展、战地记者展、国家安全教育展、国防教育园等，把教学课题融入展览、展示中。在展厅内设置党员现场教学点、廉洁文化教学点、台港澳青年交流教学点、总体国家安全观教学点、铸牢中华民族共同体意识教育教学点等专题教学点，为开展不同的主题活动和教育培训提供丰厚的教学资源，营造优质的学习教育环境。引导广大群众感悟天下兴亡、匹夫有责的爱国情怀，坚定百折不挠、坚忍不拔的必胜信念。

（二）建设沉浸式红色剧场

我们围绕台儿庄大战红色故事创新编排红色沉浸式剧目，融入了快板、舞蹈、情景剧等多种形式。依托史实编排了《遥远的等待》《清明的思念》《血肉铸就民族魂》等沉浸式红色革命剧目，开展常态化演出，激发广大群众学习不畏强暴、血战到底的英雄气概，传承弘扬视死如归、宁死不屈的民族气节。2022年纪念馆原创的情景剧《遥远的等待》荣获“齐风鲁韵 铸魂化人”山东省群文系统艺术党课大奖。2023年以来共演出100场，观众达5万人次。

（三）改造提升民族精神大讲堂

开设主题党课、研学课程和企业精神的塑化课程。根据台儿庄战役相关史料，推出《用血肉铸起新的长城——台儿庄大战拼杀出的民族血性和民族担当》《中国共产党与台儿庄大战》等微党课，馆里研究人员和讲解员根据史实和自己的知识掌握点研发教学课程，并且以菜单式呈现，便于观众选择课程。

（四）开设教学展览厅

根据教学主题以临展形式深层切入展示，细化条目、全面展示，让观众更直观的了解，更切身的感受，把展览展示便捷化常态化。通过开展现场互动方式交流、研讨等，让观众主动参与其中，真正实现“被动受教”到“主动探究”，提高革命文化、红色文化的影响力、教育力，弘扬大战精神、抗战精神、爱国精神，传承革命文化。

二、开展主题活动，创新宣讲模式，让革命文化活起来

推出“五个一”宣教方式，开展“六走进”宣教活动，“五个一”即：听一场大战讲解、唱一首红色歌曲、观看一场沉浸式红色剧场演出、开展一场重温入党誓词仪式、上一堂主题党课。“六走进”即：进校园、进军营、进机关、进企业、进社区、进乡村，拓宽实践教学深度。讲解员利用台儿庄大战胜利纪念日、国际博物馆日、9·18、12·13、中国人民抗日战争胜利纪念日等面向社会各界开展主题志愿服务活动，目前，累计服务团队 1 万余个，宣讲 300 余万人次。

三、拓展交流渠道，培育教学队伍，让革命文化走出去

台儿庄大战纪念馆定期加强与国内外纪念馆交流活动。先后与沈阳“九·一八”历史博物馆、贵州四渡赤水纪念馆等联合举办《弘扬抗战精神　厚植爱国情怀－民族丰碑·血战台儿庄图片展》。

举办“中外战地记者眼中的台儿庄大战专题展”，来自俄罗斯、美国、韩国等 30 个国家的二战博物馆馆长及代表参加了纪念活动；与国内抗战类纪念馆在白俄罗斯伟大卫国战争历史博物馆共同主办“东方主战场”展览；与波兰格但斯克二战博物馆举办联合展览宣传反法西斯战争的东方主战场；与在美国、新加坡等地的台儿庄大战将士后人加深交流，科技赋能。利用网络平台，推介主题展览、主题活动，讲好中国抗战故事，扩大朋友圈，让革命文化走出国门。

四、依托大战文化，加强文旅融合，把革命文化融入流光溢彩中

台儿庄大战文化成为台儿庄古城恢复重建的重要支撑。在台儿庄大战胜利 70 周年之际，枣庄市委市政府恢复重建台儿庄古城，总建筑面积两平方公里，城内保存了 53 处战争遗迹，与华沙同属世界上仅有的两座因二战炮火毁坏而作为世界文化遗产重建的城市。古城内八种建筑风格融为一体，百庙百艺汇于一城，108 座桥形态各异，舟楫摇曳，遍游全城，真正做到了“一船一橹一伊人，一城一水一梦乡。”上台坐庄行大运；上有天堂下有苏杭都比不上台儿庄古城的灯火辉煌；昔日让炮火硝烟变成焦土的台儿庄，今天成为游客心中向往的旅游目的地。

台儿庄古城依托台儿庄大战纪念馆把革命文化陈列展示转变为以红色年代的生活体验为核心的“红色革命文化旅游”，以更加现代、更接地气的方式让游客感受到历史文化和革命文化的魅力。

民族精神铸雄魂，革命文化润无声。作为革命纪念馆人要充分发挥阵地教育作用，开拓思路宣讲、谋划创新宣教，将革命文化，以多种方式传送给广大人民群众，为革命文化传播开辟更好的路径。我们坚持在探索实践中保持革命文化定力，在守正创新中激发革命文化活力，开创革命纪念馆更加辉煌的明天！

充分挖掘运用遵义会议革命文化
大力传承红色基因

遵义会议纪念馆　周俊南

1935 年 1 月，中共中央在红军第五次反“围剿”失败和长征初期严重受挫的历史关头召开的遵义会议，集中解决了当时具有决定意义的军事问题和组织问题，确立了毛泽东同志在党中央和红军的领导地位，确立了以毛泽东同志为主要代表的马克思主义正确路线在党中央的领导地位，形成以毛泽东同志为核心的党的第一代中央领导集体，开启了我们党独立自主解决中国革命实际问题的新阶段，在最危急关头挽救了党、挽救了红军、挽救了中国革命。遵义会议的鲜明特点是坚持真理、修正错误，确立党中央的正确领导，创造性地制定和实施符合中国革命特点的战略策略。正如习近平总书记在参观遵义会议会址和遵义会议陈列馆时所指出的，“遵义会议作为我们党历史上一次具有伟大转折意义的重要会议，在把马克思主义基本原理同中国具体实际相结合、坚持走独立自主道路、坚定正确的政治路线和政策策略、建设坚强成熟的中央领导集体等方面，留下宝贵经验和重要启示。”遵义会议的宝贵经验和重要启示，是中国共产党领导中国人民在革命斗争中构建的先进文化的重要组成部分，是中国革命事业的精神遗产和文化传承。我们要按照习近平总书记“运用好遵义会议历史经验，让遵义会议精神永放光芒”的重要指示要求，充分挖掘运用遵义会议革命文化，大力传承红色基因讲好遵义故事，激励和引导全国各地观众，从长征精神和遵义会议精神中深刻感悟共产党人的初心和使命，更好地传承革命文化，赓续红色血脉，走好新时代的长征路。

一、充分挖掘遵义会议革命文化，大力弘扬遵义会议精神

遵义会议是中国共产党历史上一次具有伟大转折意义的重要会议，在最危急关头挽救了党、挽救了红军、挽救了中国革命。伟大的遵义会议，形成的以坚定信念、坚持真理、独立自主、团结统一为基本内涵的遵义会议精神，作为彪炳史册光耀千秋的遵义会议革命文化，为实现中华民族伟大复兴中国梦凝聚起强大的精神力量。我们要结合深入开展学习贯彻习近平新时代中国特色社会主义思想主题教育，认真学习贯彻习近平总书记视察贵州重要讲话精神和对遵义工作重要指示批示精神，尤其是习近平总书记关于遵义会议的系列重要论述和指示精神，充分挖掘运用遵义会议革命文化，深刻领会、大力弘扬坚定信念、坚持真理、独立自主、团结统一的遵义会议精神，更好展现新征程上遵义会议纪念馆人奋勇争先、争创一流的新气象。

1. 高举坚定信念，铸牢精神支柱。习近平总书记指出，心中有信仰，脚下有力量。遵义会议前，中央红军主力由长征开始时的 8.6 万多人锐减到 3 万多人，面临前有重兵堵截，后有大军围追，陷入被动挨打、濒于全军覆没的危机。在这生死存亡的紧要关头，中国共产党人没有退却，党的领导人没有张皇失措，红军队伍没有散，而是坚信中国革命能够取得胜利并积极寻找正确道路。遵义会议的召开体现了党和红军坚定信念的精神，充分彰显了中国共产党人心中的远大理想和革命信念的始终坚定执着，有力地诠释了崇高的理想和坚定的信念永远是保持党团结统一的思想基础。遵义会议决议指出，中国苏维埃革命有着他雄厚的历史的泉源，他是不能消灭的，他是不能战胜的，并发出“胜利必然是我们的”豪迈号召。会后，在崇高理想指引下，党和红军凭着革命一定会胜利的坚定信念，敢于同强大的敌人进行军事斗争，敢于同恶劣的自然环境作生存斗争，敢于同党内错误路线作政治斗争，战胜了前进道路上的一切艰难险阻，成功实现了战略大转移，胜利到达了陕北。正是凭着对崇高革命理想信念的矢志坚守，党中央和红军才得以转危为安，中国革命才得以化险为夷。我们要按照习近平总书记系列重要指示要求，在理想追求上保持政治定力，做共产主义远大理想和中国特色社会主义共同理想的坚定信仰者、忠实实践者，对党忠诚，对人民负责。要牢记中国共产党是什么、要干什么这个根本问题，勿忘昨天的苦难辉煌，无愧今天的使命担当，不负明天的伟大梦想。要高举理想信念之旗，坚守共产党人的精神家园，增强坚定信念的毅力，形成推动各项事业大发展的精神支柱。

2. 始终坚持真理，永葆政治品格。习近平总书记视察贵州时指出，“遵义会议的鲜明特点是坚持真理、修正错误，确立党中央的正确领导，创造性地制定和实施符合中国革命特点的战略策略。”遵义会议集中全力解决当时最紧迫的军事问题和组织问题，揭露和批判了“左”倾错误和严重危害，对第五次反“围剿”战争的失败进行了总结，肯定了毛泽东同志等关于红军作战的基本原则，否定了博古、李德等人在军事问题上的一系列错误主张，结束了“左”倾教条主义在党中央的统治，事实上确立了毛泽东同志在党中央和红军的领导地位，开始确立以毛泽东同志为主要代表的马克思主义正确路线在党中央的领导地位。遵义会议体现了以毛泽东同志为代表的中国共产党人把马克思主义基本原理与中国革命实践相结合，科学应变、主动求变，为了党和人民利益坚持真理、修正错误的精神。遵义是党的第一代中央领导核心开始形成的地方，是习近平总书记十分关心的革命老区，在忠诚核心上要走前列、作表率。我们要以坚持真理的政治姿态，一以贯之学懂弄通习近平新时代中国特色社会主义思想，努力掌握蕴含其中的立场观点方法、道理学理哲理，真正将其作为认识世界分析问题的哲学、指导实践推动工作的科学、修身立德律己律人的“心学”。把衷心拥护“两个确立”、忠诚践行“两个维护”落实到实际行动上、体现在工作成效上，让忠诚核心成为遵义会议纪念馆党员干部最鲜明的政治品格。

3. 恪守独立自主，坚持自信自立。独立自主是中华民族精神之魂，是我们立党立国的重要原则。习近平总书记指出，“我们走的路，我们自己选择。鞋子合不合脚，自己穿了才知道。”遵义会议是第一次没有受到共产国际干预的重要会议，是中国共产党开始在全党范围确立了把马克思主义基本原理同中国具体实际相结合，独立自主地运用马克思主义基本原理，解决中国革命问题的一次极为重要的会议。会议纠正了共产国际在指导中国革命问题上的错误，独立自主地解决中国革命重大问题的基本原则和方针，开启了党独立自主解决中国革命实际问题的新阶段，是党的历史上“中国事中国人做主”的典范，是中国共产党从幼年走向成熟的标志。在全面建设社会主义现代化国家新征程上，我们要永葆独立自主的魄力，充分相信自己，主要依靠自己，坚持独立自主，坚定自信自立，努力在迈向第二个百年奋斗目标的伟大历史进程中，展现担当作为，贡献智慧力量。

4. 坚持团结统一，谱写崭新篇章。党的团结统一，是党和人民前途命运所系。遵义会议是一次真正的顾全大局、团结统一的会议，是党团结统一的成功典范。会上，毛泽东同志的发言得到大多数同志的赞同，他们团结起来支持毛泽东同志的正确主张。

同时，反对意见不会受到压制、打击或攻击。采取的是摆事实，讲道理的方式，不搞过火斗争，不过多追究个人责任，更不搞个人人身攻击，都是围绕中国革命大局、立足革命发展长远，充分发表自己的意见，开展健康的批评与自我批评。正如遵义会议决议所指出的那样：“全党同志像一个人一样团结在中央的周围，为党中央的总路线奋斗到底。”新的中央领导层在遵义会议后，达到了高度的团结统一，通过科学决策、民主决策，使中央领导集体更加坚强成熟。团结就是力量，奋斗开创未来。我们要大力弘扬遵义会议在团结有不同意见的同志为党的事业共同努力奋斗的光荣传统，形成第二个百年奋斗目标新的赶考之路上群策群力众志成城的中国力量。要铸就团结统一的合力，赤胆忠心跟党走，勤劳智慧创奇迹，自觉从革命文化的滋养中、从先进典型的激励中、从竞相发展的局势中、从发展条件的优化中进一步提振精气神，沿着习近平总书记指引的方向阔步前进，奋力谱写遵义会议纪念馆各项事业发展新篇章。

二、传承红色基因，全面讲好遵义故事

近年来，遵义会议纪念馆认真贯彻落实习近平总书记系列重要论述和重要指示要求，充分运用遵义会议宝贵历史经验，大力弘扬遵义会议精神，传承红色基因，赓续红色血脉，切实发挥了全国爱国主义教育示范基地的时代功能。

2015 年以来，遵义会议纪念馆进一步巩固扩大在全国范围内从事长征和遵义会议史实研究、文物保护、宣传教育等方面的特殊地位和重大作用，取得显著成果。共在全国核心期刊上发表学术文章 10 余篇，省级公开期刊发表论文 70 余篇，论文入选并参加国家级、省级学术研讨会 20 余人次。编辑出版《遵义会议 80 周年纪念文集》《遵义会议参加者谈遵义会议》《毛泽东与遵义会议》《张闻天与遵义会议》《朱德与遵义会议》《遵义会议会址百图》等学术专著。参与由社会科学文献出版社出版的国家社科基金重大项目“遵义会议精神研究”子课题“遵义会议精神文献研究”的资料收集、整理、编辑工作，开展长征与遵义会议红色教育培训专题讲座上千场次。

近年来，遵义会议纪念馆全面升级改造遵义会议纪念体系建筑，为广大观众提供一个环境优美、展陈丰富、设施齐全的红色文化旅游参观环境。一是加强环境整治工作，优化美化参观环境。清洗整洁各纪念场建筑外墙、屋面、纪念雕塑等设施；重新规划整治遵义会议会址、红军烈士陵园、红军总政治部旧址、遵义会议期间毛泽东住址、邓小平住址绿化景观。二是增设专题展览，征集复制文物展品，丰富展示内容。委托专业机构根据各纪念场馆背景、涉及历史人物、历史事件等基本情况重新设计、

构思、展示复原陈列，并大量征集复制文物展品，丰富展示内容；先后增设专题展览“毛泽东诗词书法艺术展”“红军烈士资料图片展”“肩挑的银行”“遵义红军警备司令部陈列展览”“红军长征中的政治工作”“邓小平住址辅助陈列展”等展览，重新调整完善“陈云与遵义会议”图片展，以全新的面貌，丰富的展陈向广大观众提供优质红色文化服务。三是完善公共服务设施，提高服务水平。高标准修建了红军总政治部旧址、遵义会议会址公共卫生间；重新规划设计纪念体系参观导览标识，为广大游客提供便捷、优质的服务。

为隆重庆祝建党 100 周年，遵义会议纪念馆按照贵州省、遵义市长征国家文化公园领导小组的部署要求，通过实施遵义会议纪念馆数字化保护、遵义会议陈列馆改陈布展提升、遵义会议纪念馆入口提升改造、遵义会议纪念馆抢救性修缮红军总政治部旧址门厅四大项目，全力推进遵义会议会址周边环境整治及展陈提升，为更好地传承红色基因，讲好遵义故事，打下了坚实的工作基础。目前，年免费接待观众达 500 多万人次，提供讲解服务 2 万余批次，得到全国各地观众的肯定和好评。2022 年，遵义会议纪念馆相继被评为全国文物系统先进集体和贵州省文明旅游示范单位。

三、让革命文物“发声”，让历史资料“说话”

2015 年 2 月，习近平总书记在参观首都博物馆时，提出了“让文物说话、把历史智慧告诉人们”的重要指示。遵义会议纪念馆深入贯彻习近平总书记重要指示精神，在长征和遵义会议革命文物和历史资料的搜集、研究、展示、延伸上下功夫，让革命文物为爱国主义教育“发声”，让历史资料为革命传统教育“说话”，把遵义会议陈列馆建设成为观众们交口称赞的综合性革命博物馆，得到了全国各地观众的高度评价，认为遵义会议陈列馆设计合理、布展大气、史料翔实、实物丰富，历史脉络清晰、重点主题突出，布展很上档次、很有质量、富有历史感和震撼力，很好地弘扬了我党我军的光荣优良传统。

1. 在搜集上下功夫，站在政治高度利用一切资源抢救性征集革命文物资料。革命文物和历史资料是不可再生的宝贵资源。遵义会议纪念馆通过走访革命前辈后代、兄弟场馆、民间收藏人士等途径，利用一切资源，广泛寻找收藏线索。通过到文物市场购买、向社会各界征集、到兄弟场馆复制借用等手段，想尽一切办法，抢救性征集革命文物资料，为革命传统教育提供了众多第一手的珍贵文物和重要史料。近年来，共新征集革命文物及历史资料 2000 多件，使遵义会议陈列馆红色文化有物可陈、有史可讲，为传承红色基因，讲好遵义故事，提供了坚实的基础和有力的支撑。

2. 在研究上下功夫，走进历史深处努力挖掘革命文物资料背后的精神和故事。认真做好长征和遵义会议文物史料研究工作，从不同侧面、不同角度，对文物史料进行准确的诠释，赋予鲜活深刻的历史内涵，使之成为红色文化教育的生动教材。通过对革命文物资料背后的精神和故事的研究和挖掘，让文物资料“开口说话”，不仅做到了见物、见景、见史，更做到了见人、见思想、见精神。大量原始、鲜活、生动、准确、内涵丰富、极具价值的革命文物和历史资料，更好地还原了悲壮而辉煌的长征历史，为党史学习教育提供更多真实可信的历史细节和精神食粮，使长征精神和遵义会议精神更加丰满，更加令人信服。

3. 在展示上下功夫，融合多种技术、艺术手法提升革命文物资料的陈列布展水平着力增强接受度、体验感。通过综合运用文物、图片、模型、雕塑、景观等多种形式，运用声、光、电等现代科技手段，融合凸显革命历史文物资料在展览中的地位，努力提升文物资料在陈列中思想性、艺术性、观赏性的有机统一，不断强化革命传统教育的形象化、直观化和感染力。在革命文物展陈方面，通过烘托气氛、再现原貌、艺术铺陈等手段增强文物魅力，建立起“保卫苏区”“遵义会议”“遵义会议参加者”“翻越雪山草地”等重点文物柜，使用立体背景图，图片、文物对照，互相映衬，互为解读的视觉手段，使每个重点文物柜形成一个构图完美、色彩和谐、故事情节完整的独立空间。在历史资料展示方面，采用多媒体情景剧、多媒体历史场景等展示手法再现长征历史和英雄人物。运用国际化、现代化的先进设计理念，将高科技、信息化的手段与艺术审美紧密结合。通过多姿多彩、波澜起伏的版面设计，精益求精、品味高雅、富有雕塑感的装潢制作，使整个展览重点亮点频闪，总体设计高端、大气，艺术效果独具创造性、唯一性，让革命传统教育更加形象生动、入心入脑，进一步提升了文物的表现力、受众的体验感。

4. 在聚能上下功夫，让革命文物资料“存史、资政、育人”的综合功能在不同载体上得到充分发挥。提高文物资料“利用率”，努力整合文物资料的“附加值”，延伸扩大革命文物资料在传承红色基因，讲好遵义故事中的生命力、影响力。通过在陈列馆出口处设置长征和遵义会议文物资料大型互动式查询平台、多媒体体验空间，出版、制作、销售长征和遵义会议书籍、影像制品、纪念品等措施，全面揭示了遵义会议的伟大意义和光荣传统，表现了红军战士视死如归、一往无前的英雄气概，“风雨浸衣骨更硬、野菜充饥志越坚”的长征精神。让观众在参观完展览后，还能以此加深印象、增强回味、带走念想。不少观众在参观后纷纷表示不虚此行，受到了深刻的革命传统精神洗礼。

四、打造品牌活动，大力传承红色基因

2016 年 7 月至 11 月，遵义会议纪念馆推出的“长征与遵义会议——纪念红军长征胜利 80 周年展览”全国巡展活动，先后走进北京、上海、浙江等地。2017 年 4 月至今，“遵义会议永放光辉——行进中的遵义会议陈列馆主题展览”先后走进福建、浙江、江苏、宁夏等地，观展人数达 200 多万人次，成为传承红色基因、讲好遵义故事的流动讲堂。

巡展的主体内容分为两个部分，第一部分“长征与遵义会议”，由遵义会议陈列馆基本陈列精编而成，主要展示遵义会议，中央红军转战遵义、四渡赤水、创建黔北苏区，红一、二、四方面军大会师等重大史实。第二部分“红色圣地 · 醉美遵义”，主要反映“十二五”以来遵义经济社会发展取得的丰硕成果和辉煌成就。在巡展活动中，遵义会议纪念馆专门抽调了 10 名优秀解说员，并先后与遵义师院共同培训选拔了 2 名大学生讲解员，与遵义市教育局共同培训选拔了近百名中小学生讲解员，到展览现场共提供了千余次解说服务。

行进中的“遵义会议陈列馆”，运用主题雕塑、油画插画和音视频、组合照等形式，通过数百件文物、图片、资料，将长征故事娓娓道来，在细微中透出伟大，在奋斗中传承精神，让广大观众获得了一堂堂触及灵魂的革命传统教育。行进中的“遵义会议陈列馆”，为纪念红军长征胜利 80 周年、中国人民解放军建军 90 周年、中华人民共和国建国 70 周年、中国共产党成立 100 周年等系列庆祝活动，增添了炫丽的光彩。遵义会议纪念馆因开展“长征与遵义会议”主题展览全国巡展活动卓有成效，被中央宣传部表彰为全国理论宣讲先进集体。

2025 年将迎来遵义会议召开 90 周年重大纪念日。遵义会议纪念馆将在习近平文化思想指引下，根据中央及省、市部署要求，继续充分挖掘运用遵义会议革命文化，深入开展习近平新时代中国特色社会主义思想主题教育、革命传统教育、爱国主义教育，大力传承红色基因，全面讲好遵义故事，充分彰显遵义会议纪念馆作为全国爱国主义教育示范基地的时代功能和历史使命。

用好红色资源
打造弘扬革命精神的主阵地

鄂豫皖革命纪念馆　查智力

2019年9月，习近平总书记考察河南深入信阳革命老区时指出，“鄂豫皖苏区根据地是我们党的重要建党基地，焦裕禄精神、红旗渠精神、大别山精神等都是我们党的宝贵财富。”近年来，鄂豫皖革命纪念馆牢记领袖嘱托，充分发挥革命老区的红色资源优势，深入挖掘研究大别山革命历史，不断创新活动载体，打造弘扬革命精神的主阵地，自觉担负起弘扬大别山精神、广泛宣传红色文化的光荣使命。

一、赓续红色血脉，弘扬革命精神

鄂豫皖苏区根据地是我们党的重要建党基地，也是中国工农红军的诞生地之一。党的创始人陈独秀、李大钊，中共一大代表董必武、陈潭秋等亲自指导了这里的建党活动，徐向前、刘伯承、邓小平、李先念等老一辈革命家在这里留下了战斗足迹。这里诞生了红四方面军、红二十五军、红二十八军，走出了三百四十多位将军。在土地革命战争时期，鄂豫皖地区发动了黄麻起义、商城起义、六霍起义和四望山起义，并开辟了鄂豫皖革命根据地，成为全国第二大革命根据地，与中央苏区革命根据地遥相呼应，形成战略上的配合；在抗日战争期间，是新四军第四支队、新四军第五师抗击日寇的战场；在解放战争时期，从李先念率部中原突围到刘邓大军千里跃进大别山，这些重大历史事件都发生在大别山地区。在28年红旗不倒的革命征程中，先后有二十万大别山儿女献出了宝贵生命，在册的烈士就达十三万多，形成以“坚守信念、胸怀全局、团结奋进、勇当前锋”的大别山精神。

2021 年 9 月 29 日，大别山精神和井冈山精神、延安精神等一同被纳入党中央公布的第一批中国共产党人精神谱系。鄂豫皖革命纪念馆作为全面展示大别山 28 年红旗不倒光辉历史的综合性场馆，自 2007 年开馆以来一直致力于挖掘、研究鄂豫皖革命史料，宣传弘扬大别山精神，充分发挥出红色基因库重要作用，有力提升了大别山精神的传播力和影响力。

二、深化史料研究，强化宣传实效

2019年，习近平总书记考察河南深入信阳革命老区时指出，“革命博物馆、纪念馆、党史馆、烈士陵园等是党和国家红色基因库。要讲好党的故事、革命的故事、根据地的故事、英雄和烈士的故事。”近年来，我们潜心研究革命历史、深入挖掘文物史料内涵，力争讲好四个故事。

一是拓展宣传平台，做精专题展览。我们以大别山革命史实和大别山精神为支撑，在党史专家、知名学者的指导下，先后举办“胜利之光”“北上先锋”“千里跃进伟大壮举”“立夏惊雷”“大别山上杜鹃红”“理想照耀中国”“大别山游击战里操胜算”“伟大精神 宝贵财富——焦裕禄精神、红旗渠精神、大别山精神联展”等大型专题展览 20 余场，多次入选省级以上优秀主题展览推介名单。“理想照耀中国”入选 2021 年河南省庆祝中国共产党成立 100 周年精品展览推介名单。“北上先锋”专题展览先后在武汉、天津、广州、照金、横店、苏州等城市展出，受到广大干部群众的一致好评和热烈反响。

二是创新宣传载体，深挖文物内涵。我们通过多种形式，让革命文物“发声”，让革命历史资料“说话”。我们联合党史部门、文物专家认真仔细梳理馆内陈展、查阅历史文献、走访革命前辈亲属及其后代，努力挖掘馆藏文物史料背后的故事，打造出一个个感人肺腑、发人深省的红色经典，出版了《鄂豫皖革命纪念馆故事集》。同时，结合当下新媒体传播形式，组织讲解员精心录制文物故事短视频，通过网站、微信公众号、抖音、视频号等平台进行展播，方便观众随时观看。结合革命文物打造红色 IP 形象，与高校共同开发“大别有礼”系列文创产品。推出的“列宁号”飞机 IP 形象——“小宁”，以及同款系列微信表情包“不可思议的小宁”深受网友喜爱。我们还将文物故事制作成二维码的形式，放置在智慧笔记本上，让游客把红色故事“带回家”。

三是推动馆校合作，深化“大思政课”建设。为深入学习宣传贯彻党的二十大精神，深入落实习近平总书记关于革命文物工作、“大思政课”重要指示批示精神，发挥好革命文物资源在党史学习教育、革命传统教育、爱国主义教育和思想政治教育等方面的重要作用，近年来，鄂豫皖革命纪念馆保持与驻地高校的联络与合作，加强与国内高校的交流。先后与河南大学等高校合作开展革命历史和大别山精神研究，推动“大思政课”研发；与本地高校共建社会实践基地、“鄂豫皖红色融媒体”实践基地。与本市中小学合作开展“小小志愿红色讲解员”培训班，组织开展“红色课堂”进大中小学校，运用红色资源、挖掘红色故事，打造红色场馆的宣传教育品牌，活动受到了在校师生的热烈欢迎。

四是加强馆际交流，共促业务发展。我们充分运用革命文物研究成果，通过开展馆际交流，不断打牢基地建设。定期组织前往全国各地同类纪念馆实地考察，接待兄弟场馆来馆学习交流。日常组织馆内人员开展学术研究、撰写学术论文。每年受邀参加国内学术交流会议、研讨会近 10 次，公开发表论文 30 余篇。先后举办中国博物馆协会纪念馆专业委员会主任工作会议暨“挖掘红色资源，弘扬红色文化”座谈会、全国长征纪念馆联盟 2020 年年会暨“走好新时代的长征路”学术研讨会，邀请党史专家、革命家后代、纪念馆负责人就如何挖掘红色文化深厚内涵，发挥纪念馆的作用进行深入研讨。

三、用好红色资源，强化阵地建设

作为红色文化的宣传阵地，我们必须要在夯实革命文物研究和利用的基础上，充分发挥“红色基因库”作用，继续在阵地建设、平台推广、网络化数字化应用等方面深化探索。

一是积极组织开展文物征集和文物信息化工作，加大力度开展红色资源数字化工程；二是与更多的高校建立长期长效合作，与高校思政教师共同探索更丰富多样的实践教学活动；三是通过合编红色情景剧、文创开发、“云观展”、线上线下联动教学等，让革命文物活起来、火起来；四是深化学术研究，致力于打造一支高水准的学术团队，持续深化对鄂豫皖革命史、大别山精神的研究，为开展革命文物的保护利用工作提供强有力的理论支撑；五是紧跟网络化数字化发展趋势，积极探索新的宣传推广渠道，建立微信、网站、视频号、抖音号、数字化全媒体平台，结合重要时间节点，策划专题活动“吸粉”，不断提升宣传展示红色文化的效能。运用网上云端、全体投影、VR/AR 等技术，推进红色资源数字化开发利用，打造智慧化博物馆、数字化博物馆，建好“红色基因库”；六是着力打造“大思政课”社教活动可视化知识图谱项目，建设一套可视化知识图谱的数字化教学应用程序，用于鄂豫皖革命纪念馆走进大、中、小学校开展各类“大思政课”教学活动。

新时代新征程，践行新的文化使命，必须要有新气象新作为。我们将继续扎根历史、立足当下，进一步整合大别山红色资源，努力在弘扬大别山精神方面持续深入开展工作，让更多干部群众从大别山精神中汲取奋进力量，共同推动新时代中国特色社会主义建设迈上新台阶。

展教融合创新
沉浸式体验传承红色基因

武汉中共中央机关旧址纪念馆　袁亚妮

大革命时期，随着北伐战争的节节胜利，大革命中心移师武汉。1927 年 4 月，中共中央机关完成由上海到武汉的迁移，武汉成为新中国成立前全国为数不多的中共中央机关所在地之一。位于现汉口胜利街 165 号、167 号的武汉中共中央机关旧址是大革命时期中央政治局常委会开会和中央秘书厅办公地，瞿秋白、蔡和森、周恩来、毛泽东等革命先辈在此领导指挥全国进行革命斗争，这里见证了早期共产党人探索革命道路的艰难历程，被誉为“1927 年的中南海”，是全国弥足珍贵的红色文化资源。

一、武汉中共中央机关旧址纪念馆概况

2016 年 9 月，依托武汉中共中央机关旧址建立的纪念馆正式开放，习近平总书记在筹建期间亲自作出“修旧如旧、保留原貌、防止建设性破坏”的重要批示。现在的纪念馆由武汉中共中央机关旧址、唐生智公馆、怡和洋行公寓共三座历史建筑组成，地处武汉市江岸区汉口历史风貌街区核心区域，紧邻国家级旅游休闲街区黎黄陂路步行街，这是一条“心灵感受沉浸”的慢生活街区，周边历史氛围、文艺气息浓厚，每日前来打卡的观众特别是年轻人、大学生络绎不绝，武汉中共中央机关旧址纪念馆是这条网红街上的网红馆。

近年来，随着文旅新兴产业的发展，我们已经逐渐进入一个全域沉浸、万物皆可

沉浸的时代。目前，沉浸式文旅项目繁多，从表现手法上，除了汉口黎黄陂路式的“心灵感受沉浸”，还有“场景故事沉浸”“技术互动沉浸”“教育体验沉浸”等方式。作为承担着红色文化资政育人使命的红色场馆，应顺势而为，创新展教融合方式，让红色文化更具感染力，为观众提供高品质的沉浸式体验。近年武汉中共中央机关旧址纪念馆做了一些有益的探索。

二、创新展览区域，沉浸体验激活观众共情共鸣

提升沉浸式体验的基础是着力打造沉浸式展区。把整个纪念馆看作是一个大展区打造，像做主题公园一样想方设法做到处处沉浸、时时沉浸，移步易景，常展常新，意在把观众“请进来”，更能“留下来”“还想来”。武汉中共中央机关旧址纪念馆面积有限，临展厅空间不足 300 平方米。纪念馆大门小广场正对基本陈列展厅，但展厅旁的巷道是职工停车区域，观众入门可见，一览无余，与百年老建筑的旧址氛围极不协调。为打造沉浸式展区，纪念馆采用先腾挪再融合的方式，在馆外解决职工停车问题，用冲孔板将停车巷道的白墙重塑成与机关旧址建筑红墙风格相融合、集展览展示和文创市集于一体的多功能展墙。同时，墙面图案加入中共中央机关旧址、中宣部旧址、中组部旧址等大革命时期中共中央在汉相关重要单位的建筑元素，突出武汉红色资源特色。考虑到为未来夜游纪念馆营造氛围，还在展墙四周嵌入灯带，无论是白天还是夜晚，新增展墙的观感都非常协调非常精致。

打造沉浸式展区在考虑整体协调性的同时，还应尽可能贴合历史情境，所以，我们在纪念馆小广场增设符合当年历史情境的黄包车、油纸伞、桐油桌凳等，营造出 1927 年的武汉环境，引人沉浸。经过这一创意“微改造”，整个小广场瞬间变成了“入馆即可达”的第一展厅，且最佳视角是站在馆外看馆内，让观众从门前路过就情不自禁被“吸睛”走进馆内参观。

解决了“场馆硬环境”问题，还需为观众提供“文化软产品”。国庆期间，纪念馆依托“红墙”量身定制，与中共一大纪念馆联合展出“伟大建党精神专题展”。同时联合武汉歌舞剧院、杂技团推出国庆专场“中国力量”红色文艺展演，“红墙”“红展”+“红色文艺”，浓浓的“中国红”吸引了 5000 余人次来馆沉浸式体验喜庆祥和的节日氛围，活动登上了《人民日报》10 月 2 日的国庆专题头版报道。物理空间的融合，精品展览和红色文艺的加持有效激活了观众情感共鸣和文化自信。

三、历史映照现实，展教融合创新彰显时代精神

“教育”是“征集、保护、研究、展览、传播”等基本业务的共同目的，展览本身就是最大的教育产品。细分受众，展教结合，守正创新，才能使教育作用最大化，才能使不同受众群体产生共情共鸣共振。策划展教活动与策划展览一样，始终秉承“历史映照现实”的理念，结合展览内容的重点亮点和时代精神进行创新，效果才能出彩。以策划展教活动“一生一‘誓’‘照’见幸福——我们的节日·七夕”主题活动为例，通过沉浸式体验把有意义的事情做得有意思，才能增强红色文化传播力，更好地传承红色基因。七夕活动结合“革命伉俪在武汉”原创展览，联合民政部门在纪念馆开展新人结婚证颁证仪式，开创了全国首例，是一次成功的尝试。

“理想与忠贞——革命伉俪在武汉”是纪念馆推出的原创展览，通过讲述跨越百年的革命爱情故事，诠释中国共产党人的初心与使命，把革命者的刚和普通人的柔集于一身，使观众更真切地感受共产党人崇高的家国情怀。策划七夕展教活动的最终目的是将此展览叙事中体现的家国情怀、正确的婚姻价值观广为传播，入脑入心入行，因此，结合展览中的革命伉俪故事和最受观众欢迎的三处亮点展区细化分解活动内容，比如革命伉俪照片墙、百年老建筑房间的一扇复古窗户、观众互动区“梅花墙”。梅花是武汉市市花，花语为“坚贞不屈，忠贞不渝”，非常契合革命伉俪的精神，策展时以毛泽东名句“已是悬崖百丈冰，犹有花枝俏”为意境做了一面互动墙，供观众指印打卡，寓意“心心相印”。一经推出，燃爆现场，原本墙面图案为一支梅花探出白墙，现已被观众的指印装点成满墙“梅花”簇簇开。

七夕当天，活动现场邀请十对新人换上革命年代的文明新装，手拿红玫瑰，在照片墙前敬献玫瑰，依次在革命伉俪展标前宣读依据伉俪故事提炼的结婚誓词，每一段誓词对应着一则革命爱情故事，字里行间感受到革命伉俪的家国情怀，这是第一个环节“感恩先烈 ‘誓’表忠贞”。第二个环节是“双双领证 心心相‘印’”，由民政局金牌颁证人主持颁证仪式，之后一对新人双双在“梅花墙”上摁下“心”型指印。第三个环节是“传承薪火 ‘照’见幸福 ”，在展厅专设了复古摄影体验区，专门邀请荣获“中国人像十杰”的专业摄影师亲自掌镜为新人拍摄“革命伉俪版”新婚照。这三个环环相扣的仪式，是新式的跨界联合，走新又走心。现场气氛热烈而感人，各路媒体竞相报道。后续纪念馆将继续依托展览，针对不同婚龄夫妻，打造“一生一‘誓’‘照’见幸福”系列活动品牌。

四、社会广泛参与，协同增强“文博 + 文艺”传播影响力

武汉中共中央机关旧址纪念馆是全国首批“大思政课”实践教学基地。为擦亮“大思政课”品牌，发挥好实践教学基地的作用，纪念馆坚持“开门办馆”，跨圈联动，最大化扩充“朋友圈”。与中小学、高校、企事业单位、文艺院团等各路资源共建共享，“请进来”“走出去”，联合推出“文博 + 文艺”展演活动。

纪念馆长年招募各行各业各龄的志愿者，用人所长，精心培育，科学管理，实现了志愿者和纪念馆的“双向奔赴”。青年学生是红色基因传承最重要的群体，武汉有百万大学生和数十万中小学生。纪念馆“吸粉”最多的就是大中小学生，占比 80% 以上，其中大部分为高校学生。所以，纪念馆专门成立了“志愿者工作部”即“大学生实践工作部”，通过持续推动青年学生志愿服务工作，让青年学生由被动的参观者变成主动的服务者，从受教者变成传播者，充分发挥了志愿星火传承红色文化的力量。2023 年，纪念馆培育了以青年学生为主体的志愿者约 500 人，全方位深度参与纪念馆的各项工作。他们纷纷表示，参与到大思政课的志愿活动体验“前所未有”，并表示通过志愿服务工作深切感受到“纪念馆的可能性超乎想象”，“既有意义又有意思”！

其中，志愿者参与度最高、影响力最大的项目是沉浸式展演活动。有 1.0 版即模仿经典的红色文艺作品，也有 2.0 版即原创情景讲述型小短剧，还有 3.0 版即原创沉浸式实景剧。这些都是以观众互动体验为中心应运而生的“史”“艺”融合模式，是最具现场感染力、最受观众欢迎的教育产品。

五、总结与反思

“不互动即死亡”“无沉浸不文旅”！如何用心用情用力讲好红色故事，发挥纪念馆资政育人作用？我认为创新展教融合，打造高品质的沉浸式体验，是一条必由之路，也正成为文旅行业的风口。我们可以用“场馆即展厅”的理念让整个场馆变得可延伸可沉浸，可以用“历史映照现实”的理念让展教融合彰显时代价值，可以通过社会力量参与协同赋能沉浸式体验品牌传播，还可以充分利用 VR 数字赋能实现完全沉浸。2023 年 9 月初，巴黎现象级展览“消失的法老——胡夫金字塔沉浸式探索体验展”亚洲首展在上海举行，观众头戴 VR 头显抬头便可沉浸式体验气势磅礴的胡夫金字塔，近距离了解金字塔的内部构造和历史脉络，虚拟导游还可以带领观众探索金字塔从未向公众开放的区域，身临其境感受 4500 年前的古埃及文明。技术互动沉浸为展教融合创新增加了更多可能性，但同时，我们也应当避免走入沉浸式“误区”。革命纪念

馆是党的意识形态工作的前沿阵地，旗帜鲜明讲政治是革命纪念馆高质发展的本质要求。展教融合下的沉浸式体验不是无边界的泛娱乐化，必须根植于革命主题展览，兼顾思想性与艺术性，坚持守正创新、内容为王，使观众在沉浸式体验中“见人见物见精神”，最终达到鼓舞人、感染人、激励人的目的，推动红色文化传承发展，凝聚新时代奋进力量。

守正创新
擦亮红色文化品牌

中共三大会址纪念馆　朱海仁

1923 年 4 月至 9 月，中共中央在广州领导全国革命活动。6 月 12 日至 20 日，中共三大在广州召开。大会接受了共产国际关于全体共产党员以个人身份加入国民党的决定，确定了与国民党进行合作的统一战线的方针，是党的历史上一次具有重大历史意义的大会，对于推动实现大革命的到来、加快民主革命的进程发挥了十分重要的作用。

中共三大会址纪念馆于 2006 年建立，2021 年建党百年之际完成改扩建，2023 年是中共三大召开 100 周年。中共三大会址纪念馆以“保护好、管理好、运用好革命文物，弘扬革命文化，传承红色基因”为根本宗旨，立体打造“中共三大”红色文化品牌，加强革命文物展示传播，发挥革命文物在党史学习教育、革命传统教育、爱国主义教育方面的重要作用。

一、加强研究阐释，夯实革命文物保护利用科学基础

弘扬革命文化，守正是根本，创新是关键，根基在研究。中共三大会址革命文物与其所承载的革命事件，及相关的革命人物、革命文献，共同构成中共三大红色资源体系。2020 年，中共三大会址纪念馆加挂中共三大研究中心牌子，联合党史部门、科研机构、高校等专业力量，促进学术研究，深挖红色资源。

经过数年努力，现已编纂完成、出版或正在推进出版《中共三大历史文献资料汇编》《中共三大会址专项调查资料汇编》《中共三大历史图录》等研究成果。根据新发现的 1930 年代广州东山航拍照片、《谭延闿日记》相关记载等新材料，综合深入研究，不断强化对于中共三大会址革命文物的认识，促进中共中央机关旧址春园的整体保护，完成春园 26 号收购。同时，利用“中共三大”红色资源进行创造性转化、创新性发展，及时融入展览展示，融入宣传教育，助力打造“中共三大”红色文化品牌。

二、精细化管理，高品质运行，形成纪念馆红色文化品牌效应

2021 年建党百年之际，在上级党委、政府的高度关注和大力支持下，中共三大会址纪念馆顺利完成改扩建工作。改扩建后的场馆，以高品质的陈列展览、高品质的团队讲解、高品质的场馆环境，显著提升参观的认知感、仪式感、体验感，成为广东省、广州市开展红色文化宣传教育的重要阵地，也得到了国内党史学界、文博同行的关注。

改陈布展后的中共三大历史陈列，通过文物、照片、图表、绘画创作及立体场景等展陈手段，融入数字化多媒体新技术，立体生动地还原中共三大的历史，入选全国和广东省“庆祝中国共产党成立 100 周年精品展览”。精心编写讲解词，严格选拔、培训、考核，打造形象好、素质高的讲解员队伍，推行按时段预约团队讲解。实行预约参观，规范参观流程，完善运行制度，提升绿化环境，形成整洁有序、和谐优美的参观环境。目前，中共三大会址纪念馆已收获全国文明单位、国家 4A 级旅游景区、全国爱国主义教育示范基地、全国大思政课实践教学基地、全国中小学生研学实践教育基地等称号，正对标国家一级博物馆、5A 景区的有关要求，结合场馆工作实际，着力推进标准化建设与管理。

三、品牌化建设，多维度构建纪念馆红色文化品牌体系

以“中共三大”红色资源为主体，通过研学教育、专题展览、学术会议、文创开发、纪录片、系列微视频、数字化体验等多种形式，形成“中共三大”红色文化品牌的丰富内涵和恒久魅力。着力打造“点燃理想之光”“奋进信仰之路”红色教育品牌，推出“百年恰是风华正茂”“真理的曙光”等青少年研学活动，打造中共三大主题实景课堂“红盒子进百校”；结合重大时间节点，推出“中国这十年”“真理的曙光——马克思主义在中国的早期传播”“人民的胜利”等专题展览；2023 年 6 月协办“凝聚实现中华民族伟大复兴的磅礴力量”——纪念中共三大召开 100 周年学术研讨会、

9 月承办“革命遗址与红色文化传承”研讨会；拍摄《中共三大历史文献纪录片》，开发《信念如炬》《百年相望》系列微视频；结合革命文物、纪念馆建筑提炼中共三大红色文化元素，进行纪念馆标识系统设计和 “三大”系列文创产品开发；结合中华民族文化基因库（一期）红色基因库首批试点单位建设，以中共三大会址革命文物和会议场景为题材，开发数字化复原建模 AR 元宇宙虚拟体验活动；下一步计划开设“三大”讲堂、“三大”红色文化数字体验馆等。

四、融合化发展，提升纪念馆红色文化社会影响力

在吸引观众走进纪念馆的同时，我们十分注重让纪念馆走向社会，走入社区，走融合化发展的道路。

以迎接建党百年和三大百年为契机，我们开展了系列宣传活动。以“纪念馆＋交通”的概念宣传，联合公交、地铁、机场等共同推出“开往中共三大会址的 3 路车”，“广州红”珠江游轮、“中共三大”主题列车、主题航班等，打造海陆空全方位宣传；面向公众手机端需求，开通微信公众号、视频号、微博、抖音、Bilibili 等多种宣传平台；联合文艺院团，我们创作出品了广播剧《广州 1923》、大型舞台话剧《春园 · 1923》，取得良好的社会反响。

此外，我们以精心打磨的基本展陈为依托，进行浓缩提炼，打造出党员群众版的“凝聚共识 开创伟业”中共三大主题图片展、青少年版的“画说中共三大”连环画展，以进校园、进社区、进机关、进部队、进企业、进乡村的方式，开展“三大百年”百场巡展，将中共三大的红色故事传播到各条战线；为了进一步发挥场馆作为红色文化龙头的辐射引领作用，我们根据所在新河浦历史文化街区的特点，以“中共三大”历史题材开发红色剧本游“前往南方的号召”，将中共三大会址与周边的逵园、简园、柏园、馨园等百年洋楼进行串联互动。

传承弘扬革命文化，讲好党的故事，需要深挖场馆内涵、夯实基础研究、创新工作理念、拥抱时代潮流。2023 年 4 月，习近平总书记在广州期间，肯定广州是中国民主革命的策源地和中国改革开放的排头兵，寄望广州积极推进粤港澳大湾区建设，继续在高质量发展方面发挥领头羊和火车头作用。中共三大会址纪念馆对照“排头兵、领头羊、火车头”的标高要求，将不懈努力，传承英雄城市红色基因、擦亮英雄城市红色品牌，积极在文化强国、文化强省、文化强市的高质量发展大局中积极发挥作用，让革命文化融入社会、融入社区，融入人们的美好生活！

数字赋能红色文化保护传承

沈阳“九·一八”历史博物馆　范丽红　沈宗艳

沈阳“九·一八”历史博物馆作为国内唯一一座全面反映九一八事变的专题馆，承载着中国人民抗日战争完整 14 年抗战的丰厚历史文化资源，蕴含着中国共产党领导中国人民不屈不挠、英勇奋斗、催人奋进的红色传统和红色基因。多年来，沈阳“九·一八”历史博物馆坚持贯彻落实习近平总书记关于革命文物保护的重要论述和重要指示批示精神，不断探索在新形势下如何发挥革命纪念馆在红色文化保护、传承、传播等方面的新手段、新方法，努力探索、积极推进数字化建设和应用，全力打造线上线下融合互动、立体覆盖的红色文化保护传承的体系建设，力求实现红色文化创造性转化和创新性发展，以数字化赋能红色文化，让博物馆红色文化“活起来、火起来、看得见、听得见”，使其成为推动革命纪念馆高质量发展的新动能、新优势。

一、用数字复原过去，让红色文化“活起来”

红色资源是不可再生、不可替代的珍贵资源，利用数字化技术对红色文化资源进行收集、挖掘、修复和再现，是对红色文化科学保护最直接最有效的方式，也是让红色文化因为有声有色有形而“活起来”的有效路径。

互联网时代，数字化信息技术的迅猛发展给革命纪念馆带来了前所未有的机遇和挑战，数字化建设无疑将成为时代发展的必然产物以及传统革命纪念馆突破自我、实现与互联网全方位有机结合的全新路径。

2021 年 8 月，沈阳“九・一八”历史博物馆数字化保护及展示项目启动，利用三维激光扫描、三维实景展览扫描、无人机外景航拍等多种技术手段，对馆藏千余件珍贵文物和沈阳抗战连线博物馆展厅、展览进行数字化保护和影像数据采集。2023 年 2 月，文物藏品数字化保护成果展示区域正式对外开放。通过此项目，实现了博物馆数字化的“四个一”建设目标：即建立起一个围绕文物、展览，从数据采集、处理、存储到保护、管理的文物数字资源库；一套围绕文物数据采集、基本信息录入为核心的标准体系；一个围绕数字化设施设备建设为核心，搭建的基础数据中心；一个融文物保护、管理、服务三大业务应用系统为一体的数字化综合平台。利用文物多维数字化采集、文物本体技术检测、实景三维数字化采集存储及展示、智慧博物馆服务云平台等多种技术手段，实现了馆内重点文物藏品二维、三维数字采集及重要历史人物、历史事件场景复原、还原，不仅为馆藏文物数字化保护与展览展示提供了技术支撑，也为向观众传播红色文化提供丰富的服务手段。

为实现数字化成果转化，博物馆特设了“文物藏品数字化保护成果展示”专区，观众可通过数字终端系统，通过二维、三维互动的方式，360 度全方位对文物藏品进行更直观、更形象、更立体的了解，从而触摸历史脉搏，了解其背后的故事，更好地实现了革命文物的保护、利用和传播。

在数字云展板块中，博物馆以“沈阳抗战连线”数字云展的方式，展示了以沈阳“九・一八”历史博物馆为龙头，涵盖沈阳审判日本战犯法庭旧址陈列馆、沈阳二战盟军战俘营旧址陈列馆、北大营营房旧址、阜新万人坑纪念馆、抚顺平顶山惨案纪念馆等辽宁 8 家红色场馆的 18 个展厅。观众可通过此板块，跨越空间距离，线上参观多家红色场馆的主题教育展览，真正实现了线上的“沈阳抗战连线”。未来，博物馆还将打造沈阳抗战连线元宇宙平行云展馆，应用云展技术将视频、图片、文档、历史文物等数字资源实时展示，使数字资源以云的形式上线运营，实现实时共享、实时更新、实时交互，为红色文化传承增添新的传播载体和平台。

二、用数字提升展陈质量，让红色文化“火起来”

习近平总书记强调，要打造精品展陈，坚持政治性、思想性、艺术性相统一，用史实说话，增强表现力、传播力、影响力，生动传播红色文化。运用信息技术打造数字化红色资源服务平台和共享平台，有效实现线上线下一体化、在线在场相结合，让红色文化通过数字化场域延伸而“火起来”。

为更好、更生动地传播红色文化，增强博物馆的吸引力、影响力、传播力，近年来，沈阳“九 · 一八”历史博物馆不断提升展陈数字化水平，充分运用大数据、多媒体、3D 显示、AR、VR、AI、虚拟现实等技术，努力打造集视觉、听觉、触觉为一体，极具知识性、互动性、参与性，线上线下一体化、在线在场相结合的沉浸式体验，我们也做了一些有益的探索与实践。

2016 年，博物馆探索、尝试推出了全国首家抗战类儿童体验馆。儿童体验馆以“穿越、体验、感悟”为主题定位，依托先进的虚拟增强技术、数字互动触摸技术与中央智能管理系统，凭借少儿化的媒体交互手段及卡通、影视、音乐等元素，将历史文化传承与爱国主义教育有机融于一体。儿童体验馆项目曾成功入选国家文物局“互联网 + 中华文明”示范项目。

2021 年，博物馆利用对基本展陈进行大规模调整之际，重点增加了声光电影等沉浸式的体验场景，综合运用了多媒体、MAPING 全息影像、AR、VR、AI、虚拟现实等技术。数字化、沉浸式的观展体验提升了红色文化对观众，特别是年轻观众的吸引力，开馆后即迎来了参观热潮，创造了一个半月接待 31 万人次的历史新高，一时间成为新的红色地标打卡地。

博物馆在增强线下展览数字化展示运用的同时，充分利用互联网，打造网上展馆。多年来，相继推出了“白山黑水铸英魂”“劳工血泪”等一批网上云展览。2023 年，博物馆推出“白山黑水间的红色印记——中国共产党领导东北人民抗日斗争”“守望丰碑 薪火相传——辽宁“六地”红色印记主题展”等数字展，给观众强烈的情感体验与视觉震撼，引导观众在互动中，了解更多辽宁“六地”红色文化，进一步激发观众观展热情。以此构建起数字化展示平台，更好传承红色基因，传播红色文化，提升红色文化的影响力。

三、用数字助力宣传教育，让红色文化“看得见”

互联网的高速发展改变了信息的传播方式，在不可抗拒的信息时代，革命纪念馆人必须占领这一信息高地，充分发挥宣传教育职能，学会运用数字红色文化资源，构筑起红色文化传播的云平台，让互联网、大数据、人工智能服务于红色文化的保护传承与传播。

多年来，博物馆积极探索互联网 + 博物馆这一线上学习和宣传模式，切实将红色文化的保护传承融入“互联网＋”战略之中，积极构建以网站、微信公众平台、手机 APP、微博、抖音，自媒体、融媒体等多样、多元的网络平台和传播矩阵。云展馆、云直播和云课堂已成为我们对广大民众，特别是青少年进行爱国主义教育的重要阵地。

博物馆与腾讯视频、新浪辽宁、梨视频等新媒体，精心打造了“沈阳抗战文化之旅云课堂”“走进九一八 · 重温抗战史”“党史微党课”，推出了《残历碑》《一台相机背后的真相》《国歌》等百余个短视频，通过云游馆、翻转课堂、互动体验等方式打造云端红色文化教育新课堂，让正能量产生大能量，让好声音成为最强音，取得了良好的宣传效果。

博物馆在用好线下主阵地的同时，积极利用网络载体优势，推出了一系列的打造“云”端社教活动。例如配合每年的“勿忘九一八撞钟鸣警仪式”，让更多的民众参与其中，2015 年以来，博物馆出了“勿忘九一八网上铭记活动”，通过撞响警示钟，秉烛、献花等形式祭奠和缅怀为中国人民抗日战争牺牲的先烈以及在战争中无辜罹难的同胞，吸引了众多海内外网民参加。

2020 年，博物馆联合新浪辽宁推出“勿忘九一八星火耀中华”网络直播活动。2021 年是九一八事变爆发 90 周年，博物馆与中国博物馆协会纪念馆专业委员会联合全国各地数十家抗战类博物馆（纪念馆）同步开展“铭记九一八事变爆发 90 周年”系列活动，中央广播电视总台及多个频道全程跟踪报道。央视新闻 9 月 18 日当天发起的微博话题词“九一八 90 周年”阅读量达 13 亿次，16 日至 18 日三天话题冲上微博热搜榜首，阅读次数达 45.8 亿次，讨论次数超过 2000 万。博物馆携手人民网合作推出“同上一堂思政大课 · 勿忘‘九一八’”活动，近千万人次同时在线观看，新浪微博阅读量超 1072 万，显示出强大的传播力和影响力。

四、打造数字传播品牌，让红色文化“听得见”

近年来，博物馆与喜马拉雅有声电台合作打造了“九一八历史博物馆品牌电台”以及“九一八历史博物馆红色朗读亭”两个有声数字化品牌项目，这两个项目是博物馆利用先进数字化技术手段与网络平台而进行的“进一步盘活红色资源、用好革命文物、讲好红色故事”的生动实践。

“九一八历史博物馆品牌电台”已成功推出了两季，旨在“以声为媒”讲述党的故事、革命的故事、英雄的故事，让红色文化在更广的平台传播。“九一八历史博物馆红色朗读亭”是博物馆全新推出的城市公共数字阅读和公共文化项目，旨在通过更便捷的平台和更广泛的传播，使博物馆红色资源价值最大化，通过文化 + 互联网的形式，引导参观者诵读红色故事、赓续红色血脉。这套朗读亭的投入使用，带给观众的是一种全新沉浸式体验，也是一场与时代同频，让历史在心中回响的爱国主义教育的洗礼。朗读亭的设立，可让参观者在走出展厅后，通过沉浸式的朗读体验，抒发情感，并可通过手机将自己的朗读通过手机上传远端，以此升华参观体验，获得难得的参观留念。朗读亭除了独家定制的内容，还涵盖了 14 大类的丰富内容，其中包含 3000 多种红色内容，超 3 万篇文章资源、9 万条音频内容。朗读亭在硬件上也给朗读者带来了全新的朗读体验。进口发烧级线材、全面升级高解析度耳机、录音专用人声话筒等硬件设施，将让朗读者感受到专业录音房的录音感受。

沈阳“九 · 一八”历史博物馆在强化数字化建设，赋能红色文化保护传承方面做了一些探索和实践。这些探索和实践还很浅显，并未形成科学化系统化的体系建设。今后，博物馆将不断探索数字技术与红色文化的融合发展之路，为革命纪念馆的高质量发展做出更大的努力，发挥出更大的作用。

发挥革命文物资源优势
讲好红色故事

辽沈战役纪念馆　刘晓光

辽沈战役纪念馆成立于 1958 年 12 月，是全面展示辽沈战役历史的专题性博物馆。1985 年 4 月，经中共中央、国务院、中央军委批复修建新馆，于 1988 年 10 月 31 日落成开放。基本陈列面积 8600 平方米，设有序厅、战史馆、支前馆、英烈馆和全景画馆。其中，《攻克锦州》全景画馆是中国第一座全景画馆，被誉为中国博物馆和世界美术史的艺术精品和经典之作。目前，馆藏藏品 2 万余件，其中一级文物 25 件（套）、二级文物 552 件（套）、三级文物 362 件（套），珍贵文物合计 939 件（套）；直接管理的省保文物 3 处，分别是东北野战军锦州前线指挥所旧、配水池战斗遗址、生生果园旧址；与其他单位联合使用的旧址、遗址超过 30 处。另外，还管理两个国家级烈士陵园，即辽沈战役烈士陵园和解放锦州烈士陵园。因此，丰富的红色资源，为开展好爱国主义教育、革命传统教育、党史学习教育、国防教育等提供了重要基础。

2022 年 8 月 16 日，习近平总书记考察了辽沈战役纪念馆，回顾东北解放战争历史和辽沈战役胜利进程，追忆广大人民群众支援前线的感人事迹和革命先烈不畏牺牲的英雄事迹，并给予了“辽沈战役，这一战是决定命运的”的重要历史评价。在最后接见参加过革命的老同志、革命烈士家属及辽沈馆工作人员时强调，红色江山来之不易，守好江山责任重大。要讲好党的故事、革命的故事、英雄的故事，把红色基因传承下去，确保红色江山后继有人、代代相传。

厚望如山，催人奋进。辽沈馆上下牢记总书记嘱托，坚持深学细研悟思想，以上率下抓落实，以服务观众、服务大局为中心，以整合红色资源，完善基础设施为抓手，不断深化革命文物资源的保护利用，形成了以辽沈战役纪念馆为主体核心，以东北野战军锦州前线指挥所旧址、配水池战斗遗址、解放锦州烈士陵园、锦州苹果廉政教育基地为辅助的“五点一线”特色教育格局。全馆紧紧围绕文物保护、文史研究、展览展示、宣传教育、烈士褒扬等五项工程，切实把总书记重要讲话精神高标准高质量落实到每一项工作、每一件事情上，把总书记的殷殷嘱托转化为做好工作的强大动力。

一、注重文保业务，强化革命文物保护工作

实施馆藏文物预防性保护项目。完成文物库房基础文保设施和消防、安防、电路等升级改造。持续开展文物定级工作，推进馆藏文物数字化保护项目。加大不可移动文物修缮工作力度，完成东北野战军锦州前线指挥所旧址、配水池战斗遗址、革命烈士纪念塔三项革命文物保护工程，均高质量通过省级终验收；编制《辽沈战役遗址——东北野战军锦州前线指挥所旧址数字化勘察与保护利用项目》和《辽沈战役遗址旧址片区化保护项目》计划书，为辽沈战役不可移动文物高质量保护利用打下基础。

二、提升研究能力，深入阐述辽沈战役时代内涵

开展一系列专项课题研究。“习近平总书记关注的辽沈战役故事”获评中央党史和文献研究宣传专项引导资金 2023 年度项目；“新时代以辽宁战役红色文化培树青少年社会主义核心价值观路径研究”“‘解放战争转折地’丰富内涵及当代价值研究”“‘锦州苹果’的廉洁内涵和时代价值研究”等获评省、市社会科学重点研究课题；与辽宁工业大学、渤海大学等多所大学联动开展研究工作，并将研究成果集册为《辽沈红色基因：传承与创新》。推出一批有高度、有深度、有温度的公开出版物。以遗址旧址遗迹调研成果为基础，制作了《锦州市红色旅游手绘地图》；完成《战旗美如画》《咱们工人有力量》画册；编纂 300 余万字的《东北解放战争革命烈士英名录》，正在出版中；《毛泽东东北解放战争时期文稿手迹汇编》，一经推出就受到广泛好评。做好“口述历史”采访工作。采访参加过辽沈战役的老首长、老战士、烈士家属等超过 50 人，录制视频素材 3000 余分钟，为未来研究和宣教工作留下珍贵资料档案。研发系列红色读本及教材。辽沈馆与锦州市教育局、市教育进修学院根据中小学不同

学段的特点，研发《红色记忆 薪火相传》系列红色读本及教材，拟在全市推广。

三、丰富展陈内容，扩大教育载体和平台

完成一批高品质原创专题展览。“战旗美如画——东北解放战争荣誉旗帜专题展览”入选 2022 年度“弘扬中华优秀传统文化、培育社会主义核心价值观”主题展览集中推介的 100 个展览项目之一，推出“血战配水池”“咱们工人有力量——工人阶级在东北解放战争中的历史贡献专题展览”“保护 · 纪念 · 传承——辽沈战役纪念馆摄影艺术作品展”“英雄城市 · 领航征程——‘解放战争转折地’书画作品展”等 10 个原创展览。加强馆际之间交流。与旅顺日俄监狱旧址博物馆联合开展“苦难与抗争——旅顺日俄监狱史实展”与沈阳“九 · 一八”历史博物馆联合开展“白山黑水铸英魂——东北军民 14 年抗战史实展”；“巾帼力量——东北解放战争妇女英模展”巡展于锦州所属各县（市）进行展出，延展辽沈战役光辉历史的展示空间。大力推进基本陈列改造，完成《辽沈战役纪念馆基本陈列改陈大纲》，已通过市委宣传部审定；完善基本陈列，补充文物 100 余件（套），更换近 100 块污损展板、1250 个说明牌、6 幅图表、12 个灯箱，调整展板 350 块，修复沙盘 2 组。

四、深挖红色资源，讲好“解放战争转折地”故事

高质量完成日常接待工作。截至 2023 年 10 月，累计接待 170 万余人次，为观众讲解 4400 余场，“十一”期间单日最高接待量 3.6 万人次，达到历史最高峰。强化红色宣讲团建设。目前，宣讲团共有宣讲员 31 人，其中有全国革命文物百佳讲述人 1 人、全国基层理论宣讲先进个人 1 人、全国五好讲解员 2 人、省“五好”讲解员 4 人，还有来自社会各界的宣讲志愿者 100 余人，共开展理论宣讲 300 余场，受众达到 2 万余人次；9 月，宣讲团走进国防大学，为 400 余名学员进行了授课。开展特色社会教育活动与青少年研学实践活动。全年共计开展社教研学活动 100 余场，打造了“辽沈趣课堂”“红色日历”“红色传承 培根铸魂”“致敬英烈”“童心向党”等研学社教活动品牌。推进大中小学思政课一体化建设。“红色第一课——重温总书记关注的辽沈故事”，全市 352 所中小学 8 千多个班（次）20 多万名师生在线集中进行了收看；连续 3 年在青少年中开展“传承红色基因 宣讲辽沈故事”活动，共征集来自全国各地的参评视频 1000 余条。充分发挥宣传媒体矩阵作用。本年度在报刊、广播、电视播发稿件 300 余篇，其中国家级媒体发稿 102 篇（次）；在新华网、人

民网、学习强国、新浪微博、今日头条等主流平台发稿 700 余篇，大大提升了辽沈馆的影响力。

五、强化烈士褒扬，传承红色革命基因

完善好、应用好革命烈士信息。持续优化全国首个东北解放战争革命烈士信息查询系统，收录有名烈士 60719 位、无名烈士 32963 位，共接待烈属查询烈士信息 108 个批次，线上查询人数超过 10 万，为 7929 位有名烈士找到安葬地，为近 400 位烈士找到亲人，为 12 位烈士补刻了英名；“东北解放战争革命烈士信息整合与利用”作为辽宁省档案科技项目圆满结项。开展系列英烈褒扬工作。推出“永远的丰碑——东北解放战争烈士纪念设施专题展览”VR 展览，受到社会各界广泛关注；开展以“2023·崇尚·清明祭英烈”为主题的清明系列活动，接待祭扫人数超过 10 万次，点击献花总数 40 余万次。加快烈士纪念设施提质改造工作。启动解放锦州烈士陵园原 30kVA 增容至 250kVA 用电工程，已竣工验收。冷热双储设备于 2023 年 7 月投入使用。

落其实者思其树，饮其流者怀其源。在未来的工作中，辽沈馆将继续牢记习近平总书记的谆谆教导，坚守初心，遵循总书记的指引方向笃定前行，更加深入学习贯彻习近平新时代中国特色社会主义思想和党的二十大精神，大力弘扬伟大建党精神，以感恩之心、担当之责把革命文物保护好、管理好、运用好，不断讲好党的故事、革命的故事、英雄的故事，传承红色基因，赓续红色血脉，为实现中华民族伟大复兴凝聚磅礴精神力量。

用好红色资源
书写时代华章

渡江胜利纪念馆　吴小宝

高质量发展必须是兼顾广大人民群众利益的发展，必须是绿色的发展，必须是科学协调的发展，必须是可持续的发展，必须是全面的、立体的发展。

什么是革命纪念馆高质量发展？从行业整体角度来说，革命纪念馆高质量发展是指我国整个革命纪念馆事业不断优化完善，革命纪念馆的总体规模、区域分布、主题类别、功能效益等不断满足人们的精神文化需求；从个体角度来说，革命纪念馆高质量发展是指革命纪念馆不断适应新发展阶段的社会需求变化，在政治导向、资源保障、管理运行、业务发展、价值引领等各方面贯彻新发展理念，实现因馆制宜的高品质特色发展，成为重要文化地标，产生深远广泛的社会效益与影响。

一、坚持守正创新，夯实发展理念

“守正”的“正”是方向、道路、性质、立场之正。“守正”的实质是“因正确而坚守”。守正就不能偏离马克思主义、社会主义、党的领导这些“根本”。干事业不能忘本忘祖，我们共产党人的本，就是对马克思主义的信仰，对中国特色社会主义和共产主义的信念，对党和人民的忠诚。这就要求我们始终坚持马克思主义的指导地位和中国特色社会主义道路，坚守党的性质宗旨、理想信念、初心使命，做到道不变、志不改。

革命纪念馆是纪念近现代革命历史上重要历史事件和杰出历史人物的纪念性博物馆，在弘扬中国精神、构筑中国价值、汇聚中国力量方面发挥着重要作用。党的十八大以来，习近平总书记的足迹遍布祖国许多革命纪念馆，发表了一系列重要论述和重要指示，内涵深刻、思想精深、论述精辟，为新时代革命类纪念馆事业高质量发展指明了前进方向、提供了根本遵循。

“创新”的“新”是以“说新话”“干新事”为特质的“新”。“创新”的特质是“说新话”“干新事”。创新就是勇于探索、开辟新境，敢于说前人没有说过的新话，敢于干前人没有干过的事情。当代中国的“创新”是在马克思主义理论与中国具体实践相结合中实现的，体现了马克思主义理论引领中国实践创新与中国实践发展推动马克思主义理论创新的有机统一。

革命纪念馆要充分发挥革命文物生动性、直观性的特点，打造革命文物沉浸式展示和体验空间，提升革命文物的公共服务水平和社会教育效果，拓展革命文物利用途径，持续创新革命文物传播方式；要建立革命纪念馆展览展陈的独特设计理念和视觉语言表达，打造导向鲜明、内涵丰富、形式新颖的精品展陈；要以新技术、新理念、新方式不断讲好革命故事，提升对社会公众特别是青少年的吸引力和影响力，努力塑造可信、可爱、可敬的中国形象。

守正创新体现了原则性与创造性的辩证统一。坚持守正，牢牢守住根本原则不动摇，才能确保前进方向不偏航；坚持创新，善于顺势而变、随势而动，才能实现与时俱进和开拓创新。

二、用好红色资源，传承好红色基因

革命文物承载党和人民英勇奋斗的光荣历史，记载中国革命的伟大历程和感人事迹，是党和国家的宝贵财富，是弘扬革命传统和革命文化、加强社会主义精神文明建设、激发爱国热情、振奋民族精神的生动教材。

1. 加强科学保护。红色资源是不可再生、不可替代的珍贵资源，保护是首要任务。要本着对历史负责、对人民负责的态度，深入开展红色资源专项调查，加强红色遗址、革命文物保护工作，统筹好抢救性保护和预防性保护、本体保护和周边保护、单点保护和集群保护等。

2. 开展系统研究。统筹研究力量，强化研究规划，积极开展革命史料的抢救、征集和研究工作，加强革命历史研究，深入挖掘红色资源背后的思想内涵，准确把握党的历史发展的主题主线、主流本质，旗帜鲜明反对和抵制历史虚无主义。

3. 打造精品展陈。坚持政治性、思想性、艺术性相统一，把好导向、聚焦主题，用史实说话，着力打造高质量精品展陈，增强表现力、传播力、影响力，生动传播红色文化。

4. 强化教育功能。围绕革命、建设、改革各个历史时期的重大事件、重大节点，研究确定一批重要标识地，讲好党的故事、革命的故事、英雄的故事，彰显时代特色，使之成为教育人、激励人、塑造人的大学校。要设计符合青少年认知特点的教育活动，建设富有特色的革命传统教育、爱国主义教育、青少年思想道德教育基地，引导他们从小在心里树立红色理想。

三、制定发展规划，书写时代华章

推动渡江胜利纪念馆高质量发展，需要从以下几方面着力：

（一）提升业务能力

1. 优化征集收藏

（1）进一步梳理馆藏文物资源，明确藏品征集的目标和方向。强化“四史”相关藏品征集，逐步构建较为完整的反映渡江战役和南京解放历史的藏品收藏体系；

（2）拓宽藏品入藏渠道，鼓励公众和机构向纪念馆捐赠有意义、有故事的藏品，制定并完善渡江胜利纪念馆捐赠褒奖制度；

（3）将藏品征集工作与口述史采访结合，在保留珍贵的音视频资料的同时，收藏革命历史的珍贵见证物，记录下藏品背后的故事；

（4）全面提升新时代革命文物工作质量和管理水平，用心用情用力保护好、管理好、运用好革命文物，让红色基因、红色血脉赓续传承。

2. 提高展陈品质

（1）深入发掘馆藏革命文物价值内涵，深刻诠释渡江精神的时代意义，夯实展陈的内容基础、思想基础；

（2）围绕渡江战役胜利暨南京解放 75 周年、中华人民共和国成立 75 周年等重要时间节点，依托馆藏资源和研究成果，每年策划推出 2 至 3 个主题突出、导向鲜明、内涵丰富的原创性临展、特展，积极开展巡回展览；

（3）与兄弟单位逐步建立联展、巡展等常态化合作交流机制，实现资源共享，激发场馆活力；

（4）探索实施跨部门团队策展制度，充分调动馆内的一切优质资源，打造内涵深刻、品质优良的展陈。

3. 发挥教育功能

（1）继续开展革命文物展览、教育活动进学校、进机关、进社区、进部队、进企业的工作；逐步建成制度化、规范化的社教活动体系，形成渡江胜利纪念馆社教品牌；

（2）探索“双减”模式下的馆校合作机制，打造“渡江胜利纪念馆特色思政课”；创新党建活动内容及形式，为党员干部群体提供定制化的“活动菜单”；

（3）对标找差，补短强特，争创全国爱国主义教育基地。

4. 强化科技赋能

（1）将高新技术用于博物馆公共服务、藏品保护、业务管理等领域，创新实施“博学研”成果转化应用，为公众提供更人性化、个性化的智慧服务；

（2）持续推进革命文物数字化保护项目，建设网上展馆及渡江战役数据库，开展“云展览”“云讲解”，实施重点文物“京电号”小火轮 3D 展示，以科技赋能，助力革命纪念馆发展。

（二）改革创新机制

1. 共建共联合作

秉承共赏、共建、共享的理念，发挥渡江战役纪念馆（地）合作联盟作用，加强联盟成员单位间的学术研究、藏品保护利用、人才培养等方面的信息互动、合作交流，有效落实各项具体措施，形成渡江战役的革命精神研究、阐释、宣传合力，变“独唱”为“合唱”，实现多方共赢；策划推出专家党课、定制化社教活动、引进优质社会资源，释放革命纪念馆发展活力。

2. 激发人才活力

健全员工绩效考核和激励机制，突出差异化导向，适度拉开不同等次员工的考核绩效，重点向有突出贡献的人员倾斜；对符合要求的编外专业技术人才与编内技术人员一视同仁，提供平等的学习成长平台及机会。

3. 强化队伍建设

力争打造一支有觉悟、有本领、有担当的干部队伍，一支有水平、有能力、高素质的专业技术人才队伍，一支讲政治、精业务、优服务的红色宣教队伍。加强志愿服务团队建设，注册志愿服务团队，规范志愿服务内容，联合高校、社区等社会力量，进一步壮大志愿者队伍，打造“京电号”志愿服务品牌。努力建设革命纪念馆人才高地。

（三）加大传播力度

1. **争创全国爱国主义教育基地。**进一步提升文化服务能力与水平，增强旅游休闲功能，依托南京丰富的红色资源点，推出革命文化主题研学旅游、红色旅游线路，促进文旅深度融合。

2. **构建线上线下相融合的传播格局。**主动与主流媒体、融媒体对接、合作，利用直播、短视频等现代传播技术和手段，讲好渡江的故事、党的故事、英雄的故事。

3. **深化渡江战役口述史、南京党史口述史研究。**加强与江苏省口述史学会联系，办好江苏省口述历史学会工作站。

坚持守正创新　赓续精神血脉 用心用情用力传承弘扬“两弹一星”精神

青海原子城纪念馆　马清芳

习近平总书记指出，“两弹一星”精神激励和鼓舞了几代人，是中华民族的宝贵精神财富。“两弹一星”精神是中国共产党人精神谱系的重要组成部分，与井冈山精神、长征精神、延安精神等一脉相承，具有鲜明时代特色。近年来，青海原子城纪念馆以习近平新时代中国特色社会主义思想为指导，全面贯彻新时代文物工作要求，在中宣部和国家文物局等相关部门的关心支持下，加强文物征集整理、活化利用、研究阐释，生动展现“两弹一星”伟大成就，生动传播“两弹一星”精神，打造“两弹一星”精神高地，发挥了独特的爱国主义教育功能。

一、中国原子城红色文化资源特征

中国原子城位于青海省海北藏族自治州海晏县金银滩，平均海拔 3100 米，对外称国营 221 厂、青海矿区等。1957 年开始选址，1958 年 5 月邓小平同志代表党中央批准了选址报告。它曾是我国第一个核武器研制基地（称 221 基地或 221 厂），是中国核武器发展的摇篮，因在这里研制成功中国第一颗原子弹、第一颗氢弹，孕育伟大的“两弹一星”精神而被世人称为“原子城”，是中华民族挺起脊梁的地方。1987 年中央做出了撤销 221 厂的决定，1993 年，按照“适当集中，合理分散”的原则，在全国各地安置基地全部职工，对基地进行无害化特殊处理符合验收后移交海北州接收利用。1995年5月15日，新华社向全世界宣布“中国第一个核武器研制基地退役”。

原子城充满共和国红色记忆。原子城从1958年建设至1995年退役，在服役的37年间，广大科技工作者在党中央的坚强领导下，圆满完成基地建设、科研、生产等各项任务，在这里成功研制出我国第一颗原子弹和第一颗氢弹，留下了邓稼先、王淦昌、郭永怀等9位两弹功勋科学家及广大科技工作者爱国奋斗的红色足迹。原子城先后进行了16次国家核试验和2次常规弹头的产品研制、试验和生产，有119项科研成果获得国家和省部科技进步奖、国家发明奖，其中原子弹突破及武器化、氢弹突破及武器化获得国家科技进步特等奖。从20世纪60年代末开始，先后研制生产了与各种运载工具如火箭、飞机、核潜艇相配套、具有不同当量的6个型号核武器产品，实现武器化，装备了部队。同时配合部队，对时役核武器产品进行延寿试验及退役处理。从80年代开始，为了适应国家工作重点和国防科技战略方针调整的需要，在优先完成核武器生产任务的同时，将尖端技术用于常规武器生产，完成了常规弹头的研制、试验和定型生产，交付使用，开辟了常规武器生产的新领域，为保卫国家安全、维护世界和平作出重大历史贡献。

原子城蕴含丰富的精神文化内涵。在原子城不仅诞生了中国第一颗原子弹、氢弹和多种型号战略核武器，而且铸造了伟大的“两弹一星”精神，是“两弹一星”精神的孕育地。新中国伊始，面对美国的全面封锁和疯狂打压，面对国家百业凋零、民不聊生的严峻形势，党中央毅然决然作出发展核工业、研制核武器的战略决策，广大建设者和创业者汇聚金银滩，克服各种难以想象的艰难困苦，隐姓埋名，扎根高原、顽强拼搏，团结协作、勇攀高峰，表现出了“热爱祖国、无私奉献，自力更生、艰苦奋斗，大力协同、勇于登攀”的优秀民族精神。“我愿以身许国”的两弹元勋王淦昌，57岁来到221基地，隐姓埋名17年；著名物理学家、空气动力学家郭永怀，用生命呵护对国家有重要价值的数据资料。正是在这种精神鼓舞下，广大科研人员依靠爱国信念、顽强意志，科学实践、大胆探索，突破了一个个科学技术难关，取得了巨大的成就。“两弹一星”事业，彰显了中华民族顽强拼搏、不畏艰难的民族精神，体现了中华民族勇于开拓、善于创新的时代精神，是继井冈山精神、长征精神、延安精神、抗美援朝精神之后，中国人民在革命和建设时期创造的又一伟大精神，内涵丰富、意义重大、影响深远。

原子城现存庞大遗址建筑群。原子城是一座没有围墙的博物馆，遗址、遗存集中且庞大，2001年被国家文物局评定为全国重点文物保护单位，下设22个保护点。

2005年，被中宣部命名为全国爱国主义教育示范基地。原子城占地面积570平方公里（建厂初期为1167平方公里），建筑面积56.4万平方米，其中厂房33.3万平方米，住宅及办公设施23.1万平方米，铁路专用线38.9公里。基地分甲、乙两部分，甲区集生产、科研、政治、经济、文化为一体的主厂区；乙区在海晏县城，是干部、职工家属聚居区。基地现存有当年视为“禁中之禁”的办公楼、科研楼、科技楼；有代表核设施处理成就的“填埋坑”和“核退役工程纪念碑”等，还有分布在基地周围的18个厂区等建筑物，具有鲜明独特的资源优势。

二、传承原子城红色文化的生动实践

原子城是中华民族热爱和平的象征，具有独特的文物保护和纪念价值。自基地移交以来，海北州坚持保护为先，开发与利用并重的原则，突出重点，加快建设，不断突出基地旧址的爱国主义教育的功能，对主要厂区、重点设施进行保护和修缮，2009年5月建成开放青海原子城纪念馆，是全国唯一对外开放的全面、系统介绍中国核工业创建与发展历程、原子城光辉历史与辉煌成就的专题纪念馆。纪念园占地面积12.2公顷（合122000平方米），纪念馆9015平方米，展陈面积6017平方米，分前厅、序厅和六个主题展厅。多年来，我们全面贯彻新时代文物工作和爱国主义教育工作方针，围绕收藏展示、研究开发、宣传教育功能，坚持“文史立馆、科研育馆、陈展活馆、社教兴馆、人才强馆”，生动展现“两弹一星”伟大壮举、伟大精神、伟大力量，以物教人、以史育人、以文化人。

一是坚持文史立馆，让革命文物活起来。革命文物见证党史、新中国史、改革开放史、社会主义发展史的不朽记忆。多年来，我们把文史资料作为纪念馆开展爱国主义教育、彰显历史价值的基础基石，针对基地特殊历史背景、精神内涵和教育意义，广泛联系和走访与基地旧址历史相关的科研单位和曾在基地工作过的科研专家、技术工人、干部职工和烈士遗属，以及专家学者，搜集图片、文字、音像、实物等文史资料，重点梳理和挖掘221基地选址、建设、建成历程，尤其发生在基地的鲜为人知的感人故事充分挖掘，将原子城蕴含的思想特征、人文精神、伟大意义细化为一言一文，作为讲好原子城故事的丰富素材。纪念馆先后征集革命文物927件，其中一级文物10件，实物资料1000余件，历史文献近100份，并应展尽展、活化利用，极大地丰富了纪念馆陈展内容，提升了教育内涵。

二是坚持科研育馆，让承载历史活起来。理论研究是革命纪念馆的基础性业务工作。对纪念馆所纪念的历史事件、革命人物和馆藏文物进行深入挖掘研究，能够为举办优质展览和开展红色教育提供坚实有力的理论支撑。“两弹一星”精神内涵丰富、博大精深，我们把文史研究阐释作为纪念馆丰富教育内涵、彰显时代价值的关键核心，围绕推动“两弹一星”精神文化创造性转化、创新性发展，加强现有文献资料的研究，举办访谈会、座谈会、纪念会、报告会，强化“两弹一星”精神理论研究，编辑出版《红色印记 221》等 20 多本书籍，以及《中国原子城》馆刊。面向全国举办“两弹一星”精神研讨会，邀请当年的参与者及知名专家，以及从事红色文化研究的优秀人才，深入开展学术讨论，出版《我和我的祖国》理论研讨文集，提升“两弹一星”精神影响力。与组织、宣传、党史研究、党校、讲师团等专业机构开展合作，加强理论研究，出版研究文集。另外，通过合作共建、联办联展、共同研究等方式，深化教育主题，有效提高“两弹一星”精神的社会辐射力。

三是坚持陈展活馆，让陈列展览活起来。我们把陈列展览作为纪念馆发挥核心功能、彰显文化价值的重要手段，创新理念、科技赋能，依托改陈布展项目，不断改进与创新陈展方式，增强教育效果。在中核集团的资助下，2020 年建成纪念园缅怀厅，建筑面积 1073 平方米，为各族群众缅怀先辈功绩、厚植爱国情怀提供了阵地。在中宣部、国家文物局、财政部的支持下，在 2021 年建党百年之际，完成基本陈列改陈布展，全新展陈荣获 2021 年度全国博物馆十大精品陈列展览优胜奖，并入选 2022 年度“弘扬中华优秀传统文化、培育社会主义核心价值观”主题展览重点推介项目，入选首批科学家精神教育基地，入选首批大思政课教育基地。2023 年实施纪念园改造提升项目，建成“596”主题长廊，铭刻 23 位“两弹一星”功勋奖章获得者和 31564 位基地工作者姓名，进一步提升了纪念园红色教育功能。

四是坚持社教兴馆，让精神传播活起来。革命类纪念馆以其宝贵的红色资源和与革命文化的政治契合性，在社会教育中扮演着重要的角色。我们把社会教育作为纪念馆发挥社会效益、彰显功能价值的重要途径，不断增强内化效果，慕名到馆参观的全国各地游客达 400 万人次。发挥讲解优势，持续开展对外宣讲，“两弹一星”精神宣讲团先后赴全国 22 个省市和自治区累计做了 385 场宣讲报告，赢得广泛赞誉和积极评价。宣讲报告被中组部评为“全国干部网络学院好课程”，被中宣部评为“全国基层理论宣讲先进集体”。发挥资源优势，持续开展爱国主义教育基地、红色教育基地、研学实践教育基地等方面合作共建，累计设立各类基地 50 个，促进了红色资源的有效转化。每年邀请新华社、人民日报社、中央人民广播电台、中央电视台、新华网等媒体参观采访，还利用央视《见证》《走进科学》《军旅文化大视野》等专题栏目，制作专题片，协助拍摄《国之大器》《百年青海》《邓稼先》《青海花儿》等专题片和故事片，并在央视新闻频道、上海东方频道、人民网、新闻网等新闻媒体多次宣传报道原子城，扩大了青海原子城爱国主义教育基地的对外影响力。充分发挥公众号、视频号、抖音号短平快宣传优势，开展线上云讲解、红色故事、文物故事等栏目，发布各类信息440余期，成为展示历史、传承文化、传播精神的有效途径。

五是坚持人才强馆，让宣传教育活起来。我们把队伍建设作为纪念馆提升教育水平、彰显使命担当的重中之重，内强素质、外树形象，努力打造政治过硬、业务精通、敬业奉献、求实创新的文博工作队伍。按照“政治思想好、知识储备好、讲解服务好、示范带头好、社会影响好”的要求，通过专题培训、交流学习、以赛促练等方式，不断加强讲解人才队伍建设，有4名讲解员被文旅部评为全国五好讲解员。面向社会和学校招募志愿讲解员20名、红领巾讲解员33名，开展志愿讲解服务，受到观众的一致好评。持续打造情景党课“信仰的力量”“永不褪色的金银滩”，话剧《共和国不会忘记》等，达到多渠道、多方位培训和锻炼人才的目的。不断加强与“两弹一星”历史研究会、中国博物馆协会的合作，开展共办展览、学术交流；与中国人民解放军第6916厂共建共管，开展史料征集、文史研究、精神教育工作。与中国人民抗日战争纪念馆、中共一大纪念馆、南湖革命纪念馆等单位缔结友好单位，加强馆际交流，深化合作共建。2017年与中物院科技馆、梓潼“两弹”历程馆、荣成郭永怀事迹陈列馆组建四方联盟，资源共享，优势互补，共同开展“两弹”精神的展示与宣传。

三、弘扬“两弹一星”精神的创新路径

伟大的“两弹一星”精神，作为中国共产党人红色基因和精神谱系的重要组成部分，已经深深融入中华民族的血脉和灵魂，成为社会主义核心价值观的丰富滋养，成为鼓舞和激励中国人民不断攻坚克难、从胜利走向胜利的强大精神动力。“两弹一星”精神时代性强，具有重要的历史地位和鲜明时代价值，是全面建成社会主义现代化强国、全面推进中华伟大复兴中国梦的强大支撑力量。我们要以高度的行动自觉，创新思路、创新举措，不断拓展爱国主义教育外延和内涵，全过程开展革命传统教育、爱国主义教育和青少年思想道德教育，发挥纪念馆的最大效应。

一是做好精神内涵研究文章。“两弹一星”精神有着丰富的、可挖掘的、永恒的历史价值与时代价值。我们要围绕“两弹一星”精神创造性转化、创新性发展的时代

命题，发挥好“两弹一星”教育学院，“两弹一星”历史研究会和纪念地场馆，组织开展多形式、多层次、全方位的理论研究，举办精神论坛、中心组专题、报告会，加强“两弹一星”精神、221 厂历史研究。面向全国举办“两弹一星”精神研讨会，邀请当年的参与者及知名专家，以及从事红色文化研究的优秀人才，深入开展学术讨论，提升“两弹一星”精神影响力。组织宣传、党史研究、党校、讲师团等专业机构开展理论研究，面向社会力量，积极开展对现有文献资料和文史资料的研究，把分散的史料集中起来，把国内外研究的科研成果广泛快捷地吸收过来，整理编撰，系统成册，传世于后人。通过合作共建、联办联展、共同研究等方式，深化教育主题，有效提高“两弹一星”精神的社会辐射力。

二是做好文史资料征集文章。针对原子城特殊的历史背景、精神内涵和教育意义，要注重“两弹一星”历史资料的挖掘整理，尊重历史事实，还原历史记忆，积极联系和走访与基地历史相关的科研单位和曾在基地工作过的科研专家、技术工人、干部职工和烈士遗属，以及专家学者，通过撰写口述史、征集实物资料、制作复制品等多种方式广泛搜集，重点对收藏在展示馆的实物、陈列在旧址的遗产、书写在文献里的文字进行全面系统的调查摸底、梳理和挖掘。通过深入发掘“两弹”基地的特殊历史、伟大成就和功勋人物，以及创建创业时期的典型事迹，用讲故事的方式，宣传功勋人物、弘扬伟大精神。

三是做好宣传教育深化文章。“两弹一星”精神是取之不尽、用之不竭的文化资源，我们应该抓住其精神实质，提示其普遍意义。通过网络、电视、电影、广播、报纸、刊物和公益广告等媒体形式，及时发布讯息，让公众知晓和了解“两弹”基地，了解其历史，了解“两弹一星”精神的丰富内容和深刻内涵。通过论坛、专栏、讲座、演讲、表演、征文和报告会、巡回展览等活动，将“两弹一星”精神宣传教育内容纳入社会主义精神文明建设和社会主义核心价值体系建设的全过程，在实践中不断赋予新的内容，赋予新时代内涵。通过音乐、舞蹈、绘画、雕塑、书法、摄影和话剧等形式，强化“两弹一星”精神与当代流行的或现实提倡的时尚精神融合嫁接，使之具有时代感，传承历史、弘扬文化，发挥“两弹一星”精神的思想引领作用、激励斗志作用和凝聚民心作用。

四是做好载体平台拓展文章。充分利用新媒体和互联网开展爱国主义教育，特别是青少年思想道德教育。新媒体是基于互联网技术和通信技术的数字报刊、微博微信、公众客户端、触摸媒体等有别于报刊、广播、电视等传统媒体的新媒体形态，具有传播迅速、时空无限、开放平台以及实时互动等特征，特别对青少年好奇心强、追求新鲜事物、乐于展示个性等方面具备的学习特点。我们要充分认识网络教育的优势，拓宽载体平台，开展网上征文、网上答题等方式，建设网上数字爱国主义教育基地，形成网络宣传教育平台，不断增强吸引力感染力，让青少年在寓教于乐中接受爱国主义教育，培育正确的世界观、人生观和价值观，充分发挥“两弹一星”精神在思政课中的教育作用，成为青少年坚定信念、启迪智慧、砥砺品格的重要精神力量。

探索高质量发展新路径
打造红色文化“新地标”

徐向前元帅纪念馆　刘国香

徐向前元帅是中国革命文化的创造者之一，他的革命思想、军事理论以及精神品质是中国革命文化的重要组成部分。作为唯一北方籍元帅，亲历和见证了中国革命的全过程。近年来，徐向前元帅纪念馆用实际行动践行“做红色基因传承者”的神圣使命，在红色故事挖掘、革命文物征集、服务水平提升、教育功能强化、宣传形式创新等方面取得了显著成效。

一、深入挖掘徐向前元帅光辉革命故事，用心用情征集革命文物

深入挖掘研究抗大历史，编写徐帅红色故事、廉政故事、亲民故事，做客抗大“云课堂”讲述徐帅红色故事；开展“讲述徐帅故事 赓续红色血脉”系列宣讲活动，推出系列专题视频 13 个；成功举办全国元帅纪念馆第 19 次学术座谈会，收集整理文史资料，丰富馆藏史料；13 人次在省、市讲解员大赛中获奖。

主动联系徐帅亲属，用心用情征集革命文物。2001 年，徐帅家人将一套象征着徐帅一生荣誉的元帅服捐赠给了徐帅故居。2011 年，这件曾经伴随徐帅参加过很多重要国事活动的军服，作为特殊文物由徐帅的子女捐赠给徐帅纪念馆。近期，徐向前元帅的儿子徐小岩将军决定将 200 多件徐帅生前使用过的物品捐赠给徐帅纪念馆，为纪念馆深入研究提供了可靠的第一手史料。

二、组织开展好各类活动，传播革命文化，发挥好故居和纪念馆的教育功能

近年来，纪念馆不断发掘、盘活徐向前元帅革命文化资源，加大开发利用力度，不断创新形式讲好红色故事，让红色文化资源紧随时代发展的需要，真正做到用起来、活起来、强起来。

（一）强化教育引导，常态化开展主题活动。我们把重温入党誓词、敬献花篮等主题活动作为爱国主义教育示范基地常态化开展项目，使前来徐向前元帅故居、纪念馆参观瞻仰的游客在参观瞻仰中感受徐帅精神，在参加系列主题活动中受到教育。仅 2021 年，组织开展了重温入党誓词等活动 400 余批次、2 万人次，学校学生团队 20 余批次、400 余人次，全年累计接待各类人员 30 万人次。2022 年接待游客共 30 万人次，2023 年以来接待游客 23 万人次，各级党员干部来此参观学习和活动已成常态。

（二）强化理念创新，跟进思想转变。注重引进来，走出去，取经学艺，传经送宝。从“等大家进来学习”到“主动出去教育”，开展了“红色故事进校园”“廉政故事进机关”“亲民故事进基层”等一系列活动，带领讲解员外出宣讲，传承革命文化和徐帅精神，反响热烈，好评如潮，全面推动革命纪念馆“动”起来、“红”起来、“活”起来。同时积极参加各项馆际交流活动，展开学术论坛，把交流学习的过程作为宣传徐向前元帅革命文化的过程，把学习取经的实践作为合作共赢的成效，比如，我们在太原解放纪念馆开展了“喜迎二十大 奋进新征程”的主题宣讲活动，在北京隆重举行“纪念徐向前元帅诞辰 120 周年书画作品展”，参加“在浙里 遇见忻州”文旅推介会，组织单位讲解员走进五台中学、太原学院、忻州市第二实验小学、忻州市实验中学等开展宣讲活动，引导广大群众在学思践悟中坚定理想信念，在奋发有为中践行初心使命，让徐帅精神继续传承发扬下去。2021 年参加了全国元帅纪念馆第 18 次学术座谈会，我作了“发挥基地功能 传承红色基因”为主题的学术报告。2023 年 5 月，应邀参加了中国博物馆协会纪念馆专业委员会 2023 年学术论坛会，8 月，纪念馆应邀参加了中国博物馆协会纪念馆专业委员会 2023 年通讯员座谈会暨革命类纪念馆青年学术研讨会，各馆围绕革命类纪念馆新媒体矩阵建设、社会教育研究、革命文物活化利用等方面进行了研讨交流。

（三）讲好红色故事，打造新媒体矩阵。为满足游客的参观学习，徐帅纪念馆在上级的技术支持下，多方筹资，建成了数字化展馆，数字技术插上互联网的翅膀，线

上“云”观展成为新选择，为中国革命文化的学习传承提供了新的方式和途径。纪念馆还与各方面机关单位联合开展教育活动，通过对新媒体的探索，助推徐向前元帅革命传统文化宣传。比如，我们和忻州市政协联合开展了主题为“喜迎二十大　奋进新征程”为主题的网络直播，直播点击量达到八万余人，点赞量达到 20 万，新媒体直播初步探索效果喜人。在忻州市两会期间，参加“百业兴 开新局”两会《代表委员面对面》直播访谈，点击量 10 万余人。

（四）举办联合宣讲，广泛传播文化。我们与五台县纪委监委合作开展主题为“清风徐来”为主题的视频宣讲活动；与五台县委组织部联合开展“党课开讲啦”专题节目；积极参加忻州市政协举办的“传承红色家风 赓续红色血脉”红色经典朗诵会，以及中部战区空军阅读强军线下分享会，讲述《历史的回顾》这本书中的徐帅红色故事，扩大弘扬徐帅精神的影响面。积极参加第十一届八路军文化旅游节开幕式，强势推介忻州红色主题旅游精品线路及徐帅故居等红色景点。

接下来，我们还将分类开展红色教育，针对不同年龄段的受众采取不同的红色文化宣传方式。继续采取主流媒体方式与公众号、抖音等新兴媒体相结合的方式，引导广大群众接收红色文化，联合打造传统与现代并重的红色文化宣传新格局。

（五）探索线上旅游，打造云端平台。我们准确把握数字化、网络化、智能化发展趋势和特点，创新方式，摸索出线上云旅游活动，积极配合市文旅局、县融媒体中心开展云旅游线上直播讲解，带动周边红色旅游景区纷纷开展直播云旅游活动；网上数字展馆浏览量与日俱增，效果明显，扩大了景区影响力度。2021 年 10 月 1 日联合县融媒体中心参加了全市国庆节庆祝建党一百周年网络现场直播，创新了宣传方式，扩大了景区影响力度。2022 年 5 月 5 日进行了主题为“喜迎二十大　奋进新征程”为主题的网络直播，讲述徐帅戎马一生的光辉事迹，直播点击量达到 5000 余次，点赞量达到 1.5 万，新媒体直播初步探索效果喜人。

（六）建立多方合作，助推文化传播。我们以“成为推动革命纪念馆博物馆高质量发展的桥头堡、领头雁和排头兵”为目标，积极与各单位联系联办党史学习教育主题当日活动等，在全市发挥了典型引领和示范作用。比如，纪念馆与太原学院签约革命教育和国情教育实践基地，并成立了徐向前元帅研究中心，引进 4 名博士，与太原学院的高端人才联合开展红色文化研究。

三、结合县域经济发展目标，打造新时代县域红色文化地标

近年来，徐向前元帅纪念馆始终秉持“当好红色基因的传承者，走好新时代的长征路”的建设理念，合理利用政府和社会给予的财力物力支持，在加强自身建设上下真功夫，努力打造红色文化“新地标”，致力于推动红色文化的创新发展与县域经济发展相结合。

第一，立足于革命老区，发挥先进典型的引领作用，充分利用山西忻州地区得天独厚的红色资源和宝贵的精神财富。同周边的白求恩纪念馆、南茹八路军总部旧址等加强合作，深入挖掘红色文化资源，让红色历史鲜活生动，让革命文物焕发生机。第二，加强革命旧址和烈士陵园的建设，通过网上献花、寄语留言等方式，向先烈们表达我们的敬意与怀念，深切缅怀革命烈士的崇高风范。我们将进一步拓宽革命纪念馆的展示方式，利用 VR、AR 等现代技术，让观众有机会重回革命战争年代，在硝烟弥漫的战争场景中，亲身参与历史、感受历史的厚重与深沉，激发观众的情感共鸣。第三，我们与影视剧创作团队和短视频创作团队创作一批关于历史、革命和现实题材的文艺作品，比如以徐向前元帅的生平等素材为背景，制作出具有深度和感染力的影视作品，让观众在重温历史的过程中，感受到革命精神的洗礼，牢记初心使命，勇担时代重任。第四，我们积极建设好红色教育基地，积极融入五台大旅游格局，辐射带动县域经济发展。我们以成为“传承中国革命文化和开展红色旅游的中流砥柱和前沿高地”为目标，积极融入党内的集中学习教育，主动为党史学习教育、廉政教育和爱国主义教育等提供丰富教材和实践基地。我们以成为“推动革命纪念馆博物馆高质量发展、助力乡村振兴的桥头堡、领头雁和排头兵”为目标，积极投身红色旅游、推动乡村振兴阵地，近年来不断开放馆藏，积极与各单位联系联办党史学习教育主题当日活动等，在全市发挥了典型引领和示范作用。

路虽远，行则将至，事虽难，做则必成。声声嘱托，牢记于心。使命在肩，埋头实干。2023 年是二十大后的开局之年，也是开启新征程、实现伟大复兴的关键之年，我们要以习近平总书记嘱托为指引，深入学习贯彻党的二十大精神。在新征程上我们要继续讲好徐帅的故事、党的故事、革命的故事，赓续不止于此，传承仍在继续，继续探索新时代革命纪念馆高质量发展新路径，打造红色文化“新地标”。

弘扬南梁精神
助推红色文化教育高质量发展

南梁革命纪念馆　夏世鹏

习近平总书记2019年8月22日视察甘肃时指出，甘肃是一片红色土地，在中国革命历史进程中发挥了不可替代的重要作用。本人2009年来甘肃的时候，总结其为“两点一存”，即陕甘革命根据地为党中央和各路长征红军提供了落脚点，为后来八路军主力奔赴抗日前线提供了出发点，成为土地革命战争后期全国硕果仅存的完整革命根据地。土地革命战争时期，以刘志丹、谢子长、习仲勋为代表的共产党人在陕、甘交界地区进行艰苦卓绝的革命斗争，创建了以南梁为中心的陕甘边革命根据地。后与陕北革命根据地连成一片，形成陕甘革命根据地，成为土地革命战争后期全国“硕果仅存”的一块红色区域，对中国新民主主义革命胜利作出了不可替代的历史贡献。尤其是在血与火的革命征程中，铸就了以“面向群众、坚守信念、顾全大局、求实开拓”为主要内涵的南梁精神，成为中国共产党革命精神和中华民族精神的重要组成部分。

一、基地建设和人才队伍建设

近年来，我们始终深入学习宣传贯彻习近平总书记关于弘扬革命文化、大思政课建设方面的重要论述精神，深化思政教育服务，强化基地共建，在着力推动南梁主阵地建设的同时，充分发挥革命文物资源和革命纪念馆在党史学习教育、革命传统教育、爱国主义教育和思想政治教育中的重要作用，不断弘扬南梁红色文化和深化思政教育服务，积极与各高校院所和企业团体，加强交流互鉴，推动资源共享。目前，已建立全国爱国主义教育示范基地、全国国防教育基地、第七批全国重点文物保护单位、全国关心下一代党史国史教育基地、全国红色基因库建设试点单位等 9 个“国字号”基地，已共建基地的团体企业有 36 个；已与北京大学、南开大学、中国人民大学、西安电子科技大学等 20 所高校实现基地共建，加强交流互动，推动资源共享。

2009 年习近平同志到南梁视察调研后，我们着手加强南梁红色教育专职化宣讲队伍建设。几年来，我们先后组建了南梁女子民兵连、南梁女子舆论战排、南梁女子义务消防宣传志愿服务队、南梁女子巾帼志愿服务队、南梁红十字救护队、南梁精神宣讲队等团队，这种“多队合一”的建队模式，切实为不断创优搞活南梁思政教育服务提供了坚实的人才支撑。在平时的工作中，我们坚持“以学促训、以赛促训”，先后选派团队成员参加国家和省市举办的各类专题培训班 56 场次，参赛 168 人次，累计获奖 124 人次；还择优选派团队成员参与了国家举办的“伟大历程辉煌成就——庆祝中华人民共和国成立 70 周年大型成就展”“奋进新时代”主题成就展等的宣讲服务工作。目前，这支队伍已吸收配备专职宣讲员 25 人，志愿服务员 35 人，普通宣讲员 17 人，入列“甘肃省首批思政课兼职教师”名单 3 人；该团队先后走出了党的十九大代表、团的十八大代表、第 25 届“中国青年五四奖章”“全国五好讲解员”等；团队获评为“全国三八红旗集体”“全国五一巾帼奖状”“第 11 届薪火相传红色基因传承者杰出团队”“全国 119 消防先进集体”等殊荣。

二、教育服务模式

近年来，我们牢牢立足南梁主阵地，按照“展馆主展、学院主教、中心主研、公司主推”的架构模式，积极探索实践红色文化挖掘与思政教育服务新载体新服务新方式，着力扩大南梁红色文化品牌知名度、美誉度和社会影响力。

（一）着力丰富“展馆主展”，不断集聚主阵地资源优势

南梁革命纪念馆初建于 1986 年，2014 年进行了全面升级改造，目前已形成了“1 馆 12 址”框架体系。整个“1 馆 12 址”的核心主题是“硕果仅存的陕甘革命根据地”，每个点的展览内容又各有侧重，是我们深入开展思政教育服务的有效载体和重要场所，2014 年新馆对外开放以来，已有 1214 万游人公众和 243 万青年学子实地观展、接受教育。“红日照亮了陕甘高原”主题展览入选 2021 年全国“弘扬中华优秀传统文化、培育社会主义核心价值观”重点推介名录，2022 年被评定为“甘肃省博物馆陈列精

品展览奖”。通过展览的进一步丰富，有力助推了深入开展思政教育服务，从而为广大公众和青年学子提供更多观展体验。

（二）着力强化“学院主教”，不断发挥主阵地教育优势

我们充分依托甘肃南梁干部学院平台优势，通过深入推进“大师资、大学院、大教育”的一体化教学模式和“馆院同向、优势互补、资源共享”的沉浸式体验式融合化路子，积极深化思政教学服务，主动承接各种主体班次，累计为 600 多个主体班提供了优质教学服务。目前，有客座教授 26 人，专职教员 27 人，兼职教员 13 人。我们自觉从实践教学实效性入手，积极探索“课堂式、研学式、沉浸式”实践教学模式，切实让公众团体在不同教学体验中深化理想信念。目前，研发和充实了“陕甘边根据地‘两点一存’的历史地位”等为主干的 6 大类 75 门课程。

（三）着力深化“中心主研”，不断彰显主阵地精神优势

我们成立了“陕甘苏区历史研究中心”，以此为平台，与陇东学院的“南梁精神研究中心”积极建立资源共享机制，不断深化交流合作与成果转化。目前，已邀请委培主讲南梁根据地史和南梁精神的 10 位客座教授，建立南梁红色资源共享库 3 个（英烈名录库、基因数据库、革命遗址库），已收录与南梁和陕甘革命斗争史有关的红色书籍 513 册，红色故事 178 篇、高质量学术论文 32 篇，成为我们不断深化思政课教育服务的重要资源。同时，我们发挥纪念馆辖属社会组织“红色南梁联谊会”的资源优势，作为深化研究、推动服务、扩大影响的一支重要力量，现有陕甘革命先辈亲属后代身份会员 50 人，收录回忆文章 476 篇，人物资料 304 份，红色书籍 104 册。

（四）着力创优“公司主推”，不断拓宽主阵地市场优势

我们组建了甘肃南梁红培服务有限责任公司，以公司运营为主体，以南梁红色主题邮局为展示平台，紧扣市场服务需求，创新搞活教育服务方式，逐步推动了南梁思政研学服务向市场化拓展和延伸。深入大中小学校累计开展“开学第一课”“南梁精神进校园”349 场次。仅 2023 年，我们充分利用中央专项彩票公益基金“全国中小学生校外研学实践教育基地”项目的撬动作用，举办红色主题研学活动 95 场次，吸引了 104 万人次的师生和公众参与其中。编排推出红色节目 10 个，研学项目 15 个，文创产品 20 种，红色研学大礼包 1 件套。积极引导游人公众和青年学子唱红歌、听党课、讲故事、重走红军路、吃忆苦思甜饭、体验红色趣味运动会，深切感受共产党人的革命之艰和创业之难；目前，已推出体验式项目 4 大类，服务套餐 8 种。

三、存在问题及对策建议

（一）存在问题

从平时的红色文化传承弘扬与思政教育服务现状来看，旺盛的研学市场需求和场馆教育服务方式的单一性差异性问题较为明显。具体来说：一是队伍整体素能水平不高。传承红色文化，办好思政课的关键在于专职社教队伍。目前队伍成员的整体专业理论水平还不高，缺乏系统化、专业化、高层次的培训选拔机制，学术研究阐释弘扬能力相对较弱，成果的产出率和转化率明显较低。二是教育服务融合度不紧密。目前多部门联动协调共促机制还不完善，红馆的思政教育服务与学校思政课教学的联系度、紧密度、融合度相对还不足，还不能很好地将红色文化融入学校教学实践当中，特色教学实践活动相对较少，整体教育教学服务效果与红色文化校园建设还不明显。三是红色文化思政研学教材内容较为单一。目前“进校园”开展思政教学服务，主要是送展览、送文化、送服务，并辅以微党课、唱红歌、节目表演、趣味活动、有奖竞答等形式；但从实际效果看，学生的参与性、体验性、针对性周期较短，效果的持续性不长，还缺乏适合不同年龄段青少年群体的思政教学服务方案、教材、教具等内容。四是保障力相对较弱。目前各馆仅靠有限的免费开放资金维持运行，无思政宣讲专项经费支持，工作明显后劲不足，“走”不出去现象较为普遍；加之机构、编制等严重不足，人员待遇保障力弱，队伍稳定性欠佳。

（二）对策建议

一是进一步加大基地建设力度，强化革命遗址遗迹的保护、开发、利用。南梁作为陕甘边根据地的中心，周边存在大量的遗址遗迹，我们相继投入了大量资金进行开发利用，但目前仍有 38 处未进行保护利用，建议将这些遗址遗迹列入革命文物集中连片保护范围，予以保护开发利用，不断充实思政课教育基地。二是强化联合培训行动，每年定期举办针对全国文博场馆思政课兼职教师和大中小学校思政课专职教师的高层次培训班，切实推动两支队伍学习交流；三是加大经费保障力度，每年从教育、宣传、文物等渠道联合设置思政教育服务方面的专项经费，定向设置思政课兼职教师编制名额，便于各馆开展思政教育服务，保障队伍稳定和服务质效；四是强化思政课标准化教材发行工作，依托全国大中小学校教学实际和全国红色资源富集优势，教育、宣传、文物、党史等部门编印推出一批适合大中小学生实际的思政课程标准化教材、辅助读物简本等，助力各文博场馆开展思政课“进校园”活动。

弘扬革命文化　赓续红色血脉
走具有井冈山特色的革命文物保护利用之路

井冈山革命博物馆　袁海晓

1958 年，国家文物局倡议并投资兴建井冈山革命博物馆，1959 年 10 月对外开放。目前，井冈山革命博物馆管护着 104 处革命旧居遗址，其中全国重点文物保护单位 1 处 22 个点，省级文物保护单位 36 处，井冈山市文物保护单位 34 处。收藏保管革命文物 8000 多件（套），文献资料 7000 多份，历史图片 10000 余张。建馆以来，井冈山革命博物馆接待了毛泽东、朱德、邓小平、江泽民、胡锦涛、习近平等党和国家领导人及众多海内外观众，在弘扬革命文化、赓续红色血脉中发挥了积极作用。

一、敬畏红色资源，加强科学保护

为加大征集和保护力度，井冈山革命博物馆的同志强化政治站位，组织专项攻坚，遍访祖国的大江南北，深入井冈山的村村寨寨，认真开展革命遗存、红色标语、烈士烈属、农垦历史和新时代史料史迹等专项调查和征集活动。

2022 年 8 月，《光明日报》记者在习近平总书记视察过的神山村采访，得知曾有 7 名革命烈士埋葬在村外，当年的红军医药库尚存痕迹。收到反馈，井冈山革命博物馆第一时间组织专班深入神山调查。在 50 天内查清并整理出红军医药库（清水庵）遗址，绘制建筑图纸，协助退役军人事务部门勘定烈士下葬地和建设烈士墓。之后博物馆的专班老师和相关单位人员一块，翻阅现有的史料和烈士名录、走访知情人及烈属，先后 7 次探访湘赣鄂三省边界，甚至协请公安部物证鉴定中心将检出的神山村无名烈士 Y-DNA 分型数据录入全国 DNA 数据库查询比对，在全国范围内梳理出近 1200 多名疑似烈士家族成员名单 DNA 的 Y 库数据与烈士遗骸数据进行多次比对，终于在 2023 年 8 月和 9 月分别确定了 2 位烈士的姓名，并邀请烈士后代来神山祭奠认亲。《光明日报》连续 12 次头版报道此事。面对一年的努力和近百万字的工作手记，换来 2 位烈士名录里补记“牺牲后埋葬在井冈山神山村舟山组”15 个字，井冈山革命博物馆的同志感到深深的责任感和过程中满满的感动。

近年来，井冈山革命博物馆积极统筹抢救性保护和预防性保护、本体保护和周边保护、单点保护和集群连片保护工作。目前已对库房、展厅微环境进行预防性保护，并积极探索文物保护建筑的预防性保护方式。广开思路积极谋划，充分争取和利用各类资金进行革命旧址周边环境改造提升，使文物本体与周边历史风貌和谐统一。如著名的“井冈双雄”袁文才和王佐的旧居都是文物建筑，但年久失修。博物馆积极与属地镇场沟通，利用小城镇改造和“红色名村”建设的契机，推动其争取中央彩票公益基金、乡村振兴资金对旧址周边环境进行改造，对“名人故居”本体进行修缮和陈展，并将这 2 处文物建筑纳入茅坪核心景区管理及新开发的全域旅游推荐路线中，同时动员和补贴“井冈双雄”的后人在旧居里讲解、办公、座谈，与游客互动，活态化传承革命文化。

目前，江西省文物局正在牵头编制《井冈山片区革命文物保护利用专项规划》，着力提升井冈山片区和集群的革命文物保护利用水平。

二、实施跨界合作，开展系统研究

博物馆就是一所大学校，为将博物馆建设成为新时代的好学校，井冈山革命博物馆在跨界合作中积极联大联强，实施融合发展。

2022 年 6 月，井冈山革命博物馆和江西师范大学签署战略合作协议，商定共同创建国家革命文物协同研究中心。一年多来，井冈山革命博物馆—江西师大国家革命文物协同研究中心已在课题研究、学术交流、大思政课、艺术宣讲、志愿者建设、人才培养、红色资源数据库搭建、专业规划编制、跨文化和国际传播能力建设、探索社会力量参与文物保护等方面取得一定成效。中心的“基于井冈山革命博物馆扫描文物大空间沉浸式展示系统”“4+1+N 新时代高校红色场馆铸魂育人的创新探索”案例入选 2024 年度教育部高校思想政治工作质量提升综合改革与精品建设项目。中心工作人员的“革命文物资源融入高校思政课教学研究”课题获 2023 年度国家社科基金高校思想政治理论课研究专项立项。

2023 年 6 月，中国文化遗产研究院与井冈山管理局签署革命文物保护利用合作协议，文研院革命文物保护修复研究所与井冈山革命博物馆负责具体工作。目前，文研院帮助博物馆进行人员培训，指导我们进行维修技艺、材（辅）料和建筑病虫害防治等研究，对专项规划和项目申报方案进行咨询把关，协助开展项目储备，并为第四次全国文物普查、第九批国保单位申报等工作提供指导。

三、打造活动品牌，强化教育功能

井冈山常年活跃着一个井冈山精神宣讲团，以井冈山革命博物馆的工作人员、退休专家为主要成员，以讲座、讲述、访谈、情景歌舞等形式积极开展宣讲。2022 年编排的《永远的井冈山》情景宣讲节目，2023 年编排的《旧物初心》访谈节目，采用送学上门、直播（回放）、录播和视频号发布等方式在线上线下持续宣传。

2023 年 5 月，由团中央青年志愿者行动指导中心和井冈山管理局主办，井冈山革命博物馆承办，开展大学生宣讲井冈山精神志愿活动。面向全国高校遴选 1000 支大学生宣讲队伍，每队 10 名志愿者，井冈山革命博物馆负责培训、统一标识，指导其利用丰富多样的形式进行志愿宣讲。截至 9 月底，大学生们进社区、学校、工厂、农村、牧区开展宣讲活动 10000 余场，提交宣讲视频 695 个。该志愿活动涉及 650 所高校 31 个省 15 个民族的在校大学生，宣讲区域涉 310 个市 1250 个县区，累计为 99 万余人提供现场服务。

井冈山革命博物馆“小油灯”志愿者坚持开展常态化宣讲，其中“红色后代讲家风”“红色沙龙”等活动引人注目。2023 年中秋十一黄金周，井冈山革命博物馆接待游客 26.7 万人次，达到全省第一。2023 年井冈山革命博物馆两次进入中国纪念馆热搜榜季度前十名。

井冈山革命博物馆博物馆是全国首批“大思政课”基地。2023 年井冈山革命博物馆和江西软件职业技术大学联合开发的新媒体产品类视频微课“八角楼——实事求是闯新路”成功入选国家文物局、教育部以“革命文物”为主题的“大思政课”优质资源项目名单。

四、提升科技含量，注重数字赋能

“科技赋能发展，创新决胜未来。”井冈山革命博物馆积极运用盲文、有声书、H5、3D、VR、AR、AR 探索游戏 APP 等技术手段展示和互动，拓宽革命文化的多元现代表达方式。

2021 年，井冈山革命博物馆利用中宣部的全国首批红色基因库试点单位项目，将馆藏文物、资料、文物建筑进行数字化保护，对革命文化数据进行标注关联传输存储和交互展示。博物馆还推出了基于区块链技术的红色数字藏品，开售即罄，据悉井冈山革命博物馆是革命纪念馆里首个尝试数字文创的。目前在继续开发数字卡牌、数藏 IP 立体书等产品。通过前沿科技手段制造热点，用数字技术赋能红色基因传播，让革命文化“活”起来、“火”起来。

五、融入地方发展，引领文旅事业

井冈山不大，在大革命时期毛泽东同志笔下周长是 550 华里，现在的行政区划是 1400 平方公里，但珍贵的革命文化遗产遍布井冈大地，所以井冈山革命博物馆又被称为“没有围墙的博物馆”，山馆融为一体。但井冈山又不小，有高度有影响，天下第一山喜迎天下客。一直以来，井冈山依托丰富的革命文化遗产，紧扣井冈山精神主线，充分挖掘内涵，整合各类资源，不断固本兴新，在全国率先打出红色旅游大旗后，创造性推出了红色培训，乃至衍生到乡村旅游和全域旅游，通过不断探索，走出了一条“革命文物 +”的发展之路。

井冈山革命博物馆凭借红色资源、人才资源、数十年的研究成果、展览展示和管理服务技能等，成了井冈山红色教育、文旅服务的实力担当，为井冈山旅游进入全国第一方阵奠定了基础。井冈山也从 2007 年入选首批 5A 级风景区的唯一红色景区、2008 年的 ISO9001 和 ISO14001 双贯标成功、2012 年成为联合国教科文组织世界生物圈保护区、2015 年进入世界自然和文化双遗产预备名录、2017 年发布《红色教育培训管理规范》省级标准、2022 年入选全国红色旅游融合发展试点单位，到 2023 年获乡村旅游国家级标准化试点项目，通过持续的发展，实现了从“红色井冈”到“红绿辉映”再到“五彩井冈”的形象转变，实现了从单纯的革命传统教育向新时代四史教育、生态康养、农文旅融合等模式转变，实现脱贫攻坚与乡村振兴战略有效衔接，统筹革命文物工作和地方社会经济发展。

习近平总书记曾说：“井冈山是革命的山、战斗的山，也是英雄的山、光荣的山。”

井冈山的革命文化已经成为中华现代文明独特的精神标识，井冈山革命博物馆将在习近平新时代中国特色社会主义思想的引领下，进一步传承红色基因，赓续红色血脉，走好具有井冈山特色的革命文物保护利用之路，使革命文化成为激励人民奋勇前进的精神力量。

新时代革命纪念馆社会教育职能的创新发挥

川陕革命根据地博物馆　周璇

四川巴中，中华苏维埃共和国的第二个大区域——川陕苏区诞生于此。这块土地，有几个数字值得铭记：一、三、千、万。张崇鱼，川陕苏区第一代红四方面军将士树碑立传人，30 年如一日，行程 60 万公里，远赴 29 省、市（区），建成川陕苏区将帅碑林，被中共中央授予“全国优秀共产党员”称号。王成现、王建刚、王君培，三代红色守墓人，他们信守承诺 100 年，义务守护 25048 名地下英灵，为通江王坪红军烈士陵园清扫墓地。在川陕革命根据地红军烈士纪念墙、川陕苏区将帅碑林英名纪念碑，有一个特殊的名字——娃子。在那个年代，他们的父母没什么文化，不能为子女取一个寓意希望和未来的名字，“娃子”就成了他们的代名词。在我们的花名册上，一共 7400 名。现在，他们有了一个共同的光荣的名字——“烈士”。巴中，川陕革命根据地中心和首府所在地，当年 12 万人参加红军，4.8 万人为国捐躯。这里拥有全国最大的红军烈士陵园、全国最大的红军石刻标语、全国最大的红军碑林。

历史总是在承续中前进，一代人有一代人的长征。老区人民永远不会忘记这段光辉的岁月。1958 年，川陕革命根据地博物馆建成。1993 年，川陕苏区将帅碑林纪念馆建成。收藏、研究、展示、宣传、交流红四方面军和川陕苏区历史文物成为我们的初心和使命。博物馆现存馆藏文物史料 2 万余件；纪念馆共嵌单碑 4580 块、红军烈士名录 13.8 万人。“两馆”成功创建全国爱国主义教育示范基地、全国青少年教育基地、国家国防教育示范基地、全国法治宣传教育基地、全国巾帼文明岗、四川省金熊猫先进集体、四川省文物保护及活化利用记大功专项奖励集体。

作为巴中最大的红色专题馆，我们立足川陕苏区独特的红色资源优势，开展红色教育、传播红色文化，讲好红色故事、赓续红色血脉，切实发挥了“红色基因库”的“供能”“供血”作用。

一、坚持“三用”，建强代言队伍，讲好红色故事

革命博物馆、纪念馆是观众了解历史、感知历史的重要渠道。在社会教育工作中，不仅需要掌握历史知识，更需要传递情感，才能引发共鸣、润物无声。2021 年，我们的核心讲解团队——映山红宣讲团荣获四川省文旅公共服务高质量发展优秀团队称号。一是用团队引领人。针对讲解员人员流动性大的特殊现状，我们成立了巴中首支专业化的红色故事宣讲队——川陕苏区映山红宣讲队，将理论培训与业务训练相结合，每月至少一次党史教育，每年至少一次外出学习。针对映山红宣讲队、“五老”宣讲员、小小讲解员不同需求和实际，建立分层培训体系，制定个性化学习计划，按月目标考核，进行物质奖励和通报表扬。二是用实战培养人。鼓励站出来、走出去，参大赛、观大展，举办“红色故事”讲述大赛，参加全国、省、市各类赛事。培养全国优秀讲解员 1 名、全国五好讲解员 1 名、天府旅游名导 2 名、全省金牌讲解员 4 名、全省金牌讲师 1 名、全省博物馆十佳讲解员 1 名。选送 1 名讲解员先后参加全国庆祝改革开放 40 周年、新中国成立 70 周年大型展览，承担讲解任务，获中宣部表扬。三是用制度激励人。制定《讲解员管理办法》《讲解费提成办法》《讲解员评职称细则》《讲解员学习目标考核细则》等系列刚性制度规范，上调讲解员薪资幅度。建立长效激励机制，评选星级讲解员，在待遇、职称上留存差异。对发表文章或得到市级以上荣誉的，给予不同层次的奖励。每年向市委、市政府争取编外辅助性岗位，用于解决讲解员待遇问题。

二、坚持“三重”，夯实赋能阵地，守护红色记忆

作为文化窗口和社会纽带，博物馆、纪念馆是为公众提供文化滋养的公共场域。加强基础建设，推动文化赋能，就显得尤为重要。一是重项目。争取市委、市政府支持，先后投入 3 亿元，建成巴中市博物馆，填补巴中无综合博物馆的空白。同时，配套交通路网、景区停车场、兵器展场、游客中心等，累计向国、省争取文保资金 2000 万元、陈列布展地方债券资金 9000 万，用于文物修复、馆藏红军石刻标语保护修复、馆藏

珍贵文物数字化保护利用、预防性保护及库房恒温恒湿、陈列布展等项目。二是重馆藏。大力实施革命文物征藏工程，多次赴陕西、甘肃、山东、成都、湖北等地征集革命文物 280 余件。走访根据地各区县、烈士家属、老红军等，记录红四方面军口述史。征集退役重兵器 15 件、抗疫物品 200 余件。接收川陕苏区将帅碑林纪念馆终身名誉馆长张崇鱼捐赠物品 5147 件，为收藏红色记忆、传承红色文化提供了良好的物质基础。三是重文创。立足自身实际，将红色元素充分融入纪念品、情景剧当中，打造极具特色的文化 IP。开发“红色家居”“红色文具”“红色玩具”“红色剧目”等 26 类、50 种文化创意产品。纪念文件夹、巴文化马克杯荣获四川省红色旅游文创产品大赛铜奖和“巴人有礼”文化创意大赛金奖。《热土》《弘扬抗疫精神 致敬最美逆行者》等原创剧目，在社区、军营、学校巡回演出，备受好评。坚持小成本、小制作定位，以地方红色歌谣、诗词和故事为创作蓝本，讲解员义务演出的红色诗剧《问君归期》，被选为全市精品剧目，演出 30 余场。

三、坚持“三特”，创设初心课堂，赓续红色基因

2023 年暑假，随着最新一批“红领巾讲解员”持证上岗，我们的“红领巾讲解员”人数超过 500 名，志愿讲解达到 1800 余场次。“红领巾讲党史”项目荣获第六届中国青年志愿服务项目大赛银奖。红色博物馆、纪念馆不仅是收藏党和国家光辉历程的“历史殿堂”，更是传承红色基因、传递时代精神的校外课堂。为此，我们长期致力于打造寓教于乐、寓教于思、寓教于学的红色文化精品“初心课堂”。一是聚焦特殊群体。为青少年量身订制“我为红军打草鞋”“我为红军纺纱线”和手錾石刻标语、临摹宣传漫画等研学活动。利用寒暑假，向学校招募 8—14 岁的青少年儿童来馆培训上课，参与志愿讲解、活动体验，引导青少年快速认识文物、了解历史。到目前为止，已连续举办 9 届。同时，联合宣传、教育、团委、电视台举办“首届红领巾讲解员大赛”，不断提升红领巾讲党史品牌影响力。二是编写特色教材。深入挖掘四方面军及川陕苏区历史红色文化精神内核，编写《川陕苏区红色故事选编》《革命文物精品赏析》《带血的土地册》《大摆火牛阵》AR 绘本、《川陕薪火》研学教材等“红色记忆”系列丛书 30 余部。推出《半截皮带 一生信仰》《夜空中最亮的星》等精品微党课 20 余堂，《又忆金色的鱼钩》荣获四川日报副刊散文一等奖。三是举办特优展览。策划推出“红四方面军主要将领展”“川陕苏区美术作品展”“石头上的宣言”“永远的女红军”“纪念川陕革命根据地创建 90 周年专题展”，以展览温度促进浸润力度。

引进福建、湖北、上海、甘肃等兄弟馆特色展览，将地方特色展览送进上海、宁夏等地，实现革命文物资源共建共享。利用流动博物馆将展览送到群众家门口，让红色文化飞进寻常百姓家。

四、坚持“三联”，构建宣传矩阵，传播红色文化

当前，新媒体技术的发展为各行各业带来了加速度，也成为推动文博事业的重要引擎。我们紧贴时代脉搏，借助网络数字媒体进行红色文化传播，突破时空限制。一是联动教育平台。与中央直属机关党校、国防大学、四川博物院、成都博物馆、西南科大等 100 余家单位达成合作共建协议，共同推进革命文物资源共享和革命文化阐释传承。每年与各地兄弟场馆开展馆际交流，在文物、展览、文创上进行深度交流与合作，增进了省内外观众对川陕苏区历史的了解，红色巴中的辐射面积持续扩大。二是联通全网数据。坚持传统媒体与新兴媒体互补、线上与线下联动，全方位多角度做好深度宣传，开通微信公众号、抖音、微博等新媒体平台，不断满足大众多样化需求。截至目前，共发布信息、短视频 7574 条，阅读量 693.6 万，点赞 61.9 万，关注粉丝人数 2.3 万。三是联盟红色大咖。开发“红色故事汇”“红领巾讲川陕”“博物馆 FM”等线上教育栏目，吸纳全国各地讲解员、志愿者、主持人、大学生等“红色大咖”500余人参与川陕苏区历史讲述和宣传。推出“红色故事汇”200 余期，“红领巾讲川陕”展播优秀视频 100 余期，“博物馆 FM”播报 40 余期。“红色故事汇”品牌被多家媒体转载，点击量达 80 多万，获四川省十佳文博教育优秀案例。

新时代，我们的事业迎来了新的机遇，博物馆、纪念馆的社会教育功能也将不断向纵深拓展。如何创新而有效地发挥作用，是我们面对的永恒课题。本次论坛是一次极佳的思想碰撞和经验交流，必将再次启迪我们的思维、开拓我们的视野，也必将促进我们不忘初心，积极探索，走好新时代的长征路。

守正创新　笃行致远
照亮青年前行之路

武汉革命博物馆　万玲

未来属于青年，希望寄予青年。习近平总书记始终关心青年成长成才，寄语广大青年在青春的赛道上奔跑。尤其是广大青年要厚植家国情怀。2023 年 10 月 7 日至 8 日，全国宣传思想文化工作会议在京召开，首次提出习近平文化思想，强调宣传思想文化工作事关党的前途命运，事关国家长治久安，事关民族凝聚力和向心力，是一项极端重要的工作。革命文物作为做好宣传思想文化工作的重要载体，保护好、管理好、运用好革命文物，讲好革命文物背后的故事，是我们义不容辞的责任。

武汉革命博物馆位于被人们称为“中国第一红街”的武昌红巷，下辖的武昌农讲所、毛泽东同志旧居、中共五大会址纪念馆、起义门、中国共产党纪律建设历史陈列展等五处革命旧址和红色场馆，共有 11 处基本陈列和 26 处复原陈列，是武汉地区首屈一指的红色场馆。面对新时代的青年，我们守正创新，传播传承，不断加大革命文物保护力度，积极推进革命文物活化利用，坚持创造性转化、创新性发展，大力弘扬革命文化，用心用情讲好红色故事，让文化“圈粉”青年。

一、为明天收藏今天

革命文物是革命纪念馆讲好红色故事的重要载体，藏品征集是传承红色基因，赓续红色血脉的重要保证。博物馆现有藏品 27999 件（套），其中珍贵文物 1006 件（套），涉及种类繁多，已形成红色革命见证与城市历史见证两大类藏品体系。

进入新时代，我们更好地发挥博物馆在社会发展中的使命担当，主动出击，为明天收藏今天。

2014 年至 2018 年，因展览和研究需要，武汉革命博物馆通过多种途径征集到近万件文物资料，极大丰富了馆藏资源。尤其是 2016 年，博物馆派专人赴俄罗斯国家社会政治历史档案馆，征集到两张反映中共五大会场的真实历史照片，这是仅有的反映中国共产党早期党代会的照片，填补了党史档案的一个空白。

2020 年，面对新冠肺炎疫情，博物馆主动担当，积极作为，十四次到援鄂医疗队，六次到雷神山，九次进入方舱和医院，足迹遍布全市各个角落，征集和收藏抗击新冠肺炎疫情物证，有力弘扬了伟大的抗疫精神，开辟了新时代红色藏品征集的新路径。如“人民英雄”张伯礼院士手书《归辞》，“重症八仙”签名的防护服，火神山医院设计图手稿……这些抗疫物证充分彰显了生命至上、举国同心、舍生忘死、尊重科学、命运与共的伟大抗疫精神。

2022 年，在中国共产主义青年团成立 100 周年之际，博物馆隆重推出“复兴路上　青春闪光——武汉庆祝中国共产主义青年团成立 100 周年专题展”。为扩大文物征集力度，博物馆与共青团武汉市委联合发布文物征集公告，吸引社会各界广泛参与，来自省内外的红色收藏家纷至沓来，捐赠革命文物 100 余件（套），如《中国青年》。《中国新民主主义青年团武汉市第一届团员代表大会会刊》、汉藏双语版《入团志愿书》、1949—2018 年的 18 本《团章》等，生动诠释了中国共青团坚定不移跟党走，为党和人民奋斗的历史。

二、用科技赋能藏品

近年来，武汉革命博物馆以科技赋能馆藏资源管理和数字化利用，启动藏品信息综合管理系统建设、智慧博物馆综合服务平台建设，让藏品“火起来”“活起来”。

在革命文物保护方面，建立文物数字账本，对现有的馆藏文物资料分期分批次做好文物信息化、数字化工作。下一步，我们要通过“珍贵革命文物数字化保护项目”的实施，对具有代表意义的馆藏革命文物等进行文物数字化：对印章、证章等非平面革命文物进行采集制作文物三维模型，对横幅、挽联等平面文物进行二维影像采集，对照片等革命文物进行照片拍摄，对书信、手迹、日记等纸质革命文物进行内容提取……通过这一项目的实施，一方面可以进行数字化信息记录，实现馆藏革命文物智慧管理、保护和展示，全面提升文物数字化保护和展示水平；另一方面为文物数字化修复、文物历史研究、文物展示等提供数字基础和平台。同时，进一步为馆内革命文物进“火起来”“活起来”提供数字化内容支撑。

与此同时，我们注重革命文物的修复工作，选派专技人才参与古籍修复技艺培训班学习，并遴选一批珍贵的档案文献史料，策划“抗美援朝历史文献”这一选题成功入选申报湖北省历史文献修复项目，是湖北省文博系统唯一一家成功入选单位。依托该项目，我们与湖北省图书馆合作举办“妙手书医巧补天——湖北省古籍修复技艺展”，展示古籍修复技艺、湖北省古籍修复成果，以及武汉革命博物馆近年来修复工作破冰起航。为了让观众更好地了解古籍修复技艺，武汉革命博物馆依托展览举办互动体验活动，让观众在亲身实践的过程中感受到博物馆文物修复的魅力。

加大数字展馆建设。运用新技术手段，打造出一座集全视角浏览功能、二维地图联动功能、语音解说功能、三维可视化导航等多种功能于一体的“没有围墙的博物馆”，实现展馆内容“动起来、活起来、炫起来”，观众“零距离”了解博物馆，让博物馆资讯与社会同步、与时代同行。让文物“发声”。展览应用数字化技术，为重点文物穿上独特的二维码外衣，手机扫一扫即可聆听语音讲解，观看图文、视频资料，并实现翻看、缩放、点赞分享等多种新型玩法。

三、用传播做好传承

传播是最好的传承。我们作为文化的传播者和传承者，如何让文化在新时代迸发新活力，如何讲述好中国故事、传播好中国声音，如何更好地展现可信、可爱、可敬的中国形象，任重道远。因此，我们必须练好基本功，深入挖掘文物背后的历史文化，坚持创造性转化、创新性发展， 讲好文物的故事，让文物活起来。

推陈出新，擦亮展览品牌。博物馆深挖革命文物价值，以文物为基础举办各类精品展览，并通过阵地展＋云展览＋巡展＋联合办展等形式使展览形成系列、形成品牌，扩大展览影响力。如“复兴路上 青春闪光”开展后，迅速在全市范围内启动专题巡展活动，先后走进武汉中学、江汉区团委、中信设计、木兰景区、前川办事处、武汉地铁等 19 家单位，观展量达 128795 人次，充分满足各界人民群众的精神文化需求，使红色文化在群众中落地生根，让红色基因代代传承。2023 年，武汉革命博物馆原创的“信仰铸忠魂——中国共产党首届中央监察委员会成员专题展”先后在上海中共四大纪念馆、南昌八一起义纪念馆、陈云纪念馆等多家红色场馆展出。通过全国巡展和联合办展，使地域间的红色资源实现了互通互联共享，有力扩大了博物馆展览的品牌效应。

解读“公众号”，让文物既有意义又有意思。多点打造宣传热点，全新推出“文物说”“主创带你看新展”“行走的展览”“展览说”等宣传栏目，使线上模块化宣传形成品牌聚集效应，讲述革命文物背后的故事。

四、用跨界打破边界

面向未来的博物馆是怎样？通过搜索了解到：社区、文化枢纽、与时俱进、创造性转化创新性发展、讲好中国故事、美好生活、观众喜闻乐见、无边界博物馆、数字化展览、跨界融合、公共服务、数字博物馆、和谐发展、研究和展示、公众需求等均为高频关键词，这反映了我们对面向未来的博物馆的共同理解和追求。

多元社教，让革命精神直抵人心。为弘扬革命文化，博物馆立足红色文化，守正创新，积极开展以革命文物为支撑的文艺宣讲、红色研学活动。2022 年，我们隆重推出“我在红巷讲党史”红色 IP，推出“红巷里的思政课”等子项目，“武汉 1927 沉浸式思政课”“红色课堂进校园”等已形成区域特色社教品牌，以“体验式教学”“线上线下互动交流”等多种组合模式，着力提升党史教育和爱国主义教育的吸引力和感染力。“我在红巷讲党史”文艺宣讲通过“历史 + 展演”的传播方式，深入挖掘革命文物精神内涵，融合红色经典音乐、舞蹈、诗词、影视、舞台剧等文艺形式，将党史上的重要人物、重要会议、重要节点呈现出来，让红色故事跨越百年时空，生动鲜活起来。“武汉 1927”是湖北省首部博物馆沉浸式思政课，通过讲、演、展等方式带领观众进入实景历史情境中，引领观众穿越历史的沧桑巨变，化身“农讲所学员”“五大代表”与革命家对话交流、同桌学习、高喊誓词。目前，沉浸式思政课已形成了“历史的回望”“庄严的宣誓”“最后的团聚”“监委主席王荷波”四个系列。至此，博物馆目前共推出了四部紧扣主题且各具特色的“武汉 1927”系列沉浸式实景剧，自推出以来，演出场场爆满，深受观众喜爱。

文旅融合，打造红色旅游地标。为了盘活红色资源，博物馆围绕革命旧址保护，对中共五大会址进行了保护性修缮，对武昌农讲所 AAA 级旅游厕所进行了改造，对全部场馆开展了洁化、绿化、美化服务，使参观环境不断提升，升级为全国红色旅游经典景区；同时推出多条独具特色的红色旅游精品路线，先后入选全国建党百年红色旅游百条精品线路、“长江红色基因传承之旅”；将红色资源与长江文化、体育文化相结合，先后举办“英雄城市 红色骑迹”“沿着长江读懂中国——湖北千里长江行”“我是长江的孩子 英雄武汉文化研学”等活动，以文旅融合促进红色资源的开发利用。

创新表达，向世界讲好红色故事。博物馆是城市的文化名片和客厅，以博物馆的建设发展带动整个城市文明程度的提高、带动整个城市文化意象的灿烂，是 2.0 版本的“博物馆之城”建设最本质的变化。正如前段时间，习近平总书记在给南京审计大学留学生回信中写道“着力培养知华、友华、爱华的新时代留学生”，革命类纪念馆作为高校“大思政课”实践基地，更应发力在外国友人中开展多样式传播，让他们了解、理解，甚至宣传我们。因此，我们要创新价值表达，不仅要做好对内传播，同时也要注重对外传播。

守正才能创新，传播是最好的传承。新时代赋予我们新的文化使命，在新的起点上，我们要用好革命文物这一历史文化资源，坚定文化自信，秉持开放包容，坚持守正创新，赓续中华文脉，谱写当代华章。

中共一大纪念馆大思政课体系构建和实践探索

中共一大纪念馆　阮竣

中共一大会址是中国共产党的诞生地、中国共产党的初心始发地、伟大建党精神孕育地，作为党的诞生地纪念馆，建馆以来，在不同时期都肩负着相同的使命：铭记光辉历史，发扬红色传统，赓续红色血脉。

建设伟大建党精神的研究和阐述高地、中国共产党创建历史资源的保护和呈现高地、中国共产党创建故事的讲述和传播高地，成为中共一大纪念馆新时代的使命和责任。为深入贯彻落实习近平总书记重要讲话精神，纪念馆依托馆藏的丰富革命文物藏品，用好红色资源铸魂育人，赋能大思政体系建设做出了许多创新探索。

一、丰富教育形式，拓宽“大思政课”教育路径

2022 年 7 月，教育部网站发布了《教育部办公厅等八部门关于“大思政课”实践教学基地名单的通知》，中共一大纪念馆入选首批“大思政课”实践基地。以此为契机，纪念馆锚定“大思政课”为着力点，构建纪念馆与学校同频共振的人才培养模式，打造“思政小课堂 + 社会大课堂”“思政课程 + 课程思政”双向互动、协同育人的教学模式，从而落实立德树人的根本任务。

同月，中共一大纪念馆所属“一大研学”红色教育品牌正式创建，致力于传播中华优秀传统文化、革命文化、社会主义先进文化，并在“文化 + 教育”“文化 + 艺术”“文

化 + 科技”“文化 + 文旅”等多维度不断创新探索，以多重载体生动讲述建党故事、弘扬伟大建党精神。

面向广大青少年策划推出“百物进百校，百讲证百年”百件革命文物进课堂项目、“沐浴在党的阳光下——向阳而生”、探寻“初心之旅”、“树德有为 雏鹰少年”红色思政教育进校活动等形式多样的教育活动，助力大中小思政课一体化建设格局，根据各年龄层学生的自身特点，开设专题课程、研发自主品牌、强化科技支撑，丰富教育形式，不断探索馆校协作新路径，为红色教育提质扩容。

二、打开教育视野，开展“大思政课”多维合作

纪念馆策划推出了全国首个以“伟大建党精神”为主题的大型特展——“伟大精神铸就伟大时代——中国共产党伟大建党精神专题展”是弘扬伟大建党精神、赓续传承红色血脉的重要实践。纪念馆还推出了全国巡回展以及红色流动巡回展车，巡展项目 2022 年 2 月启动，至 2023 年底，已成功举办图片展 233 场、车展 44 场，共计 267 场。其中在复旦大学、上海交通大学、上海外国语大学、华东政法大学等高校落地开展，成为大学生传承红色基因的“加油站”和“孵化器”，让大学生从历史汲取智慧和力量，助力高校更好立德树人、培根铸魂。

整合社会资源，打开教育视野，除了馆校合作，纪念馆还积极吸纳社会资源，为不同受众打造研学项目。纪念馆策划推出面向中小学生的“430 · 四点半课后服务”进馆项目，与市、区教育系统开展紧密合作，开创红色教育新路径。2023 年 3 月初，这项课后服务率先联动金山区教育局首发，至 6 月活动结束，共计 6.9 万名中小学生走进“一大”开启瞻仰之旅。另外，纪念馆依托文创大赛，组织多所高校设立“专项工作营”，探索产业与教育融合模式，为高校专业人才以正确的政治立场和价值观接轨社会、服务文化产业，成为高校“大思政课”独特体现形式。

三、线上线下搭台助力，打造红色教育新生态

为切实用好革命文物资源，特别推出“百物进百校，百讲证百年”百件革命文物进课堂项目，从 12.8 万件藏品中精选 100 件革命文物，带进学校课堂，让老师言之有“物”，学生百闻不如一“件”。通过馆校合作设计符合青少年认知特点的教育活动，把先辈们的英雄故事讲给年青一代听，激励他们坚定不移跟党走，培养担当民族复兴大任的时代新人。至今已顺利开展 100 场活动，活动遍及上海市幼儿园、小学、

初中、高中、大学全学龄段，直接影响学生近万人次。该活动作为上海市贯彻落实教育“双减”政策、利用校内外资源提升教学水平的典型优质案例被央视《新闻联播》报道。与该活动直接相关的全媒体报道近 800 余篇次。相关活动视频、文物宣传视频播放量累计破千万，触及人次过亿。

用好馆藏资源，持续推动大思政课教育体系建设，通过“文化 +”发展战略进行创新探索，开展馆校合作、馆企联建等，发挥红色文化 IP 优势，不断提升影响力及传播力。授牌临港控股集团和金寨华润希望小镇为“一大研学”基地，将“珍贵性”“稀缺性”文物资源，伟大建党精神的研究和阐述成果，突破地理局限，促动多方合作的深化、项目的落地。

纪念馆策划推出《思南路上的枪声——向着光明前行》原创实景沉浸式体验剧，以扎实可考的历史事件为背景、以真实历史人物为角色设定、以悬疑推理为主基调，深度融合戏剧表演、剧本杀和沉浸式互动体验等多种艺术手段进行演出，充分利用周公馆所辖两栋建筑的展陈和办公空间，以创新剧目展演的形式探索文旅融合新路径。该剧获得 2021 年上海市爱国主义教育基地优秀品牌项目、2022 年长三角文旅一体化合作发展峰会优秀案例。

习近平总书记指出，革命文物承载着党和人民英勇奋斗的光荣历史，记载中国革命的伟大历程和感人事迹是党和国家的宝贵财富，是弘扬革命传统和革命文化、加强社会主义精神文明建设、激发爱国热情、振奋民族精神的生动教材。中共一大纪念馆将持续做好革命文物资源库建设，盘点、梳理不同历史时期和不同主题的革命文物，形成“研究—保护—展示—教育—传播”全链条范式，以更好地赓续红色血脉，传承信仰之光，坚定理想信念。

斧木成“新”——“大思政课”背景下的革命纪念馆教育创新探索

淮海战役纪念馆　贾萍

淮海战役纪念馆有四个特点：一是早，批得早，建得早，1949 年 1 月批准兴建；二是大，规模大，由苏鲁豫皖、济南南京四省两军区共同筹建，占地 77 万平方米，塔高 38.15 米，纪念馆展陈面积 1.2 万平方米；三是高，规格高，第一次中央军委批准、第二次国务院批准，毛泽东写塔名，陈毅、张爱萍写碑文，开放时党和国家领导人均赠送花圈；四是精，建筑精，杨廷宝总设计、刘开渠雕塑创作，用的是当前最好的材料，最好的工匠历时 5 年精心打造。2021 年，纪念馆基本陈列改造提升，获得十大精品特别奖。

习近平总书记对“大思政课”高度重视，2016 年 12 月在全国高校思想政治工作会议上强调：“要坚持不懈传播马克思主义科学理论，抓好马克思主义理论教育，为学生一生成长奠定科学的思想基础。要坚持不懈培育和弘扬社会主义核心价值观，引导广大师生做社会主义核心价值观的坚定信仰者、积极传播者、模范践行者”。2019 年 3 月，习近平总书记在学校思想政治理论课教师座谈会上指出：“我们办中国特色社会主义教育，就是要理直气壮开好思政课，用新时代中国特色社会主义思想铸魂育人，引导学生增强中国特色社会主义道路自信、理论自信、制度自信、文化自信，厚植爱国主义情怀，把爱国情、强国志、报国行自觉融入坚持和发展中国特色社会主义事业、建设社会主义现代化强国、实现中华民族伟大复兴的奋斗之中。” 2021 年

3月，习近平总书记看望参加全国政协会议的医药卫生界、教育界委员时指出："思政课不仅应该在课堂上讲，也应该在社会生活中来讲。""'大思政课'我们要善用之，一定要跟现实结合起来。上思政课不能拿着文件宣读，没有生命、干巴巴的。"这些重要指示，为新时代如何办好"大思政课"提供了基本遵循。

革命纪念馆作为教育基地，其教育功能受到前所未有的关注和期待。那么，如何在"大思政课"背景下发挥革命纪念馆应有的作用，以下是我的思考和淮海战役纪念馆的创新探索。

一、大格局——贯通历史、现实和未来

习近平总书记指出："历史、现实、未来是相通的"，"我们要用历史映照现实、远观未来。"

如何贯通？一是史实进，这是基础，就是把纪念馆展示的那段历史研究透。二是学理蓄，这是支撑，贯通历史、现实和未来，重要媒介是规律。要从历史发展中总结经验，把经验上升到规律层面，再用规律指导实践，创造理想中的未来。三是实际出，这是目的，结合社会发展前瞻性、战略性问题，结合工作系统性、预见性、创造性问题，也就是立足需求解决现实问题。

要做到史实进、学理蓄、实际出。一要高度重视史料研究，以物证史、以物叙史、以物论史，从小切口小故事讲清楚大道理。二要坚持古今中外的方法，从长时段宽视角到大道理。总书记曾指出："历史是最好的老师。思政课教师的历史视野中，要有5000多年中华文明史，要有500多年世界社会主义史，要有中国人民近代以来170多年斗争史，要有中国共产党近100年的奋斗史，要有中华人民共和国70年的发展史，要有改革开放40多年的实践史，要有新时代中国特色社会主义取得的历史性成就、发生的历史性变革，通过生动、深入、具体的纵横比较，把一些道理讲明白、讲清楚。"把需要研究的问题放到5000多年、500多年、170多年、100年等大跨度的时间中，放到世界社会主义发展史乃至人类文明史的全球视野中，进行纵横比较，才能更加准确地定位历史坐标，更好地弄清事情的来龙去脉，更深刻地把握历史事实之间的内部联系。三要坚守初心，历史是长河、现实是土壤、未来是星空，浩瀚无垠，无边无际，要有打进去的耐力、跳出来的功力，不急功近利，不涸泽而渔，板凳甘坐十年冷，不忘初心担使命。

二、大空间——以教育为目的的展览展示

相较于学校，革命纪念馆的优势一是阵地优势，二是资源优势。要充分认识自身优势，充分整合二者，就是打造以教育为目的的展览。2021 年，淮海战役纪念馆基本陈列改造提升，“人民的胜利——淮海战役历史展览”在这方面做了一些探索。从五个方面进行分享。

1. 历史和精神——内容序列化——大菜单

2. 人和物——立足人的认知的物的表达——大教育

3. 开放和共享——搭建对话交流平台——大平台

4. 空间和体验——在历史情境中感知——大传递

5. 课堂和教学点——教学体系建设——大课堂

要形成大菜单，创建线性表达和板块阐释相结合的框架结构很重要，学术架构和教学方法相结合，将内容分解为知识点，再将知识点组合成为概念、命题、定理等知识要素，逐步递进整合，通过视觉要素组合成空间叙事，通过内容序列化（知识点、要点）实现打破空间叙事的菜单式结构。

要做大菜单就要把常量做大（丰富、更新、增量）。基本陈列是不变的，因此要把常量做到足够大，内容准确翔实丰富，对各类受众群体需求进行呼应性预设，保留藏品被获得的最大可能性。同时观众的需求是变化的，因此要保持增量，要持之以恒地关注观众的需求变化，以更新和变化内容；持之以恒地研究阐释搜集挖掘。大空间还在于，对人的认知规律的把握。要针对受教者不同情况提供方案，要从尊重和了解出发，实现因人施教，切忌闭门造车、自我感动。教育是博物馆的基本社会职能。但是我们真的了解教育对象吗？他们是谁？他们为什么而来？他们来了关注什么？他们获得了什么？他们有什么期许和需求？他们还想再来吗？我们又了解受教者的认知规律么？人按照感觉、知觉、记忆、体验递进感知，感觉是通过各种感觉器官收集和接受外界信息在人脑中产生的、对事物的个别属性和特性的反映。知觉是对感知信息的组织和解释。记忆针对的是形象、感受、概念和命题等。体验是通过实践认识事物，亲身经历，获得经验。那么，我们的展览是否真的以此为出发点？这些都值得认真思考。

三、大协同——馆和校的双向奔赴

革命纪念馆要在大思政建设中担当使命，必须达成馆和校的双向奔赴。

一是建立馆校联动机制。馆校教育主体不同、教学模式不同、评价机制不同，要

达到融合发展有很多困难。但时代给馆校做“月老”，牵了线，馆校要本着把自己做到最好，心里爱着对方，最终实现由资源共享、师资互通、评价互用的联动机制。目前，我们馆就是本着把自己的事做好的原则，精心打造展览，为对方提供实景课堂教学平台；精心打造课程，融入学校的延时课、社会实践课、德育课等。

二是推动活动课程化。按照“教、学、评”的课程建设规律，采取集体备课的方式形成各类淮海战役思政课程。

三是创新“三种形式”。活化革命文物，推动红色基因入脑入心。创新“情景式、体验式、互动式”现场教学形式。小学阶段重在启蒙和培育红色情感——“童‘话’淮塔”等 20 个小学生现场教学课程；中学阶段重在打牢思想基础，提升政治素养锻造红色品格——“行走的课堂”等 20 个中学生现场教学课程；大学阶段重在增强使命担当，培育“有理想、敢担当、能吃苦、肯奋斗”的时代新人——“淮海三问：人民军队为什么胜、人民群众为什么帮、共产党为什么能——淮海战役的历史内涵和时代价值”等 10 个大学生现场教学课程。

“情景式”现场教学，创新“演”的形式，在展览中或者舞台上进行沉浸式情景剧表演，让思政课“走下讲台，踏上舞台”。

“体验式”现场教学，创新“动”的形式，推动青少年从“被动听”转换为“主动做”，在亲身经历中深刻体会红色精神。

“互动式”现场教学，创新“问”的形式，通过设计提问环节、制作任务卡、开展研讨等，变“教”的单向灌输为“教和学”的双向奔赴，让青少年在与授课者的交流沟通中，产生共鸣。

何谓创新，是守正基础上为达成目标所做的不懈努力。新字释义，用斧头把树桩劈成用于燃烧的柴片。最后一句话我们共勉：

以史为木，以我为斧，劈木成柴，予现实以火，予未来以光。

在“大思政课”新赛道上彰显“农讲所的力量”

毛泽东同志主办农民运动讲习所旧址纪念馆　黎淑莹　刘锐宁

博物馆是保护和传承人类文明的重要场所。对于如何发挥“博物馆的力量”、用好用活爱国主义教育基地等优秀资源，习近平总书记作出一系列重要论述和重要指示，强调历史是最好的教科书、清醒剂、营养剂。

农讲所纪念馆依托全国重点文物保护单位广州农民运动讲习所旧址而建，旧址原为番禺学宫，是明清时期广州培养儒生、祭祀孔子的地方。1926 年 5 月至 9 月，毛泽东同志在此主办第六届农民运动讲习所，为中国农民运动培养了大批领袖和骨干，使这一古老的建筑成为具有重大历史意义的革命纪念地。农讲所纪念馆兼具红色基因和传统历史文化传承使命，先后评为全国爱国主义教育示范基地，全国红色旅游经典景区，省、市党员教育基地，自 2023 年 8 月起又添新“身份”——在教育部与科学技术部、工业和信息化部等部门联合公布首批“大思政课”实践教学基地中，农讲所纪念馆荣获由教育部办公厅会同中国关心下一代工作委员会办公室联合设立的“党史新中国史教育专题实践教学基地”称号。

近年来，农讲所纪念馆时刻牢记社会教育的使命，利用自身特色优势，紧贴时代主流，向社会公众推出了内容丰富的主题展览，开展了农讲所青少年研学系列活动、红色家书主题活动、“农讲所红色故事讲述人”遴选等形式多样的社教活动，进一步擦亮“红讲台”“红色文化讲堂”“开笔礼”等文化品牌，释放文化引力，引导广大党员群众特别是青年学生弘扬、传承优良革命传统和优秀传统文化，使大思政课不局限于课堂、教室范围内的知识课，而是立足实践，在推进“大思政课”建设中发挥好“博物馆的力量”。

一、找准定位，延续六百余年文化学堂育人之力

从番禺学宫到农讲所，再到如今的红色教育基地、“大思政课”实践教学基地，“学习”“课堂”等是农讲所纪念馆的特色标签，其文化内涵贯穿古今。延续百年传统，2023 年农讲所纪念馆以红色文化、岭南传统建筑、非遗等主题，推出了剪纸、3D 立体拼图、水彩画等 12 场研学活动，其中，借助广州厚重的历史文化积淀，精心策划了“研学游”课程——“红色探寻”之旅和“毛泽东足迹”之旅活动，带领青少年探寻红色史迹，深度体验红色文化、读懂红色故事，为红色基因传承凝聚青春之力，在深化文旅融合的过程中，让孩子们在“游玩”中真正学有所得。

此外，农讲所纪念馆积极主动服务“四史”学习教育，进一步擦亮“新时代文明实践站 · 红色文化讲堂”红色文化品牌，搭建学党史、强党性的教育平台。自党史教

农讲所纪念馆青少年研学系列活动

“研学游”课程——“红色探寻”之旅

新时代文明实践站·红色文化讲堂

育学习活动开展以来，共举办红色文化讲堂和学党史专题宣讲463场，共计21462名党员参加了现场学习，党员教育工作成效显著。

二、立足特色，彰显“传统”“红色”资源融合之力

农讲所纪念馆具有丰富的各类馆藏资源，既有深度，又很生动，将之作为课堂教学的有益补充，有助于开阔眼界、增进知识。依托番禺学宫这一传统文化符号，农讲所纪念馆于2004年在全国率先全面恢复了古代礼仪“开笔礼”。随着开笔礼的受欢迎程度越来越高，这一仪式逐渐成为少儿的“开学第一课”。2023年开学季，农讲所纪念馆和越秀区合作在番禺学宫举办了9场开笔礼，通过游泮入学、整装习礼、点

智破蒙、击鼓明志、名师开笔等，让孩子们接受传统文化熏陶，开启人生新篇章。学子首课环节开展“党的精神代代传”宣讲，学子们在全市首个新时代文明实践红色文化移动宣讲站——“1 路红色公交车”上聆听着中共三大、烈士陵园、农讲所等红色史迹故事，身临其境感受越秀深厚的红色底蕴，在体验式、沉浸式研学过程中重温革命历史。

番禺学宫开笔礼

为深入挖掘文物资源，讲好文物故事，农讲所纪念馆与广州城市旅游问询救援服务中心在暑期联合举办“重温红色家书　传承家国情怀”主题活动，展示和释读彭湃、阮啸仙、谭作舟等烈士的家书，通过主题讲解、品读家书、书写家书和分享家书等，让少年儿童和社会大众共同见证革命先烈以国家民族大义为己任的初心使命，从感人的家书中汲取信仰力量。

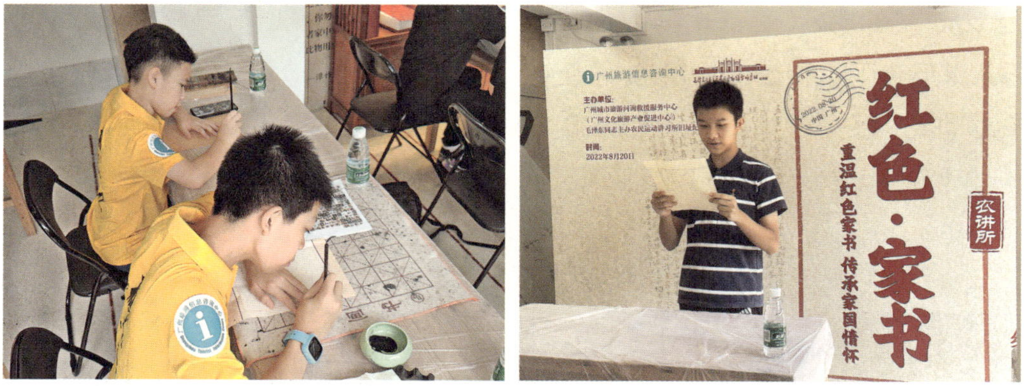

“重温红色家书 传承家国情怀”主题活动

农讲所纪念馆还根据馆内条件，开展暑期晚间文化活动，点亮“夜农讲所”，在农讲所广场大榕树下开设“露天影院”，举办了 7 场电影放映和粤语讲古活动，为社区讲述广州红色故事和历史名人故事。同时利用重要时间节点，有针对性地开展爱国主义教育活动：如清明节期间举办“红色领读者”活动，邀请烈士后人、名校长、农讲所纪念馆馆长为青少年们组织红色故事分享会；打造特色打卡点，在馆内设置“红色时光胶囊邮局”，推出红色纪念邮册，增加青年学生在参观过程中的趣味性。

农讲所纪念馆广场大榕树下的“露天影院”

红色时光胶囊邮局

三、守正创新，打造“线上”“线下”联动传播之力

在新冠肺炎疫情防控常态化背景下，博物馆利用“两微一端”、线上直播等新媒体平台进行社会教育传播已成为新常态。2021 年以来，依托南粤红色文化品牌“红讲台”，农讲所纪念馆与广东广播电视台康毅工作室联合策划推出“广州红色故事”“农运风云”等系列音频 36 条，通过精心选取党史上重要人物，以人叙事，交织出气象浩荡的百年辉煌历史，并在学习强国广东学习平台、粤省事、粤政易等新媒体平台推送 210 次，播放量累计超过 225 万。为了让更多群众参与到红色文化传播中，2023 年农讲所纪念馆把节目从“线上”引流到“线下”，发起了“农讲所红色故事讲述人”遴选活动，从近 500 名投稿人中遴选出了一批热爱红色文化、立志传承红色精神的“红色故事讲述人”，其中 18 名优秀“讲述人”经过专业培训后参与《红讲台之农运风云》和农讲所纪念馆品牌栏目《藏品推介》音频录制，同时把红色故事音频推向越秀区各家中小学校展播，不断扩大红色文化教育“朋友圈”。

“农讲所红色故事讲述人”成人组及未成年人组培训

“农讲所红色故事讲述人”正式录制

在新媒体的宣传热潮下，农讲所纪念馆联合广州日报，共同推出“小文物 大时代”红色文化传播项目，借助系列短视频、手绘长图、特色手账等立体传播手段，以创新的模式，让广州本土的红色文化资源，具备更强的传播效能，发挥更大的力量。这种传播模式不仅有利于深入萃取红色文化的基因密码，而且有利于红色文化在新时代下的传承与创新。现“小文物 大时代”系列视频已被学习强国总台收录，拓宽了党员群众了解革命文物的途径，发挥博物馆在大思政课中的作用。

一直以来，农讲所纪念馆还致力于打造一支以青少年学生为主的“志愿讲解员”队伍，积极投身红色文化宣讲中，把红色故事、红色精神传得更广、更远。2023 年已开展志愿活动 30 次，服务总时数 337 小时，受益观众 10 万人次（含线上参与人数）；开展“红色文化传播者”义务讲解 182 次，服务总时数 7000 多小时，受益观众 18 万人次。

一个博物馆就是一所大学校，有效发挥博物馆的社会教育功能是博物馆强国建设的核心要义之一。接下来，农讲所纪念馆将继续深入挖掘、盘活整合革命文化和传统文化资源，着力打造“大思政课”实践教学的优质服务平台，开发特色课程与活动，不断增强思政课的思想性、理论性和针对性，教育引导广大学生在实践中感悟党的创新理论的思想魅力和实践伟力，同时积极探索党史教育新表达、新模式，推动“百年学堂”焕发时代光彩，更好地发挥博物馆文化育人的作用，在“大思政课”新赛道上彰显“农讲所的力量”！

激活“红色 +”动力引擎的实践探索

聂荣臻元帅陈列馆　韩艳

聂荣臻元帅陈列馆是全国爱国主义教育示范基地、国家国防教育示范基地、全国科普教育基地、国家二级博物馆、国家 4A 级旅游景区，所属聂荣臻故居系全国重点文物保护单位。现年接待游客 150 万人次，先后接待党、国家和军队领导人，及中央部委、各省（自治区、直辖市）领导、解放军各部及各战区首长 500 余人次。近年来，聂帅陈列馆以品牌化、体系化、开门化、融合化为引领，着力打造“红色 +”教育模式，走出了一条独木成林、星火燎原的发展之路。

一、讲好育人“思政课”，“红色 + 课程”品牌化

一是丰富内容，提供“菜单式”选择。聂帅馆作为党性教育基地、廉政教育基地，推出包括重温一次入党誓词、参观一个专题展览、聆听一场主题报告、观看一部专题片、开展一次现场讨论等内容的“五个一”教学课程，并为各党组织提供半天或 1 天的“菜单式”教学套餐选择，满足多元化的教学需要。

二是创新形式，打造“移动式”课程。特别针对青少年群体，精心打造了大学、中学、小学不同版本的“聂帅生平事迹进校园”活动，通过讲故事、歌曲、情景剧、诗朗诵等青少年喜闻乐见的形式，重点演绎聂帅孝顺厚道、勤学上进、立志报国、科学救国等方面的故事，深受广大师生喜爱。

三是培塑品牌，深耕“精品式”党课。针对党员干部，倾力打造《聂荣臻元帅生平事迹报告会》《聂荣臻元帅的初心和使命》《聂帅家风》等系列精品专题党课。其中，《聂帅生平事迹报告会》获评重庆市委组织部“党课开讲了”一等奖。

二、打造宣教“实践场”，“红色 + 活动”体系化

一是做实常规活动，红色文化“亮出来”。利用重大节日节点，常态化开展“开学第一课”“山里孩子有梦想”“小小讲解员”“馆长接待日”等宣教活动，积极参与国际博物馆日、科普活动周等主题活动，宣教品牌对外影响力不断扩大。

二是做靓特色活动，红色文化“动起来”。精心打造国防科普影片《丰碑巍巍——纪念中国国防科技主帅聂荣臻》，推出廉政教育川剧《母亲的教诲》，举办《革命理想高于天》《巍巍丰碑 帅星闪耀——开国元帅生平事迹联展》《任重道远——聂荣臻手迹图片展》等专题展览，打造党史学习教育的流动展馆。

三是联动跨界合作，红色文化“火起来”。聂荣臻元帅生平事迹巡展巡讲活动先后在北京、河北、四川等 7 个省市及众多军队、机关、学校、企业开展，累计 2300 余场次，受教育人数突破 1300 万。“聂帅生平事迹进校园”活动获评中国博物馆青少年教育课程优秀教学设计方案第一名。“聂荣臻元帅生平事迹巡展巡讲”荣获重庆市博物馆最佳志愿服务案例。与重庆邮电大学、中国人民解放军陆军工程大学、重庆市消防总队等 73 所学校、28 个纪念馆、19 个企事业单位签订合作共建协议，成为首批“大思政课”实践教学基地、川渝少先队实践教育基地，入选川南渝西四市四区“廉洁地图”。

三、办好学术“研讨会”，“红色 + 资政”开门化

一是高水平开展系统研究，学术研讨有成果。充分利用聂荣臻研究会平台，组织党史、军史专家，科技工作者、学者等开展“聂荣臻与新中国成立”“百年建党历程中的聂荣臻”等 9 次学术研讨会，馆刊《帅馆之声》出刊 198 期。再版《聂荣臻回忆录》《聂荣臻传》《山高水长——回忆父亲聂荣臻》等书籍。理论文章在人民网、《红岩春秋》等多次发表。《关于新时代视角下发挥全国爱国主义教育基地作用的五点建议——以聂荣臻元帅陈列馆为例》荣获重庆市政研会 2021 年度优秀研究成果一等奖。聂荣臻元帅陈列馆馆藏有机文物保护修复项目入选 2022 年度重庆市“文物科技创新项目”。

二是协同化成立发展联盟，服务双城显成效。牵头成立成渝地区革命旧址纪念馆

发展联盟，服务成渝地区双城经济圈建设。参加乐至县全域旅游发展投资推介会、四川成都“四面山水 · 人文江津”文旅推介会等推介红色旅游资源。与四川广安、南充、资阳等共同举办“伟人将帅故里行 · 川渝连线”活动，签订《巴蜀伟人故里旅游景区战略合作协议》。2021 年 7 月 27 日，作为区县博物馆唯一代表，出席重庆市革命文物保护利用工作新闻发布会，介绍了成渝地区革命旧址纪念馆合作联盟成立以来取得的成果。

三是数字化打造智慧博物馆，宣传服务氛围浓。和聂荣臻研究会共同主办的聂荣臻元帅网是全面反映聂帅生平业绩的网上资料库，录入聂帅著作 312 万字，全宗档案文字资料 1100 多万字，网站设置有生平著述、评论研究、影视作品、缅怀纪念等 10 个栏目，目前访问量达 900 万。通过“聂荣臻元帅陈列馆”微信公众号、抖音号等推出线上讲解、直播推介等活动，打造“观展学史”“文物故事”等系列栏目，提供参观预约、网上留言等在线服务。精心录制“聂帅故事会”系列视频，在习近平总书记的母校——北京市八一学校、四川省雅安市各中小学等远程开播，引起热烈反响。人民网、中央电视台、新华社等 50 余家中央及地方媒体先后进行宣传报道，点击关注上千万人次。

四、优化展陈“升级版”，“红色 + 文旅”融合化

一是陈列布展提质升级，科学保护与活化利用相统一。2019 年，聂帅陈列馆进行了全面改陈。此次改陈布展保持原展览大纲主体框架不变，增加近 10 年来新的研究成果和新征集的文物史料，改造、提升展览品质，以图片、文物展览为主线，设计艺术品、互动演示屏、口述史微记录等三条副线多维展示和讲述聂帅光辉的一生和崇高精神世界。2021 年 7 月，《聂荣臻同志永远和我们在一起——聂荣臻元帅生平事迹展览》入选国家文物局向社会推介 2021 年度“弘扬中华优秀传统文化、培育社会主义核心价值观”主题展览。

二是文旅融合提档升级，文化传承和产业发展相结合。为进一步加强革命旧址保护展示，陈列馆争取到国家文物专项经费，对全国重点文物保护单位（点）聂荣臻故居进行全面本体修缮。积极协调吴滩镇加强聂荣臻故居革命旧址保护，结合红色美丽村庄建设，修缮了冲口私塾、聂氏染房、聂荣臻父母墓地等，推进红色景点连点成片，打造成为集红色旅游、亲子研学、农耕文化、农业科普等于一体的旅游胜地，聂帅故里获评国家 4A 级旅游景区。

推动中国革命纪念馆高质量发展，是我们肩上义不容辞的责任和使命，更是我们自身的唯一出路。江津将广泛吸收全国同行的先进经验，努力走出一条革命纪念馆高质量发展的务实路径。

和平文化国际传播的路径探索
——以抗战革命纪念馆为例

广东东江纵队纪念馆　黄雪丹

在联合国教科文组织总部大楼前的石碑上，用多种语言镌刻着这样一句话："战争起源于人之思想，故务需于人之思想中筑起保卫和平之屏障。"建设一个什么样的世界、如何建设这个世界？这是人类必须直面的重大课题。二十世纪的两次世界大战践踏了世界的和平与自由，给人类带来了巨大的痛苦和炼狱，尤其二战，战火遍及亚洲、欧洲、非洲、大洋洲，因战争死亡的军人和平民约达 7000 万人，其中中国战场伤亡人数高达 3500 万人。世界大战引发了世界记忆的集体创伤，这些伤痛至今仍难以抹平。为了缅怀战争中逝去的平民和军人，警示战争，世界各地建立了不计其数的纪念遗址和博物馆。这些纪念遗址和博物馆是永恒的历史佐证，作为历史和未来的媒介，努力传播和平自由的价值观，对人类命运共同体的构建产生着积极影响。

一、以和平文化为纽带，搭建交流平台实现文明共存

随着全球化进程的不断推进，作为一种普遍的价值观，和平文化具有广泛的感召力和影响力，跨越了国界和地域，越来越为世界各国人民所接受和认同。中华民族的和平文化源远流长，中国自古以来就是一个爱好和平、崇尚和平的国家，在历史长河中，中华民族在保卫和平、捍卫和平过程中留下了丰富的和平文化资源。近代中国，尤其以抗战文化遗产表现得最为突出，是和平文化的重要体现。

当今世界，百年未有之大变局加速演进。在人类相互深度依存的时代背景下，国家主席习近平创造性地提出了构建人类命运共同体的战略构想，将传统中国天下大同、协和万邦的思想予以升华，为人类社会摆脱丛林法则开出了一剂“中国良方”，打通了中国梦与世界梦的连接。2017 年 2 月，联合国社会发展委员会第 55 届会议首次将“构建人类命运共同体”理念写入联合国决议，为解决人类问题提供中国方案和中国智慧。人类只有结成命运共同体，才能保存世界文明的多样性，携手迈向合作共赢的美好未来。

建设“持久和平、普遍安全、共同繁荣、开放包容、清洁美丽的世界”，需要各国携手并进。只有在文化上尊重世界文明的多样性，以文明交流超越文明隔阂、文明互鉴超越文明冲突、文明共存超越文明优越，才能共建一个开放包容的世界。抗战类纪念遗址和博物馆广泛分布在世界各地，作为人类战争苦难历史的记忆媒介，在各地产生日益广泛的文化影响力，在唤起人类和平意识，开展和平文化的国际性交流合作中发挥着积极的作用，是促进各国民间友好交往、促进世界和平发展的重要桥梁。以纪念二战期间中国华南地区军民英勇抗战历史为主题建成开放的广东东江纵队纪念馆，矗立于粤港澳大湾区核心城市东莞，向世人展示着广东人民抗日游击队东江纵队支援全国抗战、配合国际盟军作战，为中国人民抗日战争和世界反法西斯战争的胜利作出重要贡献的史实，对深化传播当代和平理念起着积极的导向作用。

二、以纪念馆为载体，以历史传承倡导人类共同记忆

二战历史上的共同经历足以给世人以启迪和昭示，集体的共同记忆与现实的导向是密不可分的。抗战类革命纪念馆作为苦难历史记忆的载体，承担着将维护世界和平的集体记忆进行传承和传播的重要作用，让历史事实与和平理念植根于世界人民的集体记忆之中，并最终转化为中国人民与世界人民的命运共同体意识。发掘和传播二战期间中国人民对抗战做出的巨大贡献，不仅可以推动国际社会正确认识中国人民在世界反法西斯战争中的地位和作用，而且可以生动地揭示构建人类命运共同体的意蕴和内涵，为人类社会发展的走向提供历史借鉴。

二战中的中国抗日战争并不是一个孤立事件，而是世界反法西斯战争的重要组成部分。人类的共同记忆常常遭到人为的遮蔽，至今仍有些国家对二战时期侵略和屠杀的历史不肯承认，不予反思，甚至企图歪曲、篡改二战历史，挑战世界和平。世界人民在认识和理解和平文化问题上缺乏统一的认识，也缺乏广度和深度，这就需要更多

地发挥世界各国抗战纪念遗址和博物馆的作用，用历史之光观照未来，引导推动人类的和平发展。在构建人类命运共同体的进程中，抗战类革命纪念馆应该积极发挥精神文明的价值引领作用，主动作为，用鲜活的历史记忆，将更多观众带回世界大战的历史情境之中，让人们身临其境感受战争的残酷，促进人们对战争反思，对和平坚守，避免战争的浩劫重新上演。

三、抗战类革命纪念馆传播和平文化的具体举措

（一）努力发掘生动的历史细节

抗战类革命纪念馆对历史的叙述，除了要展示历史的宏观走向，展出大事件，也应发掘展示历史的纹理，注重人们情感上的互相感知与接纳，将宏大叙事与微观表达相结合，更有温度地进行传播。恰恰是有温度的历史细节，才是最能打动人心，最能将更具真实性和人格化的中国话语以润物无声的方式融入国际传播中。二战期间，中国共产党领导的这支中外皆知的抗日武装——广东人民抗日游击队东江纵队，在中国华南地区开展敌后游击战争，积极配合盟军作战，为中国人民的抗日战争和世界反法西斯战争的胜利作出了重要的贡献，蜚声国际。东江纵队积极配合盟军作战，与英美盟军合作，向英军服务团和美军提供军事情报，在港九地区营救了英国、印度、丹麦、挪威、菲律宾等国的 89 名战俘和友人逃离日军集中营，营救了八位飞虎队员，还营救了 800 多位国内的文化精英和爱国民主人士，为世界反法西斯战争做出了伟大的贡献。在这些伟大的营救行动中，有许多历史细节感人至深，比如营救美军飞行员克尔。1944 年 2 月 11 日，美军飞虎队克尔中尉在香港执行轰炸任务时被敌炮击中跳伞逃生，在被日军围捕的危急关头被东江纵队营救，并通过东江纵队辗转护送回桂林空军基地。克尔中尉获救后将遇险及被救经过用图文并茂的日记形式全程记录下来带回美国。这一组漫画，以当事人的视角，生动地展现了事件发生的完整过程，包括当事人唐纳德·克尔的跳伞过程，当时的天气、获救方式以及当时他乘坐的自行车和轿子，成为珍贵的历史物证。半个多世纪后，克尔的两个儿子根据父亲的遗愿，几次从美国飞到中国寻找当年营救父亲的恩人，最后把父亲的军大衣捐赠给广东东江纵队纪念馆陈列展出。为了让世人知道当年东江纵队营救美军飞行员的英勇事迹，延续中美两国人民的友谊，2015 年广东东江纵队纪念馆与克尔后人及东纵后代达成共识，于当年 8 月在香港首发出版了中英文双语版《克尔日记——香港沦陷时期东江纵队营救美军飞行员纪实》一书，首次公开了许多历史营救细节，生动地向各国人民展示中美两国在反法西斯战

争中建立的盟友关系和为维护世界和平所做出的共同努力，对推动国家之间的友好合作，促进国际和平发展具有相当积极的启示。

（二）主动讲好中国抗战故事

习近平主席指出：“讲故事，是国际传播的最佳方式。”国与国之间的交往先从民间交流展开，国际传播受众中普通人民占大多数，因此，纪念馆要讲好东方主战场为世界反法西斯战争胜利做出重大贡献的故事，就要积极加强与世界各国纪念馆的交流与合作，利用好各个国家的行业展示平台，凝聚世界大众的力量，把全世界热爱和平的人们凝聚到一起，倡导和平发展的理念。近年来，在国际二战博协的组织下，广东东江纵队纪念馆与中国人民抗日战争纪念馆、九一八历史博物馆、南京大屠杀遇难同胞纪念馆等国内十几家抗战纪念馆，精选馆藏珍贵历史图片和珍贵文物，先后与俄罗斯卫国战争纪念馆、白俄罗斯卫国战争纪念馆共同策划制作了“东方主战场”专题展览在莫斯科和明斯克专题展出，走出国门展示中国人民英勇抗击日本侵略的历史及中国人民为世界反法西斯战争胜利作出的巨大民族牺牲和历史贡献，让国外民众零距离了解中国抗战史，铭记战争给人类社会带来的惨痛记忆，反对战争，维护和平，也向国际社会表达了中国人民反对侵略、追求和平的美好愿景。

（三）联动唤醒人类的和平意识

战争是极端残酷的，经历过战争的国家和人民，更加懂得和平的珍贵。抗战类革命纪念馆应进一步拓展渠道，加强国际合作，为共建人类命运共同体联合发声，形成合力唤醒人们的和平意识。为了强化和平教育的影响力，国内几十家纪念馆每年在“全民族抗战爆发纪念日”“国家公祭日”等节点异地联动，同步举办全民族抗战爆发纪念仪式、国家公祭日悼念仪式，共同发起“战争与和平记忆联盟”，以点带面，警示人们以史为鉴，珍爱和平。在国内纪念馆的努力下，每年国家公祭日前后，全球各地华侨亦同步举办南京大屠杀死难者公祭仪式。以 2022 年国家公祭日为例，全球共有 70 多个国家和地区的 160 多个华侨社团在居住国同步开展主题活动，活动辐射到很多住在国当地居民，在增进华侨的爱国情怀的同时，也影响了国际社会，唤醒世界人民共同的历史记忆，传播人类命运共同体理念，为世界和平发展贡献中国力量。

（四）创新整合和平文化传播渠道

和平文化国际传播不但可以依靠主流媒体、新兴媒体，还可以依靠各种形式的文化交流活动。抗战类革命纪念馆是开展和平文化传播活动的有效平台，通过人文交流实现人们的情感共鸣、价值共振。纪念馆应着力推进传播能力建设，充分运用多种传播手段进行大胆创新和实践。一是丰富传播方式，充分开发开放现有的遗址、旧居等文旅资源，以文塑旅，挖掘纪念地、标志地所承载的伟大精神，赋能歌曲、戏剧、纪录片、回忆录等艺术传播形式，使外国观众在真实的历史故事场景中，领略和平文化的精神内涵和价值。二是创新传播媒介。运用融媒体进行文化交流和历史传播，由“点对点”的单向传播转化为“点对面”“面对面”的即时传播，报网端微全媒体联动，创新报道内容和形式，文图音视全景呈现，充分发挥移动端“快”、网络媒体“全”、视频“活”、纸媒“深”的特点和优势，通过融媒体跨国跨界跨领域合作，打开充满活力和魅力的线上大门，将历史和所要传达的和平价值观结合在一起，与世界各地的观众零距离互动，促使和平文化在世界范围内的传播更加高效高速，提升传播效果。

今天，距离第二次世界大战结束已经七十多年，经历过这场战争的人们已经相继变老或离去，但这场给全世界人民带来深重灾难的战争，不会也不能被忘记。放眼未来，和平才是人间的正道。作为抗战革命纪念馆的一员，我们将一如既往地还原、记录和讲好中国抗战故事，在人类命运共同体的发展进程中充分发挥好桥梁作用，为加强我国国际传播能力建设贡献文博力量。

第三篇章

革命文物价值评估与阐释传播

深入开展红色资源专项调查，加强对革命史料和文物收集、整理、保护，加强对史料的分类整理和系统化研究，是开展革命文物工作的重要基础工作。本篇章聚焦革命文物的认定、定级、分类、价值体系和评估标准等重点、难点和亟须解决的问题，旨在通过规范化和标准化建设推动新时代革命文物工作高质量发展。

社会主义革命和建设时期的起止时间及文物的评估与认定

中共中央党校（国家行政学院）　陈述

中华民族正经历着人类社会历史上最伟大的进步和发展，正在创造史无前例的伟大奇迹。1949 年成立的新中国是这场伟大发展和进步的历史起点，而 1949 年至 1978 年的社会主义革命和建设时期是这场伟大发展和进步的奠基阶段。社会主义革命和建设时期的文物是体现这个时期伟大进步和发展、反映成就和奇迹的物质性遗存，其价值是给人类历史留下真实的记忆，无论对中国还是世界都具有历史意义。

一、社会主义革命和建设时期的起止时间

在社会主义革命和建设时期，中国共产党紧紧依靠并团结带领全国各族人民实现从新民主主义到社会主义的转变，进行社会主义革命，推进社会主义建设，自力更生、发愤图强，创造了社会主义革命和建设的伟大成就，为实现中华民族伟大复兴奠定根本政治前提和制度基础的时期。这个时期历史文物的认定应关注以下问题。

（一）社会主义革命和建设时期的起止时间

目前公开出版的由中共中央批准或同意出版的几部中共党史和中华人民共和国史的著作，关于社会主义革命和建设时期起止时间的划分有以下几种：

1. 起止时间明确为 1949 年 10 月—1978 年 12 月，见中共中央党史研究室著《中国共产党历史》（第二卷），中共党史出版社 2011 年版。

2. 起止时间明确为 1949 年 10 月—1976 年 10 月，见中共中央党史和文献研究院著《中国共产党的 100 年》，中共党史出版社 2022 年版，中宣部组织编写，发全党学习的《中国共产党简史》，人民出版社 2021 年版。

3. 起止时间为 1949 年 10 月前—1976 年 10 月或 1978 年 12 月，可见当代中国研究所著《中华人民共和国史稿》，人民出版社、当代中国出版社 2021 年版。中央马克思主义理论研究和建设工程重点教材《中华人民共和国史》，人民出版社、高等教育出版社 2022 年版。

2021 年 11 月中共十九届六中全会通过了《中共中央关于党的百年奋斗重大成就和历史经验的决议》，这个决议指出：“从新中国成立到改革开放前夕，党领导人民完成社会主义革命，消灭一切剥削制度，实现了中华民族有史以来最为广泛而深刻的社会变革，实现了一穷二白、人口众多的东方大国大步迈进社会主义社会的伟大飞跃。在探索过程中，虽然经历了严重曲折，但党在社会主义革命和建设中取得的独创性理论成果和巨大成就，为在新的历史时期开创中国特色社会主义提供了宝贵经验、理论准备、物质基础。”根据这个决议分析，社会主义革命和建设时期的起止时间应该是从新中国成立到 1978 年中共十一届三中全会决定改革开放前夕，即从 1949 年 10 月中华人民共和国开国大典到 1978 年 12 月中共十一届三中全会召开前。

由此，这个时期的文物认定也应该限定在 1949 年 10 月新中国成立到 1978 年 12 月改革开放前。

（二）社会主义革命和建设时期的具体历史阶段

由中共中央批准或同意出版的几部中共党史和中华人民共和国史的著作，关于社会主义革命和建设时期 29 年的阶段划分有以下几种：

1. 中共中央党史研究室著《中国共产党历史》（第二卷）将社会主义革命和建设时期划分为四个小阶段：即，第一编，中华人民共和国的成立和向社会主义过渡的实现（1949.10—1956.9）（1—9 章）；第二编，社会主义建设的全面展开和对中国建设社会主义道路的艰辛探索（1956 年 9 月— 1966 年 5 月）（10—19 章）；第三编，“文化大革命”的内乱和林彪、江青两个反革命集团的覆灭（1966 年 5 月— 1976 年 10 月）（20—28 章）；第四编，在徘徊中前进和实现伟大的历史转折（1976 年 10 月— 1978 年 12 月）（29—31 章）。

2. 中共中央党史和文献研究院著《中国共产党的一百年》将社会主义革命和建

设时期分为三个小阶段：即，第五章 中华人民共和国的成立和社会主义制度的建立；第六章 社会主义建设在探索中的良好开端和曲折发展；第七章 “文化大革命”的内乱和对内乱的抵制与抗争（1976/78）。

3. 当代中国研究所著《中华人民共和国史稿》将社会主义革命和建设时期分为三卷，即三个阶段，即，第一卷（1949—1956）共 12 章；第二卷（1956—1966）共 13 章；第三卷（1966—1976）共 10 章。

4. 中宣部组织编写的《中国共产党简史》（发全党学习）将社会主义革命和建设时期分为两个小阶段，即，第五章，中华人民共和国的成立和社会主义制度的建立；第六章，社会主义建设的探索和曲折发展（1956—1976/78）。

5. 马克思主义理论研究和建设工程重点教材《中华人民共和国史》将社会主义革命和建设时期分为两个小阶段，即，第一章，中华人民共和国的诞生和社会主义制度的确立（1949—1956）；第二章，社会主义建设的艰辛探索和曲折发展（1956—1976/78）。

遵循 2021 年 11 月中共十九届六中全会通过的《中共中央关于党的百年奋斗重大成就和历史经验的决议》，在明确社会主义革命和建设时期的起止时间是 1949 年 10 月中华人民共和国建立到 1978 年 12 月中共十一届三中全会召开前的基础上，可以分为三个历史小阶段。即，一、中华人民共和国的成立和社会主义制度的建立；二、社会主义建设在探索中的良好开端和曲折发展；三、“文化大革命”的内乱和对内乱的抵制与抗争。

二、评估社会主义革命和建设时期文物要把握的原则

历史决议指出：“从新中国成立到改革开放前夕，党领导人民完成社会主义革命，消灭一切剥削制度，实现了中华民族有史以来最为广泛而深刻的社会变革，实现了一穷二白、人口众多的东方大国大步迈进社会主义社会的伟大飞跃。在探索过程中，虽然经历了严重曲折，但党在社会主义革命和建设中取得的独创性理论成果和巨大成就，为在新的历史时期开创中国特色社会主义提供了宝贵经验、理论准备、物质基础。”这个时期的文物认定应遵循历史决议的精神。在全面收集的基础上，把握好原则和主线。

（一）认定社会主义革命和建设时期文物应遵循的主要原则

第一，要准确把握历史发展的主线、主流和本质；第二，要正确对待前进道路上

经历的失误和曲折；第三，要旗帜鲜明地反对历史虚无主义。

（二）社会主义革命和建设时期的主线

要充分认识“以实现中华民族伟大复兴中国梦的奋斗历程为主线，见证近代以来中国人民争取民族独立和人民解放的伟大斗争，见证中国共产党领导中国人民救国兴国强国的伟大贡献。”认识社会主义革命和建设时期的历史是一部改天换地的中国共产党治国理政史，是一部气壮山河的国家发展和民族复兴史，是一部真挚动人的中国人民艰苦奋斗史，是一部中国人民对世界和平发展的贡献史。

三、社会主义革命和建设时期的文物认定需要处理好的几个问题

社会主义革命和建设时期 29 年的历史还呈现出复杂性，所以在研究这段历史和认定文物的过程中也应该注意处理几个关系问题。

（一）这个时期与改革开放时期的关系

遵循习近平同志关于新中国成立以来的历史包括改革开放前后两个历史时期，两个时期都不能否定的论述：改革开放前后两个历史时期本质上都是党领导人民进行社会主义建设的实践探索，不能相互否定；在正确认识和把握改革开放前后两个历史时期基础上坚持和发展中国特色社会主义。还包括处理好取得伟大成就、创造辉煌成就与曲折发展的关系等。

（二）若干重大争议问题和敏感问题

社会主义革命和建设时期的历史的主流和主线是实现从新民主主义到社会主义的转变，进行社会主义革命，推进社会主义建设，为实现中华民族伟大复兴奠定根本政治前提和制度基础。但这个过程也呈现出复杂性和曲折性。因此要注意处理几个关系。包括具体的问题，如，反右派斗争与反右派运动；“大跃进”与人民公社化（高速度与超高速度）；“文化大革命”运动与“文化大革命”时期等等。

（三）国家立法、机构改革与人才培养

1. 进一步完善文物方面的立法，形成完善的法律体系。国家法律分类分为宪法相关法、民法商法、行政法、经济法、社会法、刑法、诉讼与非诉讼程序法，现在《中华人民共和国文物保护法》属于行政法类别里，是否应该在法律体系中也有文化法的类别。

2. 关于机构改革问题，档案部门、文博部门，包括国家、地方、军队、企业单位以及民间博物馆之间的管理和联系。

3. 关于加强学科交流与科学研究，关注高等院校的学科设立，高校与科研单位的专门人才的培养。

革命文物的价值体系探讨

北京建筑大学　肖东

对革命文物的价值研究不但是一个动态过程，也与其他不可移动文物价值的研究角度有所不同；对其分类研究，则需要充分甄别文物信息和价值属性。本研究尝试从革命文物的文化主题分类、革命文物的价值体系构成、革命文物与近现代重要史迹及代表性建筑的价值辨析三方面进行探讨，并提出革命文物可以按照历史见证价值、精神激励价值、文化景观价值的价值体系开展评估，以期为革命文物的研究与保护提供参考。

中共中央办公厅、国务院办公厅发布了《关于实施革命文物保护利用工程（2018—2022）的意见》，为贯彻实施对于革命文物的保护，国家文物局公布《关于开展革命文物名录公布工作的通知》，对革命文物的范围予以细化并公布。其中对革命文物范围的界定，主要包含了革命历史、革命事件、革命人物、成就标志、纪念标志等革命文化主题，暂且以史、事、人、物分别代指，这些革命主题都通过相应的革命文物所承载。

一、革命文物的文化主题分类

革命文物所承载的革命文化主题往往具有复合的信息内涵，以一种倾向为主，如革命历史、革命事件、革命人物、成就标志、纪念标志等方面的突出例子，我们可以通过下表具体略加展开，说明其中的特定文物信息和文物价值。

革命文物的文化主题分类表

<table>
<tr><th colspan="3">主要革命文化主题</th><th>承载文化主题的革命文物举例</th></tr>
<tr><td colspan="2" rowspan="3">史（革命历史）</td><td>红色政权所在地</td><td>江西省瑞金县瑞金革命遗址</td></tr>
<tr><td>红军指挥部</td><td>山西省武乡县八路军总司令部旧址</td></tr>
<tr><td>革命历史见证地</td><td>北京大学红楼</td></tr>
<tr><td colspan="2" rowspan="5">事（革命事件）</td><td>重大历史事件发生地</td><td>天安门</td></tr>
<tr><td>战争和战役遗址</td><td>山西省繁峙县、灵丘县平型关战役遗址</td></tr>
<tr><td>重大会议发生地</td><td>上海市中国共产党第一次全国代表大会会址</td></tr>
<tr><td>红军长征旧址</td><td>甘肃省宕昌县哈达铺红军长征旧址</td></tr>
<tr><td>惨案发生地</td><td>辽宁省抚顺市平顶山惨案遗址</td></tr>
<tr><td colspan="2" rowspan="2">人（革命人物）</td><td>革命人士故居</td><td>湖南省双峰县蔡和森蔡畅故居</td></tr>
<tr><td>革命人士纪念馆</td><td>四川省南充市张澜纪念馆</td></tr>
<tr><td rowspan="5">物</td><td rowspan="3">成就标志（国家与社会发展的重要标志）</td><td>抗击侵略者的设施</td><td>广西壮族自治区连城要塞遗址和友谊关</td></tr>
<tr><td>科技创新标志的发生地</td><td>湖南省怀化市安江农校纪念园</td></tr>
<tr><td>军事竞争力的发生地</td><td>青海省海晏县第一个核武器研制基地旧址</td></tr>
<tr><td rowspan="2">纪念标志（革命与保卫人民的纪念标志）</td><td>纪念碑</td><td>人民英雄纪念碑</td></tr>
<tr><td>烈士陵园</td><td>广东省广州市黄花岗七十二烈士墓</td></tr>
</table>

（一）革命历史类——革命历史见证地

北京大学红楼，最初拟作为学生宿舍。后修改设计图纸作为北京大学文科教室、图书馆、研究所、校机关等的教学、办公等学校设施的一部分，因李大钊、陈独秀、毛泽东等老一辈革命家在此宣传马克思主义和民主科学进步思想，北京大学红楼就成为承载中国近代史的重要场所，见证了革命历史。在得到保护后，曾作为行政办公场所，逐渐变为现在的博览建筑——北京新文化运动纪念馆、中国共产党早期北京革命活动纪念馆，见证了中国共产党创建时期北京革命活动的历程（图 1）。

（二）革命事件类——重大历史事件发生地

北京天安门，是举行开国大典的地方，是新中国的象征，是中国人灵魂深处的记忆。记忆在革命文物中起着重要作用，如集体记忆、场所记忆、社会记忆、历史记忆等方面，这能使历史事件的内涵更加丰满而具体。除了天安门城楼外，为 1949 年 10 月 1 日

图 1　1921 年（左）、2003 年（中）、2023 年（右）的北京大学红楼局部
（图片来源：左图引自《北京大学红楼保护维修工程报告》，中国水利水电出版社，2013：10，中图与右图为作者自摄）

开国大典而搭设的临时观礼台和如今作为永久设施的现状观礼台，已是北京天安门作为革命文物的有机组成部分。

（三）革命事件类——红军长征旧址

哈达铺红军长征旧址，是红军长征北上的里程碑和即将胜利的转折点，是了解当时红军情况的信息收集地，是建立和宣布建立陕北革命根据地的重大决策地，是成立临时苏维埃政府的群众集会地，是红军长征途中的物质和精神加油站，包括义和昌药铺、邮政代办所、同善社、张家大院、关帝庙等在内的文物本体，及其所分布的红军街、巷道、后山等文物环境，共同构成了红军长征于此的见证（图 2、图 3）。

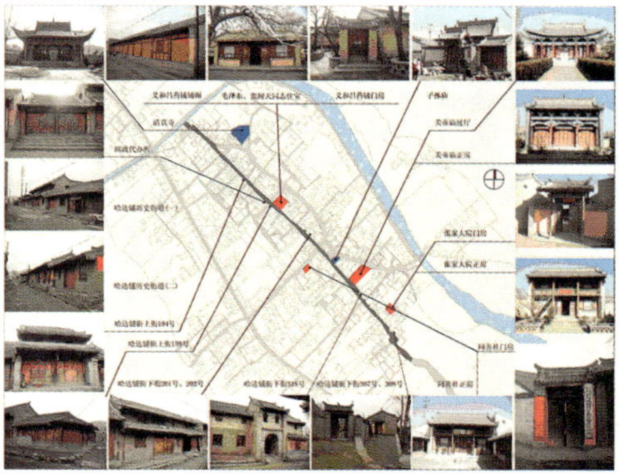

图 2　哈达铺红军长征旧址文物古迹分布图（图片来源：作者主持的哈达铺红军长征旧址保护项目成果）

图 3　作者设计的哈达铺红军长征纪念馆正立面（图片来源：哈达铺红军长征纪念馆赵王林馆长提供）

（四）革命人物类——革命人士故居

蔡和森蔡畅故居，承载了蔡和森、蔡畅二位革命人物的生平事迹，属于革命文物的价值远高于其自身作为湖南双峰当地传统土木建筑技艺民居的价值（图4）。

图4　蔡和森蔡畅故居（图片来源：作者主持的保护展示项目成果）

（五）革命与保卫人民的纪念标志类——纪念碑

位于北京天安门广场的人民英雄纪念碑，是纪念中国近现代史上革命烈士的纪念标志物。其他同类的各时间、各地点、各主题纪念碑和烈士陵园，都是革命文物中的显著类型。

（六）国家与社会发展的重要标志类——科技创新标志的发生地

安江农校纪念园，承载了袁隆平院士及其科研团队研究杂交水稻的整个历程，以及杂交水稻对中国乃至世界的影响、涉及的农耕文化和稻作文明，反映了科技工作者科技强国、科研报国的崇高精神（图5）。

图5　安江农校纪念园（图片来源：作者主持的保护项目成果）

二、革命文物的价值体系构成

文物都有一定层面和程度的价值，革命文物当然也有该属性。但是，由于革命文物承载了特有的革命历史、革命事件、革命人物、成就标志、纪念标志等革命文化主题和信息，仅以通常的历史价值、艺术价值、科学价值等价值属性评估尚且不足。笔者认为革命文物的价值是一个从新的理念建立的体系，[①] 通常包括历史见证价值、精神激励价值、文化景观价值三个分类，每类价值还可以细化出属于历史价值、艺术价值、科学价值中某几项价值的信息。

（一）历史见证价值

历史价值的解释是文物古迹作为历史见证的价值，[②] 该价值也应是文物古迹的首要属性。

革命文物的历史价值，是《国家文物局关于开展革命文物名录公布工作的通知》所公布范围涵盖的相关历史见证，可以被认为是革命文物历史价值体系的核心和基本。

（二）精神激励价值

革命文物在具体场景和个体故事中，能够再现一代代革命人的理想信念、革命精神、优良作风以及智慧力量，体现历史温度，宣传先烈精神。

革命文物也是一本丰富而生动的教材，体现出革命传统和革命文化、社会主义精神文明的力量、爱国热情、民族精神，也是激励人们不断前进的根本动力，这些都是革命文物具有精神激励价值的体现（图 6）。

图 6　青海省海晏县第一个核武器研制基地旧址（图片来源：作者自摄）

① 朱光亚，徐苏斌等．笔谈：求真・识史・互鉴——挖掘文物和文化遗产多重价值的理论基础与方法路径 [J]. 中国文化遗产．2023，(02)：6.

② 国际古迹遗址理事会中国国家委员会制定．中国文物古迹保护准则（2015）：6.

（三）文化景观价值

首次阐释文化景观的美国地理学家卡尔·奥古斯特·索尔认为“自然景观在文化群体的作用下转变为文化景观”，可视景观呈现了景观前后的文化塑造力。[①]20 世纪后期，文化景观的研究更加深入，探讨文化景观的内涵与意义，将参观者对于景观的解读、以及相互不断作用作为文化景观的一部分。[②]

红色文化景观是指以红色文化的纪念地和标志物为载体，其所承载的革命历史事迹、历史意义以及革命精神是其重要的内涵构成，并且在研究、保护、参观、体验中，丰富其红色文化内涵。“红色文化是中国共产党在领导人民取得新民主主义革命与社会主义革命胜利并开展社会主义建设的过程中，在革命文化基础上创造的，以中国化的马克思主义作为内核而区别于其他红色文化的，多文化融合的，崭新的、动态的、复合的文化形态，是物质文化、制度文化与精神文化的统一整体，并且作为先进文化的一种，引领中华文化发展前进方向的，兼具大众性与崇高性的文化。”[③]

红色文化景观是红色文化体验的物质文化遗产载体，而其中蕴含的故事、意义是非物质文化遗产内容。红色文化具有教育体验性，它能够营造一种知识性的环境，使体验者探索相关知识和某方面技能。对于某些革命文物而言，通过全面深入的保护，必然能够满足不同体验者的不同层次体验需求（图 7）。革命文物构成重要的信息源；参观者也具有红色文化的背景知识，帮助自身对景观作出合理的解读与推测。

体验者在进行参观等方式的体验过程中，既可以亲身体验事件或纪念地的形态特点，又可以了解到其中蕴含的历史背景、事件等内容。如人民英雄纪念碑是新中国成立初期，国家为纪念献身在中国伟大革命斗争中牺牲的人民英雄而建此碑。在文化、历史等方面具有重大意义，如开国大典前中国人民政治协商会议第一届全体会议决定修建，并于当天下午举行人民英雄纪念碑奠基典礼等；[④] 在选址、规划布局、建筑造型、雕刻装饰、环境绿化等方面呈现了专业的创作成就，[⑤] 形成红色文化景观的场域；公众参与机制成熟，如在兴建开始，《人民日报》编辑筛选读者来信转送至都委会并递

---

① 毕雪婷， 韩锋．文化景观价值的解读方式研究 [J]．风景园林．2017，(07)：101.

② 毕雪婷， 韩锋．文化景观价值的解读方式研究 [J]．风景园林．2017，(07)：101-103.

③ 引自或转引自 王淳天．红色文化阐释研究 [D]．武汉大学硕士学位论文，2020：9-10.

④ 人民英雄纪念碑背后的故事 [J]．吉林人大．2023，(05)：43-44.

⑤ 吴良镛．人民英雄纪念碑的创作成就——纪念人民英雄纪念碑落成廿周年 [J]．建筑学报．1978，(02)：4-9.

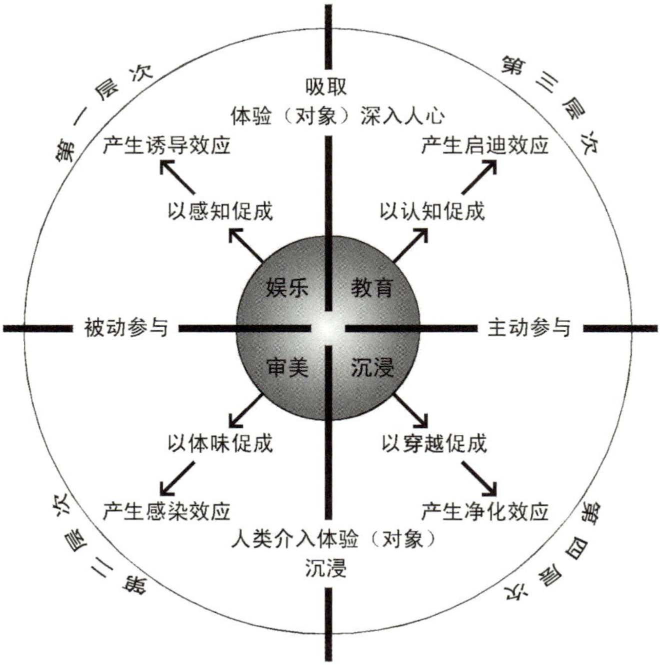

图 7　体验层次图（图片来源：邹广天，程霏．教育体验型文物建筑保护的可拓设计方法．建筑学报．2007，5：8）

交纪念碑设计组等等；[①]五四青年节、国庆节的献花活动，表达对革命先烈的崇敬之情。可以使体验者了解和感知到“纪念死者、鼓舞生者”的意义与象征、并且丰富其红色文化景观的内涵。

三、革命文物与近现代重要史迹及代表性建筑的价值辨析

革命文物的认定固然也是以其文物价值为依据，具有如上所探讨的系列价值，而且明显与其他序列文物有所不同。

以现有法定类型为依据，不可移动文物分为古遗址、古墓葬、古建筑、石窟寺及石刻、近现代重要史迹及代表性建筑、其他。[②]以现行业务分工为依据，不可移动文物可分为古遗址、古墓葬、古建筑、石窟寺及石刻、近现代重要史迹及代表性建筑、

① 孔一诺．纪念性公共艺术的媒介空间对集体记忆的建构——以人民英雄纪念碑为例 [D]．苏州大学硕士学位论文，2023：26-30.

② 在全国重点文物保护单位名录中，前三批有“革命遗址和革命纪念建筑”一类，第四批至第八批将其归入“近现代重要史迹及代表性建筑”。

其他，以及革命文物序列；该架构下的革命文物与近现代重要史迹在主题和名录上会出现某种交叉。

为了进一步区分革命文物与近现代重要史迹及代表性建筑，可以将后者这一类型文物，细分为近现代重要史迹和近现代代表性建筑两种主题。具有文物属性的史迹和建筑是我们能够明确区分的对象类型，重要史迹和代表性建筑则是强调了该类对象的价值地位，近现代重要史迹及代表性建筑是对其又做了时间属性的界定。二者的共同文化主题，是承载了 20 世纪以来中国社会所经历的翻天覆地的社会变迁、频繁活跃的政治活动和社会活动、层出不穷的重大事件与著名人物，是近现代社会历史的活化石。

（一）近现代代表性建筑的基本价值属性

1. 历史价值：近现代建筑在建筑发展史中无疑是一个历史阶段，在这个近现代的时间维度里，能够在建筑学方面具有某种见证价值的建筑，就构成了该建筑的历史价值，至于该价值高低则要通过评估而另当别论。

2. 艺术价值：近现代建筑与传统木结构建筑体系不同，从新旧建筑体系杂糅、西方砖石建筑体系引入，到现代建筑乃至当代建筑的不断创作，加之通过对传统建筑符号运用形成传统复兴式建筑，均呈现出丰富多样的建筑形态。

3. 科学价值：由于近代科技的发展，在选址、结构形式以及施工技术等方面都有极大提高，蕴含着专业设计与施工组织的深层内涵，近现代代表性建筑采用新技术新形式的成果尤为显著，能够较充分地代表当地或当时的较高技术水平，为建筑科学发展史研究提供了依据。

例如，哈尔滨文庙和湘雅医院及医学院早期建筑就是近现代代表性建筑的突出案例。位于黑龙江省哈尔滨市的哈尔滨文庙建于 1926—1929 年，虽然仍沿袭明清北方官式建筑的规制与特征，但所采用的钢筋混凝土结构以及在材料工艺和构造结构等方面，都是对中国木结构古建筑的创新。位于湖南省长沙市的湘雅医院及医学院早期建筑始于 1914 年陆续建成，很好地结合了钢混建筑技术与中国传统装饰手法，代表了中国建筑的不断发展与世界的融合。

（二）近现代重要史迹可以细分成非革命历史类旧址遗址遗迹和革命历史类旧址遗址遗迹

1. 非革命历史类旧址遗址遗迹类

这种不可移动文物的文化主题不是革命类，因而不能归在革命文物序列。此外，非革命历史类旧址遗址遗迹类的近现代重要史迹，未必都有突出的某项历史、艺术、科学价值。例如，位于浙江省海宁市硖石街道干河街 38 号的徐志摩旧居，又名“安雅堂”，建于 1926 年 8 月，是徐志摩父亲徐申如专为徐志摩和陆小曼结婚而建造的，只是近代重要旧址类史迹，没有革命文化属性。再如北京西山的梅兰芳墓和马连良墓，分别建于 1961 年、1966 年，也只是墓葬类的现代重要遗迹。

2. 革命历史类旧址遗址遗迹

革命历史类旧址遗址遗迹属于革命文物序列，由于革命文物具有一定文化景观类遗产的特质，后者对前者的价值评估和保护利用会有相应参考和借鉴。

位于湖南省双峰县井字镇杨球村村尾山脚被山林掩映的蔡和森蔡畅故居、分布于甘肃省陇南市宕昌县哈达铺镇金布川村上下街两侧民居群中的哈达铺红军长征旧址等旧址遗址遗迹，在经过完整系统的革命文物场所保护后，都会具有一定文化景观特质。

再如，天安门、人民英雄纪念碑、毛主席纪念堂在平常都只是独自存在的文物本体，但在可重复性的节庆、纪念、拜谒等不同活动时，能分别形成热烈欢庆、庄严肃穆、深切缅怀的文化景观，这就使得由三者组成的革命文物群及其天安门广场红色文化景观的体验效果更加强烈深刻。

四、结语

革命文物的时间跨度有始无终，主题范围门类广泛，历史信息内容丰富，分类依据特殊多元，文物本体及其历史环境合并构成了革命文物价值的完整载体。

在评估和凝练革命文物的历史见证价值、激励精神价值、文化景观价值时，要从系统的视角，分类梳理各要素之间形成的结构和网络关系，建构革命文物语言叙事和空间叙事中的秩序感及认同感，确定革命文化的关联性与主次性，以期为革命文物的调查、研究、评估、分类、认定、保护、利用等工作提供依据和奠定基础。

红色文学文献的文物认定、保护和利用

中国现代文学馆　王军

中国现代文学馆成立于 1985 年，是中国作家协会主管的公益一类事业单位，是国内最早、世界上最大的文学类博物馆，是中国作协和文学界的宝库与窗口。目前，文学馆有手稿、书信、字画、期刊、图书、照片、音视频、实物等 9 类约 90 万件馆藏、20 万件文物，其中一级文物 140 件。

习近平总书记指出，文艺事业是党和人民的重要事业，文艺战线是党和人民的重要战线。可以说，党领导下的百年中国文学就是一部以“红”为底色的文学史。中国现代文学馆深刻认识到，革命文物是我国文物资源的重要组成部分，是激发爱国热情、振奋民族精神的深厚滋养，是弘扬革命传统、传承中华文化的重要载体。中国现代文学馆的馆藏，既是中国作家创造与书写的珍贵文物，是百年中国文学史的物质载体，更是弘扬中国精神、凝聚中国力量、鼓舞人民奋进新征程的文化源泉。因此，近年来，中国现代文学馆积极响应国家文物局的号召，整理、申报革命文物。2021 年，中国现代文学馆下属的茅盾故居被公布为北京市第一批不可移动革命文物。2022 年，罗广斌杨益言《红岩》手稿等 65 件馆藏，入选北京市第二批革命文物。2023 年又申报了曲波《林海雪原》手稿在内的 77 件馆藏文献。

一、中国现代文学馆红色文学文献认定的实践方法

面对 90 万件馆藏文学资料，如何认定革命文物和红色文献，如何在今后的征集工作中有针对性地扩大革命文物馆藏数量，如何选择出代表性文献文物并发掘它们的突出性价值，中国现代文学馆进行了一些有益的实践探索。

一是认定产生广泛影响的经典红色作品的手稿及重要版本。6 月 1 日，习近平总书记到国家版本馆考察所看的“三红一创（《红岩》《红日》《红旗谱》《创业史》）”“青山保林（《青春之歌》《山乡巨变》《保卫延安》《林海雪原》）”的手稿，都是中国现代文学馆的镇馆之宝。目前，新中国成立后的八部红色经典“三红一创、青山保林”中，中国现代文学馆拥有《红岩》《红日》《红旗谱》《青春之歌》《保卫延安》《林海雪原》六部作品的手稿。此外，文学馆还藏有电影《上甘岭》剧本手稿，徐光耀《小兵张嘎》、马烽《刘胡兰传》、管桦《小英雄雨来》等文学经典的手稿。可以说，在经典红色作品手稿的收藏方面，中国现代文学馆有一定优势。习近平总书记在中国文联十一大、中国作协十大开幕式上指出，“在革命、建设、改革各个历史时期，广大文艺工作者响应党的号召，坚持为人民服务、为社会主义服务的方向，坚持百花齐放、百家争鸣的方针，创作了一大批脍炙人口、深入人心的优秀作品。”在学习习近平文化思想的过程中，我们不断深化对于党领导文艺事业的光辉历史的认识，学习领会保护历史文化遗产对文化传承发展的重要意义。2023 年，文学馆在申报革命文物时，就将红色文献的创作时间段，由新民主主义革命时期、社会主义革命和建设时期，扩展到改革开放和社会主义现代化建设时期，拟申报包括获得党中央、国务院授予改革先锋称号、获评“改革文学”作家代表的蒋子龙的重要作品《机电局长的一天》的手稿，唯一一位两次获得茅盾文学奖的作家张洁，展现改革开放初期机械工业改革实践的长篇小说《沉重的翅膀》的手稿等 70 余件。认定产生广泛影响的红色作品手稿的标准相对清晰、明确，可操作性强，突出性价值高，文学馆也做出了一些尝试。与此同时，在今后的工作中，除去作家手稿之外，影响广泛的红色经典作品的重要版本、海外译本，也将成为我们的认定革命文物和红色文献的工作重点。

二是认定记录展现党领导中国人民开辟百年征程的文学作品。在革命文物申报过程中，也有如茅盾《子夜》手稿、老舍《四世同堂》手稿等文献在 2022 年的申报中落选。由此我们认识到，文学馆对于这些文学名著的文学史意义的阐释和挖掘比较充分，对于它们作为革命文物和红色文献的价值和意义，我们总结得还不够，还有待于进一步研究开发。另外，有一些作品曾经被读者阅读、喜爱，并没有成为流传的文学经典，

但是它们是作家响应党的号召，回应时代的召唤，对于中国式现代化进程中各个历史时期的书写和创造，我们也将这些作品认定为红色文献，比如阮章竞创作于 1953 年的话剧手稿《在时代的列车上》、周立波《新区石油战士赞歌》手稿、艾青《钢都赞》手稿等。

三是认定佐证党史重大事件的红色文学文献。2022 年是毛泽东同志《在延安文艺座谈会上的讲话》发表 80 周年，中国现代文学馆举行了《向人民大地》特展，围绕《讲话》这篇党史上光辉的文献，文学馆展出了一系列红色文献，如邓拓《毛主席文艺讲话廿年》手稿等。此外，文学馆有较为丰富的展现作家创作过程和创作成果的文献文物，如《讲话》精神指引下解放区作家创作人民文艺的代表性作品的采访笔记、通信、草稿，如丁玲的长篇小说《太阳照在桑干河上》所获得的斯大林奖章、在苏联的发言稿手稿等。2023 年是抗美援朝胜利 70 周年。在抗美援朝战争爆发后，文艺界也很快组织起来，巴金、黄谷柳、李蕤等组成的“中华全国文学艺术界联合会赴朝创作组”三次奔赴朝鲜。在朝鲜战场上，巴金用一个可以揣在中山装兜里的小笔记本记下了所见所想，最后形成了珍贵的《赴朝日记》。还有黄谷柳的《赴朝日记》和李蕤的《赴朝家书》都是对朝鲜战场的见证、记录。随后，巴金创作了以抗美援朝为背景的小说《团圆》，小说被改编成家喻户晓的电影《英雄儿女》，这些都是我们馆的重要红色文献文物。这类佐证党史事件的红色文献还包括郑伯奇《创造社后期的革命文学运动》、杜宣《新四军战地服务团初创时的一些回忆》、萧三《抗日军政大学》等手稿，已经全部入选北京市革命文物。

四是认定新时代文学红色文献。近 40 年的工作中，我们逐步把握到中国现当代文学史构成的一些规律，我们认识到必须以文物文献意识面对正在经历、正在创造、正在发生的文学事件。2023 年以来，中国现代文学馆以“把现在留给未来”为口号，开启了中国当代文学文献征集计划，特别是大力加强新时代文学的红色文献的征集工作。党的十八大以来，党中央关于文艺工作的重要指示批示、重大文艺活动的照片视频、中国作协主办的茅盾文学奖等四大文学奖、中国作协召开的重要活动、“新时代山乡巨变创作计划”“新时代文学攀登计划”等重点工作网络作家和剧作家剧本及影视作品都列为中国现代文学馆新时代文学的征集重点。

2023 年 5 月 26 日，中国现代文学馆与陈映真夫人陈丽娜女士签订了《陈映真文学资料捐赠协议》。目前，陈映真文学资料，包括《忠孝公园》《山路》等代表性作品手稿、笔记 400 余件，陈映真著作、藏书 3000 余册，照片、磁带、档案等资料 100 余件全部入藏中国现代文学馆，并设立陈映真文库。作为台湾重要的爱国主义作家，在陈映真的手稿、笔记本和信件中，有一些可以被认定为红色文献。文学馆即将于 11 月 6 日举行“中国文学视野下的陈映真”——陈映真文学资料捐赠暨研究计划启动仪式，我们将组成研究力量对这些文献展开研究，同时甄选认定部分红色文献。

另外，借助中国作协“作家回家”的系列活动，2023 年，我们启动了“中国现代文学馆优秀剧作典藏计划”，面向剧作家和影视公司，征集、典藏与展示剧作的长期计划，陈涌泉的戏曲剧本《鲁镇》是该典藏计划录入的首部新创作戏剧作品，也是首部现代名著改编类作品。

五是认定具有特殊身份作家的红色文学文献。一百年来，很多作家除了文艺工作者身份外，同时还有别的党内党外的特殊身份。因此，作家与党的领导人的交往相关联的文学文献，我们也认定为红色文献。如毛泽东同志的老乡、老同学作家萧三的《毛泽东同志青少年时代和初期革命活动》手稿，以及康濯《贺龙断片记》手稿都已经入选北京市革命文物，这类文献还有杜鹏程《在彭总身边》手稿等等。另外，党和国家领导人与著名作家的通信、赠书，如中央领导同志给丁玲的回信，都是我们认定的红色文献，这部分认定工作，中国现代文学馆也在不断探索，总结经验，加快步伐。

二、中国现代文学馆红色文学文献的保护开发

第一，积极探索纸质文物的保管方式，加强红色文献的保护工作。在原有技术手段保障的环境控制下，对革命文物采用专账、专区、专柜的管理，进一步严格文物使用流程和审批权限，重点文物不出库、不出馆。

第二，坚持守正创新，让红色文献活起来。现当代文学文物既有文物的普遍特征，又具有一定的特殊性，它们是百年中国文学文献见证的历史，是中国式现代化历史进程中凝聚而成的中国精神与磅礴力量。中国博物馆协会刘曙光理事长来文学馆考察座谈时指出，参观时看到的很多作家的名字和作品家喻户晓、深入人心，现当代文学文献在唤起广大观众的熟悉感、亲切感和认同感方面，与古典文献是有区别的。因此，如何做到守正创新，开拓现当代文学革命文物展，特别是红色文学文献的展览的新方法，讲好中国故事中的红色篇章，讲好红色历史中的生动故事，始终是中国现代文学馆展陈工作的重中之重。近年来文学馆的几次特展，都是围绕红色文献来设计创作并推向全国巡展的。中国作协党组将数字化赋能文学的年度中心工作放在了中国现代文

学馆。2023 年以来，我们不断探索馆藏数字化开发的途径，与相关单位合作打造百年红色经典数字化研学平台，将红色经典、文献文物、数字地图、视频讲解等形式智能融通，努力掌握信息化条件下文化创新的主动权。

第三，传承红色经典，推动文学创作与研究。1995 年，著名作家杨沫先生去世前一年，立下遗嘱，将《青春之歌》的版权、10 万元稿费以及一批珍贵的手稿和文物无偿捐赠给中国现代文学馆。为了纪念杨沫先生，为了更好地继承社会主义文学及红色经典的传统，为鼓励青年文学创作，扶持青年文学人才，中国现代文学馆以杨沫先生捐赠的著作版权经济所得，设立"《青春之歌》奖学金"，该奖学金以年度为单位，奖励对象为高校创意写作专业在读生，2023 年在华东师范大学颁发了第一届奖学金。同时，中国现代文学馆也发挥好学术阵地的作用，加强与高校合作，推动馆藏红色文献研究、手稿学研究的深入发展。

三、让革命文物展走进观众内心

习近平总书记在中国文联十大、中国作协九大会议开幕式的讲话中强调："英雄是民族最闪亮的坐标。"将革命文物主题展览看作是弘扬革命文化的一个原点，那中国近现代史就是一张宏伟的坐标系，中国共产党的发展历史构成了它的横轴，生生不息的人民史诗则构成了它的纵轴，而党和人民的英雄则是其中闪耀的星辰。革命文物承载着英勇奋斗的光荣历史，"红色经典"则是其中重要的组成部分。"红色经典"以文学之名为历史巨变立传，为民族英雄颂歌，是增强民族自豪感和文化自信心的生动教材。通过重大主题的展览陈列，集中展示、广泛征集、系统研究"红色经典"手稿及相关革命文物，让书写在手稿中的文字活起来，实现抽象性文学和英雄形象的视觉化和空间化，与观众之间产生有效互动，充分发挥经典作品的文化教育功能，是文学类博物馆工作的使命所在。

目前，"红色经典"主题展览是文学类博物馆工作的重中之重，这类展览时间紧、要求严，且要兼顾艺术性陈列的审美性和叙事性陈列的故事性，还要同时突出"红色经典"的修辞术和精神价值，增加了文案和设计的难度。但国内的文学馆展览业务普遍处于起步阶段，文学展览的脚本撰写与评估规范尚需探索，还要在当代展陈中获得一席之地，达到让文学经典既"好读"又"好看"的目标，亟需优秀的展览案例提供范式和经验支持。在毛泽东诞辰 130 周年、抗美援朝战争胜利 70 周年之际，中国现代文学馆筹办以"坐标"为题的馆藏革命文物特展，展览特别展出了 7 部与两件大事紧密相关的馆藏革命文物手稿，并挑选、征集其他相关展品共计 226 件，向为中华民族伟大复兴奋斗牺牲的英雄们致敬，向在民族记忆星空上铭刻英雄之名的作家们致敬。此展览展品丰富、内容细腻，展出的绝大部分资料都是作家深入一线写作和拍摄的。结合多项现代多媒体手段以严肃而不失活泼的形式展示、宣传革命文物及作家作品，受到儿童群体、党建群体和其他游客的好评，从多方面完成了文学革命文物展在新时代的使命实现。

一是在策展环节耐心细致，细密勾连组织展品，深入挖掘革命文物背后历史事件的正向价值。作家上前线，留下了大量珍贵资料，如日记、笔记、访谈、照片等，定格下他们独特的观察视角。详细阅读现代文学馆馆藏革命文物——巴金的《赴朝日记》，会发现有“早上去李蕤处”“和李蕤同去某人处”的记录。通过这一线索，发现同为赴朝创作组成员的作家李蕤的日记也保留了下来。二者对读，重合之处比比皆是。比如，李蕤在日记里记载：“先是魏巍一个人扛，我替他拿着些轻东西，后来我们找到一根棍子，两个人抬。山很高，路很陡，上头下着小雨，真是汗流浃背，但心里有说不出的愉快。当他到坑道的时候，我看到巴金同志的脊背，在散发着热气。”这一发现不但让我们挖掘出了李蕤家书、日记等珍贵展品，丰富了展览的细节，还找到了展览的主题之一，即支撑作家的力量来自哪里？李蕤给妻子的信里写道：“到朝鲜战场后，才明确地觉察到志愿军不仅是我们的保护人，而且完全代表着新一代人的道德品质。这不必找什么英雄功臣，一个最平常的人身上也能看见。譬如，一个电话员，在炮火封锁中架电线，在困难的时候，为完成任务，就自动用自己的两手牵起电线，让电流从身上通过，完成一个重要的通话。”这段话能立即让我们勾连到《英雄儿女》中王成的原型赵先有烈士，坚守高地三天两夜后，敌人冲上阵地时，再三要求炮兵“向我阵地开炮”，与阵地共存亡。这些一手的文物档案是真切的历史记录，也是最鲜明的时代精神，让人仿佛回到抗美援朝历史现场，感悟爱国主义的精神力量。同时，当国家有难，尤其当民族抵御外患的时候，作家们挺身而出，用自己的知识和觉悟，报效祖国；在战斗英雄和劳动人民面前，他们时时感到自己的渺小，时时要求自己勉力上进；他们执着地热爱生活，并把这种热爱自然而亲切地投射给他人。日记中记载了巴金、魏巍和李蕤三人同行，冒着大雨穿过弹痕遍布的坑道，到最前线的 159 高地深入生活，在坑洞中与战士座谈。没有桌子，他们就趴在行李上写作；为了躲避敌机轰炸，有时一个晚上要吹灭几次蜡烛，与敌人“捉迷藏”；面对“灿若群星”的英雄人物，他们总是恨自己的笔“太笨拙”，不能写出英雄品质的万一。在当时，一大批中国文艺家奔赴朝鲜前线，开展文艺创作，他们都值得尊重和敬仰。文字之外，作家黄谷柳在前线拍摄的大批照片也被挖掘出来，这些照片将战地上的感人瞬间定格，画面鲜活丰富，人物多姿多彩，这一组组来自时光隧道深处的镜头，如此生动宝贵，观者无不感到震撼。

二是在展览内容方面多维度讲述革命文物的故事。文学类的革命文物大多涉及作家与作品，这就为围绕革命文物来讲述作品故事、作家故事与历史故事提供了便利条件。“坐标”展中，为了展示巴金小说《团圆》与电影《英雄儿女》的关系，特别置景了大幅翻页连环画，将小说原文、电影台词、电影画面、情节简介一一对应，以18页可以翻动的连环画形式展示出来，既能让观众在短时间了解小说和电影的内容，又对电影改编中文学母本的作用一目了然。《谁是最可爱的人》手稿旁边，文章的内容以三个故事的形式展示出来，小朋友们很喜欢在这里翻看。其中《战士吃雪》格外能引发对“什么是幸福”的联想。对这名小战士来说未来是什么样子呢？“坐在挺豁亮的屋子里，泡上一壶茶，守住个小火炉子，想吃点什么就做点什么。”如果时光可以穿越，他看到现在的同龄人手机一挥就可以送来奶茶与火锅，一定会觉得自己的奋斗、牺牲值得吧。

三是在展览形式上应用多种艺术形式传达内容。每位观众都有自己的个性，能激发兴趣的点也不一样，对革命文物反映的主题进行多种艺术形式的转化势在必行。除了绘画、制景等常规手段外，开放打卡拍照区域、制作拍照道具、数字化展项、艺术装置等也必不可少。“坐标”展第三单元“英雄儿女”，展出了巴金《团圆》和《赴朝日记》手稿，同时设计了两处场景，一是上海巴金故居的书房，二是“实景战地书房”。巴金书房顶上有一轮满月，战地书房的背景是一钩弯月，成为展厅中写意的亮点。《谁是最可爱的人》是作家魏巍从朝鲜战场归来后含泪创作出的作品，英勇的志愿军感动着我们每一个人。他们的品质是那样的纯洁和高尚，他们的意志是那样的坚韧和刚强，他们的气质是那样的淳朴和谦逊，他们的胸怀是那样的美丽和宽广！因此，我们设置了三台屏幕联动的互动设备，小朋友可以将想对英雄们说的千言万语在展厅中一吐为快，写下来的内容将会实时在屏幕中滚动播放，成为展览中最生动和亲切的展示。巴金在《赴朝日记》中提到赴朝慰问团去583团三营八连赶上正在拍摄纪录片，王莘正指挥战士唱《歌唱祖国》，歌声从战士们的口中飘送至长城内外大江南北，也长久地留存在我们的心底，或许已化为我们文化基因的一部分。展厅中我们准备了专门的区域给大家欣赏这首激励着志愿军将士从胜利走向胜利的歌。解放军某部在主题党日参观时在这里集体合唱了这首歌，热泪盈眶。

四是在展览传播上“上天入地”，充分借助媒体的力量融入新传播格局。联合主流媒体是国家级文学博物馆的优势，在各种小视频平台火热的今天，更要具有数字化传播意识，努力融入新传播格局。除了联合主流媒体等常规宣传外，“坐标”展在开展前就召开了新媒体通气会，学习强国、央视频等新媒体平台积极参与。展览开展第一天的探展视频在央视频平台的播放量达到 103 万。在落地接待参观方面，展览开放两个多月以来，已经有近 200 个团体单位来馆参观，8 月累计参展人数 10567 人，创文学馆建馆以来单月参观人数新高，9 月累计参展人数 9981 人。观众中，既有小朋友，也有大学生和中老年群体；参观形式既包括青少年研学、社区探馆活动，又有中央和国家机关、军队、协会和公司的党建活动。特展以“革命文物展 + 文学展”的联动力量来讲述中国故事中的红色篇章，通过“博文学之物”的方式，将不同年龄群体和不同职业身份的人凝聚在同一精神空间之中，形成了一个广大的精神共同体，带领人们沉浸其中，重返革命历史，感受历史的涤荡。

五是在展览服务上根据不同观众群体的需求制定不同的参观套餐。一个展览如果仅靠供给方和策展人的热忱与情怀支撑，是难以为继的，只有观众在参观中感到充分受到重视，满足了自己的需求，从而宣传展览，才能形成正向和良性的循环。“坐标”展览在社教方面，除了常规的讲解服务外，还为青少年准备了“致敬最可爱的人”主题纸浆画制作、为党日活动团体准备了拍照点和留言墙、为热爱盖章的博物馆观众准备了精心设计的 13 枚印章等。其中巴金书桌上的印章得到观众的热情追捧，小红书上自发传播的文章多围绕印章展开。展览，是中国现代文学馆活化利用馆藏革命文物的主要途径。只有当革命文物主题的展览赢得观众发自心底的文化认同，才真正完成了自己的使命。希望一个个革命文物主题展览都如一根根坚韧的风筝线，一头连接革命历史的精神标识，一头连接当下观众的日常生活。

铁路文物实证复兴之路

中国国家铁路集团有限公司　厉于

中国铁路诞生于积贫积弱的晚清，在艰难求索中迎来了中国共产党的诞生，成为党领导下的一支重要依靠力量，锻造形成了“永远听党话、始终跟党走”的红色基因。在新中国成立的百废待兴之时，中国铁路毅然担当社会主义革命和建设的开路先锋；在改革开放吹起奋进号角之时，中国铁路努力当好国民经济发展的火车头；在中国特色社会主义进入新时代的新征程上，中国铁路勇当服务和支撑中国式现代化建设的“火车头”。中国铁路的发展，书写着中华民族伟大复兴的铁路篇章。

铁路人的百年奋斗创造了辉煌的物质成果，也形成了丰厚的文化积淀，留下了难以磨灭的历史记忆。铁路文物，是铁路文化和铁路历史最能让人直接感知的实物，是中国铁路砥砺奋斗、中华民族伟大复兴的实证。做好铁路文物工作，功在当下、利在千秋。国铁集团以习近平文化思想为指导，坚持“保护第一、加强管理、挖掘价值、有效利用、让文物活起来”的新时代文物工作要求，在国家文物局的有力指导下，下大力气、蹚新路子，切实加强铁路文物保护管理利用，让铁路文物在新时代绽放出新的光彩。

一、加强调查保护，确保铁路文物应管尽管

文物保护，是文物工作的重中之重。保护第一，前提是摸清家底；加强管理，首

要是落实责任。近年来，国铁集团扎实开展文物普查，持续完善制度建设，大力创新管理手段，让散落在万里铁道线的文物入藏入册、有效保护、集约管理，实现了文物保护管理提质升级。

以全面普查推动系统保护。2020 年，国铁集团宣传部组织开展了铁路可移动文物和具有保存价值实物调查，同步组织开展了铁路文博场馆专项普查。这是继 2017 年对铁路系统文保单位进行专项普查之后，对铁路文物开展的一次大排查、大摸底。铁路可移动文物和具有保存价值实物调查共收录登记文物实物 42078 件，其中文物 4678 件，包括文献资料、机车车辆、客货运输设备及工具、书画和雕塑等 19 大类 121 小项，普查中还征集到 1919 年版《中国铁路全图》、津浦铁路账册等珍贵文物。铁路文博场馆专项普查共收录登记国铁集团各级各类文博场馆（公园）210 个，其中博物馆 10 个、纪念馆（园、室）9 个、荣誉室 10 个、站段史馆（展厅、展馆）54 个、陈列馆（室）70 个、主题广场（公园）3 个，其他场馆 54 个。此次调查普查基本摸清了铁路文物实物和文博场馆的现状和家底，掌握了铁路文物实物的种类、数量、分布状况和保护现状，制作了文物实物电子档案和《铁路文博场馆概览》图册，为铁路文物系统保护打下了坚实基础。

以制度机制推动层层压实。国铁集团宣传部把提升文物治理能力作为抓好文物保护管理的重要抓手，学习贯彻国家有关法律法规和政策文件，结合铁路实际建立健全制度机制。2015 年，我们研究出台了《铁路文物保护管理暂行办法》；2020 年，研究出台了《铁路爱国主义教育基地管理办法》；2021 年，研究出台了《铁路可移动文物和具有保存价值实物保护管理利用办法》《铁路文博场馆管理办法》《铁路文化创意活动管理暂行办法》；2022 年，研究出台了《“十四五”铁路企业文化建设发展规划》。这些制度文件，明确了铁路文物的范畴，明确了铁路文物工作中宣传部门的牵头责任、业务部门的协调责任、铁道博物馆的指导责任、产权单位和收藏单位的主体责任，明确了铁路各单位、各部门和广大职工都有保护铁路文物的义务，明确了保护管理的具体要求，让铁路文物管什么、谁来管、怎么管更加明晰。目前，我们持续完善铁路文物工作制度图谱，首要的工作就是依据即将修订公布的《文物保护法》，修订《铁路文物保护管理暂行办法》，以制度建设保障新时代铁路文物工作蹄疾步稳。

以科技手段推动管理增效。2020 年以来，国铁集团宣传部组织研发了“铁路文物实物管理信息系统”，建立铁路文物实物三级网上管理组织架构，为 3500 多个基层单位配备系统管理账号。由各单位负责录入管内文物实物名称、类别、年代、来源、数量、保存状态、图片影像等基本信息；经各铁路局集团公司审核、铁道博物馆终审后，文物实物正式入列，纳入管理。铁路文物实物管理信息系统的建设投用，实现了铁路文物实物数据库的实时更新，大大提高了普查调查的效率，同时也方便了查询、规范了管理。截至目前，该系统已收录 4.6 万余件铁路可移动文物实物。近段时间，我们正在着力推进系统二期建设，重点是将不可移动文物纳入系统管理，我们将按照第四次文物普查有关要求，进一步完善系统，推动铁路文物管理实现信息化、数据化、科学化、规范化。

二、规范评估认定，彰显铁路文物内涵价值

铁路文物实物数量浩繁，时间和空间分布范围广泛。规范评估认定，对于去芜存菁、分层管理、彰显文物内涵价值有着重要意义。国铁集团与国家文物局、地方文物行政部门紧密合作，充分发挥铁路文博专家人才队伍优势，不断提升文物评估认定质量，推动形成丰富多彩、梯次合理、重点突出的铁路文物集群。

在不可移动文物方面，国铁集团有力配合文物保护单位评选认定工作。据不完全统计，目前全国铁路有 323 处各级文物保护单位，包括全国重点文物保护单位 94 处、省级文物保护单位 55 处、市级重点文物保护单位 114 处、区县级文物保护单位 60 处。从全国重点文物保护单位公布名单来看，自 2001 年公布第五批全国重点文物保护单位以来，到 2019 年公布第八批全国重点文物保护单位，连续 4 批铁路建筑都榜上有名。其中，既有天津西站、碧色寨车站这样的单体建筑，也有京张铁路南口段至八达岭段、武汉长江大桥这样的铁路工程，还有跨越黑龙江、吉林、辽宁、内蒙古四省（自治区）、沿铁路线呈网状分布、包括数百幢建筑的巨型遗产中东铁路建筑群。这些宝贵遗产，涵盖了铁路的站、桥、线等各类建筑，跨越了 20 世纪初到新中国成立后的半个多世纪历史，展现出铁路文化遗产独特的魅力。

在可移动文物方面，国铁集团发挥主体责任，明确中国铁道博物馆定期组织开展铁路文物实物价值核定、等级鉴定，协调文物行政部门做好铁路文物鉴定。铁道博物馆成立了由 16 名具有副高级及以上文博专业技术职称专家组成的文物定级专家组，严格按照《中华人民共和国文物保护法》《文物认定管理暂行办法》等法律法规开展铁路文物价值评估和认定工作，一级文物定级邀请中国近现代文物鉴定专家组成员进行指导。近年来，国铁集团积极发挥中国铁道学会铁路文化与博物馆委员会的平台作用，统筹各级各类铁路博物馆联合开展文物保护研究和定级工作，推动文物定级规范

化标准化。目前铁路系统共认定可移动文物 5143 件(套);其中珍贵文物 284 件(套),包括一级文物 63 件(套)、二级文物 67 件(套)、三级文物 154 件(套)。定为一级文物的,有反映我国早期工人运动历史的“二七大罢工”烈士林祥谦使用的怀表,有在解放战争时期诞生、印刻铁路红色基因的“毛泽东”号蒸汽机车,有见证我国铁路科技艰辛求索、矢志超越的《武汉长江大桥技术总结》,其价值穿越时空、历久弥新。

在爱国主义教育基地等其他相关评选命名上,国铁集团每三年集中开展爱国主义教育基地复查评选。研究制定测评评分体系,由党组宣传部牵头铁路文化单位组成专家组,从教育主题、基础设施、教育内容、内部管理、教育效果、宣传推介等方面进行评分,对既有铁路爱国主义教育基地确定考核等级,对新申报的评选命名,推荐优秀者参评“全国爱国主义教育示范基地”。目前,国铁集团有中国铁道博物馆正阳门展馆、“毛泽东号”机车展示室、青藏铁路、武汉“二七纪念馆”、南京长江大桥、丹东鸭绿江断桥 6 个“全国爱国主义教育示范基地”,其中正阳门展馆、武汉“二七纪念馆”、南京长江大桥、丹东鸭绿江断桥均为文保单位。铁路系统还建有 25 个铁路爱国主义教育基地、70 余个铁路局集团公司级爱国主义教育基地。2021 年党史学习教育期间,我们从铁路文博场馆中精选 50 个,列为党史学习教育铁路红色教育基地,持续发挥教育作用。此外,近年来各省(自治区、直辖市)陆续评估公布了革命文物名录,铁路各单位积极推荐,“毛泽东号”机车、沟帮子铁路党支部活动旧址、绥芬河铁路大白楼等一大批铁路文物名列其中。评估定级推动铁路文物得到铁路职工和社会公众越来越多的认可和关注,铁路文物价值愈发凸显。接下来我们将结合“四普”要求,积极做好新一轮的铁路不可移动文物评估认定工作。

三、创新宣传开发,推动铁路文物有效利用

铁路文物连接历史与当下,贯通过去和未来,蕴含着铁路的红色基因,昭示着“从哪里来,向何处去”的发展密码。近年来,国铁集团在铁路文物的研究阐释、展示传播、开发利用上下功夫,让文物“开口说话”,在传承与创新中焕发新的光芒。

精心打造“铁路老物件会说话”专题宣传品牌。国铁集团宣传部自 2019 年以来,坚持从铁路文物实物中遴选精品,深入挖掘历史价值和时代内涵,连续 5 年开展“铁路老物件会说话”专题宣传,在铁路各级新媒体平台上推出了 1000 多个新媒体产品。在此基础上,2021 年我们在北京举办了“庆祝建党 100 周年 铁路老物件精品说”展演,精选中国铁路全图、0 号蒸汽机车、“功在人民”牌匾等 10 件深刻反映党史、铁路

史的老物件，为干部职工讲授了党史学习教育的精品课。2022 年，我们带着铁路老物件走向全路，在具有光荣革命传统的哈尔滨局集团公司举办“穿越百年 砥砺初心”铁路老物件精品说巡回展演，精彩讲述了“毛泽东号”“朱德号”“铁牛号”机车、周恩来总理出席中长铁路移交我国管理仪式使用过的讲台、孙家养路工区“大郑线上好工区”锦旗等 15 件老物件，追溯了东北铁路红色历史。2023 年 6 月，我们带着铁路老物件来到西安，生动展演了陇海铁路老站名牌、巴山第一代养路工使用过的安全带、刊登“铁路修到革命圣地延安”的《人民日报》等 9 件老物件，打造了主题教育生动一课。2022 年以来，我们还积极参加国家文物局组织的“见证新时代 · 晒晒我们的新物件”主题宣传，“老挝国家一级发展勋章”“中欧班列标识”“援鄂抗疫高铁纪念卡”3 件物品入选 100 件新时代见证物名单。通过打造“铁路老物件会说话”活动品牌，铁路文物迸发鲜活的生命力，成为讲好中国铁路故事、中国故事的生动载体。

大力弘扬以“人民铁路为人民”为核心的铁路精神谱系。国铁集团宣传部把文物工作与理想信念教育紧密结合起来，深入挖掘铁路文物承载的故事、背后的人物、映射的精神，把铁路文物作为传承弘扬铁路精神的生动载体。2021 年，我们系统梳理了不同时期形成的具有鲜明时代特色和代表性的铁路精神，包括“二七”精神、“毛泽东号”精神、成昆精神、青藏铁路精神等，广泛收集了大量与铁路精神有关的老物件、老照片，编辑出版《铁路红色基因》，作为铁路系统党史学习教育的重要教材。在庆祝中国共产党成立 100 周年之际，中央发布了第一批纳入中国共产党人精神谱系的伟大精神，青藏铁路精神位列其中，给予铁路职工巨大的激励和鼓舞。2022 年以来，我们系统整理了青藏铁路建设运营过程中的 100 余件文物实物，组织建设了青藏铁路精神展厅，同时建设了包括青藏铁路精神展厅、拉萨站文化走廊、唐古拉海拔 5072 纪念碑等在内的青藏铁路精神展线，推动青藏铁路精神宣传教育深入开展。通过铁路文物“开口说话”，铁路精神的故事更加生动、特质更加鲜明、感召更加强劲。

持续推动铁路文化产品创意开发和文化遗产有效利用。国铁集团宣传部把文化创意和遗产开发作为弘扬铁路文化、展示铁路形象、服务人民群众的重要途径。近年来，“铁潮”等铁路文创品牌如雨后春笋般勃发，百年历史积淀的铁路文物为文化创意带来取之不尽的灵感。老式蒸汽机车成为孩子们开发智力的玩具模型，历史感强烈的铁路老装备成为年轻人的时尚手办，铁路元素突出的 T 恤衫、帆布包、旅行箱成为出行潮品。铁路文物与工业文化、潮流文化相互交织，迸发出强大的创新活力。铁路部门还与地方政府合作，开发铁路文化园区、打造文化旅游线路，让历经岁月淘洗的铁路文化遗产重现青春。在被誉为中东铁路“璀璨明珠”的齐齐哈尔昂昂溪铁路历史文化站区，百年老站让人流连忘返；在以百年胶济铁路济南、青岛博物馆为支点的胶济文化廊道，“高铁环游齐鲁”方兴未艾；在郑州黄河文化公园，1906 年建成的京汉铁路大桥、1960 年建成的京广铁路大桥、2014 年建成的郑焦城际铁路大桥相距不到千米，构成的“三桥汇”景观成为千里黄河上独特的风景。铁路文化遗产正由从前的“养在深闺人未识”，逐步走向人民群众的文化生活。

铁路文物在我国文物资源中具有独特的地位和作用，书写了中国铁路发展的钢铁史书，记录着科学技术创新的鲜活档案，印证了工业文明进步的历史文脉，承载着铁路代代相传的红色基因。做好铁路文物工作，是国铁企业义不容辞的重大责任。我们将坚持以习近平文化思想为指导，深入落实国家文物局的各项工作部署，广泛吸收借鉴各地各行业的经验做法，推动铁路文物工作高质量发展，努力为建设中华民族现代文明作出更多铁路贡献。

守好用好红色资源 让革命文物“活起来”

雨花台烈士纪念馆　刘斌

党的十八大以来，习近平总书记高度重视文物工作，多次作出重要指示，涉及保护、管理、传承、利用等一系列根本问题。近年来，雨花台烈士纪念馆始终牢记习近平总书记重要指示精神和2014年视察江苏时关于用好用活丰富党史资源的谆谆嘱托，全面贯彻“保护第一、加强管理、挖掘价值、有效利用、让文物活起来”的新时代文物工作要求，紧扣“纪念先烈、教育后人”的建陵使命，坚持守正创新、扬优成势、积极作为，在革命文物征集保护和活化利用方面迈出坚实步伐。成功入选全国首批“大思政课”实践教学基地，建设国家级研究平台——国家革命文物协同研究中心，首次进入全国“十大热搜革命类博物馆纪念馆”年度前五，“革命战士 别样风采——雨花英烈文学艺术作品展”等展览入选全国革命文物保护利用优秀案例。我们以守好用好红色资源的生动实践，始终源源不断输出“红色能量”，在“走在前、做示范”中奋力扛起雨花台担当。

一、坚持依法治陵、智慧赋能，科学系统加强整体保护

保护好革命文物就是保护历史见证，是做好新时代革命文物工作的根本前提，是用好红色资源、赓续红色血脉的首要任务。我们秉持着强烈的文化使命感和对先烈负责的态度，积极构建“大保护”机制，突出“三个强化”，强化“串点连线联片”，

推动革命文物管理全链条覆盖、保护数智化赋能、运用多场景拓展，实现革命文物的体系化、全方位、立体化保护。

一是强化法治保障。近年来，革命文物和文化遗产立法成为地方性立法的一大特色。我们也看到，由于对革命文物保护的责任划分相对笼统，在具体落实方面存在着职权范围不够明确、管理不到位、保护力度有限等问题。随着《南京市红色文化资源保护利用条例》的出台，如何因地制宜统筹陵园建设和保护、弘扬英烈精神也成为雨花台人的重要课题。经过两年多的打磨，我们配合有关部门制定了《南京市雨花台烈士陵园保护条例》（以下简称《条例》），于 2022 年 4 月 5 日起正式实施。这是全国首部保护具体烈士纪念设施的“点”上立法，在分级分层保护、关注民生需求、涵育崇尚英雄的社会风尚等方面都具有创新意义，与《南京市红色文化资源保护利用条例》有效衔接，形成南京“点面结合、相互呼应”的红色文化资源保护立法体系，为革命文物保护管理和红色文化传播弘扬提供了更加坚强的法治保障，也为全国开展烈士纪念设施保护立法探索贡献出“南京方案”。《条例》实施一年多来，烈士纪念设施、烈士遗物等革命文物得到有效保护，烈士名誉得到全方位保障，越来越多的机构参与雨花英烈事迹与精神的传承弘扬，全社会关心关爱烈属的氛围更加浓厚。

二是强化规划引领。保护工作，规划先行。立足新发展阶段，我们以高标准的规划引领系统推进文物保护工作，统筹文物保护规划与陵园发展规划等“多规合一”，层层落实文物保护利用传承工作举措，推动文物保护体系更加完善、文物管理部门协作不断深化、文物安全形势持续向好。制定《南京市雨花台烈士陵园“十四五”发展规划》，着力构建文物保护、研究咨政、展陈展示、宣传引导、教育教学、管理服务等“六大体系”。编制《雨花台烈士陵园保护规划》，系统化布局陵园保护工作，划定具体的保护范围、建设控制地带和风貌协调区，多措并举守好革命文物安全红线，确保革命文物的历史真实性、风貌完整性和文化延续性。先后牵头编制南京市红色文化资源保护利用、传承弘扬雨花英烈事迹与精神等三个行动计划，组织实施固本强基、品质提升、文化育人、品牌创建等工程，为红色资源保护利用“输血供氧”。

三是强化科技支撑。数字化建设打通文物保护的血脉经络，成为文物工作高质量发展强有力的助推器。我们以“智慧保护”为理念，通过搭建数据库平台，对革命文物资源进行系统采集、存储、处理、展示、传播等，实现资源信息动态管理和社会共享。建设中宣部 2021 年度中华民族文化基因库（一期）——雨花台烈士纪念馆红色基因库试点项目、雨花英烈卷宗资料全文数据库管理系统项目，对雨花台红色资源进行高精度数据采集及三维重建，囊括 929 卷、750 万字英烈史料及全国 4 万余篇雨花英烈主题相关研究成果等，为红色资源的智慧化运用搭建优质载体。坚持预防性保护，加快文物库房设施升级，分批次对纸质文物实施保护修复，有计划做好可移动文物的复、仿制工作，用现代科技手段为珍贵脆弱的文物资源延年益寿，使雨花英烈贺瑞麟临刑前写下的《死前日记》等革命文物获得“新生”，推动红色资源焕发新光彩。分步实施、分类推进综合管理服务系统建设，结合大数据、5G 等现代信息手段，着力构建覆盖全园的管理信息化、服务智能化、运作高效化的智慧园区系统，让革命文物得到更有效的保护。

二、坚持综合施策、多管齐下，持续加快文物抢救挖掘

文物史料征集是一项长期的系统性工作。相较于综合性博物馆，革命纪念馆由于成立时间较短、题材范围较窄、征集渠道单一、库房环境受限等因素，普遍存在着文物藏品体系单薄、文物藏品数量不多、珍贵文物占比低等问题。雨花台历经 70 余年发展，积淀了较为丰富的革命文物资源，仍深感文物史料征集工作的推进速度与其抢救性征集的紧迫性存在差距。由于雨花英烈牺牲的年代较为久远，革命经历的空间跨度大，且大部分为地下工作者，文物史料存世很少，征集工作难度很大。近年来，我们以雨花英烈文物史料征集“红星计划”为重要抓手，持续拓宽文物征集渠道的广度和深度，以时不我待的紧迫感，“越是艰险越向前”，久久为功，推动文物史料征集工作走深走实、见行见效。

一是征集范围延伸海外。雨花英烈中有一批留苏烈士群体，包含谢文锦、陈原道、黄励、李济平等，他们在 20 世纪 20 年代远赴莫斯科学习、工作，经历了布尔什维克的系统训练和红色洗礼，而后回国投身革命洪流。为深入挖掘这批留苏雨花英烈的海外史料，我们与中国中俄关系史研究会合作，开展首次境外史料征集，派出 4 名工作人员赴俄罗斯社会政治历史档案馆、圣彼得堡国家图书馆等地，查询、征集、复制雨花英烈相关档案资料 7000 余页，填补了雨花台境外征集工作的空白，极大丰富了雨花台烈士纪念馆的馆藏。

二是合作共享日益紧密。雨花英烈来自全国 20 多个省市，从出生、求学到参加革命活动，在各地留下了珍贵的红色足迹。我们建立雨花英烈纪念地联席会议制度，吸纳烈士故居、革命纪念场馆、校史馆等 36 家成员单位，有效构筑起全国雨花英烈纪念方阵。不断强化馆际合作机制，推进文物资源共建共通共享不断深化。

三是参与主体更加多元。立足内外双向发力，收集各方征集线索，多渠道、多层次开展征集，构建参与广泛、形式多样、管理规范的工作机制。制定《雨花台烈士纪念馆文物史料征集工作管理办法》，规范文物史料购买、复制仿制等工作程序。组建党史、文物领域专家库，为藏品征集提供真伪鉴定、价值鉴定以及价格咨询等专业意见。与江苏省文物总店有限公司等深度合作，征集购买到文物史料百余件。启动雨花英烈近亲属口述史征集活动，对 60 余位烈士亲属进行抢救性口述史采集，形成约 40 万字的采访手记，出版《雨花英烈近亲属口述史》2 册。组建“红星计划”文物史料征集志愿者队伍，发起文物史料征集倡议，吸引更多社会力量关注和支持革命文物征集工作。

三、坚持人民立场、效果导向，用好用活红色文化资源

坚定文化自信，推进革命文物活化利用，讲好党的故事、革命的故事、英烈的故事，实现文物利用成果由人民共享，是我们征集和保护文物的根本目的。我们聚焦创新活化利用形式，深入挖掘阐释雨花英烈感人至深、扣人心弦的英雄事迹与崇高精神，推出系列优秀红色文化产品，推动革命文物与创意嫁接、与教育互动，为人民群众提供优质的公共文化服务、丰厚的历史文化滋养，让革命文物真正“活起来”。

一是全面深入研究阐释，激发革命文物的生命力。近年来，我们聚焦雨花英烈“信仰的力量”这一精神内核，强化专业深耕，深挖革命文物的时代价值，推动学理研究不断深化，让一件件革命文物有血有肉、有神有魂。立足雨花英烈家书、日记、诗词、文章等第一手史料基础，出版《雨花英烈史料丛书》《雨花台烈士传》《雨花忠魂》等书籍，形成完整丰富的雨花英烈丛书体系。贴近青少年不同年龄段特点，与北京大学合作编撰爱国主义主题教育读物——“雨花英烈”系列绘本，聘请中国作协副主席、著名作家何建明创作大型纪实文学《雨花台》，与市教育局精心研发《传承——雨花英烈精神中（小）学生读物》，分龄分众教育效果显著。

二是打造精品陈列展览，增强革命文物的吸引力。我们充分运用最新征研成果，坚持以观众为中心，立足品牌化打造，推动展览展示更好彰显时代特色、地域特色、文化特色。策划举办“青春壮歌——中国青年运动中的雨花英烈”等一批原创精品展览获得国家文物局推介。2023 年“七一”前夕，启动“信仰的力量——雨花英烈事迹与精神”巡展，通过解读文物背后的故事，实现“见人见物见精神”。9 · 30 烈士纪念日期间，策划推出“风雨情缘弥坚贞——雨花英烈的革命爱情”展览，生动再现

雨花英烈在风雨如磐岁月中爱情的浪漫与坚贞、信仰的坚定与忠诚。策划推出“红色火种——雨花英烈莫斯科史料展”，展现 14 位雨花英烈在莫斯科的学习、工作经历，是雨花台境外文物史料征集成果利用的又一鲜活案例。

三是策划系列宣教产品，提升革命文物的感染力。我们坚持以效果为导向、体系化生产、高平台刊播为原则，用好文物史料这一生动教材，产出一批大众喜闻乐见的宣教产品。推出话剧《雨花台》、大型交响组歌《雨花台——信仰的力量》、古典舞《雨花石的等待》等系列文艺精品；策划《绝笔 2》《北平五烈士》《雨花台家书》《雨花台相册》等雨花英烈题材纪录片。“用好文物史料打造雨花英烈精品纪录片”项目获评第四届（2022）全国革命文物保护利用十佳案例宣传推介活动优秀案例。开发“雨花英烈的艺术人生”课程，让青少年充分了解雨花英烈在与他们年龄相仿时所思所做，该项目成功入选全国文博社教百强案例。开展研学课程“建筑里的缅怀”，带领青少年实地探索雨花台标志性建筑文物的风格、外形、内涵、功能，与空间“对话”，触发情感共鸣，充分彰显革命文物所承载的丰厚精神和文化底蕴。

革命文物是不可再生、不可替代的中华优秀文化资源。保护好革命文物，就是保护好中华民族精神生生不息的根脉。我们将一如既往秉持强烈的文化担当，持续加强革命文物保护和利用，深化革命文物价值挖掘阐释传播，大力传承弘扬雨花英烈事迹与精神，充分发挥雨花台红色资源服务大局、咨政育人和推动发展的独特作用，不断推动红色基因赓续传承向纵深发展。

建军百年与军史文物

中国人民革命军事博物馆　黄亦兵

2027 年，人民军队将迎来建军百年。

在中国革命波澜壮阔的伟大历史进程中，党领导的人民军队经过革命战争洗礼，由小变大、由弱变强，功勋显赫。新中国成立后，在保卫祖国一系列作战和履行多样化军事任务中，边斗争、边备战、边建设，成绩卓著。这期间，产生了大量具有重大历史价值和教育意义，记录和见证人民军队和国防建设光辉历史的文物，即军史文物。军史伴随着革命史，军史文物是革命文物的主要组成部分，是红色资源的重要组成部分。在这一值得隆重纪念和庆祝日子到来之际，加强军史文物的认定、征集和保护利用，是军队博物馆纪念馆义不容辞的职责使命，也是诸多纪念革命战争、革命军事人物、重大军事历史事件类场馆、文物保护单位应有的职责使命。

一、关于军史文物的认定

军史文物是革命文物的一个组成部分，是革命文物下属的一个分类。

从时间范畴上说，广义的军史文物与革命文物是一致的，体现“一条主线”“两个见证”，涵盖整个中国近现代史。即以实现中华民族伟大复兴的奋斗历程为主线，见证近代以来中国人民争取民族独立人民解放、国家富强人民幸福的伟大斗争，见证中国共产党救国兴国强国的伟大实践和伟大贡献。时间跨度包括旧民主主义革命时期、新民主主义革命时期、社会主义革命和建设时期、改革开放和社会主义现代化建设新时期、中国特色社会主义新时代。

狭义的军史文物主要指党领导下的武装斗争，国防和军队建设活动产生的见证物。涵盖新民主主义革命时期、社会主义革命和建设时期、改革开放和社会主义现代化建设新时期、中国特色社会主义新时代。

这是与建军百年关系紧密的军史文物，其中关系最密切的是与人民军队及其他人民武装相关的文物。

从属性范畴说，广义的军史文物与革命文物基本一致。凡与中国革命、建设、改革、复兴历程有关的具有历史价值、纪念价值、教育价值的近现代实物、史料、代表性建筑等，均属于革命文物。军事活动是革命活动中的一部分，在某一时期还是主要活动，因此，作为军事活动见证物的军史文物也具有革命文物的属性。

当然，军史文物还具有自身特有的属性，那就是具有“军味”“战味”，与军事活动直接相关。即见证中国人民抵御外来侵略、维护国家主权、捍卫民族独立、争取人民自由和中国共产党领导中国人民进行新民主主义革命，以及领导人民军队在社会主义革命、建设、改革过程中进行军事活动和国防建设产生的有重要纪念意义、教育意义和史料价值的代表性实物、纪念设施、遗址遗迹等。

在现实中，关于这类文物，一般有两种提法，一是军事文物，另一是军史文物。前者强调的是“军事领域”这一活动范围和活动主题，后者突出的是“军事历史”这一活动时空和活动对象，隐含着人民军队历史这一主题。两者的承载物实际上是一样的。所以，我们这里所说的军史文物，实际上就是军事文物，或者革命军事文物。

革命文物的认定，除了上面所说的时间范畴和属性范畴外，主要应该抓住“革命”这个关键词。而“革命”，则主要体现在行为主体和行为目的。简单说就是一件实物，是不是革命文物，一要看它是谁使用的，二要看它是为什么而用的。如果是一个建筑或遗址遗迹，要看谁在那里干了些什么。凡中国共产党及其领导的人民所从事的事业，以及推动社会历史进步的团体和个人所从事的事业的见证物，均可视为革命文物。

军史文物的认定也是同样道理。在行为主体和行为目的之外，还有一个行为方式——军事活动，简单说就是战争及为准备战争而进行一切活动。凡采用军事活动方式进行的社会实践的见证物，可视为军事文物或军史文物。

军史文物主要包括：

1. **文献文书。**各种重要的军事命令、决定、决议、宣言；文书、布告、电报、报告、指示、通知、总结等原始文件。

2. **旗帜匾额。**具有重要意义的旗帜、匾额，如国旗、军旗、奖旗、舰旗、队旗、锦旗、贺幛等各种标志性、识别性旗帜。

3. **武器装备。**与重大历史事件、重要人物或者著名人物有关的，或者具有典型意义的兵器、弹药、车辆、机械、器具、地图、通讯器材、防护器材、观测器材、医疗器材、被服及其他军用物品。

4. **徽章证件。**具有重要意义的徽章、证件，如奖章、勋章、奖状、立功喜报、纪念章，证件、证书，其他标识符号。

5. **宣传品。**重大事件、战役战斗、重要军事行动、非战争军事行动等使用的传单、标语、漫画、捷报及其他宣传品。

6. **手稿手迹。**重要人物或著名人物或其他有价值的手迹原件等。包括党和国家、军队的领导人给国防和军队建设的题词原件。

7. **艺术品。**近现代著名画家、雕塑家及其他艺术家以军事题材创作的代表性艺术作品。

8. **国际军事交往中的代表性文献、物品、礼品等。**

9. **缴获作战对象使用的各类武器装备和军用品。**

需要说明的是，这里所说的军史文物主要是具有可触及、可测度、可移动特征的三维形态的物质实体，不包括图片和视频一类的展品。从展品角度说，图片和视频等资料也是军史展览不可缺少的。

二、关于军史文物的征集

围绕建军百年目标，当前军队系统军史场馆体系建设方兴未艾，军史文物征集也全面铺开，在网上能看到湖南、湖北、山东、福建、吉林、甘肃、青海、河北、安徽、云南、海南、上海、浙江等省革命军事馆文物征集启事，武警部队博物馆、联勤保障部队博物馆等军种博物馆史料文物征集启事。相信到建军百年之际，随着上述博物馆建成开放，一大批军史文物将呈现在广大观众面前。

就博物馆实践来说，军史文物主要采用社会征集方式，主要有以下几种具体做法:

1. **接受捐赠。**主要是在部队工作过的老同志及其家属子女的捐赠，也有少量地方人员的捐赠。特点是实物资料来源准确、史实清楚。不足是许多老同志不了解军史文物征集信息，也不清楚哪些物品可定为军史文物并有资格被收藏。

2. 组织调拨。通过特定审批程序，将装备部门管理的退役武器装备、组织部门管理的各类奖励章及证书、军需部门管理的军服被装及配饰等，按系统调拨给博物馆收藏展示。特点是在本系统内就能实现，且数量可观，能征集到精品。

3. 部门移交。对于部队编制体制调整中撤并降改单位的各类史馆和陈列室的收藏，以及档案部门的有展示价值的档案，各类仓库收藏的武器装备等，进行价值判定后，可以按照系统管理规定，移交至军史场馆。特点是本系统较易实现，跨系统有一定难度。

4. 伴随式征集。立足本系统本部门所参加的重大活动（阅兵、军演、维和、救灾、护航等）、重大表彰活动等行动，通过提早谋划、制定计划、派员参加等方式，全程参与活动或者是活动进入尾声时，到活动现场实地开展实物和资料的征集活动，这是军史文物来源的重要途径。特点是任务部队实现较易，跨系统单位有一定难度。

5. 群体性征集。面向社会群体的征集，已成为军事博物馆采用的一个文物征集的模式。先后面向东北老航校后代、东北抗联后代、开国将帅后代、新中国女飞行员、南沙守礁官兵、抗美援朝老兵等共 9 个群体展开文物征集工作，特点是捐赠藏品专题性强，品质较高。

6. 征购。从社会单位或个人，尤其是收藏家手中征购符合本馆收藏展示的文物，这是实现批量征集或征集品级较高文物的一种方式。特点是征购时必须做好文物鉴定和价值评估工作。

军队博物馆建设要求“除特殊情况下，一般不采用购买方式征集文物”，如征购则参照国家文物局、财政部联合印发的《国有博物馆藏品征集规程》相关规定实施。

建军百年即将到来之际，对新时代国防和军队建设成就方面实物的征集迫在眉睫，已成为当务之急。军史文物征集是一项久久为功的事业，既要立足当下，又要着眼长远，不仅要为了现在征集见证历史文物，更要为了将来，征集见证当代的文物。

三、关于军史文物的保护利用

军史文物是看得见、摸得着的历史。红军强渡大渡河时使用的轻机枪、八路军黄土岭战斗中击毙日军中将阿部规秀的迫击炮、淮海战役中民工的小推车、上甘岭阵地上的一捧焦土、“卫国戍边英雄”陈红军的工作记事簿，虽然看似普通，却沉淀着厚重的精神意蕴，揭示着胜利的独特密码。

军史文物与历史文物相比，虽然时间不算久远，但具有类型丰富、数量庞大、形制普通的特点，其保护修复现状是有差距的。需要各方面切实增强“保护是利用的前提”的意识，加大力度，投入更多的人力、资金和技术。

就博物馆来说，主要采取两方面措施。

一是新建面积为 1.4 万平方米的现代化文物库房，于 2020 年 5 月正式投入使用。库内安防、消防、环境控制设施设备齐全，文物保管条件较过去有质的飞跃。

二是成立专门的文物保护室，建立起纸类、丝布类、武器类文物保护修复队伍，配备业内先进的专业设备，平均每年投入 200—300 万元专项经费。定期巡查藏品保存状态，结合展览和年度修复计划开展文物修复保养、数字化信息采集等工作，通过自身力量和购买社会服务结合加强保护力度，彻底解决了文物保护说在嘴上、不落在手上的问题。

全国现有超过 100 万件（套）国有馆藏可移动革命文物，3.6 万多处不可移动革命文物，国家已实施革命旧址维修保护行动计划和馆藏革命文物保护修复计划，以及若干重点保护利用工程，取得了很大成效。但对于革命文物如此庞大的数量，覆盖面相对有限，保护的道路依然任重道远。

军史文物的利用，重要的是深入挖掘和准确提炼它们所蕴含的价值，包括历史价值、纪念价值、教育价值、文化价值等，尤其要挖掘阐释利用它们的精神价值。

党的十八大以来，中国共产党精神的研究和提炼形成了一个高峰，进而发展构建起中国共产党人精神谱系。人民军队是构建党的精神谱系的主体力量。

一是以人民军队作为重要来源的精神。例如，长征精神、东北抗联精神、南泥湾精神、抗美援朝精神、抗洪精神等。

二是以人民军队中的英模作为重要来源的精神。包括张思德精神、雷锋精神、王杰精神等。

三是以人民军队作为重要贡献者形成的精神。在革命战争年代，有井冈山精神、苏区精神、遵义会议精神、延安精神、抗战精神、西柏坡精神、照金精神、太行精神、大别山精神、沂蒙精神、老区精神；新中国成立后，有“两弹一星”精神、北大荒精神、“两路”精神、老西藏精神，载人航天精神，抗疫精神等。

伟大事业孕育伟大精神，百年军史中的各类文物，不仅是人民军队光辉历史的见证，更是上述伟大精神孕育形成的真实载体。这里面包含“有灵魂”的忠诚基因、“有本事”的制胜基因、“有血性”的胜战基因、“有品德”的道德基因。

军史文物是“红色基因库”中的“种子”，我们要充分利用军史文物在见证记录和阐释传播革命精神方面的作用，高度重视军史文物价值的挖掘利用，对其由展示见证历史，向阐释体现精神复兴拓展，努力做到见物见人更见精神。同时创新展示、传播和教育形式，数字化展示、多平台联动，主题宣讲、情景展演，深入社区、融入文旅，灵活有效、多样融合，让文物真正“活”起来，增强红色文化表现力、传播力、影响力，真正从情感上打动人、心灵上触动人、思想上教育人。

改革开放革命文物认定标准：理论基础与体系构画

浙江大学　陈宝胜；浙江省文物局　裘晓翔　鲍欣晨

改革开放是一次伟大革命，推动了中国特色社会主义事业的伟大飞跃。可以说，没有改革开放，就没有中国特色社会主义事业今天的巨大成就。习近平总书记指出，改革开放是我们党的一次伟大觉醒，正是这个伟大觉醒孕育了我们党从理论到实践的伟大创造。作为改革开放辉煌历史的重要见证和历史记忆，改革开放历史进程中留下的革命文物是我国改革开放历史进程的缩影，承载着丰富的改革开放历史信息，是中国特色社会主义制度发展历程中重要的物质和精神财富，也是时代留给未来的重要文化遗产，做好改革开放革命文物的保护利用工作，对增强历史自觉、吸取经验教训、指导现实发展、弘扬伟大精神、增强民族自信具有重要意义。然而，由于改革开放是新近发生的重大历史事件，理论界和实务界对改革开放革命文物的内涵及认定标准的认识尚不充分，清晰界定改革开放革命文物的内涵和认定标准，是有效开展改革开放革命文物保护利用的前提和基础。

一、改革开放革命文物的概念与内涵

改革开放革命文物是一个全新的概念，目前学界、实务界对改革开放革命文物基本没有明确界定。为有效开展改革开放革命文物保护利用工作，本研究尝试根据文物、革命文物的定义及认定标准，对改革开放革命文物的内涵、外延和认定标准作出界定。

（一）文物的定义及其内涵

《现代汉语词典》对“文物”的解释是：“历史遗留下来的在文化发展史上有价值的东西，如建筑、碑刻、工具、武器、生活器皿和各种艺术品等。”2020年出版的《辞海》（第7版）将文物定义为：“遗存在社会上或埋藏在地下的历史文化遗物”。《中国大百科全书·文物　博物馆》将文物定义为：“人类社会历史发展进程中遗留下来的，由人类创造或者与人类活动有关的一切有价值的物质遗存的总称。”吴俊等认为，“文物的范畴包括历史上遗留下来的人造或与人类活动有关的所有具有一定文化价值的物质遗存，其中应包括曾作为人类活动场所的具有文化价值的人造和自然的物质遗存”。[①] 李晓东则认为，“文物是人类在社会活动中遗留下来的具有历史、艺术、科学价值的遗物和遗迹……它是历史上物质文化和精神文化的遗存”“文物是具有历史、艺术、科学价值的文化遗存”“文物应是重要的、有代表性的实物……应是反映历代社会制度、社会生产、社会生活、文化艺术、科学技术等方面的有代表性的实物”。[②] 综上，可将文物定义为：具有特定历史价值的实物留存。从时间性来说，这个定义有两层含义：一是就已经过去的历史而言，文物是过去历史遗留下的、具有特定历史价值的实物；二是就未来而言，现时代具有特定历史价值、见证历史发展的实物也具有文物价值，应当注意留存保护。

2017年修订的《中华人民共和国文物保护法》第二条所列受国家保护的文物类型主要包括：（一）具有历史、艺术、科学价值的古文化遗址、古墓葬、古建筑、石窟寺和石刻、壁画；（二）与重大历史事件、革命运动或者著名人物有关的以及具有重要纪念意义、教育意义或者史料价值的近代现代重要史迹、实物、代表性建筑；（三）历史上各时代珍贵的艺术品、工艺美术品；（四）历史上各时代重要的文献资料以及具有历史、艺术、科学价值的手稿和图书资料等；（五）反映历史上各时代、各民族社会制度、社会生产、社会生活的代表性实物。

国家文物局2020年发布的《中华人民共和国文物保护法（修订草案）》（征求意见稿）第二条规定“在中华人民共和国境内，下列文物受国家保护：（一）古文化遗址、古墓葬、古建筑和古代的石窟寺、石刻、壁画；（二）与重大历史事件、革命运动或者著名人物有关的，或者具有重要纪念意义、教育意义或者史料价值的近 代

① 吴俊，喇明英，徐学书．关于长征文物遗存概念与范畴的再认识[J].清华大学学报（哲学社会科学版），2021(2)：67-72.

② 李晓东．文物学[M].北京：学苑出版社，2005年版，第4-10页。

现代重要史迹、实物、代表性建筑；（三）与中国共产党史、中华人民共和国史、改革开放史、社会主义发展史有关的重要史迹、实物、代表性建筑；（四）代表性文化景观；（五）历史上各时代珍贵的艺术品、工艺美术品；（六）历史上各时代重要的文献资料、手稿、图书资料、视听资料等；（七）反映历史上各时代、各民族社会制度、社会生产、社会生活以及反映历史上中外交流的代表性实物；（八）其他一百年以上的实物。”这体现了国家目前对具体文物类型的界定方向。

（二）革命文物的定义及其内涵

《中国革命文物和革命纪念馆事业“九五”计划纲要》对革命文物的定义是“鸦片战争以来遗存的革命遗址、革命纪念建筑物和可移动的革命文物，是我国各族人民光辉革命历程和英勇斗争精神的实物见证”。中共中央办公厅、国务院办公厅 1998 年转发的《中央宣传部 国家教委 民政部 文化部 国家文物局 共青团中央关于加强革命文物工作的意见》的通知（中办发〔1998〕2 号）对革命文物的定义是“我国各族人民长期革命斗争和中国共产党领导的新民主主义革命与社会主义革命和建设的实物见证”。国家文物局、中宣部等联合发布的《关于加强革命文物工作的若干意见》（文物博发〔2008〕22 号）对革命文物的定义是“自 1840 年以来，中华民族为争取民族独立、实现伟大复兴而奋斗，特别是中国共产党领导下的新民主主义革命和社会主义革命与建设光辉历程的重要实物见证”[①]。

2018 年，国家文物局印发的《关于报送革命文物名录的通知》对革命文物的界定是：“革命文物主要是指见证近代以来中国人民抵御外来侵略、维护国家主权、捍卫民族独立和争取人民自由的英勇斗争，见证中国共产党领导中国人民进行新民主主义革命和社会主义革命的光荣历史，并经认定登记的实物遗存。”该通知同时指出，将社会主义建设和改革时期彰显革命精神、继承革命文化的实物遗存纳入革命文物范畴。2020 年，国家文物局发布的《中华人民共和国文物保护法（修订草案）》（征求意见稿）第二条将“与重大历史事件、革命运动或者著名人物有关的，或者具有重要纪念意义、教育意义或者史料价值的近代现代重要史迹、实物、代表性建筑”以及“与中国共产党史、中华人民共和国史、改革开放史、社会主义发展史有关的重要史迹、实物、代表性建筑”纳入“受国家保护”的“文物”范畴，代表了国家界定革命文物的最新倾向。

① 贾旭东．革命文物概念及其界定 [J]. 北京师范大学学报（社会科学版），2018(6):141-145.

刘曙光认为，“革命文物是革命文化的物质载体”“专指那些从五四运动至今的，与党史、军史、新中国史、改革开放史、社会主义发展史有关的文物。”[①]李耀申认为，革命文物主要指“见证近代（1840年始）以来中国人民抵御外来侵略、维护国家主权、捍卫民族独立和争取人民自由的英勇斗争，见证中国共产党领导中国人民进行新民主主义革命和社会主义革命的光荣历史，并经认定登记的实物遗存。对社会主义建设、改革开放时期和步入中国特色社会主义新时达、彰显革命精神、弘扬革命文化的实物遗存，也应纳入革命文物范畴。”[②]杜凡丁认为，“革命文物是近代以来中华民族为争取民族独立、实现伟大复兴而奋斗，特别是中国共产党领导下的革命斗争与建设历程的重要实物载体和历史见证。……包括各类与革命运动、重大历史事件或者英烈人物有关的，具有重要纪念意义、教育意义或者史料价值的近代现代重要史迹、事物、代表性建筑。”[③]卢世主、朱昱认为，“革命文物指1840年鸦片战争以来的民主主义革命和社会主义革命遗存下来的文物。”[④]

然而，近代以来抵御外来侵略、维护国家主权、捍卫民族独立和争取人民自由的英勇斗争等，实际上都属于广义“革命”的范畴。[⑤]同时，将革命文物界定为“经认定登记的实物遗存”，失之过窄。从定义严谨性、简略性视角看，本文认为，如果采用狭义的革命范畴，那么革命文物应该是指见证中国革命历史过程、具有特定历史价值的实物留存；如果考虑“革命”在中国的特殊语义，采用广义“革命”概念，把中国革命和中国建设都视作“革命”的范畴，那么革命文物就是指见证中国革命和中国建设历史进程、具有特定历史价值的实物留存。

（三）改革开放革命文物的定义及内涵

付莹在《深圳改革开放历史文物的界定与收藏》中认为，要界定“改革开放历史文物”的概念，首先需要明确“改革开放历史文物”是否客观存在[⑥]。这实际上不成

---

① 刘曙光．保护利用好革命文物，既是政治和工作，也是科学和事业[J]. 中国文化遗产，2021(6):5-6.

② 李耀申．建议研究制订“革命文物保护利用导则”[J]. 中国文化遗产，2021(6):6-8.

③ 杜凡丁．用真实的文物讲述真实的革命故事[J]. 中国文化遗产，2021(6):8-9.

④ 卢世主，朱昱．革命文物保护利用研究的现状与进展[J]. 江西师范大学学报（哲学社会科学版），2020(6):145-153.

⑤ 现代意义上的革命有狭义和广义两个范畴。狭义的革命指1840年以来，中国人民反帝反封建、争取和捍卫国家与民族独立、维护国家主权、争取人民自由的英勇斗争。整体而言，到1949年新中国成立（或者说到1956年三大改造基本完成），狭义的革命已经基本结束。广义的革命既包括狭义的革命范畴，也包括建设和发展新中国、追求中华民族伟大复兴的中国社会主义建设全过程。

⑥ 付莹．深圳改革开放历史文物的界定与收藏[J]. 特区实践与理论，2013(2):87-89.

为一个问题。如前所述，所谓文物是具有特定历史价值的实物留存。所有的历史都是曾经的今天，所有的今天都终将成为历史，历史遗留的、具有特定历史价值的实物构成当下或未来的“文物”，当下的实物，特别是见证当下重要事件、承载了特定历史价值的实物，也就是未来的“文物”。因此，怀疑当下重要“实物”的历史价值、认为其不能构成“文物”的观点并不成立。

改革开放对中国发展和中华民族伟大复兴的巨大意义及其重要历史地位决定了改革开放见证物的历史留存必然具有“文物”价值，更不要说改革开放起始至今已经过去四十多年，早期改革开放事实上已经成为历史，一些重要改革开放见证物如不能及时保护，很快将会被破坏、损毁或消失。将改革开放见证物视作文物，及早进行挖掘、保护和利用，是开展文物保护工作的题中之意。

与讨论改革开放历史文物或改革开放革命文物概念是否成立相比，讨论在“改革开放革命文物”“改革开放历史文物”“改革开放文物”三者之中选择哪个概念更为合适，以及如何定义概念、怎样更为有效地开展保护利用工作，可能更有意义。

在中国知网检索，基本未见以“改革开放革命文物”或“改革开放时期革命文物”为关键词、篇名或主题的文献，但可见“改革开放历史文物”“改革开放文物”相关零星文章。可见，虽然实践中的革命文物保护利用工作已将改革开放革命文物纳入其中，但作为独立概念正式公开使用的“改革开放革命文物”或“改革开放时期革命文物”尚不常见，更鲜有对“改革开放革命文物”或“改革开放时期革命文物”等相关概念作出区分、界定的文件或文献，有必要对相关概念作出区分，明晰不同概念的内涵，确定有利于推动实践工作的适用概念。

目前，实际使用的相关概念主要有“改革开放革命文物”“改革开放时期革命文物”“改革开放历史文物”和“改革开放文物”。其中，“改革开放革命文物”紧密对接“革命文物”的概念，与国家重视革命文物的政治和政策现状直接相关，符合中国特色主流话语体系的习惯表达，但略显冗长；同时，加了“革命”一词，使“文物”的范围更窄，对国际交流可能不利。“改革开放时期革命文物”与“改革开放革命文物”在概念上整体相近，但加了“时期”以后更显冗长，同时“时期”的限定词在一定程度上限制了“革命文物”的外延，使革命文物局限于“改革开放时期”，其包容性不如“改革开放革命文物”。某种程度来说，“改革开放革命文物”可以涵盖所有与改革开放有关的文物，包括改革前的困难场景，乃至新中国成立后与改革相关的文物都可以纳入其范畴之中。与其相对应，“改革开放历史文物”，更强调其“历史性”，淡化了“革新”的话语色彩，有利于开展国际交流，也更容易为各界接受，但将“历史”和“文物”并用，有些重复累赘。“改革开放文物”进一步精简了词汇，简明直接地说明了“文物”的“改革开放”范畴，利于表达交流。

综合比较，我们认为可以采用“改革开放文物”的说法，其次是“改革开放革命文物”，而改革开放历史文物、改革开放时期革命文物均不可取。考虑我国整体话语语境，本研究暂用“改革开放革命文物”的说法。

对于改革开放革命文物的定义，付莹认为，“深圳改革开放历史文物是深圳改革开放历史进程中遗留下来的有价值的历史文化遗物，包括：（一）具有历史、艺术、科学价值的代表性建筑、雕塑等；（二）与重大历史事件或者著名人物有关的以及具有重要纪念意义、教育意义或者史料价值的改革开放重要史迹、实物；（三）改革开放时期重要的文献资料以及具有历史、艺术、科学价值的手稿和图书资料等；（四）反映改革开放时期社会制度、社会生产、社会生活的代表性实物。”[①] 孙明则认为，改革开放文物“是见证改革开放大变革时代中重大事件、重要人物的实物或重要纪念地、代表性建筑遗存”，应具有历史、艺术、科学、社会、文化等方面的价值，具体到每一件文物，不一定都同时具备这五个方面的价值，但至少要具有其中一方面或几个方面的价值；是“能够反映改革开放时期的社会变革、社会生产、社会生活、文化艺术、科学技术、工业化进程等方面具有代表、典型、重要性的实物”。[②]

借鉴以上定义，结合本研究对文物、革命文物的界定，改革开放革命文物指见证改革开放历史进程、具有特定历史价值的实物留存。就时间轴来说，文物界对文物的认定具有历史回溯性，即以某个时间为节点，往历史深处追溯；而革命文物、社会主义革命和建设文物、改革开放革命文物的认定具有未来指向性，即以某个时间为节点，指向未来。据此，改革开放革命文物主要指 1978 年实施改革开放之后、见证改革开放历史进程的文物。1978 年之前，与改革开放息息相关的文物也可以列入改革开放革命文物之列（图 1）。具体而言，改革开放革命文物主要包括：（一）与改革开放相关，具有纪念意义、教育意义或史料价值的史迹、实物、雕塑、代表性建筑或文化景观等；（二）展现改革开放历史过程或事件的设备、设施、产品、艺术品、工艺美术品；（三）与重大改革开放事件或著名改革开放人物有关、具有重要纪念意义、教

① 付莹 . 深圳改革开放历史文物的界定与收藏 [J]. 特区实践与理论，2013(2):87-89.

② 孙明 .“改革开放文物”的定名与释义 [J]. 文物天地，2020(6):105-107.

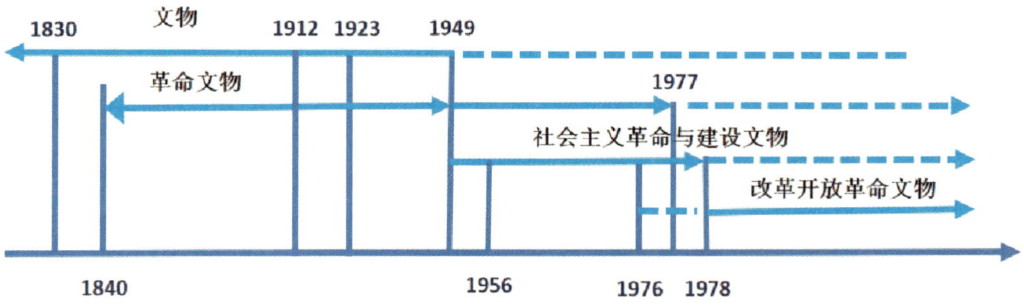

图 1　文物、革命文物及改革开放革命文物外延界定的时间范围

育意义或者史料价值的改革开放重要史迹、实物；（四）改革开放重要文件、文献、手稿、视听资料；（五）反映改革开放时期社会制度、社会生产、社会生活的代表性实物。

二、改革开放革命文物认定理论基础

在现有文物认定标准分析方面，焦迪认为我国文物定级标准滞后、不科学、不完善，建议加强文物定级管理、统一文物定级标准，定级时要考虑特定的民族文化，细化定级规则；① 杨小农认为，文物定级统一标准的缺乏是文物市场混乱的主要原因之一，完善文物定级体系需要针对不同背景的文物形成细化的定级系统，同时需要提升相关工作人员的专业素质；② 乔玲梅认为在近现代文物的分级管理中虽然有着各种规定，但还未形成完整的标准，落实到文物的具体问题上时需要具体问题具体分析，这对文物工作者的工作水平要求较高。③ 在新文物认定标准建构方面，李晓东从文物基本特征出发，总结出文物的七项必备要素：历史的，人类创造的，与人类创造活动有关，物质文化遗存，具有历史、艺术、科学价值，不可再生，文化遗存，并将其作为认定文物的基本依据。④ 中国博物馆学会民族博物馆专业委员会“馆藏民族文物界定、分类、定级”课题组在对我国 5 个自治区以及云南、贵州、甘肃、青海、海南、黑龙江等 12 个省（区）的 30 多家博物馆关于民族文物界定、分类、定级现状进行调研

① 焦迪 . 论博物馆文物定级的相关标准 [J]. 黑龙江史志，2014(11):310.

② 杨小农 . 浅议文物定级与鉴定 [J]. 艺术品鉴，2015(06):249.

③ 乔玲梅 . 浅谈近现代文物藏品的分级管理 [C]// 北京博物馆学会 . 继承 发展 保护 管理——北京博物馆学会保管专业十年学术研讨纪念集 . 北京燕山出版社，2010:7.

④ 李晓东 . 略论文物标准体系建设 [J]. 中国文物科学研究，2009(04):1-4.

的基础上，起草了《民族文物藏品定级标准》，[①] 该标准突出强调文物鲜明的民族、地域特色和民族学价值，并列举了各级文物的具体认定内容。此外，有学者认为，受20世纪欧美价值哲学和后现代理论影响，“对遗产的价值认知，从（传统认为固有的）历史价值转向了（被人类赋予的）文化价值和社会价值”[②]，因而主张要将文物的历史价值、文化价值、社会价值作为定级标准。2014年《中国文物古迹保护准则》修订版明确在传统的历史、艺术、科学三大价值基础上，增添了“文化价值”和“社会价值”相关的表述，[③] 为文物认定的价值体系增添了全新的维度。

由于不同种类文物的历史、文化、科学、文化和社会意义不同，理论界对文物认定标准研究多专注于细分领域，如古陶瓷分级、古籍定级、民族文物认定、古建筑认定、民俗文物认定等等。如钟润生指出：古陶瓷定级“应从历史价值、艺术价值、科学价值、现状保存、存世量多少等方面来衡量”[④]，并认为实际等级认定时，被认定的文物只要具备其中一种价值即可，有价值的残损品需降级认定。马金梅将民俗文物主要认定标准总结为“本体认定、功能认定、属地认定、文献比对认定、款识认定”[⑤]。程建军将古建筑文物概念和范畴分析与对全国重点文物保护单位价值选择分布分析相结合，认为古建筑文物在认定时主要参考的价值类别应该包括：历史价值（史证价值）、艺术价值、科学价值、年代和规模。[⑥] 汤丁峰则认为在认定近现代建筑价值时，作为外在价值的环境价值、情感价值和利用价值也是重要的评定维度[⑦]。

田艳和李帅指出，“革命文物定级标准需在传统文物定级标准的基础上重新确定”“从革命文物的历史印证价值、政治教育价值、文明传承价值、精神弘扬价值等方面研究确定其定级标准”[⑧]。张伟明将革命文物内涵和特点分析与中国国家博物馆

① “馆藏民族文物界定、分类、定级办法”课题研究组，覃诗翠．馆藏民族文物界定、分类、定级办法[C]//民族文化宫博物馆．中国民族文博（第三辑）．辽宁民族出版社，2010:39.
② 周孟圆，杜晓帆．文物的价值在行动中产生——文物价值认定的前沿理念与经验[J].故宫博物院院刊，2019(01):15-25+108.
③ 文物古迹的价值包括历史价值、艺术价值、科学价值以及社会价值和文化价值。
④ 钟润生．古陶瓷文物定级依据初探[J].广州文博，2008(00):296-305.
⑤ 马金梅．浅析民俗文物的价值及其认定标准[J].湖北第二师范学院学报，2010,27(09):69-70+79.
⑥ 程建军．文物古建筑的概念与价值评定[C]//中国建筑学会建筑史学分会，中国建筑学会建筑史学分会．建筑历史与理论第五辑．中国建筑工业出版社，1993:8.
⑦ 汤丁峰．优秀近现代建筑认定标准研究[D].华南理工大学，2013.
⑧ 田艳，李帅．革命文物保护与中华民族共有精神家园建设研究[J].中央民族大学学报（哲学社会科学版），2023,50(02):13-23.

的业务实践相结合，提出从真伪、源流、典型、珍稀、见证、价值、影响等七个方面建立一级革命文物的定级指标体系。① 李娉和孙艳丽指出，革命文物的总体概念、时期划分和类别界定是明确革命文物认定标准的重要因素。② 冯科认为大多数革命历史文物兼具文史档案属性和文物属性，其认定过程需要从档案认定和文物认定两个视角进行，前者强调档案资源的完整性和真实性，后者强调文物的社会价值、经济价值与历史价值和文化价值并重。③

江东文认为“改革开放的重大成果、重大事件和地方特色”应该作为征集改革开放文物的主要线索，如作为我国最早对外开放的沿海省份之一，福建许多政策、措施具有全国率先意义，相关见证物就是重要收集目标。此外福建实施海西战略，在闽台合作交流方面先行先试，因此闽台合作交流方面的文物是福建改革开放文物的一大亮点。④ 孙明指出，对改革开放历史文物的认知局限在现当代文物或革命文物范畴，认为应该从历史价值、艺术价值、科学价值、社会价值和文化价值这五个维度进行过考量，而具体到每一件文物，需要至少要具备其中一方面或几个方面的价值。⑤

三、国内外相关认定标准实践及启示

根据《中华人民共和国文物保护法》和《不可移动文物认定导则（试行）》，按照历史、艺术、科学价值和社会、文化意义的高低，将不可移动文物分为“全国重点文物保护单位、省级文物保护单位、市县级文物保护单位”，具有重大历史、艺术、科学价值和社会、文化意义的文物保护单位确定为全国重点文物保护单位，其余两级按照价值依次递减的原则予以认定；对于可移动文物，《文物藏品定级标准》规定文物藏品分为珍贵文物和一般文物，珍贵文物按照一定标准分为“一级文物、二级文物和三级文物”，具有特别重要的历史、艺术、科学价值和社会、文化意义的代表性可移动文物为一级文物，判定为二级文物、三级文物和一般文物的，其重要性依次递减。

就具体文物认定标准而言，可移动文物和不可移动文物都采用列举法，比如，《文物藏品定级标准》为一级可移动文物的认定列举了十三条认定标准，包括具有能够反

① 张伟明．关于革命文物认定与定级的若干问题 [J]. 博物馆管理，2022(02):13-22.

② 李娉，孙艳丽．关于革命文物鉴定评估定级工作中认定标准的思考 [J]. 文物鉴定与鉴赏，2022(19):73-76.

③ 冯科．浅谈革命历史文物的鉴定评级 [J]. 文物鉴定与鉴赏，2018(04):94-95.

④ 江东文．浅谈社会主义建设和改革开放文物的征集工作 [J]. 福建党史月刊，2011(06):60-61.

⑤ 孙明．“改革开放文物”的定名与释义 [J]. 文物天地，2020(06):105-107.

映社会历史和生产力发展，包括各个历史时期生产关系、经济、政治制度变革、生产技术和科学发明创造的价值；具有可以反映民族团结和进步的价值；具有反映中外交流或者抵御外辱的价值等等，在认定过程中只需满足其中某一条即可认定为一级文物。

国家文物局2018年印发的《不可移动文物认定导则（试行）》将不可移动文物分为：古遗址、古墓葬、古建筑、石窟寺、石刻、近代现代重要史迹、代表性建筑等，并根据每种类型不可移动文物的特点，采用列举法规定了其具体认定标准，例如对古葬墓的认定标准为“（一）墓葬形制结构或者遗迹尚存；（二）整体迁移，在新址有独立的地域范围；（三）经过考古发掘，遗迹尚存。”

革命文物本身性质特殊、种类庞杂。至目前为止，除国家文物局在公布第一批革命文物名录时列出的革命文物宏观性指导标准外，并未细化具体标准，全国范围内仍未有较为系统、全面、明确、细化的革命文物认定标准。

文物界有所谓“当代人不修当代史”[①]的传统，所以文物一般指年代久远的历史见证物，而改革开放才短短四十五年，这就导致改革开放相关见证物成了“房间里的大象”，其保护利用工作并没有受到应有的重视，以至改革开放革命文物认定和保护的相关实践也开始较晚。深圳博物馆是我国在经济特区创建的第一个博物馆，也是第一个开展改革开放革命文物征集与收藏工作的博物馆，山西博物院2020年发布关于征集“中国共产党成立100年来革命文物及社会发展见证物”的通告，提出“改革开放以来社会发展见证物”的概念，但这两家博物馆也没有形成成文的改革开放革命文物认定标准。

国际上，《实施〈世界遗产公约〉操作指南》指出，世界遗产需要根据突出的普遍价值的评估标准进行认定，并且满足保护的真实性和完整性原则。[②]其中，依据文化遗产类别及其文化背景，“真实性”评判标准包括外形和设计，材料和实质，用途和功能，传统、技术和管理体系，位置和环境，语言和其他形式的非物质遗产，精神和感觉，其他内外因素。“完整性”用来衡量自然和（或）文化遗产及其特征的整体性和无缺憾性，评判标准包括所有表现其突出普遍价值的必要因素，如面积足够大、确保能完整地代表体现遗产价值的特色和过程、受到发展的负面影响和/或缺乏维护

① 黄十庆，叶帆．积极开展改革开放史研究[N]. 人民日报，2009-01-20(008).

② 吴奕霖．我国近现代战争文化遗产认定研究[D]. 重庆大学，2018.

等。①

1972年，联合国教科文组织（UNESCO）在《世界遗产公约》中突出强调文化遗产的“突出的普遍价值”，并明确了十项认定标准，只有符合其中一项或几项内容才可以被认定为世界文化遗产。②同时，针对世界遗产，具有文化和自然两种评判维度，按照十种遴选标准进行划分，总结为：可持续的利用方式、美学价值的增强、历史事件的杰出范例、在评估时还会考察相关的管理规划以及长期的法律、法规和制度保护措施，继而将其分为文化遗产、自然遗产、文化与自然混合遗产、自然景观。

日本政府1950年颁布实施的《文化财保护法》，在明确种类分层的基础上，根据重要性执行“制定”或“登录”两个层次，同时强调文化遗产本身的“价值”。以有形文化遗产为例，可将相较而言更为重要的文化遗产向上指定为“重要文化遗产”等级，并将认为有必特别保存与活用的予以登录为“登录有形文化遗产”等级；其次，将在世界文化里有重大价值的指定为“国宝”等级，即国民之宝。③资本可登录为“文化遗产”的条件主要包括：第一，可能具有国土历史意义的景观，特别是广为人知的，对了解当地历史或文化有价值的，或经常在绘画等艺术作品中出现的；第二，具有规范的造型，如古典式的银行；著名设计师或建筑师参与的作品，反映了时代或建筑物种类之特征的；第三，不易再现或重建，包括采用了某些优秀技术或因现已不常使用而变得珍稀的技术，具有珍贵的形式设计而较为罕见者。日本除了对文化遗产进行分类，还采取了分级的保护措施，按照文化遗产的重要性及其历史、艺术或学术价值的高低等，对不同类型的国家级文化遗产给予分级保护。有关国家级文化遗产的分级，日本法律根据不同类型采用了不同的法律概念。④

墨西哥早在1934年1月19日就制定了保护考古和历史纪念地的法律。1972年5月6日，墨西哥议会通过了《联邦文物与考古、艺术、历史保护区法》，这部文物保护法制定了相当严厉的条款，包括国家对文物的所有权、流传和文物出口的严

---

① 联合国教育、科学与文化组织世界遗产委员会.《实施（世界遗产人约）操作指南》[EB/OL].2019.https:/whc.unesco.ora/document/189766.

② 梁保尔，张朝枝.“世界遗产”与“非物质文化遗产”两种遗产类型的特征研究[J].旅游科学，2010,24(06):9-21.

③ 周星，周超.日本文化遗产的分类体系及其保护制度[J].文化遗产，2007(01):121-139.

④ 周超.日本法律对“文化遗产”的定义、分类与分级[J].宁夏社会科学，2009(01):30-34.

格控制等内容。[①] 为更好地认定和保护文物，墨西哥政府根据联邦文物保护法，将所有文物、古迹的动产和不动产统称为“文物”，并将其按照历史年代划分为三个类别：考古文物（一类），即 1519 年西班牙殖民时期之前的印第安文物和遗址，包括古生物和动物化石等，此类均属国家所有，享有最高级别的保护，由国家文物局承担全部保存、修复、保护、研究和宣传工作；历史文物（二类），即 16 世纪至 1900 年之前的文物、建筑（包括区域），所有权不同，包括公有和私有，归国家文物局管理；艺术文物（三类），即 1900 年以来的文物、建筑（包括区域），此类文物归属国家文化艺术委员会管理。[②]

文物之外，世界自然保护联盟（IUCN）的濒危物种红色名录等级和标准具有一定借鉴意义。实践中，IUCN 主要根据“A. 种群减少；B. 分布区小，衰退或波动；C. 种群小并在衰退；D. 种群非常小或分布范围有限；E. 数量化分析”五项指标的具体数量化域值确定极危（CR）、濒危（EN）、易危（VU）三类物种名录，至少要满足这些标准中的一条，并达到域值的物种才能被列入。为更好地执行濒危物种红色名录认定标准，IUCN 还按种群和种群大小（标准 A、C 和 D）、亚种群（标准 B 和 C）、成熟个体（标准 A、B、C 和 D）、世代（标准 A、C 和 E）、减少（标准 A）、持续衰退（标准 B 和 C）、极度波动（标准 B 和 C）、严重分割（标准 B）、分布区（标准 A 和 B）、占有面积（标准 A、B 和 D）、地点（标准 B 和 D）、定量分析（标准 E，指任何根据已知的生活史、栖息地要求、威胁及任何具体的管理条件来估计一分类单元的灭绝可能性的分析形式）等指标来细化认定方式，并明确了入选极危、濒危及易危三类名录的特殊限定方式其认定标准。

《中华人民共和国自然保护区条例》列举了五条自然保护区认定标准：（一）典型的自然地理区域、有代表性的自然生态系统区域以及已经遭受破坏但经保护能够恢复的同类自然生态系统区域；（二）珍稀、濒危野生动植物物种的天然集中分布区域；（三）具有特殊保护价值的海域、海岸、岛屿、湿地、内陆水域、森林、草原和荒漠；（四）具有重大科学文化价值的地质构造、著名溶洞、化石分布区、冰川、火山、温泉等自然遗迹；（五）经国务院或者省、自治区、直辖市人民政府批准，需要予以特殊保护的其他自然区域。根据价值的高低、影响力的大小，自然保护区被划分为国家

① 姜峤．文物保护立法的他国启示[J]．中国人大，2012(14):23-24.

② 焦波．看墨西哥如何妥善保护并利用文物古建[N]．中国文化报，2015-6-8(03).

级自然保护区和地方级自然保护区两类。不论哪一级别的自然保护区的建立，都由该级别的主管部门提出申请，并由相应级别的自然保护区评审委员会进行评审，再由主管部门提出审批建议，最后备案。可见，自然保护区的认定标准较为清晰、认定过程也较为专业（有特定的评审委员会），其主要认定标准包括：濒危性、科研价值、文化价值、其他特殊保护价值，开放性较强，必要时“政治价值”也是重要组成部分。

四、改革开放革命文物认定标准体系建构

梳理现有各类认定标准可以发现以上指标体系主要包括两个建构思路：聚焦认定对象本体附着的意义或是聚焦认定对象本体自身，前者是与文物相关的认定指标体系设计的思路，后者是动、植物保护认定指标体系设计的着眼点。以建构科学合理的改革开放革命文物认定指标体系为目的，本文以上述两条思路为基础，从“聚焦意义”“聚焦本体”“兼顾意义与本体”三条路径出发，遵循相关性、科学性、操作性、针对性、一致性五大原则，提出三种改革开放革命文物认定指标体系方案。

相关性原则。改革开放革命文物的认定对象应与改革开放具有相关性，是改革开放历史进程的见证物、与改革开放相关的文件、纪念改革开放的艺术作品等。不是所有改革开放时期的存留物都能成为认定对象，也不是所有与改革开放相关知名人物有关的存留物都能成为改革开放革命文物的认定对象，如邓小平同志在革命战争年代使用的物品就不能纳入改革开放革命文物认定对象范畴。需要特别指出的是，改革开放指的是从 1978 年 12 月的十一届三中全会中国开始实行的对内改革、对外开放政策。但是，在 1978 年之前，与改革开放有强相关性的各种物证，也应纳入改革开放革命文物的范畴。

科学性原则。科学的认定指标体系是进行改革开放革命文物分层归类、分级保护工作的基础和保障。科学性原则既要求指标设计的科学性，又要求认定标准的科学性，还要求考证测量措施的科学性，通过指标设计的科学性、标准设定的科学性、考证测量措施的科学性，保证评测定级结果的科学性。本研究综合使用 AHP 层次分析法、头脑风暴法等理论分析方法和决策咨询技术以保证认定指标体系和标准设计的科学。

操作性原则。任何改革开放革命文物认定指标体系的设计，最终都要落实到改革开放革命文物分级与保护的实际操作之中，建构这一认定标准体系的根本目的在于根据指标体系对数量众多的改革开放革命文物进行分级分类，进而合理分配保护资源，根据级别不同对其进行合理的管理和有效的保护。一项文物认定指标体系，不管其理

论基础建构如何精巧，也不管其论证过程多么严密，指标体系设计如何系统全面，如果不具备可操作性，不能最终落实到具体定级实践中，都将毫无意义。设计改革开放革命文物认定指标体系，必须坚持可操作性原则，通过系统的层级转换和操作化设计，将各种抽象的改革开放文物认定要素转化成可以直接评定的具体参数。只有如此，才能实现认定标准指标体系设计的初衷。

针对性原则。改革开放革命文物作为较为新颖的文物细分种类之一，既有文物的绝大部分特征，又有自身突出的特点，所以在建构改革开放革命文物认定标准指标体系的过程中不仅要考虑国内外文物、文化遗产等已成型的认定标准，更要注重改革开放革命文物本身具有的独特性，如其具有的特殊政治意义、教育意义以及对社会主义发展研究的价值等。此外，国内外保护动物的认定分级指标体系、保护植物的认定分级指标体系也已基本形成相对完整的体系并付诸实践，其定级指标体系的建构也非常值得参考和借鉴，不过在借鉴过程中，要充分意识到动、植物本身的独特性，与改革开放革命文物作出区分，如动、植物本身具有的可繁殖性就与改革开放革命文物的不可再生性就形成鲜明对比，所以整个参考过程因着重在设计思路的借鉴，指标体系的具体内容还是应该针对改革开放革命文物本身的特性来搭建。因此，改革开放革命文物的认定指标体系设计必须坚持针对性原则，在吸收相关指标体系长处的基础上，设计具有特色和针对性的认定指标体系。

一致性原则。改革开放革命文物仍然是文物、革命文物，因此，改革开放革命文物认定和保护利用工作必须在文物和革命文物的整体话语框架中进行，这样才能更好地开展改革开放革命文物的特色性保护利用工作。因此，本文仍然采用通行的文物“分级”“分类”认定方法。在级别划定方面，考虑与文物管理的一致性，仍将改革开放革命文物划分为两类四级：即珍贵文物（一级文物、二级文物、三级文物）和一般文物。在类别划定方面，按照国际国内文物统一划分的传统方式，即根据“是否可以移动”，将改革开放革命文物分为“可移动改革开放革命文物”和“不可移动改革开放革命文物”两大类。

（一）“复合型”改革开放革命文物认定标准体系

考量改革开放革命文物的独特政治意义、学术价值等，以改革开放相关性为基本前提，按“基本情况”“文物价值”两个一级指标，“年代性”“完整度”“稀缺性”“历史价值”“社会价值”“科学价值”“文化价值”“艺术价值”八个二级指标，构建“可移动改革开放革命文物认定标准”（表 1）；按“基本情况”“文物价值”两个一级指标，“年代性”“完整度”“建筑规模”“周边环境”“历史价值”“社会价值”“文化价值”“科学价值”“经济价值”“建筑价值”九个二级指标，构建“不可移动改革开放革命文物认定标准”（表 2）。认定文物时，基本情况占 50%（A）、文物价值占 50%（文物价值二级指标最高得分项 Bn 计分），A+Bn 得分达 90.01-100 分的为一级文物、80.01-90 分为二级文物、70.01-80 分为三级文物、60-70 分为一般文物。

表 1：“复合型”可移动改革开放革命文物认定标准

一级指标	二级指标	评价标准	分值	得分	权重
基本情况 A	年代性 A1	1978 年改革开放开始至 1984 年有计划的商品经济提出前。	9.01-10		
		1984 年有计划的商品经济提出后至 1992 提出建设社会主义市场经济前。	8.01-9		
		1992 年提出社会主义市场经济至 2001 加入 WTO 前。	7.01-8		
		2001 加入 WTO 至今。	0-7		
	完整度 A2	文物完整，保持原样、无损毁破坏。	27.01-30		
		文物完整，基本保持原样、损毁破坏程度轻微。	24.01-27		
		文物不完整，破损较大，但不影响识别和价值。	21.01-24		
		文物破损严重，不影响可识别性，可以反映事件属性和历史价值。	0-21		
	稀缺性 A3	1-5 份。	45.01-50		
		6-10 份。	40.01-45		
		11-50 份。	35.01-40		
		51 份及以上。	0-35		
文物价值 B	历史价值 B1	决定、影响、体现改革开放历史进程的关键事件、灵魂人物、关键成果。	90.01-100		
		决定、影响、体现改革开放历史进程的重大事件、主要人物、重大成果。	80.01-90		
		决定、影响、体现改革开放历史进程的重要事件、参与人物、重要成果。	70.01-80		
		决定、影响、体现改革开放历史进程的一般事件、见证人物、特定成果。	0-70		

（续表）

一级指标	二级指标	评价标准	分值	得分	权重
文物价值B	社会价值B2	承载、反映改革开放信息，具有独特社会、经济、教育价值。	90.01－100		
		承载、反映改革开放信息，具有重大社会、经济、教育价值。	80.01－90		
		承载、反映改革开放信息，具有重要社会、经济、教育价值。	70.01－80		
		承载、反映改革开放信息，具有一定社会、经济、教育价值。	0－70		
	文化价值B3	反映、见证改革开放精神文化事业发展独特成就，有独特文化价值。	90.01－100		
		反映、见证改革开放精神文化事业发展重大成就，有重大文化价值。	80.01－90		
		反映、见证改革开放精神文化事业发展重要成就，有重要文化价值。	70.01－80		
		反映、见证改革开放精神文化事业发展进步成果，有一定文化价值。	0－70		
	科学价值B4	反映、见证改革开放工艺发展、科技创新、技术交流独特成就、关键举措。	90.01－100		
		反映、见证改革开放工艺发展、科技创新、技术交流重大成就、重大举措。	80.01－90		
		反映、见证改革开放工艺发展、科技创新、技术交流重要成就、重要举措。	70.01－80		
		反映、见证改革开放工艺发展、科技创新、技术交流进步成果、政策举措。	0－70		
	艺术价值B5	记录、展现改革开放历史事件、人物、成就，有独特艺术价值。	90.01－100		
		记录、展现改革开放历史事件、人物、成就，有极高艺术价值。	80.01－90		
		记录、展现改革开放历史事件、人物、成就，有较高艺术价值。	70.01－80		
		记录、展现改革开放历史事件、人物、成就，有一定艺术价值。	0－70		

表 2：“复合型”不可移动改革开放革命文物认定标准

一级指标	二级指标	判定标准	分值	得分	权重
基本情况 A	年代性 A1	1978 年改革开放开始至 1984 年有计划的商品经济提出前。	18.01-20		
		1984 年提出有计划的商品经济后至 1992 提出社会主义市场经济前。	16.01-18		
		1992 年提出社会主义市场经济至 2001 加入 WTO 前。	14.01-16		
		2001 加入 WTO 至今。	0-14		
	完整度 A2	文物完整，保持原样、无损毁破坏。	18.01-20		
		文物完整，基本保持原样、损毁破坏程度轻微。	16.01-18		
		文物不完整，破损较大，但不影响识别和价值。	14.01-16		
		文物破损严重，不影响可识别性，可以反映事件属性和历史价值。	0-14		
	建筑规模 A3	占地面积、建筑规模巨大（10000 平方米、20000 平方米）。	18.01-20		
		占地面积、建筑规模可观（1000 平方米、10000 平方米）。	16.01-18		
		占地面积、建筑规模较大（500 平方米、5000 平方米）。	14.01-16		
		占地面积、建筑规模一般（100 平方米、1000 平方米）。	0-14		
	周边环境 A5	周边环境生态极好，几乎不用整治。	18.01-20		
		周边环境生态较好，整治难度较小。	16.01-18		
		周边环境生态比较脆弱，整治难度较大。	14.01-16		
		周边环境生态极为脆弱，整治难度极大。	0-14		
文物价值 B	历史价值 B1	经历、见证改革开放关键事件、灵魂人物。	90.01-100		
		经历、见证改革开放重大事件、主要人物。	80.01-90		
		经历、见证开个开放重要事件、参与人物。	70.01-80		
		经历、见证改革开放一般事件、见证人物。	0-70		
	社会价值 B2	文物本身、设计、材料、建设过程、决策等具有极高教育价值。	90.01-100		
		文物本身、设计、材料、建设过程、决策等具有重大教育价值。	80.01-90		
		文物本身、设计、材料、建设过程、决策等具有重要教育价值。	70.01-80		
		文物本身、设计、材料、建设过程、决策等具有一定教育价值。	0-70		

（续表）

一级指标	二级指标	判定标准	分值	得分	权重
文物价值 B	文化价值 B3	体现改革开放精神、时代特色、中国特色，具有极高文化价值。	90.01-100		
		体现改革开放精神、时代特色、中国特色，具有重大文化价值。	80.01-90		
		体现改革开放精神、时代特色、中国特色，具有重要文化价值。	70.01-80		
		体现改革开放精神、时代特色、中国特色，具有一定文化价值。	0-70		
	科学价值 B4	设计、建造、材料等具有极高科技含量、独特技术创新意义。	90.01-100		
		设计、建造、材料等具有重大科技含量、重大技术创新意义。	80.01-90		
		设计、建造、材料等具有重要科技含量、重要技术创新意义。	70.01-80		
		设计、建造、材料等具有一定科技含量、一定技术创新意义。	0-70		
	经济价值 B5	具有独特经济意义，体现改革开放关键发展举措、成就。	90.01-100		
		具有重大经济意义，体现改革开放重大发展举措、成就。	80.01-90		
		具有重要经济意义，体现改革开放重要发展举措、成就。	70.01-80		
		具有一定经济意义，体现改革开放发展举措、成就。	0-70		
	建筑价值 B6	造型、结构、工艺、材料具有独特价值。	90.01-100		
		造型、结构、工艺、材料具有极高价值。	80.01-90		
		造型、结构、工艺、材料具有较高价值。	70.01-80		
		造型、结构、工艺、材料具有一定价值。	0-70		

（二）价值聚焦型改革开放革命文物认定标准体系

突出文物的改革开放相关性，按历史价值、艺术价值、科学价值、社会意义和文化意义五个维度（表 3），历史价值、社会价值、文化价值、科学价值、经济价值、建筑价值六个维度（表 4），分别确定可移动、不可移动革命文物认定标准，具体认定时采用“单项打分制”：即每项二级指标满分都为 100 分，任意一项二级指标达到认定标准即认定为相应文物等级（90.01-100 分为一级文物、80.01-90 分为二级文物、70.01-80 分为三级文物、60-70 分一般文物）。考虑“单项打分制”忽略多个“较为不重要”加总会提升认定对象重要性程度的情况，同时采用“总分制”：二级指标总分达 450.01-500（540.01-500）分的为“一级文物”；400.01-450（480.01-540）分的为“二级文物”；350.01-400（420.01-480）分的为“三级文物”；300-350（360-420）分的为“一般文物”。

表 3：价值聚焦型可移动改革开放革命文物认定标准

一级指标	二级指标	评价标准	分值	得分
文物价值B	历史价值B1	决定、影响、体现改革开放历史进程的关键事件、灵魂人物、关键成果。	90.01-100	
		决定、影响、体现改革开放历史进程的重大事件、主要人物、重大成果。	80.01-90	
		决定、影响、体现改革开放历史进程的重要事件、参与人物、重要成果。	70.01-80	
		决定、影响、体现改革开放历史进程的一般事件、见证人物、特定成果。	0-70	
	社会价值B2	承载、反映改革开放信息，具有独特社会、经济、教育价值。	90.01-100	
		承载、反映改革开放信息，具有重大社会、经济、教育价值。	80.01-90	
		承载、反映改革开放信息，具有重要社会、经济、教育价值。	70.01-80	
		承载、反映改革开放信息，具有一定社会、经济、教育价值。	0-70	
	文化价值B3	反映、见证改革开放精神文化事业发展独特成就，有独特文化价值。	90.01-100	
		反映、见证改革开放精神文化事业发展重大成就，有重大文化价值。	80.01-90	
		反映、见证改革开放精神文化事业发展重要成就，有重要文化价值。	70.01-80	
		反映、见证改革开放精神文化事业发展进步成果，有一定文化价值。	0-70	
	科学价值B4	反映、见证改革开放工艺发展、科技创新、技术交流独特成就、关键举措。	90.01-100	
		反映、见证改革开放工艺发展、科技创新、技术交流重大成就、重大举措。	80.01-90	

（续表）

一级指标	二级指标	评价标准	分值	得分
文物价值B	科学价值B4	反映、见证改革开放工艺发展、科技创新、技术交流重要成就、重要举措。	70.01-80	
		反映、见证改革开放工艺发展、科技创新、技术交流进步成果、政策举措。	0-70	
	艺术价值B5	记录、展现改革开放历史事件、人物、成就，有独特艺术价值。	90.01-100	
		记录、展现改革开放历史事件、人物、成就，有极高艺术价值。	80.01-90	
		记录、展现改革开放历史事件、人物、成就，有较高艺术价值。	70.01-80	
		记录、展现改革开放历史事件、人物、成就，有一定艺术价值。	0-70	

表4：价值聚焦型不可移动改革开放革命文物认定标准

一级指标	二级指标	判定标准	分值	得分	权重
文物价值B	历史价值B1	经历、见证改革开放关键事件、灵魂人物、关键成果。	90.01-100		
		经历、见证改革开放重大事件、主要人物、重大成果。	80.01-90		
		经历、见证开个开放重要事件、参与人物、重要成果。	70.01-80		
		经历、见证改革开放一般事件、见证人物、特定成果。	0-70		
	社会价值B2	文物本身、设计、材料、建设过程、决策等具有极高教育价值。	90.01-100		
		文物本身、设计、材料、建设过程、决策等具有重大教育价值。	80.01-90		
		文物本身、设计、材料、建设过程、决策等具有重要教育价值。	70.01-80		
		文物本身、设计、材料、建设过程、决策等具有一定教育价值。	0-70		
	文化价值B3	体现改革开放精神、时代特色、中国特色，具有极高文化价值。	90.01-100		
		体现改革开放精神、时代特色、中国特色，具有重大文化价值。	80.01-90		

（续表）

一级指标	二级指标	判定标准	分值	得分	权重
文物价值B		体现改革开放精神、时代特色、中国特色，具有重要文化价值。	70.01–80		
		体现改革开放精神、时代特色、中国特色，具有一定文化价值。	0–70		
	科学价值B4	设计、建造、材料等具有极高科技含量、独特技术创新意义。	90.01–100		
		设计、建造、材料等具有重大科技含量、重大技术创新意义。	80.01–90		
		设计、建造、材料等具有重要科技含量、重要技术创新意义。	70.01–80		
		设计、建造、材料等具有一定科技含量、一定技术创新意义。	0–70		
	经济价值B5	具有独特经济意义，体现改革开放关键发展举措、成就。	90.01–100		
		具有重大经济意义，体现改革开放重大发展举措、成就。	80.01–90		
		具有重要经济意义，体现改革开放重要发展举措、成就。	70.01–80		
		具有一定经济意义，体现改革开放发展举措、成就。	0–70		
	建筑价值B6	造型、结构、工艺、材料具有独特价值。	90.01–100		
		造型、结构、工艺、材料具有极高价值。	80.01–90		
		造型、结构、工艺、材料具有较高价值。	70.01–80		
		造型、结构、工艺、材料具有一定价值。	0–70		

（三）“本体聚焦型”改革开放革命文物认定标准体系

定性定量相结合，根据文物数量、完整度，与改革开放历史事件、重要人物、改革开放成果的相关性等认定可移动改革开放革命文物等级，根据建筑规模、完整度，与改革开放历史事件、重要人物、改革开放成果的相关性等认定不可移动改革开放革命文物等级。

表5："本体聚焦型"可移动改革开放革命文物认定标准

一级指标	评价标准	分值	得分
稀缺性A1	1-5份。	27.01-30	
	6-10份。	24.01-27	
	11-50份。	21.01-24	
	51份及以上。	0-21	
保护难度A2	文物完整，完全保持原样、无损毁破坏。	27.01-30	
	文物完整，基本保持原样、损毁破坏程度轻微。	24.01-27	
	文物不完整，破损较大，但不影响识别和价值。	21.01-24	
	文物破损严重，影响文物可识别性，难以反映事件属性和文物价值。	0-21	
历史价值A3	决定、影响、体现改革开放历史进程及成果的关键事件、灵魂人物相关。	36.01-40	
	决定、影响、体现改革开放历史进程及成果的重大事件、主要人物相关。	32.01-36	
	决定、影响、体现改革开放历史进程及成果的重要事件、参与人物相关。	28.01-32	
	决定、影响、体现改革开放历史进程及成果的一般事件、见证人物相关。	0-28	

表6："本体聚焦型"不可移动改革开放革命文物认定标准

一级指标	评价标准	分值	得分
建筑规模A1	占地面积、建筑规模巨大（10000平方米、20000平方米）。	27.01-30	
	占地面积、建筑规模可观（1000平方米、10000平方米）。	24.01-27	
	占地面积、建筑规模较大（500平方米、5000平方米）。	21.01-24	
	占地面积、建筑规模一般（100平方米、1000平方米）。	0-21	
保护难度A2	文物完整，完全保持原样、无损毁破坏。	27.01-30	
	文物完整，基本保持原样、损毁破坏程度轻微。	24.01-27	
	文物不完整，破损较大，但不影响识别和价值。	21.01-24	
	文物破损严重，影响文物可识别性，难以反映事件属性和文物价值。	0-21	
历史价值A3	决定、影响、体现改革开放历史进程及成果的关键事件、灵魂人物相关。	36.01-40	

（续表）

一级指标	评价标准	分值	得分
历史价值A3	决定、影响、体现改革开放历史进程及成果的重大事件、主要人物相关。	32.01-36	
	决定、影响、体现改革开放历史进程及成果的重要事件、参与人物相关。	28.01-32	
	决定、影响、体现改革开放历史进程及成果的一般事件、见证人物相关。	0-28	

县域革命文物的价值认定与整体展示

山西省吕梁市临县党史研究室　张海红

临县位于晋陕黄河峡谷中部，吕梁山西侧，与陕西佳县、吴堡县隔河相望，唇齿相依。战争年代，临县是晋绥根据地的重要组成部分，是中共中央由延安通往晋绥和晋察冀根据地的重要通道，1926 年建立第一个党支部，1940 年 1 月解放并成立抗日民主政府。解放战争时期，临县有幸成为中共中央后方委员会驻地，叶剑英、杨尚昆率领中央后委机关在临县的山沟里协助党中央指挥全国的解放战争，在解放战争的历史上写下了光辉的一页。为此，临县成为党中央转战陕北的通信基地、联络基地、兵源基地、军工基地、后勤保障基地，是革命圣地延安的屏障，在革命的转折关头，这片英雄的土地经历了卓绝的岁月，留下了许多永不磨灭的红色印记。目前全县有 2 处全国重点、5 处省级、3 处市级、10 处县级不可移动革命文物，尚有不少未认定遗迹遗址，革命文物资源较为丰富。这些革命文物蕴含了无数感人至深、发人深思的革命历史故事，凝结了伟大的民族与革命精神，具有丰富的精神内涵，是展现红色基因和革命文化的重要素材，是党史学习教育、革命传统教育、爱国主义教育的重要载体。

临县曾是国家级贫困县，在革命文物的挖掘利用中，我们坚持强化党史和文物部门协作联动、密切配合，本着突出革命文物资源特色，集约节约使用资金，提高保护和陈列展览水平，打造精品陈列的目的，在陈列主题遴选、革命史实挖掘、形式内容设计等方面力争突出当地史实、突出展陈重点、突出地方特色，依托革命文物资源、讲述革命文物故事、展示红色文化魅力、诠释革命文物陈列主题。

一、深入挖掘县域革命文物资源

红色文化是党和国家的宝贵精神财富，是进行理想信念教育的宝贵财富，是开发红色旅游、促进县域经济发展的重要资源。早在十几年前，我们就牵头联手县民政、文物等部门，立足临县，拉开了挖掘、保护、开发、利用红色革命资源的持久战，在对有关党史文献研究的基础上，先后走村入户完成抗战调研统计表 2000 多份，制作光盘 11 张，形成文字材料 18 卷 19 盒；在革命遗址普查中，我们跑遍临县的山山洼洼、沟沟岔岔，对境内的三交、碛口、林家坪等乡镇进行反复普查，发现 14 个乡镇的 80 多个村庄曾为中央机关和军委机关以及西北地区转移到临县的相关单位的驻地，研究挖掘出中央后委机关、中共中央西北局、陕甘宁边区政府、陕甘宁晋绥联防军等机关在临县的驻扎地；多次到北京、西安、延安、宝鸡、绥德等地走访当事人、知情人，挖掘红色资源，收集历史资料。通过深入挖掘，为推动临县重要革命遗址的维修保护起了决定性作用，目前共梳理出临县现存不同时期的中国共产党重要机构旧址，重要人物旧居、路居，重大战斗遗址和纪念设施 60 余处。

近年来，我县利用文物维修保护、中国传统村落和美丽乡村建设等专项资金，同时吸引社会资本，修建了毛泽东东渡黄河纪念碑、中央后委机关驻临县历史陈列室等一批红色文化展示地；维修保护了陕甘宁晋绥联防军司令部旧址、一二〇师师部旧址、中央机要处旧址等一批革命文物；展陈开放了临县中央后委机关、中共中央西北局、中央外事组、双塔村毛泽东路居等一批革命旧址。2018 年以来，我县利用文物维修保护专项等省、市、县三级财政资金 4300 余万元，吸引社会资金 300 余万元，对革命文物本体和周边环境进行修缮、整治和展陈，以此激发社会各界和广大游客“知史爱党、知史爱国”的情感，充分发挥革命文物的教育价值，产生了良好的社会效应。中央后委机关旧址被命名为省级爱国主义教育基地，中共中央西北局旧址被命名为省级党史教育基地；中央后委机关旧址、陕甘宁晋绥联防军指挥部旧址被公布为全国重点文物保护单位。中央后委机关旧址、中共中央西北局旧址、临县陕甘宁晋绥联防军司令部旧址三处革命文物入选《全国红色旅游经典景区名录》，中共中央西北局旧址所在地南圪垛村、毛主席路居处碛口镇寨则山村被列入第四批中国传统村落。

二、深入研究县域革命文物史实

要充分发挥好革命文物在佐证历史、传承文化方面的作用，让文物活起来，能把观众的情绪调动起来，能让游客驻留下来主动接受革命洗礼，就必须立足本地，深入挖掘县域革命文物背后的故事，深入研究阐释县域革命文物本身的价值。特别是作为一个县域的史志研究部门，我们还承担着如实反映和还原本地史实，避免历史文化和精神文脉传承断档的任务。为此，我们更加注重文物本身的史料挖掘和承载史实的研究。下面，以全国重点文物保护单位中央后委机关旧址为例，向大家介绍我们挖掘研究史实的做法。

一是查阅党史文献与实地走访调研相结合进行研究。根据党史文献记载，1947 年 3 月至 1948 年 3 月，胡宗南重点进攻延安时期，中共中央领导机构曾分为前委、工委与后委。关于前委与工委的研究，各种记录、论述文字颇丰，相比之下，关于中央后委的情况，宣传介绍的人微乎其微，这与“后委”在中共党史上应有的重要地位和发挥的作用并不相称。1994 年版《临县志》上的一小段关于中央后委机关曾在临县的资料引起笔者的注意，但是查阅党史文献资料没有找到更多记载，这让笔者意识到临县在解放战争时期的党史资料可能存在缺失现象，为此笔者迅速着手挖掘抢救中央后委机关在临县、中共中央西北局在临县等革命历史资料，我们跑遍了全县中央机关和国家领导人曾经驻扎过的村庄走访调研，但老百姓只知道有县外的人住在本村，具体情况不了解。为进一步发掘充实和完善临县中央后委机关的资料，笔者不断查阅相关史料，从中寻找线索，多次到北京、西安等地千方百计寻访在临县战斗过的革命老前辈。在人生地不熟的城市，有的无法联系，有的联系了不愿意接见，但笔者持续托人情、说好话，锲而不舍、抢抓时机，最终采访到谢觉哉的夫人王定国、叶子龙的夫人蒋英、中央警卫团手枪连连长高富有（曾跟随毛主席转战陕北），还有徐爱民、高富有、成正荣等在临县工作过的革命先辈和时任临县县委副书记冯文耀，了解了很多信息，收集到很多难得而珍贵的历史资料和图片资料，丰富了我县党史研究和革命史料，为后期革命旧址的展陈奠定了坚实基础。经过多年努力，逐渐厘清了中央机关、军委机关以及中共中央西北局、陕甘宁边区政府、陕甘宁晋绥联防军司令部等机关在临县的活动情况，我们还拍摄发行了七集大型历史文献纪录片《中央后委在临县》，为相关革命旧址赋予了新时代精神，也为进一步激发广大党员干部的爱国热情、振奋民族精神，教育引导人民群众发扬革命传统、赓续红色血脉、传承红色基因增添了新阵地，注入了新活力。

二是结合地方史县志编纂和革命旧址展陈提升进行深入研究。多年来，我们瞄准展陈，结合调查研究，先后整理编写了《中央后委在吕梁》《临县党史丛书》《红色临县》《习仲勋在临县》《临县志》《中共临县历史》《临县史志》等书籍，挖掘整理了在临县革命历程中流传的《支前民歌》等艺术作品及革命歌曲，拍摄了系列微视频。通过这些工作，进一步加深了对革命史实的研究，也为分散在临县各地革命旧址、场馆的展陈积累了大量可资展示的珍贵资料。

三、打造富有特色的展览

挖掘出革命史实，丰富了历史资料，革命旧址的展陈才能有灵魂、有个性、有特色。中央后委机关在临县这段革命历史被挖掘之后，逐渐引起了中央、省、市、县各级各部门的高度重视，但整体展览的落地实施离不开资金的支撑。临县作为刚刚脱贫的国家级贫困县，可投入文物和党史研究部门使用的资金极其有限，如何科学地规划展览资金预算，节俭办展、绿色办展非常关键。我们本着“花小钱办大事”的原则，结合临县实际，遴选主题，先选取有代表性的革命旧址打造特色精品陈列展览，采取“以点带面、分类分层、逐年实施”的办法，最终达到整体提升的目标。

我们选择了临县中共中央外事组旧址展陈。在外事组旧址整个布展过程中，我们在充分尊重史实的情况下，坚持弘扬勤俭节约、艰苦奋斗的革命传统，充分利用已掌握的革命史料和现有硬件设施条件，对场景设置、展板展示等布展尽量本土化，尽可能以朴实的表现方式再现历史的真实场景。

中共中央外事组旧址位于临县中南部的三交镇双塔村，为标准的四合院，建筑面积约 1069 平方米，分前后两院，整个旧址展览包括领导人办公室、编译处、研究处、新闻处、行政科、排版印刷室等 18 个区域，共 14 孔窑洞、11 间瓦房，目前有馆藏文物 200 余件。

该展陈主题为“新中国外交从这里起航”，内容分为序言、中国共产党的早期外事机构、中共中央外事组在临县、走向辉煌——新中国外交成就四个部分，整个展览以翔实的图片、文字资料和弥足珍贵的历史文物展示中央外事组在对外宣传和新中国外交中发挥的历史作用。

其他革命旧址的展陈，我们也是本着“少花钱多办事”“花小钱办大事”的原则，充分利用临县文物局在脱贫攻坚期间移民拆迁时，收集到老百姓废弃的箱、柜、桌、耧、犁、碾、磨、灯具、灶具等老物件，作为辅助展品丰富展陈环境；还动员革命先辈的后代们捐赠当年先辈使用过的物件充实展陈内容，既节约了资金，又符合地域文化，真正做到了资源及资金的充分利用。如临县中共中央西北局旧址、毛泽东路居等处的陈展，力求布展新颖、在小范围体现革命大气概。今后，我们将进一步加强学习，夯基固本，进一步发挥人和物的作用，努力做到人尽其才、物尽其用，用心用情用力把临县革命旧址、场馆打造成“有址可寻、有物可看、有史可讲、有事可说，让广大人民群众满意”的红色文化主阵地。

革命历史类村镇建筑价值认知与保护利用

山东建筑大学建筑城规学院　高宜生

截至2022年底，我国登记的革命旧址、遗址共33315处，其中全国重点文物保护单位477处、抗战文物3000余处、长征文物2132处。以山东省为例，山东省纳入不可移动革命文物名录的实有1020处，位于传统村镇中主要以民居、祠庙等建筑和关口、桥梁、纪念地等构筑物形式呈现的名录资源共计916处，占比约90%。由此可见，革命历史类村镇建筑的保护利用是我国各省革命文物保护中重要的工作内容，需予以专题分析探讨。

一、革命文物的定义与特点

2018年国家文物局印发《关于报送革命文物名录的通知》，对革命文物作出了相关定义："革命文物主要是指见证近代以来中国人民抵御外来侵略、维护国家主权、捍卫民族独立和争取人民自由的英勇斗争，见证中国共产党领导中国人民进行新民主主义革命和社会主义革命的光荣历史，并经认定登记的实物遗存。对社会主义建设和改革时期彰显革命精神、继承革命文化的实物遗存，也纳入革命文物范畴。革命文物包括不可移动革命文物和可移动革命文物。"

在我国，通常以文物的物质形态和物质本体蕴含的历史文化信息作为文物的分类标准。而革命文物是从社会属性出发，以革命事件（事迹）的实物见证为主旨的类型设定，是事件（事迹）价值的体现。因此，革命文物保护利用中的完整性、真实性和延续性有别于一般意义上的历史文物。

从革命文物的事件（事迹）价值特征来看，构成革命事件（事迹）的要素应包括历史时段、场所空间、事件主体、内容内涵几个维度。其中，历史时段包括事件时代背景、革命事件全过程时段；场所空间包括革命事件发生时的革命事态空间、革命事件发生地场所空间（建筑物、构筑物、自然地）等；事件主体包括事件的参与主体（革命人物）与客体、全过程的革命行为与革命意志等；内容内涵即革命事件自发生至完成的全过程事迹与精神，以及对后世的影响范围与程度等内容。

革命文物是革命事迹的见证，革命文化的载体。对革命文物的保护、展示、利用，应全面涵盖革命事件要素的四方面维度。场所空间通常直接表现为不可移动革命文物。革命事件的过程和革命人物的行为活动反映在相关场所空间、遗迹（不可移动革命文物）和遗物（可移动革命文物）上。革命事件的历史背景、事件过程，革命人物的精神意志，革命事件的历史意义和影响等则需要通过展示阐释手段来揭示呈现。

不可移动革命文物是保护工作的主要对象。不可移动革命文物作为革命事件具体发生的场所空间具有不特定性，可以是民居、祠堂、庙宇等建（构）筑物；也可能发生在郊野自然地带，如作战阵地、宿营地；乃至建筑、岩石、树木等上面遗留的革命标语、战斗痕迹等。场所空间是革命事件发生的承载点，其固有属性和价值与革命内涵往往并无直接关联。但不可移动革命文物能够真实、直观地还原革命事件发生当时的历史情景，从而以红色遗产地的场所精神感染观者，起到传承赓续革命精神的良好社会作用。不可移动革命文物本身作为不可再生资源，其本体和历史环境的真实性应更多以彰显革命事件发生时的真实场景为原则，不可片面强调其作为纪念地和教育场所的工具性价值，其历史环境应避免盲目追求观感，尤其应避免游览程式化和园林化倾向。革命文物建筑本体亦为历史建筑，其修缮亦应在充分研究革命事件发生时的真实场景以最大限度彰显革命事件真实场景的基础上，遵循文物建筑保护原则开展工作。

在革命文物保护利用中，也不可忽视可移动革命文物的重要性。可移动革命文物是系统彰显革命事件、革命事迹不可缺少的构成内容，需要将该革命事件、事迹所涉及的可移动革命文物资源予以收集整理和保护展示。此外，还需要研究革命事件涉及的革命时段和革命人物。革命文物的保护与革命事迹的展示一并开展，这是革命事迹完整性的必然要求。由此可见，革命文物保护与利用是一个系统工作，其工作内容包含了不可移动文物的保护修缮、可移动革命文物的收集整理、革命事迹的专题研究与革命人物的传记整理、革命事迹的展示呈现等多个环节。

二、革命文物的保护利用现状和问题

在笔者十余年的传统聚落民居实地调研中，发现传统村镇中不可移动革命文物的名录纳入、保护管理利用主要存在如下几个方面的现实问题：

（一）不同时期革命文物研究与名录纳入存有一定空白点

旧民主主义革命时期、新民主主义革命时期、社会主义革命和建设时期、改革开放和社会主义现代化建设新时期、中国特色社会主义新时代五大阶段中，社会主义革命和建设时期、改革开放以后的文物各省域纳入较少。由于我国村镇在不断的改造振兴提升之中，这是在“四普”工作中需要重点补充的环节。

一百年来，党领导人民浴血奋战、百折不挠，创造了新民主主义革命的伟大成就；自力更生、发愤图强，创造了社会主义革命和建设的伟大成就；解放思想、锐意进取，创造了改革开放和社会主义现代化建设的伟大成就；自信自强、守正创新，创造了新时代中国特色社会主义的伟大成就。中国乡村是革命文物的资源富集地，系统彰显中国时代发展、伟大成就的典型特色乡村案例相对发掘不足。

（二）革命历史类村镇建筑类型丰富、时段密集、保存管用状态复杂

基层文物保护工作面临难题多。需纳入的类型非常丰富，在意识形态下的革命事件及事迹划分模式下，传统村镇中的革命文物与传统文物本体类型及其时代划分不同，涉及传统民居、古代祠庙、工业遗产、农业遗产、烈士纪念设施、战场遗址等诸多类型。涉及时段非常密集且不断延续：百余年间，涉及五大时期且不断延续，不同省份解放时期不统一，价值认知的难度，这些问题，对于基层文物保护工作和人员而言，尤为突出。

保存管用状态复杂。地方对革命文物保护利用投入不足，尤其是较为偏僻区域低级别革命文物，长期处于野外开放状态，保存状况堪忧；个别地方保护资金严重依赖于中央和省级财政支持，本级文物保护财政预算少，用于革命文物更是少之又少；由于历史原因，有的革命文物产权归属较为复杂，保护管理难度大；有些革命文物因较为偏远，道路交通基础设施严重滞后，限制了保护利用。

（三）可供遵循的实操技术规范标准不足

国家文物局于 2019 年 1 月印发《革命旧址保护利用导则（试行）》，对各类革

命旧址的管理、保护、展示、教育等提出了原则性、指导性要求，很好地促进了不可移动革命文物的保护管理与活化利用。但是，目前革命旧址实操保护修缮技术规范标准和革命纪念馆（室）、纪念物以及其他红色资源的展示传播、宣传教育工作实操方面的标准相对不足，问题较为凸显。

三、革命历史类传统村镇建筑保护利用工作的对策建议

（一）加强革命文物基础调查研究与资料查阅共享机制

第一，夯实基础研究，深化理论研究，尤其加强改革开放和社会主义现代化建设新时期、中国特色社会主义新时代两大阶段的研究。形成一批理论研究成果，构建我国革命文物五大时期研究成果体系，以革命文化筑牢中华民族伟大复兴、各民族文化共同体的基础。第二，抓住第四次全国文物普查契机，加强革命文物基础调查与研究。联合高校与科研机构专题展开基础研究，同承担者签署责任状，健全多位一体的各地革命文物研究与红色文化阐释体系。第三，创新利用研究，大力推进革命文物保护利用工作中的数字化技术应用和网络传媒技术应用，推动建立研究资料数字化收集整理与研究资料库与资料共享查阅系统。

（二）制订以省域为单元的全国革命历史类村镇建筑保护利用地方技术标准，全力推进革命文物科学保护

一是构建以革命事件价值为核心的不可移动革命文物保护利用价值系统。不可移动革命文物的保护利用应建立对缜密系统研究革命事件史实的基础上，实事求是构建以史料呈现、可移动实证器物和不可移动场所建筑（构筑物、自然地及其遗迹）为一体的保护利用体系。要注重保护不可移动革命事件场所，即历史建筑本体历史文化信息及事件发生时段场所真实场景信息。应充分评估革命文物的展示利用的科学措施与路径，应注重发挥博物馆及纪念馆的重要作用及当代数字信息技术的应用。

二是以革命文物的真实性、整体性和延续性为核心原则，构建“保护修缮＋巡查三防＋实物收集＋陈列布展＋数字化＋工程报告”工作技术标准要求。实施革命文物本体、周边环境和可移动实证器物的整体性保护。坚持遵循地域特色营造技艺，注重可移动革命文物和史料收集，构建保护利用统筹一体化工程体系，最大限度确保了文物的历史真实性和风貌完整性。注重革命文物保护规划、方案等成果在各地国土空间规划、传统村落保护利用规划等的贯彻落实，注重相关部门的协调沟通。

（三）注重博物馆展览传播优势和当代数字化信息技术应用

由于地区发展的不平衡，加之部分革命文物较为偏远，道路交通基础设施严重滞后，应结合革命事件重要程度及其可行性，实事求是开展革命文物的保护利用工作。对于不具备保护利用条件的革命文物，应充分发挥博物馆集中保护和展览传播的优势。博物馆展览有权威文献资料、可靠展品资源和专业策展人来保证展示质量，并有严格报批程序来严把政治关和史实关，可更为全面深入地展示革命史实和其中所蕴含的深层红色基因。传播红色文化不仅是博物馆的一项重要工作任务，更是一种历史责任和政治担当。

在红色文化以多角度、多途径传播的当下，革命文物的直观化和数字化信息技术协同展示传播将向观众呈现更有力的视觉体验。VR、AR、全息投影以及其他声光电设备，能够提升到访者的沉浸感和真实感，最大程度产生共鸣，唤起热情，使到访者产生浓厚兴趣，主动去寻找场所的精神内涵，并产生深度场所体验。

革命文物的价值挖掘
——广州南石头监狱遗址的个案实践与思考

广东革命历史博物馆　易西兵

广州是中国民主革命的策源地，100多年前，近现代中国进步的大门在广州打开了。自1840年鸦片战争以来，旧民主主义革命和新民主主义革命在广州留下了丰厚的革命印迹。三元里平英团遗址、黄花岗起义烈士陵园、中共三大会址、黄埔军校旧址、广东谘议局旧址、广州农民运动讲习所旧址、广州公社旧址等革命文物，承载了广州这座英雄城市的光荣历史。

2021年2月至今，广州市先后公布两批不可移动革命文物共222处，其中全国重点文物保护单位15处，占广东全省约一半，在全国城市中位居前列。

在评估认定不可移动革命文物的过程中，广州认真贯彻落实习近平总书记重要指示批示精神，严格遵照《中共中央办公厅 国务院办公厅关于实施革命文物保护利用工程（2018-2022年）的意见》《革命旧址保护利用导则（试行）》，以及《广东省革命遗址保护条例》和《广州市革命遗存保护办法》等法规文件，深挖价值、科学评估。已经公布的226处不可移动革命文物中，绝大部分已经被公布为国家、省、市级文物保护单位，其价值评估具有比较好的基础。

2021—2022年发掘的南石头监狱遗址作为新发现的考古遗存，在考古勘探发掘、历史文献梳理成果的基础上，历经多轮专家论证，被公布为广东省第二批革命文物。

一、南石头监狱遗址的调查与发掘

南石头监狱遗址位于海珠区南石路 28 号，该地块原为五羊摩托车厂用地，总面积约 5.8 万平方米。该地块属于“昌岗 - 燕子岗”地下文物埋藏区，周边分布有车歪炮台、海港检疫所旧址等广州市文物保护单位。

广州市文物、土地收储等部门严格落实“先考古，后出让”的考古前置制度，市文物考古研究院负责该地块的调查、勘探及发掘工作。考古勘探发掘前，考古工作者进行了全面的历史文献梳理。根据历史文献可知，南石路 28 号地块先后作为清末镇南炮台、民国南石头监狱、日据时期难民收容所，抗战胜利后短暂作为日俘集中营，新中国成立后先后作为新生工厂、广州自行车厂和广州五羊摩托车厂。

镇南炮台与车歪炮台都属于大黄滘炮台群的组成部分。大黄滘炮台群扼守珠江南路（即后航道，外国人常称之为“澳门水道”），是虎门海口至广州城之间南路的最后一道防线。大黄滘台炮台从清嘉庆二十二年（1817）开始营建，在第一次鸦片战争中被摧毁。战后，清政府在大黄滘一带重新设防，包括江中的龟冈台和沙腰台，江东的南石头台，江西的东塱台，形成大黄滘炮台群。光绪七年（1881）至十年（1884），又对大黄滘炮台群进行改造、增建，绥定台右偏添筑永固土台一座，镇南台后添筑保安土台一座，以为犄角，并购置洋炮，从而构建起由绥定、镇南、保安、永固诸台组成的中西混合式大黄滘防御体系。现保安、永固两座炮台已不存，民国时期绥定台更名为车歪炮台，镇南台改建为南石头监狱。

南石头监狱建于民国二年（1913），由清代镇南炮台故址改建。1927 年大革命失败后，一大批知名共产党人及革命群众，包括萧楚女、刘尔崧、熊雄、邓培、李森、何耀全、熊锐、陈复等曾被关押于此，惨遭杀害。目前根据相关文献查找到在南石头监狱关押（或被害）的部分共产党员及革命志士 436 位。抗战时期，日本侵略者与伪广州市政府在南石头监狱设立难民收容所，收容粤港难民，造成大批难民饿死。抗战胜利后，1473 名投降日军曾关押在南石头监狱至遣返。

1926 年，广州市政府从外国驻广州领事团手中收回海港检疫权，自办检疫所。1932 年初，改由全国海港检疫总管理处直接领导。抗战爆发后，广州海港检疫所南石头所址毁于战乱，检疫人员失散。1941 年，伪广州市政府收用南石头原全国防疫所、水上警察署、广州制纸厂及附近一带田地，重设海港检疫所。1942 年，更名为“粤海关海港检疫所”，并增设医院。1945 年，国民政府接收“粤海关海港检疫所”，复名广州海港检疫所。通过实地调查发现，南石头村一带，现存有四栋时代相对较早的建筑（即南石西新二街 9 号、13 号、16 号，兴隆大街 44-1 号）。经考证，该四栋建筑应为 1941 年伪广州市政府重设海港检疫所时保留至今的史迹。

新中国成立后，南石头监狱由公安部门改设为新生工厂。1962 年，新生工厂全体人员迁往英德。1963 年，经广东省人民委员会批准，将原新生工厂地块分配给广州自行车厂。1980 年代，广州自行车厂改建为广州五羊摩托车厂。

考古调查工作于 2019 年底进行。2020 年 12 月至 2021 年 4 月进行考古勘探，完成勘探面积约 35000 平方米，发现灰砂、沟、墙基、麻石路面、房址等遗迹 28 处，可以确认这些遗迹分别属于清末镇南炮台、民国南石头监狱的遗存。

为进一步摸清遗迹的分布范围和保存状况，经国家文物局批准，市文物考古研究院对遗址进行两期考古发掘。发掘面积 5000 平方米。清理房址、灰砂围墙、麻石路面等遗迹，出土铁炮、镣铐、子弹壳、试剂瓶、疑似徽章等文物标本共计 102 件（套）。

镇南炮台遗存。根据历史地图测量，炮台围墙周长约 427 米。目前清理出的灰砂墙长度约 116、宽 2.2—2.5、残高 0.23—0.55 米。清理铁炮一尊。长 3.72 米，炮口端外径 0.57 米，炮体后端直径 0.77 米。炮身有“钦差大臣、署两广总督、文渊阁大学士……监制官署广州府佛山同知、崖州知州李□道光二十三年正月□日，炮匠李陈霍造”等铭文，据此可知，铁炮铸造于清道光二十三年（1843）。

监狱遗址。主体部分为镇南炮台灰砂围墙围合区域，总面积约 12900 平方米。考古清理出监狱的核心建筑即平面呈“井”字形的牢房建筑基址，可确认牢房 132 间，面积最大的 10.4 平方米，最小的 4.3 平方米，残存墙基最高约 0.5 米。根据相关文献记载“南石头监狱的主体建筑呈‘井’字形，以‘井’字中分为东、南、西、北楼，各楼以园厅为中心分一、二、三、四巷”，本次考古清理的牢房建筑平面布局跟历史地图基本吻合。

二、对遗址的价值评估

根据考古发现，结合历史文献，经专家考察论证，南石头监狱遗址的价值主要体现在如下几方面：

第一，考古发现的灰砂墙体，为清末镇南炮台的围墙。清理的铁炮应为镇南炮台遗存。

第二，考古发现的民国时期遗迹，结合其所在位置、历史地图、形制结构特点，确认其为民国南石头监狱的相关遗存。虽然受后期建设工程扰乱，但监狱的主体建筑——“井”字形牢房的基础仍保存较好，可与历史文献相印证。另外，现存部分围墙，尤其是兴隆大街南侧西段，其位置与文献记录高度吻合。

综合考古发现和历史文献调查，南石头 28 号地块记录了自第一次鸦片战争以来多重历史信息，包括：

1. 清末镇南炮台；

2. 民国南石头监狱；

3. 日伪时期南石头难民营；

4. 抗战胜利后的日俘集中营、南石头监狱；

5. 新中国成立后的新生工厂；

6. 广州自行车厂、广州五羊摩托车厂。

在地块周边，关联的史迹还有车歪炮台、海港检疫所旧址，以及广州近代工业的重要见证广州造纸厂。可以说，南石头 28 号地块及周边区域见证了近现代广州的发展历程，考古发现的遗址及现存文物史迹，具有重要的历史价值。包括：

1. 镇南炮台相关遗迹遗物的发现对清末广州城防江防史的研究具有重要价值。

2. 南石头监狱遗址是大革命失败后国民党反动派关押、迫害、枪杀共产党员和革命群众的直接罪证，更是广大共产党员和革命群众为谋求自由解放开展艰苦革命斗争的鲜活物证，对于研究中国共产党历史具有重要意义。

3. 现存四栋海港检疫所旧址建筑，是日军侵占广州的罪证，属于抗战史迹，同时，该地点也是 1926 年国民政府设立的海港检疫所所在地，从帝国主义手中收回海港检疫权自办，是中国人逐步收回国家主权的重要见证。

4. 广州自行车厂、广州五羊摩托车厂等遗存，则是广州现代工业发展的重要实证，也是社会主义建设时期的重要物证。

上述多元价值体系中，以第 2 点，也就是南石头监狱遗址的革命价值最为重要。这一革命价值，又可以从如下两方面去深化：

第一，南石头监狱遗址是熊雄、萧楚女、刘尔崧、邓培、李森等优秀共产党人被关押、迫害并英勇就义的发生地，因此具有重要的纪念价值和情感价值。熊雄曾担任黄埔军校政治部主任，萧楚女曾担任广州农民运动讲习所专职教员、黄埔军校政治教官，刘尔崧、邓培、李森、何耀全是我党早期工人运动的重要领导人，刘尔崧和邓培还是中共三大代表。广州起义失败后，也有许多优秀共产党员在南石头监狱关押并被杀害。此外，开国上将宋时轮、优秀女共产党员区梦觉等同志也曾被关押在南石头监狱。

第二，南石头监狱遗址是无数共产党人英勇反抗国民党反动统治的重要见证地。广州“四一五”反革命政变后，萧楚女、熊雄等大批共产党人被逮捕、关押在南石头监狱，大革命受到严重挫折，到处弥漫着白色恐怖的气息。在这种情况下，共产党人并未屈服，而是开展艰苦斗争。在南石头监狱，熊雄同志利用自己的重要影响力和丰富经验，通过放风谈话安抚同志们的紧张不安情绪，鼓舞大家的革命斗志，提出“监狱是革命者的学校”“组织起来，团结群众，巧妙斗争，迎接光明”的口号，表现出共产党人的大无畏英雄气概。正是在熊雄等共产党人的精神感召下，关押在南石头监狱的共产党员团结起来，于 1928 年 7 月成立中共南石头监狱特别支部，积极开展训练同志、应对敌党、改良群众生活等工作，组织读书会等活动，取得了显著的效果，扩大了中国共产党的影响。1932 年中共南石头监狱特别支部奉命停止活动后，狱中的共产党员和革命群众继续组织了绝食斗争、互助会等活动，反抗监狱腐败行为，为狱友争取权益。

因此，南石头监狱遗址不仅是国民党关押、迫害、杀害共产党人和革命群众的罪证，更是共产党员英勇斗争反抗压迫的重要载体。在南石头监狱被关押、迫害甚至被杀害的广大共产党人，正是“坚持真理、坚守理想，践行初心、担当使命，英勇斗争、不怕牺牲，对党忠诚、不负人民”伟大建党精神的重要缔造者和忠实践行者。

三、南石头监狱遗址的保护和展示利用

鉴于遗址的重大价值，南石头监狱遗址于 2021 年被公布为第九批广州市文物保护单位（与海港检疫所旧址一起），2022 年被公布为第十批广东省文物保护单位，2023 年被公布为广东省第二批革命文物名录。2022 年，南石头监狱遗址被列为“广东省十年十大重要考古发现”。

为了充分利用遗址开展党史学习、革命传统教育和爱国主义教育，考古发掘期间，文物考古部门积极协助广大党员干部到现场开展党史学习教育，并组织中学师生和市民到考古工地参观研学，了解广州历史文化、广州的光荣革命传统，接受革命传统教育和爱国主义教育。此外，市文物考古研究院还举办了“南石头往事”专题展览，获得专家和观众好评。

南石头监狱遗址的发掘和保护得到广州市委市政府重视。2022 年 3 月 21 日，广州市文物管理与历史文化名城保护委员会 2022 年第一次会议明确，对南石头监狱遗址实施原址保护展示，并依托遗址建设广东革命历史博物馆新馆。目前，文物部门

已经完成遗址保护规划编制，市有关部门正在推进土地用地性质变更和用地规划调整。社会各界对南石头监狱遗址的保护利用工作也给予热烈关注。

四、结语

当前，文物、党史等部门和学术界对于革命文物的价值研究正在广泛开展。由于革命文物数量庞大、类型丰富，加上地理环境、保存状况等因素影响，对于革命文物的价值研究和提炼，不同部门、不同领域之间仍存在一些分歧，需要更多的沟通和交流，以达成共识。

就广州的革命文物而言，特别以南石头监狱遗址为个案实践，我们认为，对革命文物的价值评估，首先要加强对档案、地图等历史文献和口述史的收集和整理，围绕重大历史事件、重要历史人物进行深入研究，从而提炼革命文物的最突出价值。其次，要注重考古工作介入。一些革命文物如重要会议旧址、战斗遗址、烈士事迹发生地等，受到战争、后期人类活动扰乱或自然损毁不存，就需要通过考古调查勘探和发掘手段清理出来，为后续保护和展示利用提供科学依据。在广州，除了南石头监狱遗址外，中共三大会址、黄埔军校旧址等革命文物也是通过考古勘查清理出来的。最后，要注重对革命文物周边历史环境和相关史迹的调查研究，一方面有助于对革命文物价值的深化，另一方面，在后续保护和展示利用工作中，将革命文物及周边相关史迹统筹规划进行展示，并参考原有历史环境进行景观设计，以此确保革命文物的历史真实性、风貌完整性和文化延续性。

第四篇章

革命文物保护修缮与艰苦朴素精神

革命文物承载党和人民英勇奋斗的光荣历史，记载中国革命的伟大历程和感人事迹，是党和国家的宝贵财富，是弘扬革命传统和革命文化、加强社会主义精神文明建设、激发爱国热情、振奋民族精神的生动教材。加强革命文物保护利用，弘扬革命文化，传承红色基因，是全党全社会的共同责任。本篇章聚焦推动解决革命文物保护修缮工作实际问题、难点问题，为弘扬艰苦朴素精神，推进革命文物保护工作高质量发展出谋划策、献智出力。

革命旧址风险防控的陕西探索与实践——以陕北窑洞为例

秦始皇帝陵博物院　周萍

根据《中华人民共和国文物保护法（修订草案）》《“十四五”文物保护和科技创新规划》等文件要求，“十四五”期间应加大革命文物的保护力度，加强科学保护、系统保护，进一步完善革命文物定期排查、日常养护管理和安全防范制度等。

自“九五”时期原国家科委设立“影响文物保护的环境因素及环境质量标准”研究课题以来，我国可移动文物预防性保护工作得到了快速发展。根据“十三五”时期国家重点研发计划项目“馆藏文物预防性保护风险防控关键技术研发示范（SQ2020YFC150061）”的最新研究成果，我国可移动文物预防性保护理念正逐步从“洁净、稳定”向“精准、智能、节能”的方向发展和完善。

基于一批科技支撑计划课题、国家重点研发计划项目的科研成果及示范案例，我国在不可移动文物预防性保护领域已形成了初步的理论体系和工程实施路径。不可移动文物的预防性保护目前正在从“抢救性保护和预防性保护并重”逐步走向“全链条、全周期风险管理”的高质量发展阶段。

一、陕西革命文物现状

陕西革命文物保存数量较多，体量较大。2022 年，在完成相关革命文物资源调查的基础上，陕西省先后公布两批革命文物名录，包括不可移动革命文物 1141 处，其中全国重点文物保护单位 30 处、省级文物保护单位 277 处。

延安是中国革命的落脚点和出发点，现有革命旧址 445 处，其中国保 5 处（18 个点）、省保 152 处。在全国革命根据地城市中，延安的旧址保存规模最大、数量最多、布局最为完整、内容最为丰富，具有至高性、独特性和唯一性，获批创建全国唯一一个革命文物类国家文物保护利用示范区。延安革命旧址包括窑洞、砖木瓦房、纪念碑塔、石碑石刻、战场遗址等类型，且以 20 世纪二三十年代建成的窑洞为典型代表。窑洞一般分为靠崖式、下沉式和独立式，以黄土及木材为主要建筑材料，大多数窑洞的地基为湿陷性黄土土质，砌筑载体多为山体或台地，天然具有建筑强度低、脆弱性强、建筑安全易受外部环境影响的显著特点，如图 1 所示。

靠崖式　　下沉式　　独立式

图 1　陕北窑洞典型建筑风格图

近年来，在全球气候变暖的大背景下，延安高强度降雨等极端天气现象频发，窑洞本体面临的垮塌、滑坡等重大风险成为管理上的新挑战，如图 2 所示。

垮塌　　滑坡　　渗水

图 2　陕北窑洞因高强度降雨典型致灾图

二、陕西革命旧址保护实践

以《风险管理 指南（GB/T 24353—2022 / ISO 31000:2018）》为指导，参照《风险管理 原则与指南（GB/T 24353—2009）》对风险管理过程的定义，结合陕西在革命旧址方面开展的相关工作，本文系统梳理了基于风险管理方法论的工程实践。

（一）明确历史环境信息

对延安地区气象、森林覆盖、地震等历史环境数据进行长周期、大尺度的宏观分析和深度挖掘，有助于聚焦风险评估的范围，以指导风险识别工作。

通过对延安市 1951—2012 年降水量的分析，可清楚掌握该地区的年降水距平变化；通过统计近 50 年黄土高原年沙尘暴日数，可得出生态改善的初步观点；通过对延安市 2001—2020 年遥感植被覆盖度的监测对比，可得出期间森林覆盖率增长约 56% 的量化结论。森林覆盖率与年降雨量、年沙尘暴日数相互佐证，不难发现延安生态环境发生巨大变化的客观事实。通过对公元 1440 年以来鄂尔多斯地震统计区（陕北）M-T 图及应变释放趋势的分析，可以推测延安地区未来百年地震活动可能仍维持这种弱活动状态。

2020—2022 年陕西省文物局组织完成了陕西省不可移动革命文物专项调查。这是全国文物“三普”后，首次对革命文物开展的全覆盖专项调查，陕西也是全国率先完成革命文物专项调查的省份之一。本次调查按照“夯实基础、深化研究、创新思路、协同合作、精准建议”的思路工作，十余家科研院所及高校的两百余人参与，历时两年，共调查革命史迹、实物和纪念设施 2203 处。在调查结论中，可以发现不可移动革命文物划分与占比、文物本体构成材质等关键基础信息，为革命旧址风险识别积累了翔实的数据。

（二）革命旧址风险评估

1. 革命旧址风险识别

依据《土遗址保护工程勘察规范》（WW/T 0040—2012）等已实施标准，陕西开展了以窑洞为代表的病害调查与分类，主要为自然因素导致的坍塌、滑坡、渗水、墙皮脱落等，理化因素导致的酥粉、风化等，人类活动导致的不当修复、烟熏等及动物破坏、植物破坏等。通过病害成因分析法去推理其致灾因子，形成初步的风险清单。

其次，从环境、本体和载体三个维度对窑洞风险源进行系统梳理。针对文物所处的小区域环境的风险因子如温湿度、风荷载、降雨量等，开展革命旧址环境监测工作。窑洞本体风险以结构健康监测为主要识别手段，如沉降、裂隙、振动和地下水埋深。窑洞载体风险如滑坡、泥石流等灾害，以卫星影像、无人机影像和分布式光纤等大尺度风险感知技术为主要识别手段。如此，客观上便形成了集“天—空—地”于一体的风险感知网络和系统。

2. 革命旧址风险分析

暴雨等极端气候已成为延安革命旧址安全管理的新挑战。结合前期的调查、病害分析与数据监测，可从赋存环境、本体现状及病害机理研究三个维度对已识别风险进行深入分析。

延安近 70 年来最大的 10 个年降水量，2010 年至今占了 5 个，说明极端降水强度趋于增强、极端降水频率趋于多发，如图 3 所示。

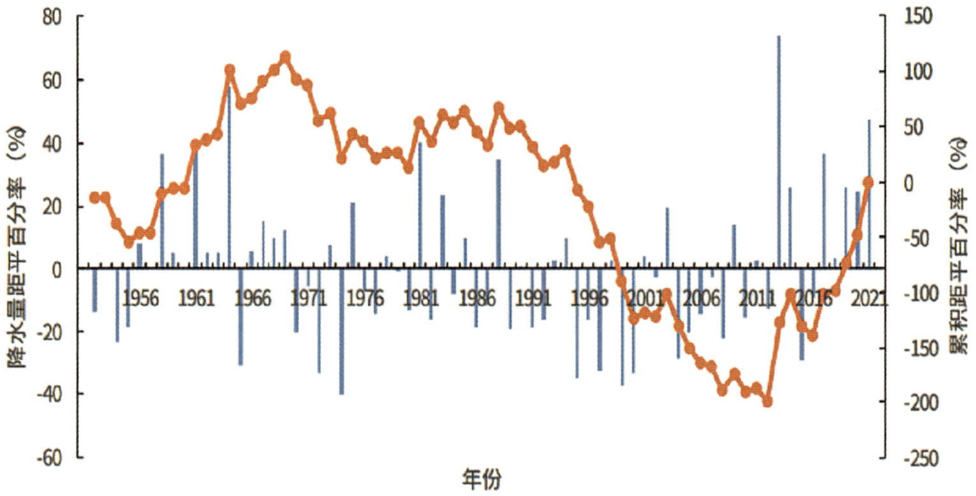

图 3　延安历史降雨距平图

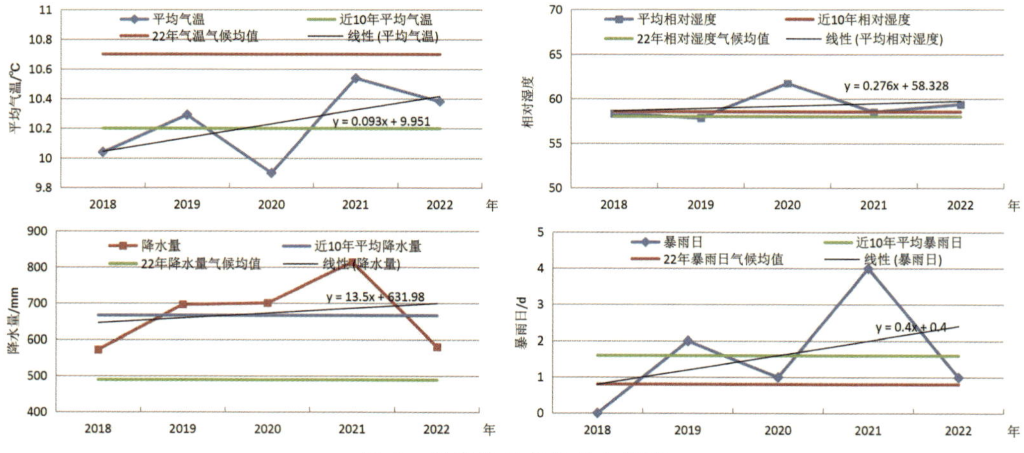

图 4　延安近 5 年气候分析图

延安市近五年气象数据如图 4 所示，可以发现该地区年平均温度、年平均相对湿度、年度降雨量及年度暴雨天数都呈现出上升的趋势，且降雨点多面广、时空分布不均，降雨量高度集中在 7 ~ 8 月，加上陕北山区丘陵沟壑区面积多，地貌类型复杂，暴雨产生的灾害一直比较严重。

依据《土遗址保护工程勘察规范》（WW/T 0040—2012）、《近现代历史建筑结构安全性评估导则》（WW/T 0048—2014）等行业标准，对窑洞进行保存现状评估，主要包括四个方面：一是结构评估。土木砖石结构受环境因素影响较大，靠崖式建筑易受地质灾害影响。二是病害评估。病害类型典型，保护难度大。三是管理评估。地形复杂，交通不便，保护困难；窑洞级别不同，保护差异性大；多头管理，局面被动；对外开放的单位保护工作启动较早；财力有限，数量大，分批修缮；修缮后管理不到位。四是人类活动影响评估。城镇改造和新农村建设对旧址影响较大。

近年来，陕西省文物局统筹部署，针对文物病害发育机理及治理措施系统布局了一批重大课题，如陕北土遗址保护研究、陕北长城遗址风险影响因素的分析与评估、2022 年陕西省文化遗产保护利用“两链融合”重大专项—陕北革命旧址水蚀、盐蚀成因和治理对策与关键技术研究、黄土高原地质灾害监测及对策研究……形成了一批研究成果，如土遗址建筑材料及工艺认知、土遗址影响因素分析与评估、革命旧址水蚀 / 盐蚀病害成因及分布特征分析、基于传统工艺的陕北革命旧址盐害治理材料和加固工艺……通过基础研究深入分析了陕北窑洞的病害成因，借助应用示范逐步完善了陕北窑洞病害治理的技术体系。

3. 革命旧址风险评价

窑洞风险评价从分类、分级、病害成因分析及建模仿真四个维度开展。对风险清单中已识别的风险源进行结构化处理，按类归整，可以分为自然因素和人为因素，也可以分为物理因素、化学因素和生物因素等，如图 5 所示。

借助概率和影响矩阵对风险清单中的已识别风险进行量化并完成分级处理。对风险发生概率和风险破坏程度进行打分，并计算风险显露度。据风险显露度将风险分为高中低三个级别，高风险用红色表示，中风险用黄色表示，低风险用绿色表示。据分级结果制定风险应对预案，如高风险事件对应抢救性保护、中风险事件对应保护维修、低风险事件对应日常养护。通过病害成因分析法找到病害或其表征因素对应的核心致灾因子，为风险防控提供依据。如窑洞局部坍塌，其真实的病害成因可能是降雨入渗。通过理论分析和数值模拟，分析黄土窑洞的受力机理和传力机制，研究裂缝、降雨等

图 5　窑洞风险分类

因素对窑洞的稳定性影响，为监测预警提供科学依据。

（三）革命旧址风险应对

针对革命旧址风险识别、风险评价，更好地保护好革命旧址，陕西从编制维修方案、实施抢险及加固工程、人工巡检、制定分类维修程序等方面落实风险应对工作。

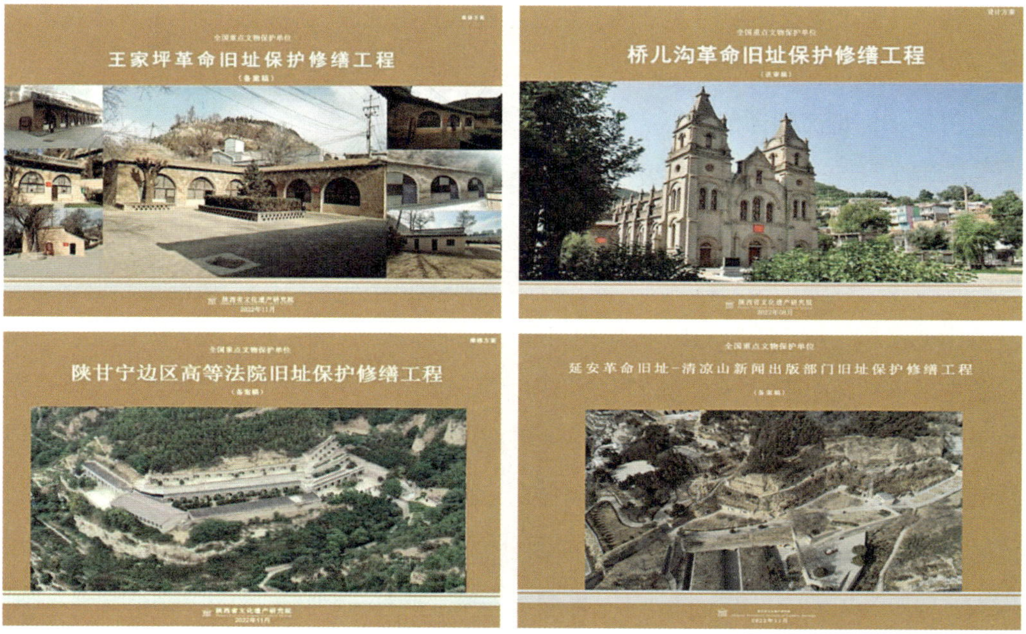

图 6　陕西革命旧址保护修缮方案

2020 年以来，陕西共完成革命文物保护修缮方案编制 136 项，按照批复的保护维修方案，分类、分级、分批的开展革命旧址的维修工作，如图 6 所示。

2013 年 7 月，延安遭遇了百年不遇的持续强降雨袭击，造成了大范围洪涝、滑塌、泥石流等复合型特大自然灾害。省文物局第一时间组织专家赴延安勘察灾情，指导部署革命旧址群救灾工作，用短短 20 多天就完成了《延安市灾后抢救保护修复专项规划》，上报 27 处国保点的维修立项报告，设计方案 15 份、施工方案 12 份，为受损的革命旧址争取到国家文物局 1.18 亿元的文物保护专项资金，并参照《大遗址保护规划规范》（WW/Z 0072—2015）做革命旧址本体病害防治及防灾减灾工作。系统开展人工巡检工作，包括日常巡检、专项巡检和应急巡检。日常巡检一般以周为单位，以病害记录和简易处置为主，如通过手机等移动终端完成拍照、系统上传和日常除草等工作。专项巡检一般以月为单位，通过专业人员或设备完成专业巡检工作，如电气线路检查、水路疏通等。应急巡检周期不固定，在暴雨、洪水、滑坡等突发性事件发生后，对险情进行紧急响应。

陕西将革命旧址分类维修程序分为一般性维修和抢救性维修两类。一般性维修包括立项、编制设计方案、维修实施、环境整治和常态化养护五个阶段。抢救性维修包括抢险支护、编制抢险方案、维修实施、环境整治和常态化养护五个阶段。如图 7 所示。

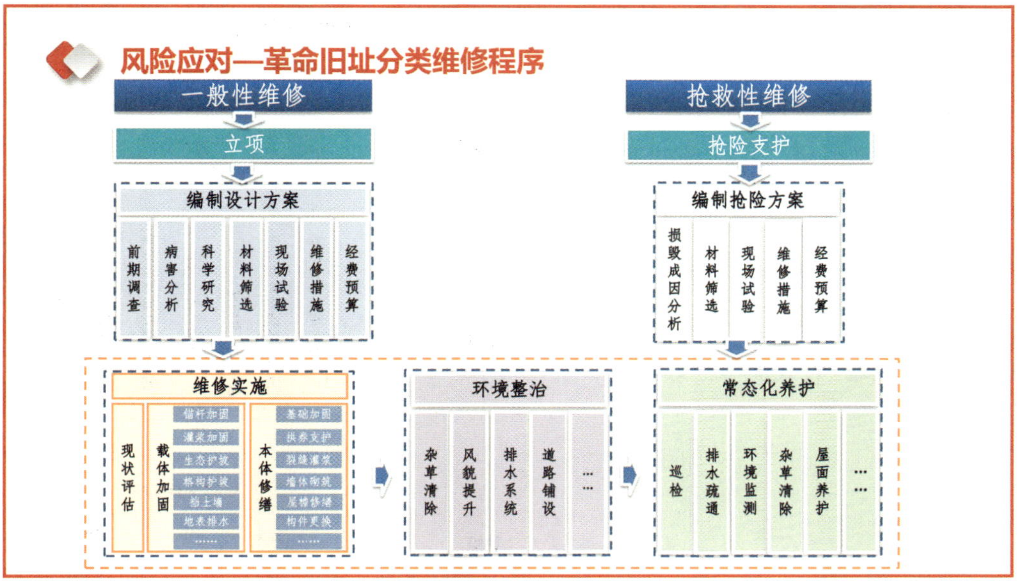

图 7　革命旧址分类维修程序

1. 革命旧址监督和检查

从业务管理角度看，陕西省革命文物风险防控工作归口于革命文物处，并形成了市级、县级革命文物的垂直管理体系，理清了管理边界，有效避免了多头管理，提高了管理效率。通过《革命旧址日常管理工作手册》《延安革命旧址群保护利用规划》等一系列管理制度、技术导则和工作手册的实施，初步实现了对革命旧址全链条、全周期的风险防控，如图 8 所示。

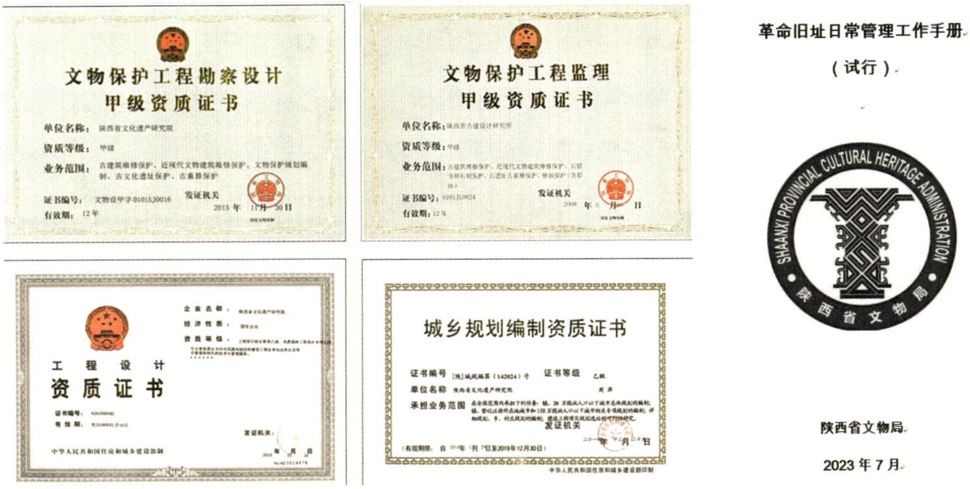

图 8　陕西革命旧址管理制度

从技术支撑角度看，以文博单位、高等院校和科研院所等单位为依托，充分发挥了陕西省文物保护“产学研用”联合体的集群优势，并将技术、设备、人才等向基层传递，在延安和汉中建立了文物保护修复工作站，持续提供着智力支持，如图 9 所示。

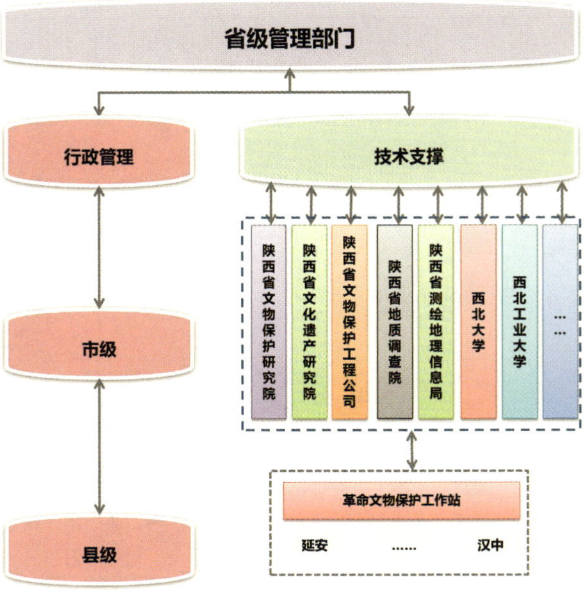

图 9　陕西革命旧址管理流程图

2、初步形成革命旧址风险防控的陕西经验

根据陕西革命旧址多年的保护实践，将各项工作与风险管理体系进行对照与梳理，将风险管理贯穿于革命旧址保护全流程，形成基于风险防控体系总体框架的“陕西经验”，如图 10 所示。

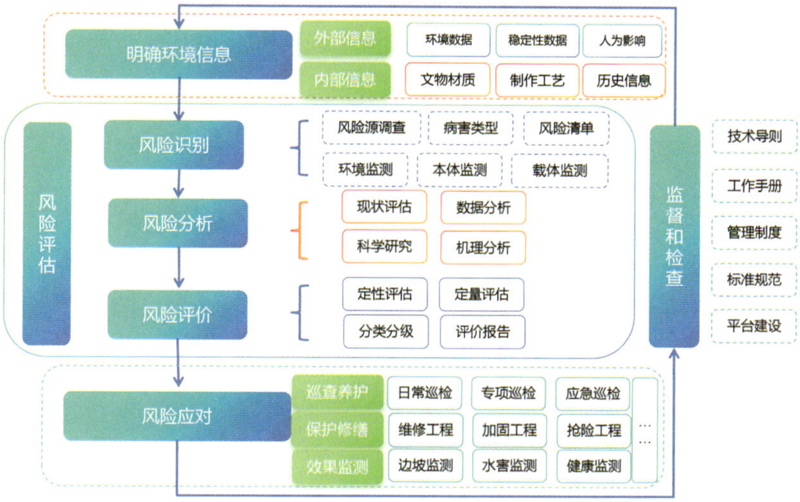

图 10　革命旧址风险管理过程

三、基于风险防控理论的革命旧址保护体系建设

陕西革命旧址风险防控工作虽然取得了一些成绩，但是，参照风险管理过程，也存在一些问题，如图 11 所示。

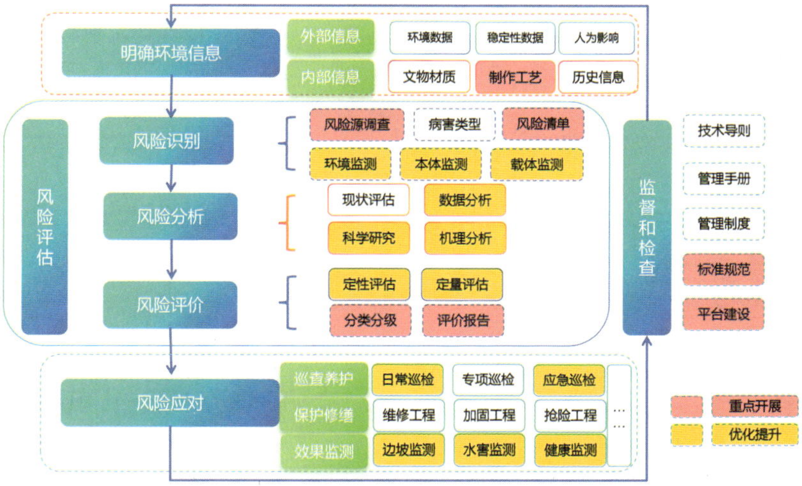

图 11　陕西革命旧址风险防控问题梳理

图注：图中红色图标是未来应该重点开展的工作，黄色图标是优化提升的工作。

如对于窑洞的传统制作工艺目前并没有得到较为深入的研究；风险源调查、风险清单、分类分级、评价报告的设计往往不够系统，缺乏理论基础；环境监测、本体监测和载体监测多依赖于人工巡检，可考虑采用自动监测技术进行提升优化，提质增效；科学研究、机理分析、数据分析、定性评估和定量评估工作还不够扎实，应进一步加强基础研究工作；可借助于现代科技手段提升日常巡检、应急巡检的工作质量，并对已修复工程开展治理效果监测工作；应重点开展标准规范和监测平台建设工作，为行业的有序监管提供依据和技术支撑。基于此，笔者从科研、数据、需求及标准四个维度提出革命旧址风险防控工作的开展思路。

（一）探索以科研为基础的革命旧址风险防控工作实施路径

革命旧址风险防控工作实施路径尚不完善，建议以风险管理方法论为指导，采用物联网、地理信息系统 (GIS)、大数据、人工智能 (AI) 等技术，自下而上建立监测站点、省级中心平台及国家总平台三级架构，构建集数据采集、数据传输、数据分析、风险评价、风险应对、辅助决策于一体的革命旧址全链条、全周期风险管理体系，如图 12 所示。

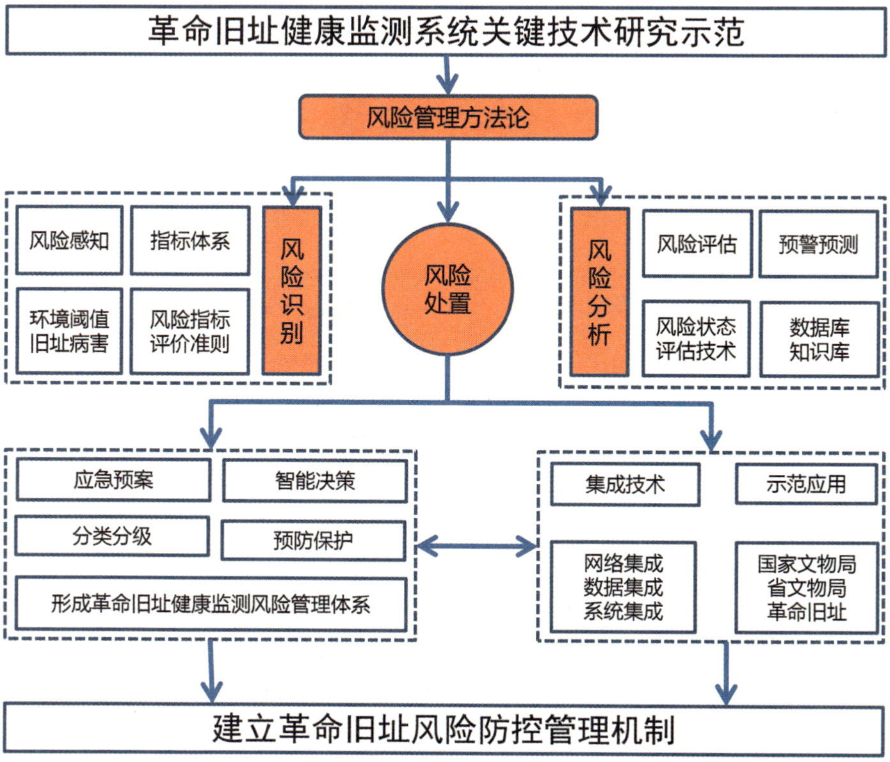

图 12　革命旧址风险防控关键技术研究路线图

（二）创新构建以数据为驱动的革命旧址（站点）风险防控体系

采用人工巡检与自动监测相结合的办法，以数据为驱动，结合风险管理预案，实现革命旧址的风险感知、预警和应对，如图 13 所示。在站点层面，重点是基础数据的采集、上传和初步分析，为基层管理单位提供辅助决策支持。

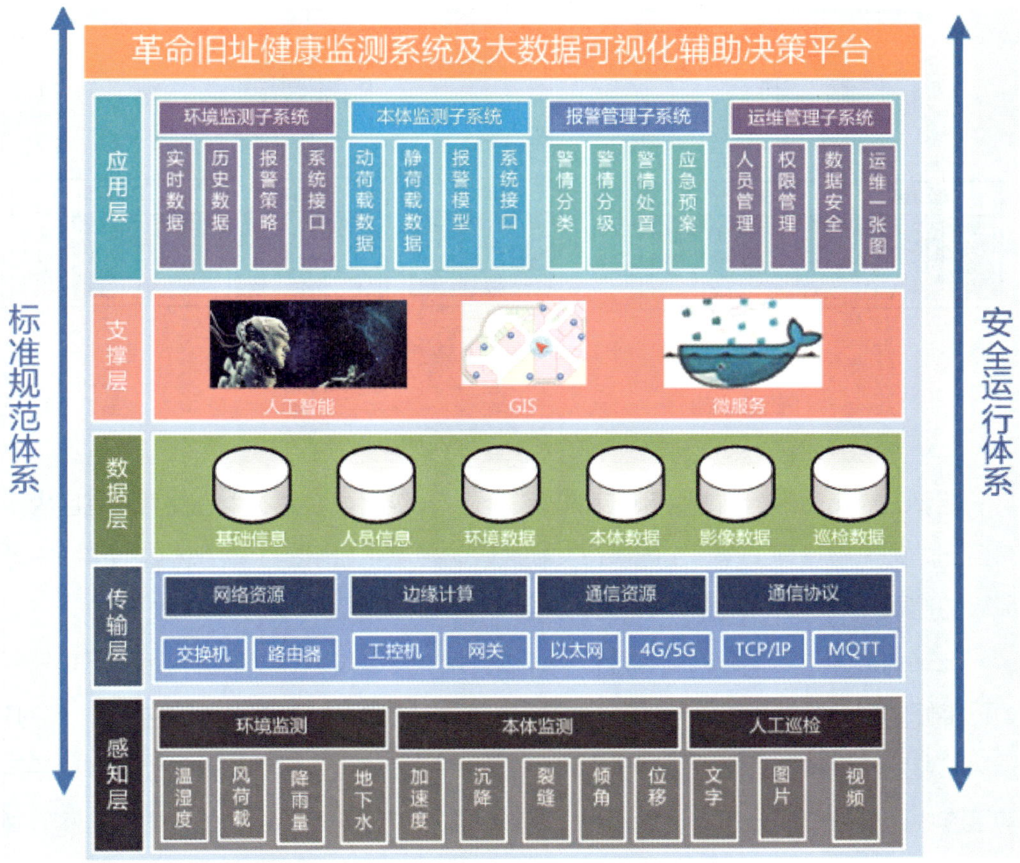

图 13　革命旧址（站点）健康监测系统

（三）搭建以需求为导向的革命旧址风险防控三级管理平台

根据业务管理，自下而上建立监测站点、省级中心平台及国家总平台三级架构，如图 14 所示。

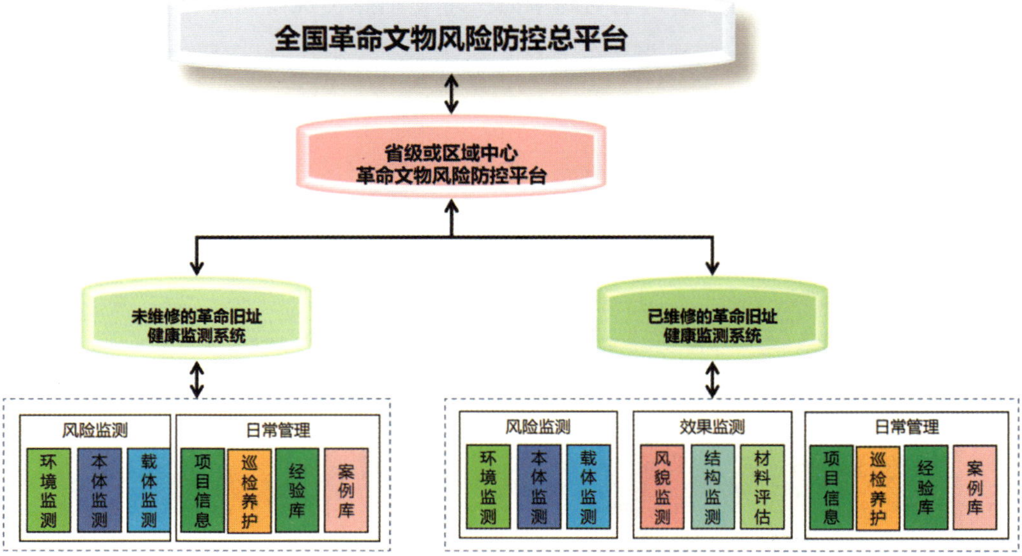

图 14　革命旧址风险防控三级管理平台示意图

监测站点负责风险监测、预警和处警工作，省级（或区域）中心负责本辖区内所有监测站的风险管理工作，全国革命文物风险防控总平台承担全国范围内的革命旧址风险防控职能。

在站点层面，对革命旧址进行分类分级管理。可以按照维修情况将革命旧址划分为已维修的革命旧址和未维修的革命旧址两种类型，并分类开展风险防控工作。除开展风险监测、日常管理之外，对于已维修的革命旧址重点开展维修效果监测，这是目前工作中比较缺失的一项，也是科学、有效评估保护维修后的保护修复方法、修复材料和整体安全性重要的手段之一。

该平台是革命旧址保护体系化建设的重要手段，也是为科学研究、保护维修、灾害分析、管理决策等提供的最有效的技术支撑。

（四）做好革命旧址风险防控标准体系的顶层设计

从监测、研究、保护到管理，革命旧址风险防控最终的目标是建立标准体系。围绕这一目标，参照其他行业的相关标准，笔者建议革命旧址风险防控标准体系由上位标准、基础标准、管理标准及技术标准构成，如图 15 所示。

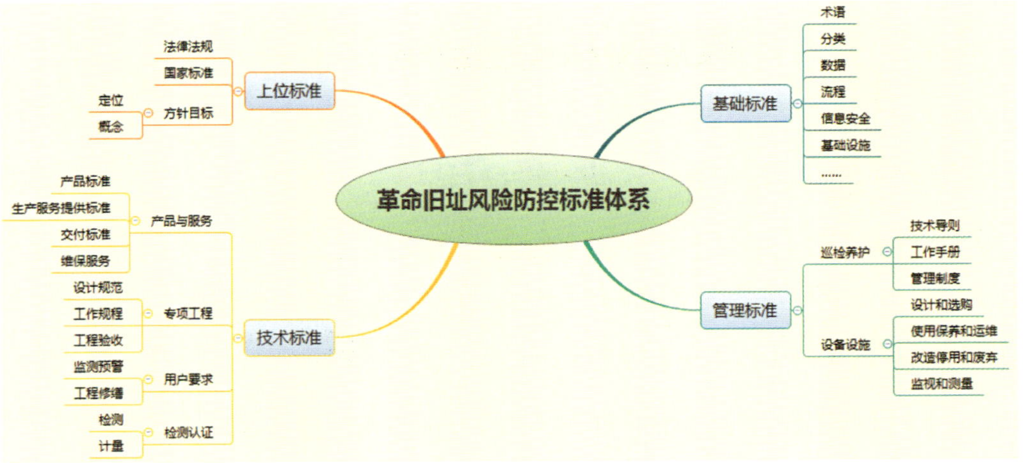

图 15　革命旧址风险防标准体系架构图

上位标准包括法律法规及工作方针，是其他所有标准均应遵守的底线；基础标准包括革命文物的术语、分类、分级、编码、图示等，供管理标准和技术标准使用；管理标准包括管理制度、工作手册等，为一线人员的工作指明方向；技术标准包括产品、服务、认证、验收等，可为行业的有序发展提供技术支撑。

四、小结

经过多年的探索与实践，陕西以革命旧址为代表的不可移动革命文物保护已经初步形成了基于风险管理的理论体系和实践方法，但在科研、技术及管理等方面都存在不少问题。期望未来能在国家文物局顶层设计的宏观指导下，在陕西省文物局对省内外的文博单位、高等院校和科研院所的统一协调下，综合运用管理、技术、设备、服务等多种手段把革命文物保护好、展示好、利用好、传承好。

甲午沉舰十年水下考古历程

国家文物局考古研究中心　周春水

2018 年 6 月，习近平总书记在考察刘公岛东泓炮台时指出：“要警钟长鸣，铭记历史教训，13 亿多中国人要发愤图强”。以北洋海军甲午沉舰为代表的近现代沉舰既是重要的水下文化遗产，又是中华民族抗击侵略、自强不屈的历史实证。在与日本激烈交战中沉没的致远、经远、定远等北洋沉舰承载着国人不屈不挠的民族精神、记述了广大官兵与舰同沉的感人事迹。

北洋海军甲午沉舰遗址来源于 1894 年中日爆发的甲午战争，北洋海军参与了丰岛海战、黄海海战与威海保卫战，多艘北洋战船被击沉于上述三地，在我国境内则分布在黄海北部与威海湾两地。其中，黄海北部沉没有致远、经远、超勇、扬威四舰；威海湾沉没有定远、靖远、来远、威远、宝筏五舰。

一、甲午沉舰遗址水下考古工作

在国家文物局的统一部署下，2014 年开始至今十年间，国家文物局考古研究中心联合辽宁省文物考古研究所、山东省水下考古研究中心等地方文博单位，持续在黄海北部、威海湾开展甲午沉舰遗址水下考古调查与研究工作，以寻找沉舰遗址准确位置和确认海底保存现状为主要目标，十年水下考古工作已基本完成我国境内的所有北洋甲午沉舰遗址摸底调查。具体包括 2014 年在丹东大鹿岛西南物探勘测找到一艘北洋海军沉舰，2015 年调查确认为邓世昌的致远舰，2016 年抽沙揭露沉舰舭龙骨并界定沉舰的埋藏深度，2017 年在山东省威海湾开启北洋沉舰物探调查并找到 17 处水下疑点，2018 年在大连市庄河黑岛海域调查发现经远舰、在威海湾刘公岛东面锁定定远舰的大体位置，2019 年开启威海刘公岛定远舰第一期水下调查，2020 年完成威海定远舰第二期调查工作并提取重达 18.7 吨的铁甲，2021 年在辽宁大鹿岛南部海域调查发现超勇、扬威舰，2022 年在山东省威海湾调查确认靖远舰遗址，2023 年在山东省威海湾调查确认来远舰遗址。历年水下考古工作得到行业的高度认可，2015 年致远舰考古、2018 年经远舰考古获得该年度全国十大考古新发现，2020 年定远舰、2022 年靖远舰水下考古项目分别获得年度山东省五大考古新发现。

（一）致远舰

遗址位于辽宁省丹东市西南 50 多公里的黄海北部海域，东北距最近的大鹿岛约 20 公里。致远舰为清政府光绪年间向英国订购的一艘穹甲巡洋舰，1887 年建成归国，1894 年 9 月 17 日在中日黄海海战中被击沉。2014—2016 年进行水下考古调查，遗址处于 18—22 米深的海底，舰体已埋于泥下，呈正沉状态，外壳用钢板构造，使用铆钉连接，残长 61 米、残宽 9—10 米，残存 2.5 米高的舰体，磁力勘测有 1600 吨的钢铁存量，考古确认锅炉、水密隔舱、舭龙骨、穹甲板等部位，泥下舰体外壳列板保存尚好。工作结束时对外壳板焊接阳极锌块实施原址保护，历次考古工作提取水下文物计约 400 余件，主要遗物有十管加特林机枪、鱼雷引信、方形舷窗、致远舰大副“陈金揆”单筒望远镜、“致远”篆书款的白瓷餐盘等。

（二）经远舰

遗址位于辽宁省大连市庄河黑岛老人石海域，西北距庄河电厂岸边约 10 公里。经远舰为清政府向德国伏尔铿船厂订购的一艘装甲巡洋舰，1887 年建成归国，1894 年 9 月 17 日在中日黄海海战中被击沉。2018 年经水下考古调查确认，遗址处于 8—12 米深的海底，海床面出露一圈高 2 米、长 40 米的铁甲堡。舰呈倒扣状埋于泥下，长 80 米、宽 11 米，残高 6.4 米，保存有完好的生活舱室及主甲板，磁力勘测有 1400 吨的钢铁存量。考古确认有铁甲堡、排污管、舷窗、排煤渣口、艏柱、锚链等部位，并在泥下 5.8 米深处发现保存完好的“經遠”舰铭牌，材质为木质、表面髹金。调查出水文物计约 500 余件，包括武器弹药、锅炉、舷窗、维修工具以及个人生活用具。

（三）超勇、扬威舰

遗址位于辽宁省丹东市大鹿岛南部海域4—8公里。1880年由英国阿姆斯特朗公司承建，1881年11月归国。1894年9月17日在中日黄海海战中被击沉。超勇舰遗址水深10米左右，2021年调查时发现部分舰体残骸出露海床，残长30多米，宽11米。用钢钎刺探泥下掩埋部分，长达50米、埋深1.5米以上，磁力显示尚存150吨体量，遗址中保存有一门英国阿姆斯特朗10英寸（约合25.4厘米）主炮，炮身保存完好，炮管有残，残长6米。调查提取少量铁、瓷类文物。扬威舰所处海床表面无任何迹象，但有100吨的磁力信号，泥中残存情况有待考古抽沙确认。

（四）定远舰

遗址位于山东省威海市刘公岛东村东南近岸海域，距岸约500米。定远舰为清政府向德国伏尔铿船厂订购的一艘铁甲舰，1885年10月回国后任北洋舰队旗舰，1895年2月10日自爆毁于刘公岛东面浅水区。2018—2020年实施水下考古调查，遗址处于4—6米深的海底，埋于泥下3米左右，保存状况极差，无完整舰体，周边散落钢板、船材及大量凝结物。提取出水文物总计1700余件，以毛瑟枪子弹为主，另有其他口径的火炮引信、通风管、船板及瓷碗、皮带扣等个人生活物品。2020年还成功提取一块重达18.7吨的防护铁甲，对于确认定远铁甲舰的身份以及研究一级铁甲舰的防护能力具有重要意义。

（五）靖远舰

遗址位于山东省威海湾中间，离岸约1000米。靖远由英国阿姆斯特朗公司建造，为致远的姊妹舰，1887年底加入北洋舰队，1895年2月被日军用火炮击伤坐沉于威海湾。2022年8—10月开展水下考古调查工作，对沉舰的舯、艏、艉部进行抽沙揭露，面积达430平方米，海底沉舰受损严重，已无完好舰体，工作中提取铜、铁、木、玻璃、皮革等各类文物共计200多件，并首次发现完整的37毫米哈乞开斯炮弹箱及210毫米主炮炮弹。本次调查工作是持续推进甲午沉舰遗址调查的重要内容，为深入研究甲午历史提供珍贵考古材料。

（六）来远舰

遗址位于山东省威海市刘公岛旅游码头附近，离岸仅500米。为德国伏尔铿船厂建造的装甲巡洋舰，为经远的姊妹舰，1887年建成归国，1895年2月被日军用鱼雷击沉。2023年度完成水下考古调查工作， 遗址完全埋于海泥下，深度0.5—3米不等。沉舰已被日本完全拆解，海泥中遍布零乱的木板、钢板及大量凝结物，遗迹、遗物散落分布，磁力信号小。提取出水文物总计 1800 多件，标志性的文物有 1 把錾刻“来远”银勺、2 块墨书 “来远”水兵姓名的身份牌。此外，遗址中还发现一批英租时期的遗物，反映清末北洋海军战舰及英租威海卫泊船锚地的时代特征。

二、沉舰出水文物

日本战后对所有北洋沉舰都进行了拆解打捞，对舰体造成严重破坏，黄海北部的沉舰尚有部分舰体残存，而威海湾沉舰已被拆解殆尽，海底遗迹、遗物呈现被拆解的散落分布状态。沉舰遗物则出自遗址中，多与凝结块、木板、钢板夹杂在一起。

各沉舰遗址出水文物总数量达 4000 余件，种类丰富，以武器弹药为主，包括致远主炮管残片、152 毫米副炮弹头、鱼雷引信、加特林机枪、经远 210 毫米主炮弹等，小口径弹药包括大量的毛瑟枪子弹、手枪子弹、拉火管、37 毫米、47 毫米、57 毫米炮弹等，军舰武器种类通过考古均有配件或同尺寸弹药对应。表明身份的重要遗物，包括刻有“来远”的镀银汤勺，墨书“来远三等水手于盛元”“来远一等水手张长发”的身份牌，“经远”木牌，“致远”篆书餐盘及大副陈金揆单筒望远镜，重达 18.7T 的定远舰防护铁甲板等。此外还发现一批铁质、铜质、木质、玻璃类舰材及舱室舾装构件，以及碗、盘、鞋、皮带、纽扣、麻将、水烟袋等日常生活类物品。部分钢板、悬梯、天幕杆、弹壳等文物上发现火烧痕迹，为还原海战细节、彰显北洋将士英勇抗敌提供有力实证。

三、保护与宣传利用工作

（一）考古现场出水文物临时保护

现场文保贯穿水下考古工作全过程，包括水下文物加固、提取，以及出水后的清洗、分析与保护处理。文保工作确保了出水文物的及时保护和安全运输，为后续实验室保护工作奠定基础。沉舰考古现场，专业保护人员搭建临时文物保护平台开展文物保护工作，制定脆弱和易损文物的加固提取方案，按文物的不同材质和保存状况进行分类、分级保护处理，采取清洗、浸泡、加固、拼接、分析等保护措施。致远舰篆书瓷盘的现场拼接、陈金揆单筒望远镜清理后发现铭文、经远舰小木牌墨书的发现等，为及时发现沉舰身份提供重要考古证据。

（二）出水文物的实验室保护

2014—2018 年，中国文化遗产研究院文物保护实验室承担了致远舰出水文物的初步保护工作，尤其是加特林机枪的除锈与封护，达到后续致远舰考古成果的展览要求。2018年开始，北海基地承接了致远舰、经远舰出水文物的保护工作，并对致远餐盘、陈金揆望远镜等重要文物进行修复。截至目前，已完成致远舰400余件出水文物的保护修复工作、完成经远舰150余件出水文物的保护修复和其他文物的清洗脱盐工作。

（三）沉舰遗址本体的原址保护

水下考古工作结束时，海底沉舰遗址已采用牺牲阳极方法进行保护，从技防上实现了大型铁质类文物在海水中的原址保护，避免了铁质文物被海水腐蚀成凝结块的风险。2016年致远舰在沉舰钢铁外壳上焊接阳极锌块，以减缓海水对钢材的腐蚀降解，这是我国水下考古首次对海底大型钢铁材质的遗址实施针对性保护。2018年经远舰、2021年超勇舰也采用了同样的保护措施。2021年在辽宁省大鹿岛调查期间回访了致远舰、经远舰遗址，证实阳极锌块发挥保护效果已腐蚀殆尽，回访时更换了阳极材料。

（四）宣传展示工作

为回应社会关注、落实公众考古举措，考古期间以现场报道、直播、媒体见面会等形式进行宣传报道，后续又以水下考古成果展回应社会关切。2018年9月21日，国家文物局在北京组织召开“经远舰水下考古成果汇报会”，公布经远舰在大连庄河发现的消息。2023年10月19日，威海甲午沉舰遗址考古发现再次通过国家文物局“考古中国”重大项目重要进展工作会的方式公开通报。

直播活动，以2015年“致敬·致远舰——‘丹东一号’甲午海战沉舰水下考古”、2018年“壮哉·经远——北洋海军甲午沉舰水下考古”两场考古现场直播而获得广泛影响。2020年定远舰水下考古配合了“发掘记”栏目的记录拍摄。

当前，已举办5场沉舰考古成果的专题展览，2017年北京大学赛克勒博物馆“寻找致远舰——2015年度全国十大考古新发现”展览、2017年武汉中山舰博物馆“民族殇·海军魂——隔世对话的致远舰与中山舰”展览、2018年辽宁省博物馆“再现致远舰——辽宁丹东一号清代沉船出水文物展”、2018—2019年宁波中国港口博物馆举办“海魂归来——致敬致远舰”特展、2021—2022年，辽宁省博物馆举办致远经远水下考古成果展，宣传甲午沉舰考古成果，达到缅怀历史、奋发图强的爱国主义教育意义。此外，2020年2月，中国共产党历史展览馆还收藏经远舰5件文物、致远舰2件文物并陈列展出。通过上述形式，甲午沉舰水下考古成果在宣传水下考古工作、弘扬民族精神等方面发挥了重要的公众宣传效益。

水下考古与文物保护成果还通过讲座、学术会议的形式，与韩国及台湾省等水下考古同仁进行了广泛交流。

四、研究与意义

（一）开拓沉舰遗址水下考古调查与研究新领域

甲午沉舰的调查工作注重了科学规划与顶层设计，前瞻性布局明确，学术目的明确。调查工作按年度、区域、工作量进行设计与安排，依据前一年的工作发现与进度科学规划下一年的调查计划。在黄海北部调查有了初步结果后，再及时推进威海湾的调查计划，构建起甲午沉舰系列调查与保护工作的核心内容。沉舰调查很大程度上摆脱了对盗捞线索、渔民线索的过度依赖，整个工作突出顶层设计，有的放矢、步步推进、重点突出、成绩俨然。陆续发现致远舰、经远舰、定远舰、超勇舰、扬威舰、靖远舰、来远舰，并对遗址情况进行多种勘测及考古局部试掘，核实其保存现状态与价值。十年甲午沉舰考古发现拓展了水下考古调查与研究新领域，沉舰考古以蒸汽动力、钢结构材质的大型战舰为调查研究对象，而非以海外贸易木船、船货为研究对象，具体的考古勘测、发掘方法、文物保护、研究对象等均有别于古代沉船水下考古。

（二）探索近现代沉舰水下考古与保护工作方法

面对体量大、吨位重、结构复杂的沉舰遗址，水下考古更侧重于科技手段、多学科间的结合，将科技创新融入沉舰考古调查、抽沙试掘、现场保护的各个环节，探索出一套实践可行的近现代沉舰考古与保护工作方法。用 GPS 精准抽沙定位、设计行车控制抽沙管移动，实现可控、精细化的抽沙工作模式；运用水下声呐三维重建突破沉舰遗址在低能见度海洋环境里的全景展示；总结磁力物探在钢铁沉舰水下考古勘探中的重点运用；采用牺牲阳极方法对钢铁沉舰本体进行原址保护。注重文物保护工作，文保人员提前参与到前期的沉舰调查，现场尽快进行金属器去除凝结物、陶瓷清洗，以及木材、皮革等不同材质的稳定处理，及时保护大量易损文物，并与后续实验室保护做好衔接。

（三）沉舰水下考古为甲午战争研究提供丰富的实物资料

甲午战争影响深远，改变了近现代东亚政治格局与历史进程，水下考古成果为深入甲午海战研究提供新材料。客观而言，刚购置的北洋诸舰为当时最先进的战舰，在攻防能力与航速上表现优良。定远舰出水铁甲能证实黄海海战中超强的防护能力，在被日舰轮番围攻中屹立不倒。致远舰建成时能保持 19 节以上的高速；来远舰在黄海海战甲板完全烧毁的状况下仍能自航回港，舯部动力舱室的装甲防护能力不俗。考古新材料还解决了一些学术争议，诸如，致远舰的保存现状可以排除被鱼雷击沉的说法，来远舰出水的 120 毫米炮弹实物证实战前临时加装尾部火力的记载。

（四）甲午沉舰彰显北洋将士家国情怀的革命文物价值

甲午沉舰既是水下文化资产，又是宝贵的革命文物。战争的残酷在沉舰遗址、出水文物上有明确发现。在致远舰海底钢板上残留的烧焦痕迹、经远舰上殉爆弹壳与烧焦天幕杆、致远舰因高温开裂舷窗玻璃、来远舰木质悬梯火烧痕迹等，都是海战中炮起火的直接证据。据资料记载：经远在沉没之前“烟焰暴腾而起，遂至满舰大火。其身倾斜，可见露骨铁梁，颇为奇观。乘员于舷侧垂绳索至水际以寄其身，或攀于缆绳樯上以寄其身。”由此可窥见战争的惨烈及北洋将士的英勇。经远舰二副陈京莹在战前写有给父亲的家书，表达了以死报国的家国情怀。

北洋甲午沉舰在战后即遭受到打捞，由日本海军进行组织，分包民间打捞公司具体操作，大量舰材与出水文物被运回日本，一些武器当战利品展陈各地，如现存日本三笠公园的致远舰加特林机枪、佐世保海军墓地前竖立的定远炮弹，以及用定远舰材建成的定远馆，都无时不在提醒我们，落后就要挨打，铭记历史，发愤图强。

（五）夯实近现代沉舰整体研究与保护实力

甲午沉舰现场考古与保护工作自始至终坚持国家文物局的统一部署，并得到了各地文物管理部门的具体指导。国家文物局考古研究中心联合地方考古文博机构承担现场调查工作，队伍涵盖了水下考古工作者、文保专业人员、地方配合人员、考古船员、志愿者等。甲午沉舰系列成果的取得离不开各方面的大力支持：丹东港集团对水下文化遗产的重视开启了最早的致远舰水下考古调查，各地海事部门、海警、地方政府、刘公岛管委会的协助下确保甲午沉舰考古工作顺利实施，一批来自高校学生、水下摄影师、甲午历史研究者直接参与到调查中，汇集的多方力量加速了甲午沉舰水下考古与保护工作。在水下考古成果的基础上，2022 年定远舰遗址公布为山东首个省级水下文物保护区，以实际行动响应新修订的《水下文物保护管理条例》，对沉舰遗址实施有效监管。

除黄海北部、威海刘公岛中日甲午海战沉舰外，中国境内时代相近的沉舰密集区，还包括旅顺口日俄战争沉舰、青岛湾日德战争沉舰、福州马尾中法马江海战沉舰，另有抗日战争期间长江江阴、武汉（中山舰）的沉舰等。此外，还有大量近现代钢铁类民间商船，为推进我国近代海洋航运、民族工业发展上作出重大贡献，值得我们继续推进近现代沉船遗址的水下考古调查与保护工作。

坚持艰苦朴素本色 推进革命旧址整体展示

山西省长治市武乡县委　李颖

武乡县位于太行山腹地，山西省东南部。抗战时期，八路军总部、中共中央北方局等首脑机关曾长期在武乡驻扎，朱德、彭德怀、左权、刘伯承、邓小平等老一辈革命家曾长期在此工作、生活和战斗，指挥了闻名中外的百团大战。当时，仅有 13.5 万人口的武乡县，有 9 万多人参加八路军和各类抗日组织，有 2.1 万余名干部群众为国捐躯，为中国革命胜利作出了巨大牺牲和奉献，孕育了伟大的太行精神，被誉为“八路军的故乡、子弟兵的摇篮”。近年来，武乡县坚持以习近平新时代中国特色社会主义思想为指导，认真贯彻落实习近平总书记关于文物工作的重要指示精神，以弘扬太行精神、传承红色基因为主线，以红色革命遗址连片保护利用为抓手，始终坚持艰苦朴素本色，努力走出一条具有武乡特色的文物保护利用之路。

一、牢记初心使命，坚决扛牢弘扬太行精神、传承红色基因的政治责任

2009 年 5 月 25 日，习近平同志视察武乡时指出，要始终保持对党对人民对事业的忠诚，始终保持同人民的密切联系，始终保持知难而进、奋发有为的精神状态，始终保持艰苦奋斗的优良作风的重要指示。2017 年 6 月 21 日至 23 日，习近平总书记在视察山西时指出，要继承和弘扬老区优良传统，拿出当年八路军的那种精神、

那种气概，坚持用革命精神滋养激励广大党员干部，并强调一定要发扬好太行精神，一定要把《在太行山上》再唱响。习近平总书记的重要指示，为新时代推进革命文物保护利用提供了重要遵循，给我们弘扬太行精神、传承红色基因以极大的鼓舞和鞭策。我们坚持把弘扬太行精神作为武乡最大的政治使命和历史担当，站在巩固党的执政地位、筑牢意识形态阵地、坚定“四个自信”的战略高度，充分利用和发挥武乡丰富的红色资源优势，连续举办十一届八路军文化旅游节，五届全国国防教育竞技大赛总决赛，深入实施红色文化软实力系统工程，举办红色藏品展、编印红色文化丛书、拍摄武乡形象片纪录片、建立红色教育云平台，倡导全县干部群众同唱一首歌、同背一首诗、同尽一份责，切实当好太行精神的讲解者、传承者、弘扬者和实践者，充分挖掘利用当年那种特别能吃苦、特别能战斗、特别能奉献的精神品质。

二、保护“红色遗产”，全力打造革命文物集中连片保护利用示范区

中国共产党人领导太行军民在抗日战争中孕育了伟大的太行精神，也给武乡留下了丰富的红色印记。作为革命老区，武乡红色文化资源非常丰富，境内有红色革命纪念地 950 处，列入省级红色文化遗址 14 处。其中，国家级抗战纪念设施 4 处，国保单位 1 处、省保单位 12 处、市保单位 5 处、县保单位 160 处，馆藏革命文物 8530 件（套），是“一座没有围墙的抗战历史博物馆”。八路军总部王家峪旧址，便是众多遗址中的一座红色地标。1939 年秋至 1940 年夏，朱德、彭德怀、左权、刘伯承、邓小平等老一辈革命家，艰苦卓绝，运筹帷幄，先后在王家峪指挥了华北各抗日根据地的游击战争百余次，创建了晋冀鲁豫、晋察冀、晋绥等敌后抗日根据地，巩固了中国共产党领导的太行山抗日根据地。王家峪不仅见证了八路军将士和老区人民团结一心、英勇抗战的光荣历史，也承载着中国共产党人用鲜血和生命铸就的伟大太行精神。

保护革命文物功在当代、利在千秋。我们牢固树立保护文物也是政绩的理念，认真贯彻新时代文物工作要求，切实加大保护力度，扎实推进适度利用，使文物保护成果更多惠及人民群众，让带有红色基因的土地真正“活起来”，让红色革命旧址焕发出时代光彩。

一是高质量规划。以“打造全国革命文物集中连片保护利用示范县”为目标，高起点规划编制了《武乡县革命文物保护利用总体规划》，全力构建“一带三区”革命文物保护利用密集区，即以浊漳河北源河谷红色旅游线为核心，着力打造以八路军总部王家峪旧址为中心的“1+4”革命文物保护利用核心区、以八路军总部砖壁旧址为

中心的"1+9"革命文物保护利用密集区、以八路军太行纪念馆为中心的革命传统教育功能区。其中"1+4"核心区以八路军总部旧址王家峪村为核心，以周边下合村、上北漳村、下北漳村、石圪垤 4 处革命旧址密集区为重点的区域资源最密集、开发最成熟。

二是大力度保护。统筹利用上级各类资金 1.2 亿元、县级资金 3500 万元，对八路军总部王家峪旧址、前方鲁艺下北漳旧址、中共中央北方局妇委会石圪垤旧址、新华日报安乐庄旧址等革命文物进行了维修保护、改陈布展，完善基础配套，开展周边环境整治，在修缮阶段严格把控片区的原始风貌，确保在发展旅游业的同时不过度开发革命旧址群，真正把每一分钱花在刀刃上。

三是全方位创新。创新处置革命旧址产权，探索创新资产购买、股份合作、认养购买、产权置换、以租代管等多种方式，发动群众、依靠群众，有效解决了王家峪村、下北漳村、石圪垤村等革命文物私人产权或产权不明晰等问题。创新革命文物活化利用方式，在无损文物的前提下，编排了原创实景剧《四年》，鼓励游客参与木刻体验、鲁艺 3D 照相、纺织体验等多种形式的特色活动，增强了革命旧址的互动性、参与性和时代性。

三、坚持红色引领，坚决做好革命文物融合发展文章

习近平总书记指出，要用心用情用力保护好、管理好、运用好红色资源。我县深入贯彻落实"保护第一、加强管理、挖掘价值、有效利用、让文物活起来"的新时代文物工作要求，坚持创造性转化、创新性发展，讲好红色故事，用好红色资源，真正让革命文物融入教育、融入旅游、融入群众生活。

一是坚持片区保护利用与红色教育相融合。充分挖掘革命旧址的文化功能和教育内涵，将博物馆建设、干部培训、青少年教育与革命文物保护利用相结合，特别是依托太行干部学院，把革命文物作为鲜活教材，打造了八路军总部王家峪旧址、前方鲁艺下北漳旧址、关家垴战斗遗址、长乐村战斗遗址等现场教学、研学点 12 处，近年来共承接各地中小学生红色研学实践活动 7 万余人，每年培训党政干部约 3 万余人次。

二是坚持片区保护利用与红色旅游相融合。加大文物活化利用力度，实施了八路军总部王家峪旧址、八路军总部砖壁旧址、鲁迅艺术学校下北漳旧址三个 3A 景区创建项目，促进红色资源的串联展示，实现了前方鲁艺下北漳旧址、中共中央北方局妇委会石圪垤旧址等对外开放，带动红色旅游快速发展。武乡县成功入选中国县域旅游

发展潜力百强县、全国首批“中国红色地标”、第二批国家全域旅游示范区。2022年成功入选全国红色旅游融合发展试点县，是全国十家之一，山西唯一。

三是坚持片区保护利用与乡村振兴相融合。2021 年，争取中央专项彩票公益金支持欠发达革命老区乡村振兴项目资金 5000 万元，依托王家峪“1+4”革命文物保护片区丰富的红色文化资源，重点打造生态文化体验园、景观廊道、游客接待中心等片区旅游配套设施，乡村的景观面貌、人居环境得到极大改善。项目直接带动下北漳、王家峪、石圪垤等村的近百名村民参与旅游，为 300 名村民提供就业岗位，人均年收入增加 5000 元。通过发展农家乐、民宿、土特产品加工销售等产业，进一步增加了农民收入，有效推动了乡村振兴。

革命旧址是中国革命的精神象征，也是所在地的文化地标。我们将以习近平总书记关于文物工作的重要论述为遵循，在国家和省文物局的精心指导下，进一步弘扬太行精神，勇担历史使命，加快推进革命文物保护利用片区建设，使革命文物蕴藏的精神财富能够在新时代跨越时空、熠熠生辉。

用好红色资源 助力乡村振兴
——阜平县对红色文物保护利用工作的思考

河北省保定市阜平县人民政府 穆子江

习近平总书记强调:“红色资源是我们党艰辛而辉煌奋斗历程的见证,是最宝贵的精神财富。”在新时代,新征程上,如何用好红色资源,传承好红色基因,助力乡村振兴事业,是我们一直探寻并积极求索的努力方向。阜平县作为红色革命文物大县,积极探索实践,从保护和利用两个方面双重发力,让红色文化的传承弘扬与绿色生态发展珠联璧合、相得益彰。

一、阜平县基本情况

阜平位于河北省保定市西部,自古以来就是西部内陆地区进出华北地区的重要通道,被誉为“冀晋咽喉”“畿西屏障”。境内保阜、西阜两条高速贯穿,雄忻高铁2023年动工并在阜平设站,通用机场正在规划,区位优势日益凸显。

阜平是“两个动员令”发出的地方。一是发出了新中国成立的动员令。1948年4月,毛主席率领中央机关来到阜平城南庄,期间召开中央书记处扩大会议,发布“五一口号”,发出召开政治协商会议、成立民主联合政府的号召,成为建立新中国的动员令。二是发出了新时代全国脱贫攻坚的动员令。2012年12月29日至30日,习近平总书记迎风踏雪到阜平考察扶贫开发工作,看望慰问困难群众,向全党全国发出新时代脱贫攻坚的动员令,阜平也由此开启了向贫困宣战、向小康进军的新阶段。2021年

2 月，中共阜平县委荣获“全国脱贫攻坚先进集体”称号。

阜平是全国首批脱贫攻坚交流基地、国家生态文明建设示范区、全国农村基层组织建设联系点、“四好农村路”全国示范县、全国村庄清洁行动先进县。2022 年 10 月 14 日，入选全国首批国家乡村振兴示范县创建名单。2023 年 1 月 12 日，阜平县入选农业农村部、国家乡村振兴局、财政部组织开展的促进乡村产业振兴改善农村人居环境等乡村振兴重点工作督查激励县名列。

二、阜平文物的历史由来和构成

阜平，县名寓意“兴盛平安”，于金明昌四年建县。是千年古县，历史悠久，底蕴深厚。

阜平 1925 年建立中共党组织（中共阜平县小组），1931 年建立中国北方第一个苏维埃县政权（中华苏维埃阜平县政府），1937 年以阜平为中心创建了我党我军历史上第一个敌后抗日根据地（晋察冀抗日根据地），长期是晋察冀边区党政军首脑机关所在地，聂荣臻、彭真等老一辈无产阶级革命家都曾在阜平战斗生活过。抗战时期，阜平人口不足 9 万，养活了 9 万多人的部队和工作人员，2 万多人参军参战，5000 余人光荣牺牲，为民族独立、人民解放和新中国成立做出了巨大贡献，曾被毛泽东同志亲笔授予“模范抗日根据地”光荣称号，被著名民主人士李公朴称之为“新中国的雏形”，被彭真同志称之为“建国基石”，在中国革命史上占有重要地位，可以用“坚强堡垒、前进阵地、战略支点、建国基石”十六个字来概括。阜平这片土地上发生了许多对中国革命产生深远影响的重大事件：创建全国第一个抗日民主政府、印制出版全国第一部《毛泽东选集》、召开全边区第一届参议会、设计印制全国第一套人民币……2012 年 12 月 29 日至 30 日，习近平总书记在阜平考察时指出：“阜平是一个拥有光荣革命历史的地方，是我党我军历史上创建的第一块敌后抗日根据地——晋察冀根据地的首府，是晋察冀边区政治、军事、文化中心。聂荣臻元帅等老一辈革命家曾在这里战斗和生活了 11 年。1948 年 4 月，毛主席率领中央机关从陕北来到阜平的城南庄，在这里召开中央书记处扩大会议，调整南线战略，为三大战役胜利奠定了坚实基础。阜平和阜平人民为中国革命胜利作出了重要贡献，党和人民永远不会忘记。”

阜平由于历史地位特殊，文物资源遍布全县，而红色文物尤为突出。现有全国重点文物保护单位（1 处 5 点）均为红色革命文物。全县不可移动文物 204 处，其中，红色革命文物 89 处。可移动文物 154 件（套），一级 2 件（套）（均为红色革命文物），二级 3 件（套），三级 31 件（套），未定级 118 件（套）；其中红色可移动文物 12 件（套）。阜平红色旅游资源涵盖了重要革命旧址旧居、重要事件发生地、烈士陵园及陵墓（碑）、重要革命英雄、著名革命逸事及非遗文化等各类型的资源，内容系统完整，为打造多样化的红色旅游产品打下了良好基础。

三、红色文物保护利用在促进县域经济社会发展中的作用

近年来，阜平对晋察冀军区司令部旧址、花山毛主席旧居、华北联合大学旧址、晋察冀边区政府旧址等革命纪念地和革命标志物进行了有效保护和修缮，在此基础上形成了多处红色旅游景区、景点，通过加强红色资源保护开发、创新发展红色旅游产品，塑造了阜平红色旅游品牌，对全县经济社会跨越发展提供了有力支撑。

一是文旅产业作为支柱产业，在阜平的脱贫攻坚、乡村振兴工作中发挥了重要作用。以红色旅游为引领的旅游产业，在脱贫攻坚中和当前的乡村振兴中，一直被阜平县委、县政府确定为发展方向和支柱产业，事实证明了这一决策的正确性。在阜平脱贫攻坚中，旅游业逐渐壮大，成为全县六大富民产业之一，在推进乡村振兴中，全域旅游作为“4+4”重要阜平场景，继续发挥着重要作用。

二是红色文物保护利用是阜平文旅产业的重要组成部分。阜平旅游离不开红色文物，通过合理开发与保护并重，我们进一步加强了红色资源与周边自然山水、田园风光、历史文化、民俗风情的交融，使红色与绿色更好地融合与对接，从而形成高品质的旅游景区和景点。全县共有国家 A 级旅游景区 4 家，其中红色旅游景区 2 家，分别是以全国重点文物保护单位晋察冀军区司令部为核心的 4A 级景区晋察冀边区革命纪念馆，以县级文物保护单位骆驼湾、顾家台脱贫攻坚第一站为核心的 3A 级景区顾家台骆驼湾旅游度假区。此外，通过对晋察冀边区政府——花山旧址、华北联合大学旧址、西下关毛主席路居旧址、花沟掌晋察冀画报社旧址等重要文物点的打造融合，现已经成为有名的旅游景点。

三是通过红色文物保护利用发展旅游产业取得明显成效。顾家台骆驼湾旅游度假区以国有龙头企业与顾家台、骆驼湾两村建立村企联建共享机制，形成企业带村、企业带户的旅游扶贫模式，通过土地流转、房屋租赁、参与经营、务工、分红等方式获得薪金、底金、租金，实现每年户均增收 25200 元，社会效益显著。晋察冀边区革命纪念馆每年引流 30 万人，有效带动了城南庄镇餐饮、住宿业发展。华北联大旧址景区的开发，使最偏僻的乡镇台峪乡成为乡村旅游新宠，辐射白石台、台峪、营尔乡

村旅游的蓬勃发展。

四、红色文物保护利用赋能乡村振兴的经验和做法

（一）加强组织领导，形成发展合力。组织保障是最可靠、最有效的保障方式。红色文物保护工作牵涉面广，不是文物管理部门一家所能完成的任务，因此，我县成立了文物工作领导小组，由政府主管领导任组长，牵头组织文化、公安、城建、市场等部门开展红色文物保护工作，同时积极引导社会各界、广大群众参与，形成全社会人人爱护红色文物的氛围。

（二）注重规划布局，完善长效机制。梳理资源，摸清底数，从实际出发做出规划。将红色文物的保护和利用纳入到了全县“十三五”“十四五”发展规划当中，通过对文物资源进行全面调查、梳理和登记，建立文物资源库，明确全县文物保护的脉络数量，根据实际，为文物的发展和利用建章立制、指明方向。同时，在制定城乡发展、农村建设等其他规划时，根据文物保护的需要，由规划制定单位与文物管理部门形成工作推进会商制度，使文物保护利用成为各种规划的重要基础内容。

（三）发挥龙头引领，推动持续发展。深入发掘，在加强保护的前提下，提升保护利用品质，培育开发出龙头产品。通过讲故事，实现目的地培育，形成“打造一个龙头、带出一串链条、形成一片产业”的“聚变”效应，引起社会重视，增加经济收入，反哺文物保护。例如阜平对脱贫攻坚动员令发出地——骆驼湾顾家台景区的打造，逐渐形成了住宿、餐饮、培训、体验和文创产品等多种业态的汇聚，提高了群众经济收入，提升了他们的保护意识，同时也有效增加了红色文物保护的投入，取得了多赢的效果。

（四）强化宣传推介，扩大影响效益。注重日常整理，形成宣传概念，进一步提升红色文物保护利用意识，以保护创效益，以效益促保护。把文物保护宣传作为一项经常性的活动，常抓不懈，组织单位、社区、学校等，定期到主要红色文物地参观学习，感受红色文化的精神传承；把文物保护法及相关法律法规作为普法的一项重要内容，积极开展送法进社区、进乡村、进学校、进企业活动，使文物保护法深入人心，家喻户晓，形成 “保护文物，人人有责”的良好风气，为红色文物保护工作的顺利开展打下坚实基础。

五、红色文物保护利用赋能乡村振兴的几点建议

（一）加强组织领导和顶层设计。领导重视和发展方向的确立，是红色文物保护

利用赋能乡村振兴的前提。一是成立红色文物保护委员会，作为议事协调机构，明确领导小组办公室，研究制定委员会工作规则，完善议事协调机构成员协同配合机制，定期召开委员会会议，建立统一指挥、上下联动的文物保护管理体制。二是制定工作方案，细化部门职责分工，大力实施文化赋能行动，促进文化产业融合发展、高质量发展。三是鼓励成立民间组织，吸引更多的社会有识之士为红色文物保护利用建言献策。

（二）提升全社会文物保护意识。群众参与，是红色文物保护利用赋能乡村振兴的基础。通过加强宣传教育，提高群众的文物保护意识，通过多种方式让更多的人了解文物保护的重要性和意义，使人们能够意识到文物的不可复制性特点，唤醒内心深处对红色文物的认知和保护意识，并转换为自觉行动。

（三）重视文物的人才队伍建设。人才建设，是红色文物保护利用赋能乡村振兴的源泉。必须培养一批具有文化素养、创新思维和专业技能的文化人才，突出红色理想教育，强化历史传承观念，为红色文物承载文化的传承、发展和利用提供人才保障。

（四）侧重突出宣传方向和品质。宣传工作，是红色文物保护利用赋能乡村振兴的动力。加强文物保护可以彰显人文魅力，不断提升所在地的品质形象。要加大宣传展示力度，及时公布文物保护单位和历史建筑保护名录，深入挖掘文物和历史建筑蕴含的文化内涵和时代价值，讲好历史文化故事，推动优秀传统文化创造性转化、创新性发展，充分展现历史风貌和人文魅力。

（五）着力健全有效的工作机制。机制完善，是红色文物保护利用赋能乡村振兴的有力保障。要制定和完善相关政策法规，加强对乡村文化产业的监管和管理，建立文物保护利用形成产业发展的政策支持体系，鼓励社会力量参与产业发展，为文物保护利用形成支撑乡村振兴提供制度保障。

乡村振兴是新时代赋予我们的重要时代命题，也是新形势下红色文物工作面临的重要现实课题。近年来，红色旅游热不断升温，吸引了各方游客。阜平拥有着得天独厚的自然生态优势、革命历史文化优势以及优秀传统文化优势，将充分利用优势资源，推动红色文物的合理开发与保护，加强红色旅游资源与周边自然山水、田园风光、历史文化、民俗风情的交融，以“红色＋民俗”“红色＋生态”“红色＋美丽乡村”等特色化的建设和发展模式，打造宜居宜业的红色文化生态特色村，提升旅游景点的内涵价值，赋予红色旅游景点发展的原生动力，构建特色凸显、底蕴深厚的红色旅游发展格局，加速乡村旅游升温，为乡村振兴注入内生动力。

考古方法在东北抗联革命文物领域的运用——以红石砬子抗日游击根据地遗址考古工作为例

吉林省文物考古研究所　孟庆旭；吉林省博物院　刘派

党的二十大以来，党中央高度重视革命遗址与革命文物的保护利用工作。为进一步贯彻习近平总书记关于传承弘扬伟大东北抗联精神的重要指示批示精神，2023 年 11 月，国家文物局、国家发展改革委、财政部联合颁布了《东北抗联革命文物保护利用三年行动计划（2023—2025 年）》[①]，集中体现了国家对于“东北抗联革命文物”[②]的重视。红石砬子抗日游击根据地遗址作为国内迄今为止发现的规模最大、保存最完好的东北地区抗战遗址，其考古工作是国内首次主动、科学、系统地对东北抗联遗址开展考古工作，[③] 现将其相关工作方法与成果介绍如下，以期为东北抗联遗址与抗联革命文物深入研究、展示与利用提供参考。

① 国家文物局、国家发展改革委、财政部关于印发《东北抗联革命文物保护利用三年行动计划（2023—2025 年）》的通知 .http://www.ncha.gov.cn/art/2023/12/4/art_2318_46457.html.

②《东北抗联革命文物保护利用三年行动计划（2023—2025 年）》中将东北抗联革命文物定义为 “涵盖东北抗日联军相关的各类遗址遗迹、抗联将士遗留下的各类遗物遗存，是党领导东北抗日联军斗争与发展历程的真实见证，生动诠释了抗联将士忠诚于党的坚定信念、勇赴国难的民族大义、血战到底的英雄气概，具有重要的历史价值、纪念意义和教育作用。”

③ 李宁宁，孟庆旭，李丹 . 红色考古新气象 红色血脉永传承 磐石市红石砬子遗址考古工作新探索 [N]. 中国文物报，2023 年 9 月 22 日（第七版）。

一、遗址概况

（一）遗址历史背景

九一八事变后，在中国共产党的抗日号召下，东北人民奋起反抗。1932 年，杨靖宇等中共党员建成或领导了多支抗日游击队，并以游击队为基础，组建了东北人民革命军，开辟了多个抗日根据地。其中，红石砬子抗日根据地即是杨靖宇将军在南满地区创建的第一个抗日根据地，并以此为中心，开辟了南满地区广阔的抗日游击区。1934 年后，由于敌人疯狂进攻，根据地大部队被迫转移，仅留下少年营等继续坚持武装斗争。

此后，东北人民革命军又改建为东北抗日联军，建立了东南满、吉东和北满三大抗日游击根据地，成为东北地区抗日战争的中坚力量。七七事变后，由于抗联后方密营接续遭到讨伐破坏，大片游击根据地丢失。由于斗争形势恶化，东北抗联的战略任务由独立作战转变为配合全国其他抗日战场共同抗战。1942 年后，东北抗联剩余不足 2000 人的队伍继续开展游击活动，一直坚持到抗日战争胜利。

（二）考古工作概况

红石砬子抗日游击根据地遗址位于磐石市区西侧 20 公里处、磐伊公路北侧的红石砬子山区，是目前考古调查发现规模最大、保存最完好的东北抗联遗址群。（图 1）

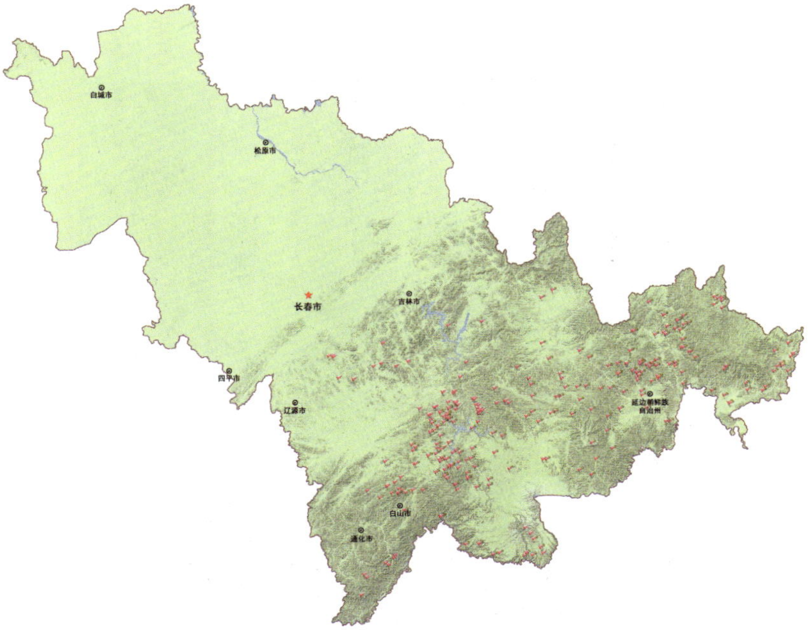

图 1 遗址地理位置图

早在 1958 年，吉林大学历史系师生就曾对该遗址进行过普查工作。1960 年，红石砬子抗日游击根据地旧址被公布为磐石县文物保护单位；2019 年被国务院列为第八批全国重点文物保护单位。2021 年至今，吉林省文物考古研究所对红石砬子遗址开展了全面考古调查与发掘工作，在红石砬子山脉南北两侧多个沟谷内发现大量抗联相关遗存，并于每年选取典型遗址点、典型遗迹进行考古发掘工作。此外，还在考古发掘期间，开展了考古现场与文物保护工作室开放参观、考古成果同步展示等系列活动，在遗址展示、保护与利用方面亦取得丰硕成果。

二、考古调查

（一）技术方法

2021 年，吉林省文物考古研究所对红石砬子遗址开展专项考古调查，调查面积约 64 平方公里。此次考古调查采用以采集遗迹信息为主的区域系统考古调查方法，调查辅助工具以奥维地图为核心，具体步骤包括划定调查区域、绘制调查线路、遗迹采集信息与数据整理分析四大部分。

首先，划定调查区域。先依据文献记载划定调查核心基点。如文献中记录桦甸市马驮子沟内有抗联密营，则调查区域划定为以马驮子沟为核心，至左右两侧山脉外侧的谷底。如果在考古调查中在两侧任一方向谷底发现相关遗迹，则调查区域再向此方向扩展一侧山脉。（图 2）

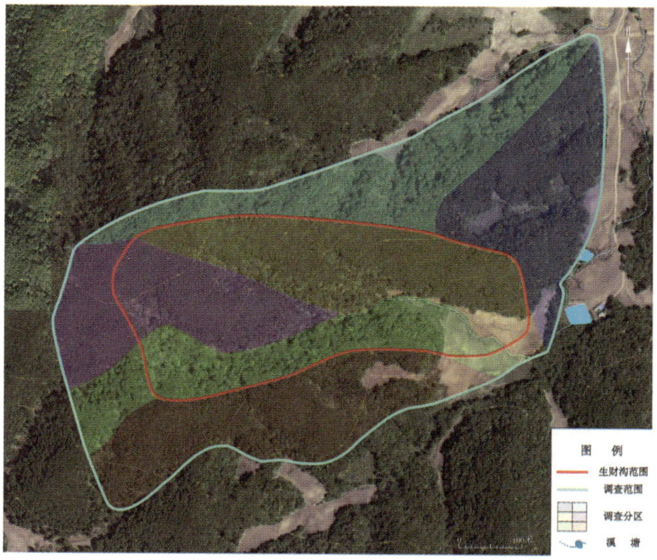

图 2　划定调查区域

第二步，绘制调查线路。单次调查区域划定后，由于受地形限制，无法采用传统区域系统调查方法使用大网格式划分小采集区。本次调查则以自然山脊和沟谷为界隔，将每个小型沟谷以沟底和沟谷之间的山脊为界划分为两个采集区。因为山林中受树木和坡度影响，视野受限，向下俯视视野会相对开阔，同时为节省体力，调查时各小组宜沿山脊线直接行进至山顶，沿山坡采用“之”字形路线往复向下至谷底踏查。国内洹河流域的调查根据当地情况分别以 10 米、20 米的高密度和 50 米、60 米间距的低密度两种方式。[①] 山林区的调查“之”字形路线之间距离则需视山坡坡度、视野等实际情况而定，总体上要做到不遗漏大的区域，不遗漏遗迹现象。（图 3）

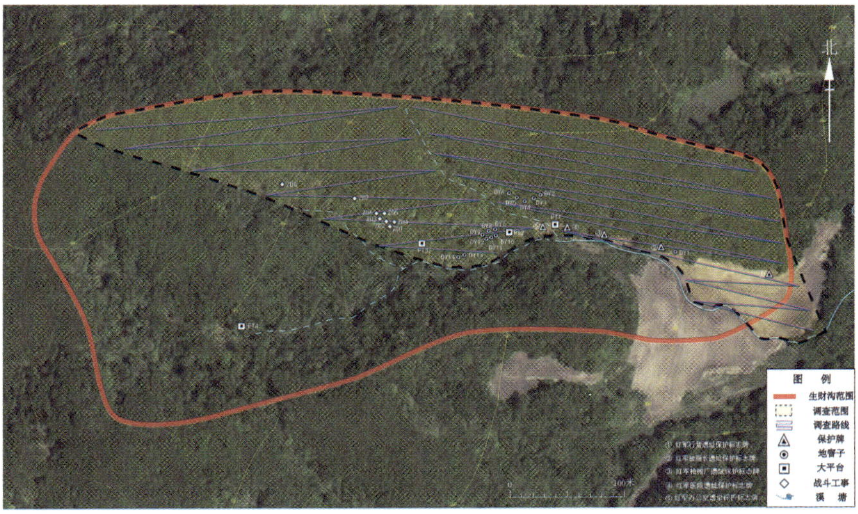

图 3　绘制调查线路

第三步，遗迹采集信息。采集遗迹信息首要工作是辨识遗迹现象，需依靠个人经验在自然环境中辨别人类活动干扰过的细微地貌。从宏观角度看，人类对于自然地貌的改变主要有增高和降低两类。东北抗联主要在东北东部山区从事抗日斗争，条件十分艰苦，不具备大规模土建的能力，抗联活动多就地取材，以土石木结构为主，木制品多已腐朽不见，因此抗联活动遗存以土石结构为主。由于抗联不具备运输土石的条件，抗联活动多就近取用土石，即在自然地貌中同时出现增高和降低两类改变，如修建地窨子时中间取土堆积在周围，形成中间低四周高的局部地貌，在自然环境中较容易辨识。这一步工作需要调查队员具备一定的田野工作经验，对于遗迹现象能够准确

① 朔知：《中国的区域系统调查方法辨析》，《中原文物》2010 年第 4 期

图 4　遗迹采集信息

辨识把控。（图 4）

最后，进行数据整理与分析。单个抗联遗址数据初步处理完成后，首先，根据不同类型遗迹的分布对遗址内功能区进行初步划分，如居住区、军事功能区等。其次，对功能区内及各功能区之间的不同类型遗迹性质进行分析，如进入居住区通道上的单个或数个地窨子、战斗工事应该是为居住区进行警戒的岗哨。再次，对遗址内不同功能区内的不同性质遗迹进行统一编号，编号完成后以单个抗联遗址为单位进行再次单独存档。最后，将调查所得的所有单个遗址数据统一，探讨分析单个遗址之间的区别与联系，形成抗联遗址遗迹信息的数据库。

此外，在调查工作过程中，原则上当天调查数据须在当天完成初步整理，单个抗联遗址调查完成后须及时完成单个遗址调查数据的整理工作。由于抗联遗址多分布于东北山区，山高林密路险，调查工作量较大，因此需要根据工作量调整好每天田野工作与室内整理工作时间，同时也需要在调查完单个遗址后留足时间对单个遗址数据进行整理，避免数据材料积压。

（二）调查收获

首先，此次调查揭示了红石砬子抗日游击根据地遗址的结构域与分区。遗址由核心区和外围区组成，核心区面积约 32 平方公里，主要分布在大红石砬子山脉的各

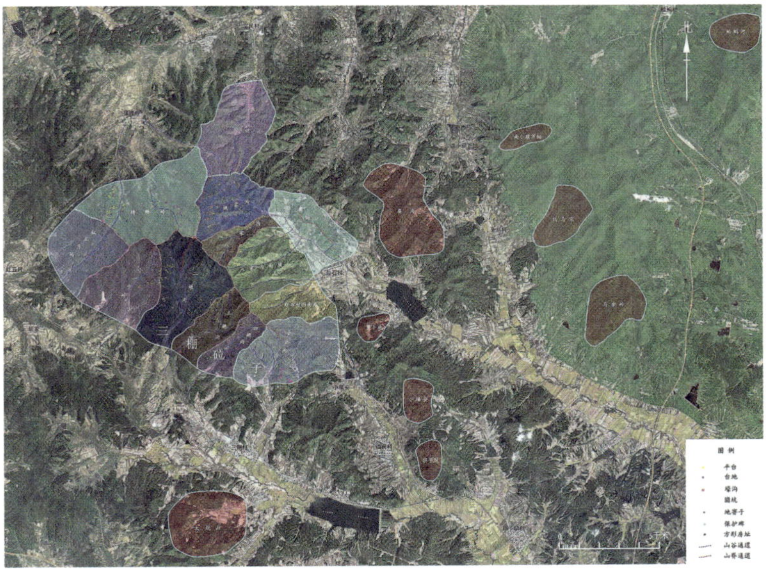

图5　红石砬子抗日游击根据地遗址抗联密营分布图

个沟谷内，包含八家沟、小姚家沟、生财沟、二趟沟等，可结合地貌特征分成较大的11个区域。外围区则主要呈团状分布在通往红石砬子抗日遗址的交通要道沿线。（图5）

其次，通过考古调查明晰了单个遗址内的功能分区问题。在大部分遗址点内可分为居住区、战斗区与转移区三部分，整体构成了较为完备的生活与军事预警系统：谷口分布岗哨进行初步预警，谷内缓坡分布居址，居址周边配有瞭望哨，进一步警戒，谷内高坡、山嘴及山脊分布岗哨和战斗平台，进行深层次防卫警戒。（图6）

图6　单个遗址内功能分区图

以红石砬子遗址考古调查为起始点，两年来，吉林省文物考古研究所陆续于省内通化、吉林等移动地区抗联遗址调查项目，并抽调文博单位年轻力量进行业务培训。调查结束后，吉林省文物考古研究所统一进行工作验收，并收录所有调查成果以便下一步建立东北抗联考古数据库。（图 7，图 8）

通化市抗联遗址调查数据统计表															
地区		方形房址	地窨子	战斗位	小平台	大平台	哨卡	战壕	挡水墙	墓葬	水源地	其他	小计	总计	面积（km²）
通化县	小鹿家沟	75	429	735	707	110	53	0	0	17	18	38	2182	8538	4
	王六沟	24	427	1169	304	16	13	3	1	37	6	99	2099		3.5
	得胜岗	5	191	436	383	9	161	1	0	2	1	66	1255		0.5
	七八九道沟	77	682	1270	711	56	40	7	2	30	10	117	3002		28
集安市	复兴村	87	38	12	6	4	4	6	2	3	1	64	227	525	32
	东岔长岗	25	68	96	13	4	9	5	0	1	0	77	298		14
柳河县	回头沟	21	457	2209	755	11	17	11	0	6	10	34	3531	6520	33
	榆树川	1	18	115	16	4	0	0	0	2	4	0	160		3
	干饭盆	6	352	683	413	2	25	0	0	7	1	11	1500		8
	大河屯东山	13	249	486	95	0	15	0	0	3	3	7	871		6
	三道河子	7	105	252	19	1	18	0	0	4	0	9	415		1
	老鹰沟	11	10	4	9	0	0	1	0	0	2	6	43		0.5
辉南县	甘饭盆	9	70	38	102	32	7	3	0	4	1	14	280	374	7.8
	石道河子	6	38	43	0	3	0	0	0	2	1	1	94		0.8
总计		361	3134	7548	3533	252	362	37	5	118	58	543	15957	15957	142.1

图 7　通化市抗联遗址调查数据统计表

吉林市抗联遗址调查数据统计				
地区	遗址名称	点位数/处	遗址核心面积/平米	备注
舒兰市	抗联十军藏粮洞密营	813	661430	
	青松林场密营	15	5149	包含人参地
	鸭架子战迹地	18	21575	
蛟河市	康大砬子密营	176	88124	
	三合项子密营	509	485614	
桦甸市	张趟子沟密营	8	13841	
	蒿子湖密营	213	887625	
	水曲柳沟密营	184	661606	
	小西南岔密营遗址	93	73293	
	北沟岔密营	424	489919	
	大楞场密营	45	55466	
	摩天岭密营	184	1663000	
	金银鳖密营	99	410000	
	金沟子抗联密营	27	58652	
	魏拯民密营	300	757481	
	错草顶子密营	95	256754	
	旗杆顶子密营	16	58941	
	放牛沟密营	376	461818	
	大东沟密营	308	2288747	
	马驮子沟密营	253	1538000	
	青眼沟密营	258	1182000	
	西对房沟密营	812	1370824	
	鸡爪顶子密营	124	846061	
	穷棒沟密营	266	1028000	
磐石市	红石砬子抗日根据地	3300	413200	
	蚂蚁河密营	25	164493	
	南小葫芦细密营	50	221526	
	北马宗密营	44	661466	
	马宗岭密营	25	424486	
	庙沟密营	177	598990	
	萝卜地	22	254826	
	小福安	33	293886	
	拐子炕	13	303208	
	大炕山	22	292667	
	葫芦头沟密营	113	722050	
伊通磐石	青顶山密营	112	703958	
合计	36个密营	9552	20418676	

图 8　吉林市抗联遗址调查数据统计表

三、考古发掘

2021 年至今，红石砬子抗日游击根据地遗址已先后于八家沟、小姚家沟、二趟沟及石人沟 4 个地点进行考古发掘工作，根据发掘情况，可将遗迹大体分为 4 类：以地窨子为主的岗哨性质遗存、以带火炕房址为主的居址性质遗存、以平台为主的战斗工事性质遗存及以台地为主的营训性质遗存。

（一）八家沟地点

2019 年，红石砬子抗日根据地八家沟遗址被国务院列为第八批全国重点文物保护单位。为配合遗址保护展示工程，2021 年吉林省文物考古研究所对八家沟遗址内部分抗联遗迹进行了考古发掘，共清理出密营房址 7 座、灶址 3 个、灰坑 1 个、防御墙 1 条。（图 9）

图 9　八家沟地点出土遗迹

此次发掘出土遗物以铁器、铜器、瓷器为主，种类包括九一式手榴弹、三八式步枪残件、汉阳造步枪残件、苏式雷明顿子弹、吉林机器制造局生产的老式栓动步枪子弹壳、瓷碗、陶盆、铁锅、毛笔、烟嘴、玻璃瓶、医用镊子、掌钉、纽扣、伪满洲国五角钱币等共计 243 件。基本确认八家沟地点具备后勤、行政等功能，与文献资料记载的红军医院、磐石中心县委等机构相符。（图 10）

图 10　八家沟地点出土遗物

（二）小姚家沟地点

为进一步明晰红石砬子抗日游击根据地单个遗址点内不同类型遗迹的分布及功能，2022—2023 年，在 2021 年系统考古调查成果的基础上，选取了遗址群内小姚家沟遗址点进行考古发掘，发掘面积 1000 平方米。遗迹主要为地窨子 4 个、石砌火炕房址 5 座及大型室外平台 1 个。（图 11）

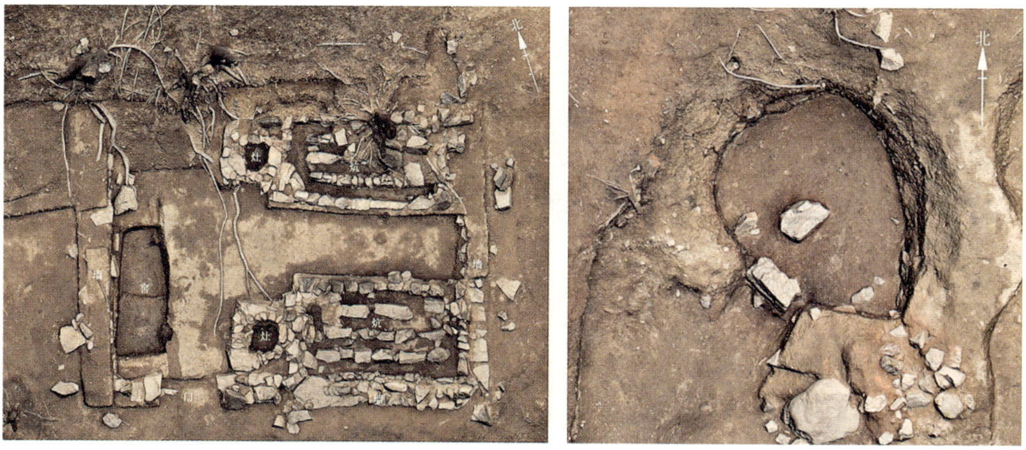

图 11　小姚家沟地点出土遗迹

出土遗物以农具，生活用具和武器为主，两年度共计出土各类遗物 600 余件，包括武器（各式子弹、枪械零部件及铁刀、扎枪等冷兵器）；农业生产工具（铁铧、铁铲、铁锄、铁镰等）；日用生产工具（铁锯、铁斧等）及日常生活用具（铁锅、菜刀、瓷碗碟等）。展示出红石砬子抗日游击根据地遗址集军事斗争、生产与生活一体化的根据地性质。（图 12）

图 12　小姚家沟地点出土遗物

（三）石人沟地点

2023 年，为进一步明确红石砬子抗日根据地的整体建设情况，选择遗址群内分属不同区域的 2 处遗址点石人沟与二趟沟进行考古发掘工作。其中石人沟地点发掘面积 330 平方米，共清理出未修建完成的大型房址两座，其中一座房址内还见有处于修建状态的火炕基础。遗址共出土遗物 42 件，以生产工具和生活用器为主。石人沟地点的考古发掘工作在反映了抗联房址的修建程序的同时，也向我们展示了红石砬子抗日游击根据地的建设发展情况。（图 13）

图 13　石人沟地点出土遗迹

（四）二趟沟地点

2023 年选取二趟沟地点进行考古发掘的主要目的是为了解决红石砬子山脉南侧主沟谷内部分遗存的性质、年代和形制问题。二趟沟地点发掘面积共 970 平方米，清理地窨子 3 个，房址 1 座。出土陶、铁、铜、瓷、琉璃等质地遗物 102 件，主要以武器、生产工具及生活用器为主，遗物集中出土于房址内部。二趟沟地点出土遗迹显示了其在建状态，且从房址规模上看，二趟沟地点在根据地内应该具有较为重要的地位。（图 14）

图 14　二趟沟地点出土遗迹

通过石人沟沟口、二趟沟的考古发掘工作，展现了红石砬子抗日根据地建设的曲折历程，虽正处于发展壮大过程中，却由于日军侵袭日益严重，根据地建设被迫放弃并转移。

四、保护与展示

（一）文物保护工作

2023 年 9 月，吉林省文物考古研究所与磐石市博物馆共建了红石砬子遗址考古工作站，设置文物保护工作室。现阶段考古工作站主要承担遗址出土金属器的保护与检测工作，后续则计划加强有机质文物的保护工作。为了更好地进行公众考古宣传，工作站设计为半开放状态，参观者可通过玻璃窗看到考古人员的工作场景，极大地拉近了公众与文物保护工作的距离。（图 15）

图 15　半开放式考古工作站

（二）展示宣传工作

1. 建设开放考古工地。以小姚家沟地点为中心，建立了相对完善的展示参观系统，修建展示步道与标识指示系统，为公众在提供线路指引的基础上进一步展现遗址承载的历史文化信息。此外，还引入 MR 虚拟成像系统，在对遗址本体进行全面数字化采集的基础上，结合民俗资料与口述史等，对部分遗迹进行三维建模复原，将虚拟影像叠加于实际场景上，在佩戴专用设备后可在原址进行实时互动，真实再现抗联战士的生活场景。（图 16）

图 16　展示步道与标识指示系统

2. 制作考古收获展览。2022 年，举办了“黑土地 · 红石魂——吉林省磐石市红石砬子抗日根据地的创建与风云历程”考古巡回展，展览于 2022 年 8 月在磐石开展至今，已于延安革命纪念馆、伪满皇宫博物院、白城市博物馆、四平市博物馆等多家省、市级博物馆进行巡回展出，并与中国军事革命博物馆等多家文博机构达成合作意向。通过流动展更好地发挥了考古工作的时效性，将考古成果“走出去”，以一种更有魄力的方式加强了考古与公众之间的联系。（图 17）

图 17　黑土地 · 红石魂考古收获展览

3. 通过学术加强影响。引导考古团队成员撰写红石砬子抗日根据地遗址相关的研究性文章，积极参加相关学术论坛与学术会议，扩大红石砬子考古工作的学术影响力。此外，还在学术刊物开辟专栏，刊发考古简报和相关研究性文章，及时公布考古工作收获。

4. 借助媒体进行宣传。红石砬子抗日游击根据地遗址在考古调查与发掘期间与媒体积极合作，以便更加直观、细致地向公众介绍红石砬子抗日游击根据地遗址的最新考古发掘情况。如央视新闻频道“朝闻天下”、国防军事频道“正午国防军事”、科教频道“探索与发现”都曾对遗址进行专题报道；此外，人民日报、光明日报等报刊媒体也对红石砬子遗址进行专题报道，并吸引众多媒体进行转载。（图 18）

图 18　媒体专题报道

五、结语

红石砬子抗日游击根据地遗址及其考古出土的抗联革命文物承载着伟大的东北抗联精神和优良的革命传统，是东北地区红色历史的见证。对该遗址的考古调查、发掘、保护与展示工作既是贯彻落实国家对东北抗联革命文物保护利用的需要，更是弘扬优秀革命传统、增强红色文化影响力的需要。对红石砬子抗日游击根据地遗址进行考古工作的相关方法，是东北抗联遗址与抗联革命文物深入研究、展示与利用的重要参考案例。

铸盾以护创新作为
革命文物焕发新彩

重庆市南岸区文化和旅游发展委员会　雷旺

2021 年，在中国共产党成立 100 周年及王朴烈士诞辰 100 周年之际，重庆市将王朴烈士旧居修缮及对外开放项目纳入革命文物保护利用重点工程。南岸区人民政府高度重视，迅速行动，科学分工，创新作为，由南山街道负责完成王朴烈士旧居使用权回收，国有平台公司南山建设发展有限公司负责完成文物建筑修缮及周边环境整治，区检察院负责完成相关法律支持服务，区文旅委完成技术指导和日常进度督导，旧居保护利用项目依法依规、高质高效，4 月启动，11 月底正式对外开放，是各职能部门通力合作打造革命文物保护盾，尽职履责重塑革命文物新风貌的成果。

一、深入调研　开展革命文物追根溯源

对王朴烈士旧居的调研考证工作依托专业团队，双线推进，一是红岩专家溯源烈士事迹。重庆红岩联线组建专家团队，通过查证相关史实资料，走访王朴烈士亲属后代、周边群众等，深入考证王朴烈士生平及其在重庆开展革命活动的事迹史料。经考证，王朴原名王兰骏，1921 年出生于四川省江北县悦来乡双河村（现重庆市渝北区仙桃街道），1946 年加入中国共产党后，主要在江北县活动。1948 年 4 月被捕，先后关押于渣滓洞和白公馆看守所，1949 年 10 月 28 日在大坪英勇就义。此处旧居是王朴烈士青少年时期生活和学习的重要场所，也是当时革命活动的重要据点之一。

二是建筑专家考证旧居实景。王朴烈士旧居位于南岸黄桷垭老厂仰天窝，地属较为偏远的乡村，修建于民国时期，是一座白墙灰瓦的围合式院落，砖石木土混合结构建筑，因常年闲置，其夯土墙、屋顶等出现较为严峻的险情，南山建设发展有限公司委派优秀工程师组成项目专班，实地勘探测量，测得旧居总占地面积 696.61 平方米，总建筑面积 871.52 平方米，掌握了王朴烈士旧居建筑本体及周边环境第一手资料数据。

二、集中发力　回收使用权到岗到责

受各种历史原因影响，王朴烈士旧居所在地块性质为集体土地，使用权分散于 8 户村民家庭，为了迅速启动保护性修缮，土地使用权回收迫在眉睫，区政府高度重视。一是专题推动落实责任，召集相关部门现场办公，提出“村组收回宅基地产权，政府租赁使用权，考虑给予适当补偿”的解决方案，明确到南山街道，明确到责任人，明确时限，迅速行动。二是职能部门高效协同，南山街道牵头，与区检察院、区住建委、区规自局保持紧密联系与合作，制定方案，反复与 8 户村民，村民所在小组沟通协商，于 2021 年 7 月中旬以农村集体土地租赁的形式，区政府租赁王朴烈士旧居 1.29 亩（860 平方米）土地，租赁期为 30 年，一次性向 8 户村民支付 25 万元包干费用，成功收回该处文物使用权。

三、多措并举　保障文物修缮真实完整

最小干预是礼遇文物的匠心，王朴烈士旧居修缮工程秉承“原材料、原工艺、原形制、原做法”的文物修缮原则，一是注重过程管理，重庆市文物局、南岸区委、区政府高度重视旧居修缮过程，多次到现场调研视察，同时派驻区文物管理所工作人员常驻工地，保持与文物专家和施工单位充分沟通，保障文物修缮工程顺利进行；二是克服自然环境影响，搭建覆盖整座院落的钢化大棚，克服夏季高温、暴雨、道路不畅等客观困难，保障开工和建设；三是坚持原址专业发掘，由专业团队在原址地基上进行专业发掘，保证减少修缮过程中对原基础形质的影响；四是传统建筑引入现代工艺，采用原址相同成分的黄土作为原材料开展传统夯土墙做法，结合现代科学手段加快夯土墙的风干效率，不但在规定时间内完成夯土墙的修筑，也确保墙体防抗震安全；五是尊重历史复原文物，通过向王朴烈士亲属和原 8 户村民反复求证，在朝门修复、木作制作等过程中，1：1 还原了相关构建的原形制和历史风貌环境。

工程历经 6 个月，文物本体得到维修加固，周边环境得到整治美化，通向旧居的

坡地公路一并完成修建，王朴烈士旧居恢复了历史面貌。

四、创新表达　突出红色文化主题主旨

在推进修缮工程的同时，重庆红岩联线的专业团队充分挖掘研究王朴烈士旧居的红色内涵，完成大纲文本编制和陈列布展，一是创新红色文化表达，以 86 件历史实物及图文、雕塑、声光电设备，以复原和辅助陈列相结合的展陈方式，呈现图片、图表、多媒体、二维码故事、艺术创作、实物等展览要素，生动复原了“光荣的儿子 伟大的母亲——王朴烈士和母亲金永华”，舍生赴国难的伟大壮举，并编印了陈列馆纪念图册《丹心同筑》，为阐明旧居历史价值，发挥革命文物教育功能奠定了重要基础。二是创新运营管理，因地制宜，由重庆抗战博物馆负责日常管理和运营，将南山片区红色遗址串联起来，扩大红色文化地域影响范围。三是创新红色文化传承，王朴烈士旧居开放以来，充分发掘红色文化在新时代的价值内涵，开展党的十九届六中全会精神走进王朴烈士旧居微宣讲等主题教育和政务接待 81 场次，接待市内外参观学习者 10399 人次；特邀王朴烈士曾孙王子豪为“文博小馆”宣讲员，以更新颖、更贴近的方式传扬革命精神。

王朴烈士旧居自开放以来，先后被授牌为南岸区爱国主义教育基地、首批区级清廉文化建设试点示范单位、南岸区家庭教育创新实践基地等。旧居能够迅速修复，是重庆市和南岸区高度重视、部门充分配合、使用权创新回收、资金迅速到位、施工有序推进形成合力的结果。

新时代新征程，南岸区将继续坚持在保护中创新、在创新中发展的革命文物工作理念，一是继续深化对革命文物的研究阐释，与高等院校、革命博物馆纪念馆等单位加强学术研究、人才培养和跨学科合作；开展实物、文献、口述史征集和走访革命前辈、烈士遗属、专家学者等形式，深入挖掘和阐释革命文物在新时代的教育意义。二是积极推进对革命文物的活化利用，从主题活动、交流共建、研学培训、馆校合作、宣传推广等方面探索活化利用的新方式、新路径；整合王朴烈士旧居、《挺进报》旧址、周均时墓、王天行烈士纪念碑等革命文物资源，打造一条从南滨路文化产业园到大南山片区的党史学习教育研学线路，让革命文物“串”起来、“动”起来、“活”起来，推动红色资源游、学、研融合发展走深走实，让记载中国革命伟大历程和感人故事的红色基因代代传承，永续热血。

整体保护蒙藏学校旧址
打造首都红色文化新地标

北京市文物局　刘洪昌

红色是中国共产党、中华人民共和国最鲜亮的底色。党的十八大以来，习近平总书记多次瞻仰对我们党具有重大历史意义的革命圣地、红色旧址、革命历史纪念场所，深情指出革命文物承载党和人民英勇奋斗的光荣历史，记载中国革命的伟大历程和感人事迹，是党和国家的宝贵财富，强调切实把革命文物保护好、管理好、运用好，激发广大干部群众的精神力量，信心百倍为全面建设社会主义现代化国家、实现中华民族伟大复兴中国梦而奋斗。

北京市始终牢记总书记的殷殷嘱托，认真贯彻落实习近平总书记关于革命文物工作的重要论述和指示批示精神，坚持以首善标准做好革命文物保护传承利用工作，推动红色基因传承、红色血脉赓续、红色文化弘扬。自 2019 年以来，北京市以新中国成立 70 周年、抗战胜利 75 周年、中国共产党成立 100 周年、党的二十大胜利召开等为契机，立足北京地区恢宏的革命历史和丰富的红色文化资源，高质量完成卢沟桥、双清别墅、北京大学红楼等一批革命文物修缮，成功筹建香山革命纪念馆、中国共产党早期北京革命活动纪念馆，隆重举行纪念抗战胜利敬献花篮仪式，精心规划形成了建党、抗日战争、新中国成立三大红色文化主题片区。革命文物资源和红色文化在党和国家系列重大庆祝和纪念活动中、在党史学习教育中、在学习宣传贯彻党的二十大精神中，发挥了显著作用，产生了广泛社会影响和良好社会效益。近年来，习近平总书记每到一处，都要参观当地的革命旧址，缅怀革命先烈，感受红色事迹。特别是2019年、2020年、2021年，先后视察香山革命纪念馆、中国人民抗日战争纪念馆、北京大学红楼，为我们保护好、管理好、运用好革命文物资源，把红色基因继承下去、发扬光大，以昂扬姿态奋进全面建设社会主义现代化国家新征程提供了根本遵循。

以国立蒙藏学校旧址为例，这里是中国共产党第一个少数民族党支部成立的摇篮，是中国共产党早期北京革命活动旧址的重要组成部分。2021年，北京市以实际行动向党的二十大献礼，在国家文物局的全方位、高水平的专业指导下，组织实施了蒙藏学校旧址的腾退拆违、保护修缮、环境整治、展陈布设。这座有着600余年历史变迁的全国重点文物保护单位以中国共产党早期革命活动纪念地、“中华民族共同体体验馆”的全新面貌于2023年3月28日正式向社会开放，成为继北京大学红楼后又一个央地联动打造的文物保护利用的示范项目和贯彻落实新时代文物工作要求的典范。

一、高层次协调推进保护利用，以央地协同建立革命文物保护利用新机制

蒙藏学校旧址是李大钊、邓中夏等革命先驱传播马克思主义的重要场所，是中国共产党成立初期在少数民族中开展革命活动和民族工作的重要阵地，是第一个由少数民族党员组成的党支部诞生地，在党的早期革命史和民族工作史上具有重要地位，具有很高的历史价值。北京市认真学习贯彻习近平总书记关于加强和改进民族工作和文物工作的重要论述，在北大红楼与中国共产党早期北京革命活动旧址保护传承利用领导小组架构下，推动成立由国家民委、国家文物局、北京市有关部门共同组成的工作领导小组，明确旧址保护利用整体工作在中宣部、国家民委、国家文物局指导下，由市委宣传部具体牵头，市文物局、西城区等有关部门持续推进。国家民委、北京市人民政府签署《关于国立蒙藏学校旧址保护利用合作协议》，提出将国立蒙藏学校旧址打造为“中国共产党早期革命活动纪念地，中华民族共同体体验馆，落实首都功能核心区规划的示范项目”的工作目标。其后，在中办、中宣部、中央党史和文献研究院、国家文物局等中央有关部门的大力支持指导下，我市会同国家民委全力推进并高质量完成蒙藏学校旧址整体修缮，策划推出党的民族政策成就主题展和蒙藏学校旧址专题展，精心打造中华民族共同体体验馆，圆满实现旧址以全国首个中华民族共同体体验馆的全新面貌向社会开放，成为继中国共产党早期北京革命活动纪念馆之后，又一个

产权不变、属地建设和使用的央地合作打造文物活化利用典范。

二、高质量完成旧址文物保护，以“本环”一体推动革命文物保护利用新方式

在文物本体保护方面，针对文物建筑病害，北京市文物局在国家文物局的指导下，组织参建各方坚持系统研究，全面梳理旧址发展历史，大量查阅历史照片、图纸和档案，考证旧址原形制、原工艺和历史原貌，对文物建筑残损程度进行勘察评估，科学编制技术方案，确保修缮工作有史可查、有据可依；坚持最小干预原则，对修缮部位在反复论证、对比试验的基础上遵循原工艺原做法有序实施，做到修缮细节有理有据；加强全过程质量监督和施工指导，推进修缮工程高质量完成；同步组织开展安全防范系统工程、防雷工程、消防工程，提升文物建筑防范水平。经过 10 个月的施工，包括东、西两路共 30 个文物殿座的台基、墙体、木结构、屋面、地面、油饰等，全部恢复到国立蒙藏学校历史原貌。

在周边环境风貌整治方面，按照“腾退一处文物，突出一个主题，搞活一个街区”的工作思路，指导推进非文物建筑整治织补、传统院落空间恢复、部分建筑降层改造，最大程度恢复旧址院落整体风貌。结合西单商圈环境，充分考虑蒙藏学校旧址与西单北大街城市界面衔接，对周边 4 条道路和沿街立面进行优化提升，梳理人车流线、景观绿化，降低南侧小石虎胡同的标高，增加沿街建筑的通透性，适度引入人流，体现书香气、生活气和商业氛围，形成新旧有机融合、具有活力的公共空间。同时，利用非文物建筑适度引入业态，助力传统文化与现代商圈有机融合，积极打造首都文化新地标。

三、高标准开展旧址展陈布设，以“展览＋体验”融合展示方式探索纪念馆发展新模式

根据旧址在党的早期革命史和民族工作史上的重要地位，结合旧址地理区位和空间实际，我们科学规划展陈布局，采取“动静”结合的方式推进展陈布设，西院举办以“静”为主的主题展与专题展，东院则设置以“动”为主的中华民族优秀文化体验区，形成主题展、专题展、体验区三位一体、内容丰富、“动静”深度融合的空间利用格局，成为党的民族工作成就和中华优秀传统文化宣传和体验平台。

西院举办“中华一脉 同心筑梦——中国共产党民族工作光辉历程和伟大成就主

题展”和“蒙藏学校旧址专题展”。主题展陈分为“共同缔造新中国”“团结建设新社会”“携手奋斗繁荣路”“同心奋进新时代”4个部分，重点展示百年来中国共产党将马克思主义民族理论与中国具体实际相结合的生动实践，以及新时代民族工作取得的历史性成就。专题展陈重点展示李大钊等党的早期领导人在这里领导少数民族进步青年走上革命道路、播散革命火种的光辉历史。

东院围绕“铸牢中华民族共同体意识”，打造中华优秀传统文化互动体验空间，分设中华民族交往交流交融史、中华家园、中华服饰、中华工艺美术、中华文学、中华医药、中华音乐和中华舞蹈等体验空间，定期选取不同地区不同民族的文化项目予以展示。通过沉浸式、互动体验项目，展示中华民族交往交流交融的历史画卷，呈现一个充满生机与活力的中华民族共有精神家园，让更多观众在了解不同民族的独特文化中感受中华文化的绚丽多彩和博大精深，进一步增强观众铸牢中华民族共同体意识的自觉性、主动性、坚定性，增强各族人民对伟大祖国、中华民族、中华文化、中国共产党、中国特色社会主义的认同。

四、高水平做好管理运营，以部门协同创新革命文物管理运营新体制

为高水平做好蒙藏学校旧址管理运营工作，结合旧址实际，推动建立央地合作、市级统筹、部门协同的管理运营体制。北京市委宣传部统筹指导，在中共早期北京革命活动纪念馆内增设“蒙藏学校旧址管理办公室”，对旧址（含西院和东院）实行统一管理，做好与旧址相关的文物保护、历史研究、宣传展示和运营管理等工作。产权单位国家民委有关部门和单位负责对旧址管理运营工作给予业务指导，并做好东院中华民族优秀文化体验区项目内容组织和审核把关工作。西城区负责做好织补空间规划使用和周边环境整治提升工作，落实中央要求，统筹规划公共服务、商业经营项目内容，确保周边环境庄严肃穆、秩序井然，做好属地各项服务保障工作。

五、高频率实施活动策划，以多种主题活动丰富革命文化传播新途径

自正式对社会开放以来，运营各方充分发挥红色革命旧址资源优势，依靠党的民族工作光辉历程和伟大成就主题展览和中华民族优秀文化体验区，持续探索“革命旧址+红色展览+非遗体验”的发展新思路。不断优化观众参观体验、持续提升服务水平，在做好西院主题展和专题展的基础上，通过不断优化东院中华民族优秀文化体验区内活动组织并策划开展社教讲解、主题宣讲、文化展演等丰富多彩的活动，展示马克思

主义在少数民族中的传播历程、中国共产党成立百年以来民族工作的光辉历程和取得的伟大成就，铸牢中华民族共同体意识，得到了社会各界的广泛认可。自开馆以来，新疆维吾尔自治区、云南省、山东省和内蒙古自治区等地展演项目相继举办，燕京八绝、天津杨柳青年画等中华优秀传统文化体验项目相继推出；“京”彩文化 青春绽放——“觉醒年代”研学行 打卡北大红楼与中国共产党早期北京革命活动旧址等系列主题活动陆续开展。在 2023 年“双节”假期，蒙藏学校旧址（中华民族共同体体验馆）迎来了新一轮的参观热潮，假期期间每日参观人数达 2000 人次，自 2023 年 3 月 29 日面向公众开放以来，累计参观人数突破 20 万人次，为繁华的西单商圈增添了一处首都群众体验中华优秀传统文化、接受爱国主义教育的红色文化“新地标”。

鉴往知来，不忘初心。北京作为世界著名古都和历史文化名城，将紧紧围绕党中央赋予北京的全国文化中心的城市战略定位，坚持以社会主义先进文化为引领，以革命文化为底色，以中华优秀传统文化为纽带，扎实做好蒙藏学校旧址的整体保护利用，深度打造三大红色文化主题片区，助力遗产价值发掘与活化利用不断取得新成就。

讲好红色故事　弘扬沂蒙精神——以山东常山庄村革命文物保护利用工作为例

山东省临沂市文化和旅游局　钟呈春

临沂作为全国著名的革命老区，是沂蒙精神的主要发源地，有着光荣的革命传统。革命战争年代，我党我军先后在此创建滨海、鲁中、鲁南革命根据地，成立了全国第一个中国共产党执政的省级人民政权。八路军 115 师司令部、新四军军部、华东野战军总部及华东、山东党政机关曾驻扎在这里，刘少奇、陈毅、罗荣桓、徐向前、粟裕等老一辈无产阶级革命家都曾经在这里战斗工作过。当时根据地 420 万人，120 万人拥军支前，21 万人参军参战，10 万多名烈士英勇牺牲，涌现了沂蒙红嫂、沂蒙母亲、沂蒙六姐妹等一批英雄群体，铸就了“党群同心、军民情深，水乳交融、生死与共”的沂蒙精神。2013 年 11 月，习近平总书记视察山东及临沂时指出，沂蒙精神与延安精神、井冈山精神、西柏坡精神一样，是党和国家的宝贵精神财富，要不断结合新的时代条件发扬光大。近年来，临沂市牢记总书记嘱托，将沂蒙精神作为沂蒙大地的魂、革命文物作为老区记忆的根，按照“有址可寻、有物可看、有史可讲”原则，秉承立法与监管并重、保护与利用兼顾、教育与传承结合，推动革命文物焕发时代光彩。

曾经一曲《沂蒙颂》唱响大江南北，沂蒙红嫂的感人故事因此家喻户晓、妇孺皆知。地处“红嫂家乡”沂南县的常山庄村，位于沂蒙山区腹地，曾是中国共产党领导开展山东抗战活动的中心区域，周边村庄涌现了入选“100 位为新中国成立作出突出贡献的英雄模范人物”、乳汁救伤员的“沂蒙红嫂”明德英，创办战时托儿所的“沂蒙母亲”王换于，以及用肩膀架起火线桥的“沂蒙大姐”李桂芳等先模人物。常山庄村革命文物保护利用案例，是临沂市讲好红色故事，弘扬沂蒙精神的缩影。

一、依托革命纪念场馆讲好红色故事

常山庄始建于明洪武年间，村中一条主街长达 2 公里，主街两侧基本上是清末至解放初建立的民宅，清一色的当地石墙、石屋、石街，保留着 20 世纪二三十年代的山村风貌，名列第 3 批中国传统村落，并入选 2015 年“中国十大最美乡村”。按照修旧如旧、保护性开发的原则，当地将常山庄古村落的群众进行集中安置，保留老村原汁原味的传统风貌，用于做好革命文物和红色文化资源的保护利用。位于常山庄内的山东省青代会会址是省级文物保护单位，经过深入研究挖掘青代会红色资源，编制了《常山庄山东省青代会会址抢救性保护方案》，对周围院落进行了保护性修缮和功能更新，开辟为山东省第二次青代会展馆。聚焦沂蒙红嫂事迹，依托闲置院落设立了中国红嫂革命纪念馆，用 24 个展室来讲述“沂蒙红嫂”明德英、“沂蒙母亲”王换于、“沂蒙大姐”李桂芳、“爱国拥军好妈妈”胡玉萍等光荣事迹，同时建成人民子弟兵将帅纪念馆、跟着共产党走展馆、山东省战邮纪念馆，被中央党校、山东省委组织部等 100 多个部门和单位确立为党性教育基地，每年前来接受教育的党员干部 10 万多人。

为进一步挖掘整合全市红色文化资源，临沂在全市范围内组织开展了革命文物普查，建立革命文物资源数据库，分级分类纳入保护名录。目前，全市有革命遗址 318 处，县级以上革命文物保护单位 166 处（其中国家级 3 处、省级 41 处）；不可移动革命文物名录 182 处（其中省级 142 处）。先后公布两批市级抗战遗址 201 处、三批红色堡垒村（镇）131 处。沂南、沂水等 9 县全部列入国家革命文物保护利用片区。近年来，临沂市争取上级资金 2000 余万元，地方政府多渠道融资 2900 余万元，对这些革命旧址、抗战遗址等进行了本体保护修缮。依托这些革命旧址、红色资源建设提升了一批革命场馆，策划推出了一批精品展览展陈，锻炼培养了一支优秀讲解员队伍。其中，“红色基因薪火相承”革命文物展和“跟着共产党走”沂蒙精神革命文物展等精品展陈入选中宣部、国家文物局推介名单。讲解员李聪、高天天、李晓同志被评为全国红色旅游五好讲解员，纪洲丽、高天天同志被中宣部授予“金牌讲解员”称号。同时，积极推动建立革命场馆与高校协同研究机制，临沂大学、华东野战军总部旧址暨新四军军部旧址纪念馆积极创建国家革命文物协同研究中心。临沂市博物馆、沂蒙革命纪念馆等加入山东革命场馆与高校融合发展联盟。临沂先后在全国革命文物与新时代高校思想政治工作融合发展论坛、全省文物工作会议上作交流发言；先后承办了 2021 年山东省革命文物工作会议、2022 年山东省“红色文化主题月”启动仪式等革命文物专题会议和红色主题活动。

二、发展红色研学旅游拉长产业链条

常山庄顺应形势需要，大力发展红色研学旅游，注重青少年红色教育，将纳军鞋、唱红歌、烙支前煎饼等 20 多种红色元素融入研学旅游，为青少年学生和游客提供互动式体验。在中国红色文化研究会的指导下，编制了《中国梦，红嫂情》研学教材，涵盖小学、初中、高中、成教 4 个层面的研学课程；创新开展“六个一”实践教育，即吃一顿支前餐，唱一首红色歌曲，听一场红色报告，看一场红色电影，演一次红色实景剧，写一段心灵感悟，增强红色研学教育的表现力、传播力、影响力。2017 年被评为“中国研学旅行教育实践示范基地”，2018 年被授予“全国中小学生研学实践教育基地”。

近年来，临沂把革命文物作为独特的教育资源，先后颁布实施了以红色文化资源保护传承为主题的地方性法规《临沂市红色文化保护与传承条例》、政府规章《临沂市红色旅游促进办法》，并建设了“红色沂蒙”智慧平台，出台红色研学专项奖励政策。坚持以红带绿、红绿融合，打造了沂蒙红嫂家乡旅游区、“沂蒙颂”红色文旅体验综合体、大青山突围体验路线等重点项目。2023 年，围绕“红绿蓝古今”旅游体系建设，重点优化提升 5 条红色旅游精品线路及沿线 16 家红色景区，沿线环境不断改善，旅游功能显著提升。临沂市被评为“全国红色旅游重点城市”“中国红色研学旅行目的地城市”。“沂蒙红色基因传承‘1+1+N’项目”荣获第四届山东省文化创新奖。2022 年 12 月，临沂市被文化和旅游部列入“全国红色旅游融合发展试点单位”，是全国 10 家试点单位中唯一的地级市。

三、推出红色演艺项目诠释沂蒙精神

常山庄充分尊重原有生态环境条件，利用革命前辈和百姓当年居住的古院落，还原 20 世纪 40 年代初的场景，打造沉浸式小院演出，一个小院、一场演出、一个故事，进一步丰富了红色旅游的形式和内容。近年来，策划推出了《民兵连》《妇救会》《识字班》《跟着共产党走》等 10 余台红色小戏小剧，深情质朴、生动感人。截至目前，小院演出已达500多场，接待观众5万余人次，广受好评，常山庄经验做法在全省推广。2022年，“深挖红色文化资源、推动文旅深度融合，沂南县沉浸式演艺讲述红色故事”入选全国公共文化服务高质量发展典型案例。近两年，全市创作推出群众性小戏小剧260余部，涌现出《第一碗饺子》《河湾情》《两代人的小康路》等一批有温度、接地气、深受群众喜爱的优秀作品。临沂市先后有8部作品在全省小戏小剧评选、擂台活动中获奖。2023年7月，山东省乡村文化振兴暨红色基因传承工程小戏小剧群众演群众看工作现场推进会在临沂召开。

常山庄积极探索街头演艺体验项目，使“静态”的历史记忆成为“动态”的现实场景，进一步提升红色旅游的体验感。2023年“五一”“十一”期间，红嫂家乡旅游区分别推出沉浸式影视体验项目《跟着团长打县城》、行进互动式演艺节目《临沂往事》，游客不再是普通的看客，而是参与其中扮演八路军战士、民兵、运输队员等角色，身临其境感受战争场面，这种形式让人感到既新鲜又有趣，备受游客喜爱。同时，常山庄还深入挖掘红色故事内涵，利用舞台艺术形式诠释展现沂蒙精神。积极寻求与上海戏剧学院合作，引进山东省泰山产业领军人才韩生教授团队，推出国内首个沉浸式红色文献史诗情景剧《沂蒙四季·红嫂》，向游客讲好红嫂故事。近年来，临沂市围绕宣传弘扬沂蒙精神，先后推出《沂蒙情》《沂蒙山》《燕翼堂》等红色文艺作品120余部。《沂蒙山》《燕翼堂》获中宣部“五个一工程奖”；《沂蒙山》《沂蒙情》荣获文华奖；《沂蒙那段情》荣获第十九届群星奖。

四、活化红色文化资源赋能乡村振兴

常山庄依托沂蒙红色影视基地，承接400多部影视剧拍摄，电影《斗牛》《铁道飞虎》、电视剧《红高粱》《沂蒙》《战神》《永不磨灭的番号》等均取景于常山庄。全村设置60多处商品售卖摊位和20多家商店、网店，村民土地入股当社员、景区务工当职员、穿上戏服当演员、售卖产品当店员，将自家生产的蔬菜、瓜果、大煎饼、大碗茶、草编就地转化成旅游消费品，拉长红色产业链条，成为当地农民增收致富的好渠道。常山庄红嫂家乡旅游区“讲好红嫂故事，赋能乡村振兴”入选《全国革命文物保护利用案例集》。“沂南讲好红色故事弘扬沂蒙精神，红色旅游助推沂蒙老区脱贫”入选全国红色旅游发展典型案例。

临沂立足红色文化资源和革命文物，做好“红色+”文章，先后推出沂蒙红嫂、沂蒙六姐妹、孟良崮等500多种“沂蒙系列”品牌产品，同时加强红色文创产品开发，赋能“山东手造、产自临沂”，带动相关产业发展。常山庄、朱村等15个村被评为山东省红色文化特色村。蒙阴县垛庄镇、莒南县大店镇充分发挥红色资源优势，分别将孟良崮、省政府旧址等红色元素融入城镇建设，精心打造乡村振兴红色赋能品牌。2023年6月，央视《对话》栏目在沂水县西墙峪村举办五级书记话乡村振兴活动，共同研讨临沂红色旅游助力乡村振兴经验做法。

守护好革命文物，传承好革命精神，使命光荣，任重道远。临沂市将继续以宣传弘扬沂蒙精神为己任，深入实施革命文物保护利用工程，切实把革命文物保护好、管理好、运用好，推动新时期革命文物保护利用工作再上新台阶，讲好沂蒙故事，传承红色基因，展现沂蒙老区新形象新作为。

打造县域革命文物保护利用示范区 促进大别山老区红色旅游融合发展

湖北红安革命纪念地管理中心　阮璘

红安，原名黄安，位于湖北东北部、大别山南麓，鄂豫两省交界处，隶属于黄冈市。革命战争年代，这里打响了黄麻起义第一枪，诞生了董必武、李先念两位国家主席，孕育了陈锡联、韩先楚、秦基伟等 200 多位共和国高级军事将领，走出了红四方面军、红二十五军、红二十八军三支红军部队，是新中国历史上唯一用“红”字来命名褒奖的县，被誉为“中国第一将军县”。1958 年，毛主席接见红安干部代表时，鼓励要“保持红安永远红”。2010 年 1 月 23 日，习近平同志在红安考察调研时嘱咐要把“大别山 28 年红旗不倒”的原因研究清楚。

红安是“黄麻起义”的发源地和鄂豫皖革命根据地的中心，也是中国人民革命武装斗争的重要发祥地、中国工农红军的重要诞生地、土地革命战争时期的重要根据地、中国共产党培养治党治国治军杰出人才的重要基地。红安为中国革命胜利付出了巨大牺牲，可以说是“户户有红军、村村有烈士、山山埋忠骨、岭岭皆丰碑”，铸就了“万众一心、紧跟党走、朴诚勇毅、不胜不休”的红安革命精神，留下了大批宝贵的文化遗产和珍贵的革命文物。

一、文物资源概况

红安是湖北革命文物大县之一。据 2022 年湖北长江文物普查调查登记，全县共有革命文物 186 处 233 个点，其中，国家级 3 处 39 个点，省级 15 处 26 个点，市、县级 125 处，未定级 41 处；馆藏革命文物 12000 件（套），珍贵革命文物 95 件（套）。各类红色展馆 34 处，建筑面积 38205 平方米，展陈面积 18225 平方米。

文物旧址所反映的历史事件涵盖了新民主主义革命的各个历史时期，历史积淀丰厚，特色鲜明且分布广泛：七里坪镇是中国唯一被命名的红色区域中心列宁市；七里坪革命法庭是中国第一个基层革命法庭；黄安战役中，红安是红军第一次使用飞机的作战场地；第一家苏维埃工会、第一家苏维埃银行、第一家苏维埃合作饭堂、第一所列宁小学在这里相继成立。

二、创建县域革命文物保护利用示范区情况

近年来，红安县全面落实习近平总书记关于革命文物工作重要论述精神，坚持“保护第一、加强管理、挖掘价值、有效利用、让文物活起来”的新时代文物工作要求，逐渐形成了革命文物保护与合理有效利用的新格局。

（一）坚持规划引领，健全组织体系

一是编制发展规划。县委县政府高度重视革命文物保护利用工作，围绕“建设大别山红色中心城市”战略目标，调整成立红色文化和旅游融合发展指挥部，制定出台《红色旅游专项规划和三年行动方案》《红安县革命文物保护利用示范项目总体规划》《全国重点文物保护单位七里坪革命旧址文物保护规划》，举全县之力做好红色资源保护利用文章。

二是健全组织保障。2016 年我县成立了正处级单位湖北红安革命纪念地管理中心，加强对全县革命文物保护利用工作的领导。2020 年成立湖北红安革命文物国家文物保护利用示范区创建工作领导小组和工作专班，由县长任组长，县委宣传部、湖北红安革命纪念地管理中心、文旅局、发改局、财政局等部门以及各乡镇为成员，负责统一指挥、部署、协调、推进创建工作。建立县委政府主要领导牵头，其他县领导参与的文物安全工作联席会议制度。立足县域红色资源分布，在八里湾、高桥、七里坪等三个乡镇设立文物保护管理所，构建从南到北线状的三大区域，实现文物保护和管理全覆盖。

三是压实安全责任。印发《关于进一步加强文物安全管理责任体系建设工作的实施办法》，明确地方政府主体责任、文物行政部门监管责任、文物管理使用者直接责任以及相关部门的管理职责。深入贯彻落实《黄冈市革命遗址遗迹保护条例》，召开

文物安全工作会议，落实革命文物单位“三防”（消防、安防、防雷）工程、“四有”（有保护范围、保护标志、档案资料和管理机构）和“一处一策”工作机制。聘任专职文保员 117 名，实现县级以上文物建筑保护单位看护全覆盖，确保革命文物安全。

（二）坚持加大投入，强化资金支持

一是争取上级支持。先后争取国家和省级部门批准文物修缮、安防消防、白蚁防治等项目 21 个，投入资金 2900 余万元，完成维修工程 8 个，极大改善了文物保存状况和周边环境。正在向国家发改委争取七里坪革命文物保护利用设施建设项目列入国家“十四五”中期项目储备库，项目投资规模约 2.1 亿元。

二是加大本级投入。2017 年至今，累计调拨财政资金近亿元，用于 200 多处革命旧址维护修缮及周边基础设施建设，新建博物馆和开展红安革命史陈列布展，补助各类文物旧址、纪念场馆和红色景区景点建设。

三是动员社会捐建。争取火箭军、湖北省烟草投入 600 万元对天台山刘家湾中共鄂豫皖省委会和红二十五军军部旧址进行陈列布展和周边环境整治。争取省博物馆及整合地方配套，投入资金 800 万元对陂安南苏维埃政府旧址群整体打造。县委县政府正在统筹规划，开展“一对一”认领帮扶工程，由省直部门厅直单位、部分市直单位和县直单位，对红安部分革命文物旧址“一对一”认领包保，对旧址及周边进行环境整治，进一步提高革命文物综合利用率，发挥文物和文化资源综合效应。

（三）坚持多措并举，做好“四篇文章”

一是筑牢文物安全底线。将文物安全纳入全县综合实绩目标考核，制定文物安全巡查、管理制度，完善应急预案，严密防范各种突发事件，切实保证文物安全。定期开展文物安全巡查，推动文物消防安全工作“五看、四器、两到位”。近 5 年，协调制止文物违法案件 5 起，未发生文物违法案件、未发生文物损毁、被盗、火灾及其他安全责任事故。

二是夯实文物保护基础。建立健全革命遗址遗迹“岁修”预防性保护制度，逐年对省级以上革命文物进行修缮，对濒危县级和一般性文物进行抢救性修缮，按照分批修缮、分批复原原则，做好陈列布展精细化管理。对八里陡山吴氏祠、七里坪长胜街以及红二十五军部旧址等国保单位消防工程进行常态化维护保养。对县级以上的文物建筑单位，实行微型消防站全覆盖。在 30 余处重点文物旧址周边开辟防火隔离带，组织消防救援大队对文保员及相关工作人员进行消防培训、演练，提升应急处置能力。

三是提升文物保护等级。成功申报紫云区农民协会旧址、新四军第五师 13 旅

37团团部旧址为省级文物保护单位，杨真山遗址等31处不可移动文物点为县级文物保护单位。

四是加强文物保护宣传。整合宣传、方志、档案和相关高校研究力量，加强对红安红色历史、红色文化及红安精神研究，开展文化寻根、文化正名，对八月桂花遍地开、红四方面军诞生地、红二十五军重建地等红色文化和重要历史事件进行追溯正名。举办红色旅游讲解员大赛，通过培训提升、宣传交流、实践锻炼、项目扶持等多种方式支持和培养“五好”讲解员，讲好红色故事。培育小小红色讲解员、巾帼志愿示范宣讲队，发动全县5万多名中小学生参与“小小红色讲解员”评选，建立纵向到底、横向到边的大宣讲格局。

（四）坚持活化利用，推进融合发展

一是注重整体连片打造。在革命文物较为集中、交通相对便利、集体经济较好的高桥镇庙咀湾村和七里坪镇八一村、盐店河村等三个片区实施“革命文物+”工程试点。如，高桥镇庙咀湾村有省级文物保护单位13处，利用党史学习教育契机，联合湖北省博物馆对文物旧址进行维修改造，举办陂安南县革命史陈列展，打造成为全县开展党史学习教育、革命传统教育和爱国主义教育重要阵地。

二是注重保护利用兼顾。秉持“在保护中发展，在发展中保护”理念，在制定城乡规划、村庄规划时，科学确定保护发展思路，统筹文物保护与乡村振兴，合理布局文物保护利用、红色旅游、乡村产业发展等各类项目。如，八一村依托鄂豫皖特区苏维埃政府旧址、政治保卫局旧址等两处文物保护单位，争取省委组织部、省总工会等上级部门支持，在实施文物保护维修工程基础上，建设了八一村英烈广场、苏维埃大礼堂、忠诚党史馆，通过沉浸式、体验式、互动式教学，让学员和游客全方位感受红色文化魅力，年接待游客3万多人次，培训党员3000人以上。盐店河村按照“修旧如旧”思路，在保护好文物旧址基础上，将原闲置的旧粮店改造为红军饭堂、红色大礼堂、政治生活体念馆等红色旅游场所，形成“教研学”一体化红色旅游发展模式。南连刘邓大军挺进大别山指挥部旧址群，北接秦基伟将军故居及大别山抗日军政学校旧址群，贯穿七里坪镇20多个村的经典景区公路，将20余处红色景点串珠成线，有力拉动了沿线地区经济社会发展，成为一条名副其实的致富路、旅游路、发展路。

三、下一步工作

（一）健全革命文物保护体系。加强对全县革命文物的梳理和研究，全面摸清革命文物的数量、分布、价值、区位、现状等要素，针对不同革命文物提出科学、适度、合理的保护利用策略，因地制宜做好革命文物保护工作。

（二）规范革命文物展示内容。根据文物的规模、展示主题和陈设需求，科学合理地制定展示方案。严格落实展陈内容和解说词研究审核制度，对七里坪革命旧址群等重大历史事件、历史人物、敏感问题，严格遵照中央和省有关规定执行。

（三）丰富革命文物利用形式。推进红安博物馆数字化、多媒体应用，在保证文物安全同时，结合文物价值内涵，拓展革命文物展示途径。开展革命旧址、博物馆、纪念馆与机关、企事业单位、驻地部队、城乡社区协作联动，依托革命文物开展参观学习、廉政教育。

（四）深化革命文物研究内涵。完善革命文物改陈布展管理机制和支持政策，严格按照意识形态工作责任制要求，切实把好政治关和史实关，增强展陈说明和讲解内容的准确性、完整性、权威性。

（五）发挥革命文物教育价值。把红色基因转化成游客可听、可看、可学的新内容，组织湖北红安干部学院、湖北大别山革命传统教育基地、青少年研学实践教育营地和首家文化服务中心等 4 家红色研学机构，联合开发针对党员干部和青少年研学的示范课程，打造了 10 余处红色教育示范点、“三同”教学点、现场教学点。1—9 月，累计办班 472 期、培训学员 4.8 万人次。推出《我和我的红安》《红安永远红》等一批沉浸式演艺剧目，打造华格里、米兰花等红色主题酒店、精品民宿。

（六）推动革命文物融合发展。依托革命文物保护，充分利用生态资源、特色民俗文化和特色产业，将乡村旅游、休闲农业、山区综合开发、美丽乡村建设和历史文化名镇名村保护、文化遗产传承发展相结合，推动形成革命文物镇、村联动发展格局。

下一步，我县将按照“整体保护、连片展示、融合发展”总体思路，围绕唱响“将军故里、英雄红安”“红安永远红”主题，探索革命文物资源保护、管理、活化、利用新路径，真正把红安打造成红色文化特色鲜明、文化旅游深度融合、社会效益和经济效益相统一的文物保护利用示范区，为推动全国革命文物保护利用工作作出新贡献。

辽宁大连旅顺口积极推进军民融合探索革命文物保护新模式

辽宁省大连市旅顺口区太阳沟文化产业园区管委会　王伟

辽宁省大连市旅顺口区位于辽东半岛最南端，东临黄海、西濒渤海，南与山东半岛隔海相望，北接大连中心城区。旅顺口作为世界著名的军港要塞，历史遗迹遍布全区，是辽宁省的文物大区，这些珍贵的文物资源，承载着众多国家记忆。

1880 年，清政府在旅顺口兴办北洋水师，建军港、修炮台、筑船坞、扎营盘，开启了近代工业发源、现代城市发端，见证了甲午、日俄两场世界性战争，创造了数个东北乃至中国“第一”的记录，在中国和世界历史上留下重要篇章，全区现存不可移动文物 165 处，其中革命文物 3 处，另有旅顺博物馆等各类博物馆、陈列馆、史料馆等 11 家，文物资源较为富集，素有“一个旅顺口，半部中国近代史”之称。

为破解长期以来制约文旅产业发展的瓶颈问题，市、区两级不等不靠，主动争取，在国家文物局、辽宁省文旅厅的大力支持下，抢抓全国首批国家文物保护利用示范区申报机遇，于 2020 年 9 月进入第一批国家文物保护利用示范区创建名单。创建三年来，旅顺口区将革命文物保护作为重中之重，贯穿融入军民融合国家文物保护利用示范区创建全过程，坚持守正创新、系统集成，向改革要动力、向创新要活力，用制度创新、流程再造破解难点、堵点和痛点问题，取得以下工作成效。

一、建立军地协调联动机制，为示范区创建提供有力保障

一是强化军地联动组织保障。旅顺口国家文物保护利用示范区创建写入国家发改委《东北全面振兴“十四五”实施方案》，国家文物局多次来连调研指导；中央军委后保部机关 3 次来连实地座谈调研；辽宁省委、省政府领导多次深入实地指导；大连市提级成立由市长任组长的创建工作领导小组，2023 年将创建工作纳入市委书记、市长任组长的市文旅委重点调度范畴；做强太阳沟管委会（全市唯一的文化类园区），具体实施创建工作。提级高位联合推进，为破解示范区创建重点难点问题发挥了至关重要的作用。

二是强化军地融合政策保障。国家文物局与中央军委后保部联合出台《关于进一步加强军队营区不可移动文物保护工作的指导意见》，军队文保部门将旅顺口确定为军队文物保护示范先行实践试点区，构建军地文保“双试点”工作格局。创建过程中，由军队文物主管机关指定大连军分区牵头、7 个驻军单位、融通公司和市文旅局、旅顺口区共同建立工作协调推进机制，在实操层面细化了隐患排查、抢险抢修、经费投入、协调推进、资产托管、资产置换 6 项工作机制，形成了对军产文物保护利用的完整闭环和全覆盖，找到了军民融合文物保护利用的有效抓手。

三是强化军地认同制度保障。坚持以改革思维破解“部队有产权但缺专项资金、专业人员，地方政府有保护责任但无产权、无抓手，社会资本有投资意向但没有管理使用权及托底保障”的难点堵点问题。将创建范围内 76 处文物进行分类梳理、精准施策，印发了《旅顺口区军产文物保护责任、使用权和产权改革实施意见》（简称“一责两权”改革），既压实了军地文物保护责任，又探索出资产转换和活化利用路径，强化了制度供给。

四是强化军地共建资金保障。创建三年来，军地累计支持文保资金 3.89 亿元（其中，大连市委、市政府自筹资金 1.9 亿元），实施了 10 处文保修缮工程，26 处保护性建筑修缮工程，2 处文物抢险支护工程，2 处革命文物环境整治工程。以上项目系 1955 年旅顺地区回归以来最大规模修缮工程，为示范区创建、招商引资和活化利用奠定了坚实基础。

二、蹚出军产文物保护利用模式，为示范区创建探索有益经验

一是构建政府协助保障模式。针对部队自用的文物建筑，地方政府在专业技术、审批流程、监督管理、抢救维修等方面开辟“绿色通道”，全力配合驻军单位实施了

红十字医院旧址、沙俄陆防副司令官邸旧址等 5 处文保修缮工程。

二是探索公益项目委托模式。针对部队闲置、历史文化价值较高的重点文物建筑，军方以“托管”方式将管理使用权移交地方政府实施合理保护利用。目前，已在国家文物局和中央军委后保部层面，申请将旅顺师范学堂旧址等 4 处文物建筑资产列入委托范围，用于社会公益项目建设，做到修用一体、以用促保。

三是推行市场主体运营模式。针对开发利用价值较高的文物建筑，建立政企合作保护修缮、整体打包招商的运行模式。旅顺口区政府与融通地产（辽宁）有限责任公司签约，取得太阳沟及周边 73 个项目 101 个单体建筑经营权，实现文物资源军政企转换路径的突破。

三、创造军产文物资源价值，为示范区创建赋予更多时代内涵

一是实现区域文物治理能力新跃升。注重通过示范区创建，以点带面推动全市文物治理工作的规范性提升和创新性发展，出台《大连市国有建设用地考古调查勘探发掘前置工作管理办法（试行）》等系列规范性文件，建立文物保护单位看护制度，推动大连和旅顺文博事业单位重新回归文物部门直管。发动社会力量开展旅顺文化价值研究，推出《铁血旅顺》等 12 部地方史研究成果。2023 年，长江以北地区唯一检察院博物馆移交太阳沟文化产业园区，新增旅顺日俄战争史料收藏馆，初步形成以旅顺博物馆为中心的泛博物馆群落。

二是释放区域革命文物新活力。通过三年来的创建，军地共同建立形成可复制、可推广的军地文物保护修缮、资产转换、活化利用路径，奠定了下一步的活化利用基础，并用三处革命文物保护利用成果指导其他文物工作开展。中苏友谊纪念塔处于全时开放状态，供游客参观。南子弹库旧址已经列入军队文物主管部文物周边环境整治工程已经完成。资产移交地方后，拟作为“爱国主义、国防教育研学基地”进行活化利用。旅顺军事历史博物馆旧址作为活化利用的标志性工程，全面修缮完成后在此挂牌成立了“太阳沟文创中心”“中国故事大赛展演基地”，成功举办了“中国百家博物馆文创产品博览会”，全国 110 家博物馆 3700 余件展品参展，并接续举办“旅顺民俗展”和“彩叶市集”，已成为集展览、会展、文创等于一体的综合艺术区，实现了社会效益与经济效益的统一。

三是助推区域经济社会发展取得新成绩。示范区创建带动旅顺乃至大连文旅业快速提质升级，将旅顺文旅集团从国投集团划归太阳沟管委会管理，实现旅顺文旅体

制改革新突破。大连首家拥军示范园在旅顺建成，中国故事大赛传播中心落户太阳沟片区，举办大连市首届研学创新发展大会，带动大连建设成为中国北方重要的研学基地。2023 年 1—9 月份，太阳沟核心区接待游客 210 万人次，恢复到 2019 年同期 133%；旅游综合收入 12 亿元，恢复到 2019 年同期 136%；旅顺口预计全年旅游接待人数将超过 1200 万人次，旅游综合收入超过 66 亿元。

在未来三至五年，旅顺口国家文物保护利用示范区建设巩固期和革命文物保护利用的进程中，将进一步整合全区文物、旅游和自然资源，围绕建设五大文化游径、再现六大历史场景，通过各类资源的以点串线带面，让“活起来”的文物讲述城市自己的故事，打造红色旅游精品动线，建成一批具有较大影响力的爱国主义、国防教育基地和全国首个“战争与和平——国家记忆公园。”

做好革命旧址保护利用　传承革命精神
——以广州大元帅府旧址修缮为例

广州孙中山大元帅府纪念馆　王国政

广州大元帅府旧址是广州孙中山大元帅府纪念馆所在，为全国重点文物保护单位。2022 年纪念馆对文物本体屋面及天台进行修缮，做到修旧如旧，让革命旧址“亮”起来、“用”起来、“活”起来，传播革命文化和红色文化，创新文旅融合，传承革命精神。

一、广州大元帅府旧址是弘扬革命精神、传承红色基因的重要载体

广州大元帅府旧址坐落在珠江南岸，是现存孙中山与宋庆龄共同生活时间最长、规模最宏伟的旧址。其前身为兴建于 1906 年的广东士敏土厂，旧址入选革命文物名录和中国 20 世纪建筑遗产名录。

依托旧址，孙中山大元帅府纪念馆于 1997 年建馆，现为广东省爱国主义教育基地和统一战线基地，广州市党员教育基地、国防教育基地、海峡两岸交流基地，是首批国家二级博物馆。

1917 至 1925 年，孙中山先生曾经三次在广州建立革命政权，其中第一次和第三次在此开府办公，领导护法运动和国民革命运动，筹建黄埔军校，实现第一次国共合作，对中国革命产生了重要而深远的影响。

在第一次国共合作期间，中国共产党早期领导人陈独秀、李大钊、瞿秋白、林伯

渠、张太雷、谭平山、苏兆征、杨匏安、杨殷、阮啸仙、刘尔崧、冯菊坡等人多次踏足大元帅府，与孙中山共商国共合作事宜，为广州大元帅府留下永不磨灭的红色。

广州大元帅府旧址，是孙中山护法运动大本营，是国民革命的策源地，也是中国共产党第一次成功运用统一战线这一革命法宝并取得辉煌成就的重要历史见证地。毛泽东、周恩来、刘少奇等我党重要领导人，都在广州工作过，战斗过。革命先辈的光辉事迹和伟大精神，是中华民族宝贵的精神财富。

二、做好旧址保护，让革命文物“亮起来”“用起来”

遵照总书记的指示精神，帅府同仁严格按照“保护第一、加强管理、挖掘价值、有效利用、让文物活起来”的新时代文物工作要求，不断加强旧址的保护工作。

广州大元帅府旧址文物本体自 1999 年对外开放后，历经 20 年的使用，文物本体屋面及平天台出现了屋梁架变形、屋面下沉、屋顶漏水、平天台渗水等安全隐患，且日常保养无法彻底解决，直接影响旧址整体保护利用效果，阻碍文旅融合创新发展。为确保文物建筑安全、解决长期存在的渗漏水问题、保护建筑构件、为文旅融合创新利用提供更好条件，纪念馆于 2019 年申请广州大元帅府旧址修缮工程项目立项，当年底获批并纳入国家文物保护项目计划。目前，修缮工程已竣工并通过广东省文物局组织的中期检查和四方预验收，预计 2023 年 12 月可以完成广东省文物局组织的最终验收工作。

在这一修缮工程项目实施过程中，纪念馆采取了如下做法：

1. 注重文献档案资料的挖掘和研究，让修缮工作有据可依。通过建筑图纸和照片、回忆录等资料研究，我们考究出旧址屋面双筒双瓦的历史形制；

2. 坚持最小干预原则，修旧如旧。对变形的屋梁架，经科学测算仍符合整体结构安全，我们设法调平而不是轻率更换。同时，对符合规格的原有檩条、瓦片、大阶砖，尽量保留利用，并从广州周边城市花都、番禺、佛山等地寻找同类旧瓦补充；

3. 遵循原形制原工艺原做法。对于旧址平天台上的阶砖，由于雨淋日晒，破损较多，我们选用纳入非物质文化遗产代表性项目名录的传统砖瓦烧造技艺生产出来的黏土大阶砖来替换；

4. 克服疫情影响，有序安全施工。工程进行期间仍保持馆对外开放，坚持为民提供公共文化服务，取得了文物保护与公众服务的双赢效果。

这些做法，既符合文物保护的相关规定，又以实际行动践行了艰苦奋斗的精神。

该项目使用国家文物保护专项资金 200.95 万元，修缮文物面积共 1355 平方米，真正做到花小钱办大事，为帅府推动文旅融合创新、实现高质量发展夯实了基础、创造了条件。

三、加强阐释让革命文物“活”起来，创新传播让革命文物“热”起来

纪念馆为传播好革命文化和红色文化，推动文旅复苏，为经济发展助力，在修缮项目完成后，于 2023 年 1 月依托旧址开展文旅融合创新做法，精心策划并成功举办了“壬寅年帅府之夜 · 爱若有来世——原创情景舞蹈诗剧”。

“精诚无间同忧乐，笃爱有缘共死生。”这是孙中山先生手书送给爱妻宋庆龄的诗句。对于孙中山而言，宋庆龄不仅是他的夫人，更是他革命事业忠实的战友、助手和继承者；而对于宋庆龄来说，孙中山是丈夫，更是拯救苦难中国的英雄，还是她的革命导师。他们在中国民主革命的惊涛骇浪中，并肩战斗、风雨同行。

这一舞蹈诗剧深入挖掘孙中山和宋庆龄在广州的革命和生活故事，以孙宋二人曾经工作和生活过的广州大元帅府旧址为舞台，原创诗歌 5 段、歌曲 4 首、编舞 6 支、器乐 8 首，通过舞蹈诗剧的形式，以诗颂舞，以舞伴诗，展开一幅画面唯美、情感深厚的革命历史画卷。《舍不得离开你》《重逢》《爱若有来世》等舞蹈和歌曲，通过诗与舞的有机结合，美轮美奂的舞台灯光与帅府百年建筑交相辉映，组成一场反映孙中山与宋庆龄生死契阔革命爱情的沉浸式演出，引领大家穿越时空，深入了解孙中山和宋庆龄这对革命伉俪的广州往事，感受他们的铁骨柔情和家国情怀。通过本次沉浸式的演出，观众可以近距离地感受孙中山、宋庆龄为了中华民族的独立与复兴，“天下为公”“舍小家为大家”的爱国情怀。

舞蹈诗剧吸引了中央级媒体、新闻资讯、视频门户、直播门户共 19 个平台同步直播，总播放量高达 338 万次，有力传播了革命文化和红色文化，推动文旅融合创新发展。

舞蹈诗剧在帅府百年建筑与现代舞台融为一体的场地中成功演出后，社会反响热烈，得到一致好评。许多以旧址为主体建馆的文博同行纷纷前来与广州孙中山大元帅府纪念馆交流，探讨进一步发挥文物旧址建筑特点、深化文旅融合创新发展的新做法。

习近平总书记指出：缅怀孙中山先生等革命先驱的历史功勋，就是要学习和弘扬他们为振兴中华而矢志不渝的崇高精神，激励和团结海内外全体中华儿女为实现中华

民族伟大复兴而共同奋斗。

广州孙中山大元帅府纪念馆将继续深入贯彻落实习近平总书记关于革命文物保护利用的重要指示批示精神，落实新时代文物工作要求，进一步加强文物保护和利用工作，在推进中国特色社会主义文化建设、构筑中华民族现代文明中作出贡献，留下帅府印记，传承革命精神。

基于数字孪生技术的延安杨家岭革命旧址预防性保护

陕西科技大学文化遗产数字化保护利用研究中心　李斌

杨家岭革命旧址位于延安市宝塔区杨家岭村，是中共中央 1938 年 11 月至 1947 年 3 月的所在地，毛泽东、周恩来、朱德、刘少奇等中央领导先后在这里居住。在杨家岭居住期间，中共中央领导了大生产运动，召开了延安文艺座谈会、中国共产党第七次全国代表大会，对中国革命的发展产生了重要影响。杨家岭革命旧址是延安乃至全国重要的革命旧址之一，具有重要的历史意义和政治地位。但由于各种因素的影响，杨家岭革命旧址部分建筑物出现一些损伤。延安杨家岭革命旧址预防性保护项目结合现有保护工作，基于 AI 技术和数字孪生，实现革命旧址全要素数字化和虚拟化、全状态实时化和可视化监测预警，最终形成客观物理革命旧址本体与虚拟革命旧址数字孪生体，同生共存的监测预警新模式，实现革命旧址监测预警的智慧互动、智能管理，实现革命旧址变化可监测、风险可预报、险情可预控、保护可提前的保护目标。

一、杨家岭革命旧址现状分析

由于近年来持续增多的降雨，以及延安地区气候的变化，使窑顶覆土含水量大部分处于过饱和状态，造成窑洞室内局部渗漏、潮湿、泥皮脱落、表面形成霉斑，窑洞顶部杂草滋生、潮湿。院内排水系统堵塞及持续的强降雨，造成文物本体建筑整体潮湿、窑面墙轻微鼓胀和建筑外墙面根部酥碱风化。

接口窑洞石质接口类似边坡加固中的挡土墙，由于水患导致窑洞券顶顶部土体处于过饱和状态，产生的滑移推力导致石质接口与窑洞内部未饱和土体分离出现裂缝，雨水沿着裂缝渗入到窑洞券顶内部导致窑洞接口处土体塌陷，及接口窑面墙体外鼓、倾斜、开裂、倒塌等一系列安全问题。土体滑坡导致窑洞窑檐石板灰缝流失；窑洞顶部渗漏，接口处抹灰脱落。

陡增的降雨量及持续的降雨，导致窑顶排水不畅，造成旧址窑顶塌陷、雨水倒灌，形成窑壁穿孔；使山体含水量处于严重过饱和状态，在土体及雨水重力作用下易发生泥石流及滑坡现象；登山道路从而变成排水的通道，持续地冲刷致使道路受损。

2021 年延安地区降雨量陡增，全年降雨量达到 1000 毫米以上，导致大部分革命旧址遭受到该次灾害影响。本次灾害反映出杨家岭革命旧址的巡查监测机制不够完善，预防性保护概念仍在建立中，对气候的预判不够准确。

二、数字孪生与革命旧址的融合分析

数字孪生就是通过建立数字孪生体，可以在虚拟环境中表达真实存在的产品或设备，并以此为基础在虚拟环境中进行模拟仿真测试，最早被用于军工、航天领域。随着新兴技术的发展，数字孪生已经衍生成了一种超越现实的概念，关于数字孪生的应用被快速扩展到各个领域。

革命旧址数字孪生体系是利用先进信息技术对革命旧址物理实体的外形、状态、特征、行为、形成与变化过程等进行表达、描述、建模的一系列过程与方法。由之构建的虚拟模型称之为革命旧址数字孪生体（或模型），它是与现实世界中革命旧址物理实体完全一致的虚拟数字模型，该模型可模拟仿真该物理实体在现实物理世界中的状态、行为、性能与活动等。数字孪生不仅可通过现有理论、技术与方法来建立革命旧址对应的虚拟数字模型，还可利用先进信息技术来探索、计算、处理、分析或预测该革命旧址在不同自然、社会或文化环境下面临的未知状况与突发情况，进而发现更好的革命旧址保护、传承、开发和利用策略与方法。因此，数字孪生理论与技术为数字人文、革命旧址数字化等领域研究提供了全新的理念、方法和工具。

（一）数字孪生运行机制

数字孪生技术是实现现实物理世界与虚拟信息空间之间信息交互融合的有效手段与方法，革命旧址数字孪生体系能在大数据、物联网、虚拟 / 增强 / 混合现实等信息技术的驱动下，通过现实物理世界和虚拟信息空间之间的双向、实时数据映射与信息实时交互，实现革命旧址、虚拟革命旧址、数字孪生平台之间的全过程、全业务、全因素、全数据的融合与集成，在相应的革命旧址大数据驱动下，实现革命旧址数字化建设过程管理、数字化规划设计、数字化过程控制等革命旧址、虚拟革命旧址、数字孪生平台之间的迭代运转，从而在满足特定建设目标和规则的约束下，达到革命旧址保护、传承、开发和利用最佳的运行模式。因此，革命旧址数字孪生体系主要是由革命旧址、虚拟革命旧址（数字孪生体）、数字孪生平台和革命旧址大数据四部分组成。如图 1 所示：

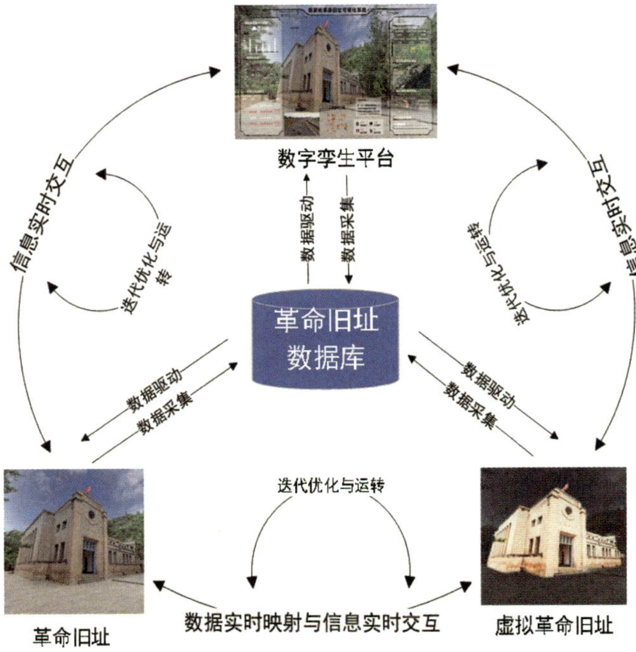

图 1　数字孪生体系运行机制

革命旧址是现实物理世界中客观存在的物理实体或物理实体集合，主要负责接受数字孪生平台下达的数字化建设任务，并按照虚拟革命旧址模拟仿真后计算得出最佳执行策略，执行相应的数字化建设工作并完成建设任务。虚拟革命旧址（数字孪生体）是革命旧址在信息虚拟空间内的完全数字化映射，主要用于对遗产数字化建设的规划设计、建设执行、任务过程等进行模拟仿真、评估、优化、分析、决策和预测，并对整个过程进行实时监测、预测和管控，从而对革命旧址提供预防性保护。革命旧址孪生大数据是三者在运行过程中所产生的各类数据以及三者融合后所产生衍生数据的集合，是整个数字孪生体系正常运转和数据、信息交互的主要驱动力。

（二）数字孪生模型建立

革命旧址的虚拟数字模型是由建筑信息模型（BIM）模型和地理信息系统（GIS）模型结合构造的。BIM 模型是由多个不同层面的模型组成的；GIS 模型是对地理空间实体和现象的特征要素进行表达、获取、处理、管理、分析与应用的计算机空间或时空信息系统。GIS 的系统主要功能包括对空间数据的采集与输入，编辑与更新，管理与存储，查询与分析以及显示与应用。

革命旧址的地理信息 GIS 系统模型，可以通过高清照片、3D 扫描、北斗卫星高精度导航系统和无线传感网络采集到的各种数据建立杨家岭革命旧址的数据模型。

BIM 是用来整合和管理建筑物全生命周期的信息，GIS 则是用来整合及管理建筑外部环境信息，BIM 全生命周期的管理需要 GIS 的参与。两者相结合建立革命旧址模型，并在 BIM 模型中添加部署传感器所采集的环境信息数据，以及旧址参观人员的情况。将这些信息可视化显示在旧址管理平台上，提高工作人员的管理效率。BIM 平台还可以搭建数据分析预警系统，对旧址建筑未来变化趋势和其他的突发情况进行预测和评估，给旧址提供预防性保护。利用 BIM+GIS 的现代信息技术，通过 Revit 软件对革命旧址三维建模，在三维模型中纳入该革命旧址的详细信息，再导入到 GIS 平台，进行虚拟漫游，从而打破时间和空间的障碍，复原革命旧址的真实位置。

三、旧址保护技术方案

（一）数字化及保护方案

本研究旨在基于数字孪生技术为杨家岭革命旧址搭建数字孪生平台来提供可靠的预防性保护，具体保护方案如下：

（1）搭建模型平台，通过数字模拟仿真引擎构建旧址保护模型、智能模型、可视化模型。

（2）搭建知识平台，通过文物知识引擎来实现文物知识图谱、模拟历史场景等功能。

（3）建设基础数据底板来实现多维度时空尺度数据模型，通过数字孪生平台对基础数据、监测数据、业务管理数据、地理空间数据等进行管理。

（二）数字化及保护框架

数字孪生平台通过对“人、物、场馆”等全要素数据化，以及数据资源采集、治理和处理分析模式，对即时数据和历史数据间关联关系进行不断的分析研究和深度学习。模拟实时动态智能化识别、定位、追踪、监控等综合性问题。实现全局一盘棋的智慧文物保护综合管理，通过一图一址一平台，结合文物保护大数据、数字孪生与人工智能，为文物保护工作提供有力的管理抓手，对文物保护各项业务均衡发展，进行科学、先发、智能的管控与决策。

数字孪生平台主要包括数据底板、模型库，知识库、孪生引擎等构成。

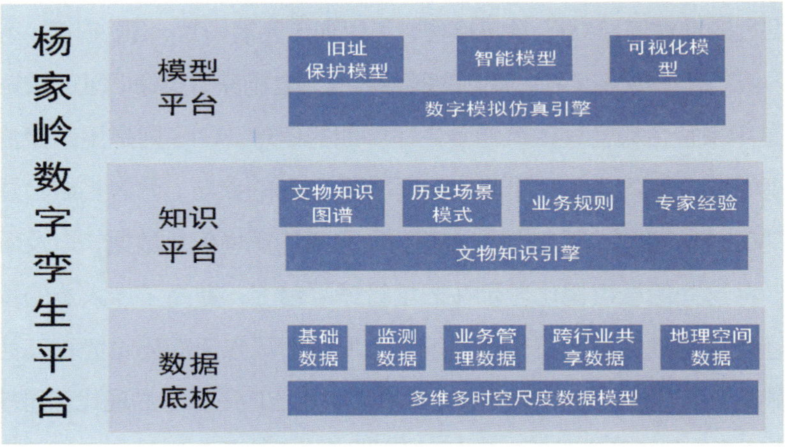

图2　数字孪生平台体系架构

数据底板为智慧文物保护提供算据，包括基础数据，监测数据，业务管理数据，跨行业共享数据，地理空间数据以及多维多时空尺度数据模型。主要是在一张图的基础上扩展升级，为各部门提供统一的时空数据基础。

模型平台为智慧文物保护提供算法，包括文物保护专业模型，可视化模型，智能模型和数字模拟仿真引擎，对文物保护治理管理活动进行智能化模拟，提供模拟仿真功能支撑，精准化决策，主要构建文物保护，专业模型，智能模型，可视化模型和数字模拟仿真引擎，实现数字孪生与物理实体实施同步仿真运行。

知识平台包括文物保护知识和文保智能引擎，文物保护知识，包括知识图谱，历史场景模式，业务规则，专家经验等智能引擎主要是管理和驱动，文物保护知识包括知识表示，及其推理和机器学习等功能。构建知识平台，实现知识“收集→沉淀→共享→创新”助力业务发展与创新。

（三）数字化及保护总体规划

利用机器学习等技术感知文物对象和认知文物规律，建设文物保护知识平台，为数字孪生提供智能内核，支撑事件正向智能推理和反向溯因分析，满足数据分析、专业模型、机器视觉、学习算法等不同应用场景需求，支持文物保护业务应用创新。平台提供一条面向业务人员的完整的知识获取→构建→管理→运维工具链，知识沉淀更加高效规范。

数字孪生平台整体效果图如下：

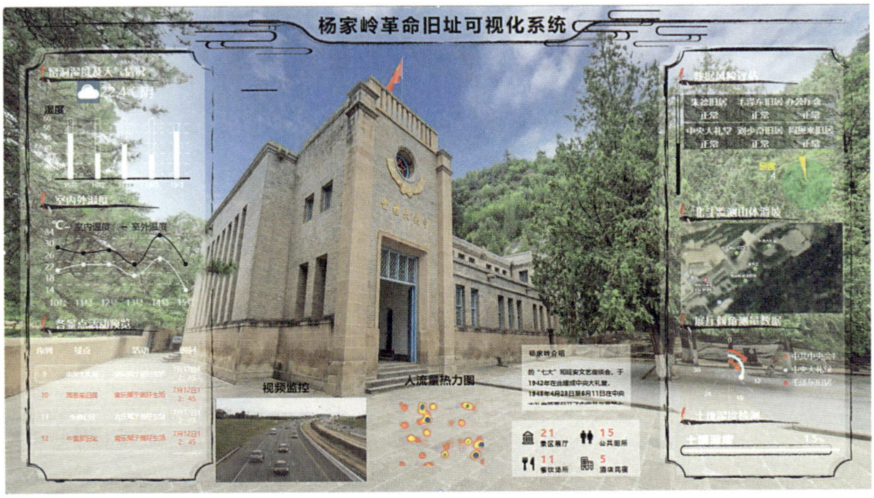

图3　数字孪生平台效果图

四、总结

本项目通过结合现有杨家岭革命旧址的保护工作，基于数字孪生模型，构建具有革命旧址物理模块、革命旧址虚拟模块、孪生数据模块和应用服务模块的监测预警融合机制与运行路径的平台，实现杨家岭革命旧址数字化和虚拟化、全状态实时化和可视化监测预警。助推数字化技术驱动文物保护和科技赋能，加速推进革命旧址保护工作从“抢救性保护”向“预防性保护”过渡，实现革命文物面向潜在风险的主动安全管理。

后　记

2023年10月，全国革命纪念馆高质量发展论坛在陕西延安举办。为汇编论坛发言材料，国家文物局委托中国文化遗产研究院承担《新时代革命纪念馆高质量发展论丛》组编工作，刘爱河、张秋艳负责全书组稿和统稿，聂晶晶参与组织协调工作。

希望该书的编辑出版能为革命文物领域管理者、研究者、志愿者提供资料参考并有所裨益。本书收录文章未作内容修改，文中表述和数据引用皆为作者观点，文责自负。由于编者水平有限，如有疏漏之处，谨请指正反馈。

本书编写组

2024年10月